Hofacker

Die 70er

Ernst Hofacker

Die 70er

Der Sound eines Jahrzehnts

RECLAM

Für Emmi – sail on, Silver Girl!

2., durchgesehene Auflage

2020 Philipp Reclam jun. Verlag GmbH,
Siemensstraße 32, 71254 Ditzingen
Umschlaggestaltung: zero-media.net
Umschlagabbildung: FinePic®
Innengestaltung: Bureau Sandra Doeller
Druck und buchbinderische Verarbeitung: NEOGRAFIA, a. s.
Sučianska 39A, 038-61 Martin-Priekopa, Slowakei
Printed in Slovakia 2020
RECLAM ist eine eingetragene Marke
der Philipp Reclam jun. GmbH & Co. KG, Stuttgart
ISBN 978-3-15-011244-1

Auch als E-Book erhältlich

www.reclam.de

Inhalt

Intro
Über wilde Wasser

Helden und Opfer, Dramen und Triumphe: Warum wir die Musik der 1970er Jahre noch heute cool finden

Sommer in der Merkelrepublik. In einem überfüllten ICE-Abteil sitzt ein etwas zerknitterter Herr, merkwürdigerweise mit unbekleidetem Oberkörper. Freundlich grinsend klärt er einen jüngeren über die mal wieder geänderte Wagenreihung des Zuges auf. Rockfans kennen den Veteranen mit dem blondierten Spaghettihaar als Iggy Pop. Und die Musik im Hintergrund dieses Werbeclips ist »The Passenger«. Auch schon wieder über 40 Jahre her. Mindestens.

Till Diestel, Kreativ-Chef der im schicksten Berlin-Mitte residierenden Werbeagentur BBDO, die das Filmchen 2018 für die Deutsche Bahn drehen ließ, findet all das cool: den Punkveteranen, dessen Musik und dessen Jahrzehnt. Im branchenüblichen Smartsprech erläutert er:

> Iggy Pop ist der ›Godfather of Punk‹, auch für die jüngeren Generationen. Oder wie der *Rolling Stone* schreibt: »Iggy Pop ist das Coolste, was der Rock 'n' Roll je gebar.« Sehen wir auch so. Und dass diese Coolness ziemlich zeitlos ist. Und Iggys Mega-Song »The Passenger« sowieso. Das alles passt ziemlich gut zur Deutschen Bahn …

Über Letzteres ließe sich womöglich streiten, nicht aber über die zentralen Begriffe dieses Statements: »Rock 'n' Roll« und »cool«.

Natürlich ist mit Rock 'n' Roll hier nicht der Musikstil gemeint, sondern der Lifestyle, der seine Wurzeln in den Outlaw-Geschichten der klassischen

Pop-Ära findet: Jerry Lee, Jimi, Keith, Lemmy und natürlich Iggy. Ein halbes Jahrhundert später wird der Mythos noch immer gerne inszeniert. Weshalb James Osterberg, wie der 72-jährige »Passenger« im wirklichen Leben heißt, auch heute noch mit freiem Oberkörper im ICE reisen muss. Denn die postmoderne Image-Industrie scheint ohne das gute alte Märchen vom Rock 'n' Roll nicht auszukommen. Um das vermeintlich Coole in den Dienst des Verkäuflichen zu stellen, ist ihr keine gedankliche Pirouette zu absurd. Ohne Cool geht's nicht, selbstverständlich auch nicht bei einem nüchternen Dienstleistungsunternehmen wie der Bundesbahn.

Doch welche Botschaft sendet der DB-Clip als Subtext? Wohl diese: Die Seventies sind cooler denn je. Auch in der Post-Postmoderne des 21. Jahrhunderts lässt sich mit ihnen, ihrem Personal, ihrer Kunst und ihrem Ideen-Inventar noch jede Menge Staat (und Geld) machen.

Dabei hat das Phänomen nicht nur einen nostalgischen Hintergrund. In einer Zeit, die sich mit den Folgen von vogelwildem Wirtschaftsliberalismus, hemmungslosem Konsumismus und erstarktem Neo-Nationalismus auseinandersetzen muss, haben die lange Zeit nur noch belächelten Ideen der Generation Woodstock wieder Konjunktur. Nicht nur Nörgler und Nachdenkliche fragen sich, ob der an Tugenden wie Toleranz, Brüderlichkeit und Respekt ausgerichtete Wertekanon der damaligen Gegenkultur Antworten auch für die Gegenwart geben kann. Antworten, die uns von der Doktrin des Wirtschaftswachstums um jeden Preis befreien und neue, für den Planeten und seine Bewohner gesündere Perspektiven erschließen können. Womit wir mitten in den 1970er Jahren wären.

Gesellschaft und Politik

Die Dekade nach den 1960ern war ein kaum weniger aufgewühltes Jahrzehnt als das, in dem wir uns gegenwärtig befinden. Sie war schillernd und widersprüchlich, und geprägt war sie von Utopien genauso wie von Pragmatismus. Die Siebziger waren eine Zeit der Umbrüche, der unerbittlichen, mitunter gewaltsamen Auseinandersetzungen und der politischen, wirtschaftlichen, sozialen und kulturellen Einschnitte. Als das Jahrzehnt begann, waren die hochfliegenden Träume der Sixties geplatzt, an die Stelle ihres bilderstürmenden Optimismus war weitgehende Desillusionierung getreten. Und die hatte ihren Ursprung nicht zuletzt in den Attentaten auf Hoffnungsträger wie Martin Luther King und Bobby Kennedy, in der Tate/LaBianca-Mordserie der Charles-Manson-Bande im August 1969, genau eine Woche vor dem Woodstock-Festival, und in der moralischen Schockwelle, die der Vietnamkrieg bzw. das von der US-Army an vietnamesischen Zivilisten begangene Massaker von My Lai bewirkt hatte. Ein Ende des für die amerikanische Seele so traumatischen Vietnamkriegs war 1970 noch nicht in Sicht.

Auch in anderen Regionen der Welt verschärfte sich die Lage an den Krisenherden: So flammten im Herbst 1969, zwei Jahre nach dem Sechstagekrieg vom Juni 1967, im Nahen Osten erneut heftige Kampfhandlungen zwischen Ägypten und Israel auf, und Yassir Arafats Fatah-Männer gründeten die bald berüchtigte palästinensische Terrorgruppe »Schwarzer September«.

Auch die Lage in Nordirland geriet mehr und mehr außer Kontrolle. Der bittere und von blutigen Anschlägen begleitete Konflikt zwischen Protestanten und Katholiken stürzte das Land in einen Bürgerkrieg, und London entsandte Truppen – eine politische Lösung und damit ein Ende der Gewalt würde bis weit in die 1980er Jahre auf sich warten lassen.

Andernorts herrschte Aufbruchstimmung. Zum Beispiel in der Bundesrepublik, wo es im Herbst 1969 zum Regierungswechsel gekommen und die große Koalition zwischen CDU/CSU und SPD unter Kanzler Kiesinger (CDU) vom ersten sozialliberalen Regierungsbündnis abgelöst worden war. Die neue Regierung wollte für eine verstärkte Reformierung der Gesellschaft sorgen: Bei seinem Amtsantritt gab Kanzler Willy Brandt die berühmte Losung »Mehr Demokratie wagen!« aus.

Ein Liberalisierungsschub erfasste alle möglichen Bereiche des täglichen Lebens. Die Frauenbewegung formierte sich weltweit und legte die Saat für ein neues weibliches Selbstbewusstsein sowie einen allmählichen Bewusstseinswandel in westlichen Gesellschaften. So wurde die Abtreibung im US-Bundesstaat New York im Juli 1970 erstmals nicht mehr unter Strafe gestellt. In Großbritannien war dies bereits 1968 geschehen, weitere europäische Länder wie Schweden und die Niederlande waren gefolgt. Auch in der Bundesrepublik setzte mit Beginn der 1970er Jahre eine mit harten Bandagen geführte Diskussion um den § 218 ein. 374 Frauen, darunter zahlreiche prominente, bekannten im Juni 1971 öffentlich in der Illustrierten *Stern*, dass sie abgetrieben hatten – seinerzeit ein unerhörter Vorgang.

In den USA hatte zum Ende der 1960er Jahre die Black-Power-Bewegung und mit ihr die Black Panther Party die spirituelle, ideologische und politische Führung des Civil Rights Movements übernommen. Der Umgang wurde rauer, die Aktionen radikaler, und vor allem wurde der Widerstand des weißen Establishments erbitterter. Das FBI durchsuchte, oft genug ohne jegliche rechtliche Grundlage, die Büros der Organisation, nahm willkürlich Verhaftungen vor und zeigte sich auch im Gebrauch von Waffen nicht zimperlich: Allein zwischen 1967 und 1970 wurden 40 Mitglieder der Black Panther Party getötet und 82 schwer verletzt. Die farbige Aktivistin Angela Davis, die 1972 in einem aufsehenerregenden Prozess von der Anklage der »Unterstützung des Terrorismus« in allen Punkten freigesprochen wurde, galt nicht erst seit diesem Zeitpunkt als internationale Symbolfigur im Kampf um Bürgerrechte und gesellschaftliche Liberalisierung.

Das Klima war ein anderes als noch zu Sgt. Peppers Zeiten. Der Ton wurde aggressiver, die Auseinandersetzungen härter und die Kontrahenten misstrauischer. Zum ersten Mal rückten neben der Frauenbewegung nun auch Themen in den Blickpunkt des öffentlichen Interesses wie die wachsende Skepsis gegenüber dem technischen Fortschritt, der Klima- und Umweltschutz sowie eine nachhaltige Demokratisierung der Bildungschancen. Und die Wirtschaft, deren stetiges Wachstum bis dahin als Naturgesetz galt, musste sich erstmals mit der Notwendigkeit eines tiefgreifenden Strukturwandels auseinandersetzen. Rezessionen, Währungsprobleme, der Niedergang ganzer Branchen (Stahl-, Textilindustrie) und nicht zuletzt steigende Arbeitslosenzahlen sollten die westlichen Gesellschaften durch die gesamten 1970er Jahre hindurch begleiten und zu deren Ende eine allmählich heraufziehende konservative Wende und eine Renaissance des Neoliberalismus begünstigen.

Mit dieser Entwicklung ging zudem eine Radikalisierung der politischen Protestkultur einher, die sich auch in einer Zunahme des weltweiten Terrorismus äußerte. So starben am 12. Dezember 1969 bei einem rechtsterroristischen Anschlag im italienischen Mailand 17 Menschen, und allein 1969 hatte es weltweit 82 Flugzeugentführungen und Versuche gegeben – mehr als in den vier Jahrzehnten des kommerziellen Flugverkehrs zuvor. Und dann war da noch die Rote Armee Fraktion (RAF), die sich zu Beginn der 70er formierte und Behörden, Bevölkerung und Politiker der Bundesrepublik bis in das folgende Jahrzehnt hinein mit ihren Aktionen in Atem halten sollte.

All dies schlug sich in diesem Jahrzehnt, das der US-Autor Tom Wolfe »The Me Decade« nannte, selbstverständlich auch in der Kultur nieder. An die Stelle der alten Love & Peace-Visionen traten zunehmend Hedonismus und zynische Selbstbezogenheit. Drogen dienten nicht mehr der Bewusstseinserweiterung, sie sollten stattdessen das Ego stärken und für Euphorie, sexuelle Enthemmung und gesteigerte Leistungsfähigkeit sorgen. Folgerichtig löste Kokain LSD als Modedroge Nr. 1 ab. Auch auf der Kinoleinwand war das neue, raue Klima allgegenwärtig: Filme wie *Easy Rider*, *A Clockwork Orange*, *Taxi Driver* und *Apocalypse Now* zeichneten ein mehr und mehr von Paranoia, Aggression und Neurosen geprägtes Gesellschaftsbild. Gleichzeitig lockte die Freizeit- und Konsumgesellschaft mit immer kühneren Entwürfen in Mode, Design, Kunst und Lifestyle. Sogar in der BRD entwickelte das Fernsehen mutigere Formate wie die Quizshow *Wünsch dir was* und die ätzend-satirische Familienserie *Ein Herz und eine Seele*. Die Sexwelle erreichte derweil ihren medialen Höhepunkt – was nicht jeder begrüßte: Der niederländische Jesuitenpater Eduard Krekelberg wurde am 30. Dezember 1970 zu einer Geldstrafe verurteilt, weil er das Schaufenster eines Pornoladens in Maastricht zertrümmert hatte.

Pop und Gegenkultur

Pop spiegelte all das wider. Nicht immer konkret und in Songtexten, meistens reichte es auch, wenn er die emotionale Textur um sich herum aufnahm und auf die eine oder andere Weise zwischen den Noten wiedergab. Mal war er naiv und idealistisch (»I'd Love to Change the World«, Ten Years After), mal hoffnungslos sentimental (»Reflections of My Life«, The Marmalade), mal war er zornig (»Won't Get Fooled Again«, The Who), mal spirituell (»My Sweet Lord«, George Harrison). Pop war wie seine Zeit, und ein bisschen funktionierte er wie unsere sozialen Netzwerke heute: Wer Pop hörte, bekam mit, was da draußen los war, stand über die Musik mit seinen Freunden, den Popmusikern, in Kontakt und stellte sich über die Auswahl seiner Favoriten selbst dar. Und, vielleicht das Wichtigste: Pop war Exklusiveigentum der Generation U30, seine Arithmetik verstanden nur Eingeweihte.

Die Sixties hatten Blues, Folk, Country und europäische Einflüsse zu einer neuen Popmusik vereint und dafür gleichsam das kleine Einmaleins geschrieben. Die 70er machten sich nun daran, auf dieser Grundlage ein großes Einmaleins zu entwickeln, die manchmal noch kargen Skizzen der 1960er zu üppigen Gemälden auszumalen, neue Genres zu definieren und dem Pop eine umfassende Grammatik zu schreiben.

So wurde das Jahrzehnt zur vielleicht fruchtbarsten Phase der modernen Popmusik: Da war das kalifornische Singer/Songwriter-Movement, das den Softrock späterer Jahre begründete; der Glamrock, der nicht nur Musiker wie David Bowie und Marc Bolan groß machte, sondern Impulse setzte für die weitere künstlerische Entwicklung des Pop überhaupt; der Punk, der neben Rotzlöffeln wie Sid Vicious auch visionäre Künstlerpersönlichkeiten wie Patti Smith, Elvis Costello und Joe Strummer hervorbrachte; Reggae-Prophet Bob Marley, die Elektropop-Pioniere Kraftwerk, Pink Floyd und ihr SciFi-Rock, die Boogie-Minimalisten von AC/DC und Rockgiganten wie Eagles, Fleetwood Mac und Elton John. Nicht zu reden von den vielen weiteren Subtrends und deren Helden: Classic Rock, Jazz Fusion, Blues-, Prog-, Southern- und Pubrock, Outlaw-Country, Funk, Blue-Eyed Soul, Folk und so weiter und so weiter.

Die Summe all dessen ergab ein umfangreiches und komplexes Erbe, ein Fundament, von dem der Planet Pop bis heute zehrt. Die Künstler dieser Dekade begründeten Trends an der Schnittstelle von Avantgarde und Mainstream und stellten Weichen für die Zukunft. Der elektronisch geprägte Pop der Gegenwart etwa wäre undenkbar ohne die Pionierarbeiten einheimischer Krautrocker; ebenfalls in die 70er fallen die Geburt der heute allgegenwärtigen Hip-Hop-Kultur und auch die des Metal-Genres, dessen vielfältige Ausformungen die Rock- und Festivalkultur der Gegenwart prägen – sehr zur Freude einer Freizeitindustrie, die mit entsprechenden Events und Lifestyle-Accessoires Millionensummen scheffelt.

Gleichzeitig aber war Pop auch in den 1970er Jahren bereits eine Kultur, die nur zu gerne die eigene Geschichte feierte. Als John Lennon 1969 mit ein paar Freunden bei einem Rock-'n'-Roll-Festival in Toronto auftrat und statt neuer Songs Chuck-Berry-Klassiker zum Besten gab, begann die Popmusik, einen nostalgischen Blick in den Rückspiegel zu werfen. Ab jetzt kam sie ohne Zitate, Bezüge und Verweise auf die Sternstunden von einst nicht mehr aus.

Als Simon & Garfunkel das neue Jahrzehnt mit ihrer sakralen Ballade »Bridge Over Troubled Water« begrüßten, hätte kein Song besser gepasst als dieser. Mit melancholischer Grandezza trocknete er die Tränen für die Toten

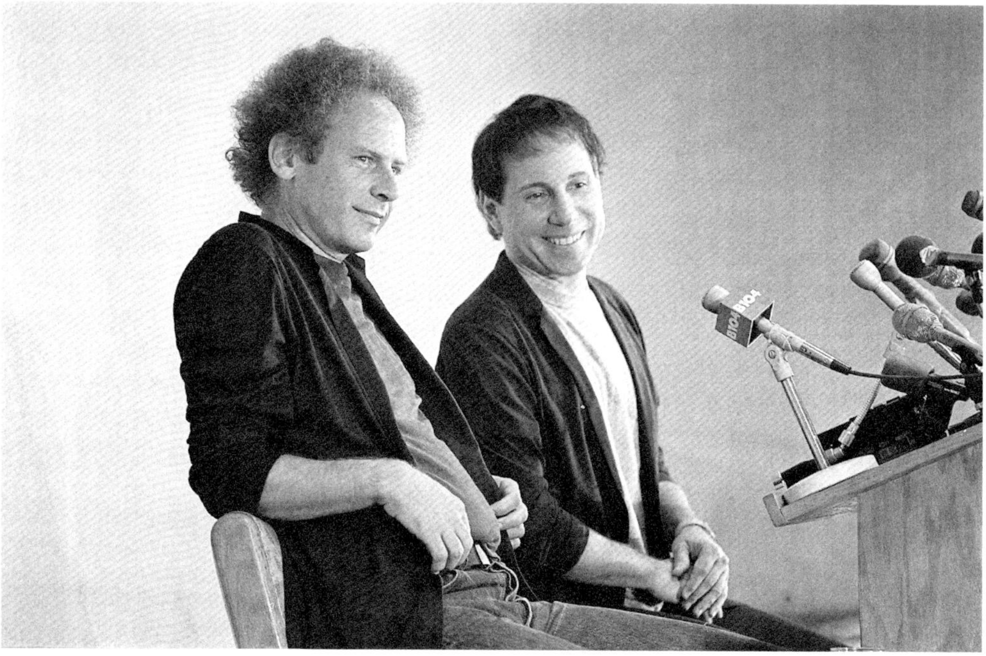

Trost und Zuversicht: Zum Beginn des Jahrzehnts gelang Simon & Garfunkel mit der Ballade »Bridge Over Troubled Water« ihr letzter Nr.-1-Hit in den USA.

der 1960er Jahre, mit spiritueller Kraft spendete er Trost und Zuversicht angesichts der zerbrochenen Illusionen der Generation Hippie. Sechs Wochen lang thronte »Bridge Over Troubled Water« seit dem 28. Februar an der Spitze der Billboard-Charts. Abgelöst wurde der Song am 11. April durch »Let it Be« von den Beatles, die passenderweise am Tag zuvor offiziell ihr Ende verkündet hatten.

Die drei großen Symbolfiguren der Hippie-Ära waren zu diesem Zeitpunkt noch lebendig: Jimi Hendrix hatte gerade in Woodstock abgeräumt und dort mit seiner Dekonstruktion der amerikanischen Nationalhymne gezeigt, dass Rockmusik mit ihren ureigenen Mitteln große Kunst schaffen konnte; Janis Joplin, die schillernde Queen des Bluesrock-Underground, wartete noch auf ihren endgültigen Durchbruch im Popsegment; und Jim Morrison, Leadsänger der Doors und attraktivstes Sex-Symbol der weißen Gegenkultur, schien als Dichter und Hohepriester des Sex für den Aufbruch seiner Generation in das befreite Zeitalter des Wassermanns zu stehen. Niemand konnte damals ahnen, dass diese drei Stars keine 18 Monate nach dem Beatles-Split tot sein würden. Und mit ihnen der Nimbus von Love & Peace. Was also würden die 70er aus den rauchenden Trümmern der 60er machen?

Musik und Konsumkultur

Die musikalische Geschichte dieses Jahrzehnts ist die von Helden und Opfern, von Dramen und Triumphen. Genauso aber ist sie auch die Geschichte von Mittelmaß und Langeweile. Nehmen wir das Jahr 1976: Jeder Chronist wird als bedeutendste Entwicklung des Jahres die Konstituierung des internationalen Punk-Movements betrachten, die ersten Konzerte der Sex Pistols, die Gründung wichtiger Bands wie The Clash und den Aufbruch junger Künstler in New Yorker Clubs wie dem CBGB. All dies sorgte schließlich dafür, dass in der Popkultur danach nichts mehr war wie zuvor.

Wahrgenommen wurde diese künstlerische Revolution zu diesem Zeitpunkt aber höchstens in Undergroundzirkeln. Der Mainstream, der das Bild von Millionen Fans prägte, blieb davon unberührt. In der Bundesrepublik hießen die Hits des Jahres 1976 »Let Your Love Flow« von den Bellamy Brothers, »Ein Bett im Kornfeld« von Jürgen Drews, »Dancing Queen« von ABBA und »Daddy Cool« von Boney M. Vom Mai bis zur Weihnachtswoche, also über den Zeitraum von mehr als einem halben Jahr (!), wechselten sich diese vier Platten an der Spitze der Hitliste ab. Lediglich ein gewisser David Dundas konnte diese Dominanz mit seinem einzigen Hit »Jeans On« (der quasi aus Versehen zum Hit geworden war, handelte es sich doch um einen Song, der ursprünglich als Werbejingle komponiert worden war) für eine mickrige Woche unterbrechen. Die Sex Pistols und sonstige Helden des aufziehenden Punk-Gewitters hörte 1976 jedenfalls noch kein Mensch, weder in der Bundesrepublik noch in England. Impulse, die an den Rändern der Popkultur und in deren Underground entstehen, brauchen ihre Zeit, bis sie die Oberfläche beziehungsweise den Mainstream erreicht haben. Punk erzeugte beispielsweise in der Bundesrepublik frühestens 1977/78 erste Resonanz in den Medien und fand erst danach nennenswerte Aufmerksamkeit auch bei einem breiteren Publikum: Die erste Band aus dem Punk-Umfeld, die es in die deutsche Singles-Top-Ten schaffte, war im Mai 1978 Blondie mit »Denis«.

Und auch der Blick in die Charts zeigt nur die halbe Wahrheit. Denn abgebildet wird in den Hitlisten nur die aktuell produzierte Musik, die sich auf Tonträgern am besten verkauft, und nicht die Musik, die bereits in den Haushalten und den Senderarchiven vorhanden ist. Unberücksichtigt bleibt in einer Hitstatistik zudem, was bei Tanzveranstaltungen, Schützenfesten, in Bierzelten und bei Geburtstagsfeiern gespielt wird und den Alltag der Menschen vermutlich nachhaltiger prägt als kurzlebige Hits. Als Schlaghosen und Koteletten angesagt waren und der VW-Käfer das Straßenbild beherrschte, drehten sich auf den Plattenspielern eben auch James Last, die Donkosaken und Willy Schneider. Black Sabbath, Bob Marley und Pink Floyd natürlich auch, aber nur in Teenagerzimmern.

Jugendliche und junge Erwachsene entwickelten ihre eigene musikalische Konsumkultur, denn für sie war Pop nicht nur wichtig, sondern, wie es Kurt Kister einmal in der *Süddeutschen Zeitung* formulierte, »lebenswichtig«[1].

Ihren Platten und Helden räumten sie im Wortsinne mehr Platz in ihrem Leben ein, als dies im heutigen Zeitalter des Streamings der Fall ist: Langspielplatten erforderten Lagerraum, also mindestens ein Regalbrett, zumindest solange man nur ein Dutzend davon besaß. Sammler dagegen benötigten ganze Regale. Eine Schallplatte konnte dem Besitzer ans Herz wachsen, weil sie nach x-maligem Abspielen verkratzt war und knisterte oder weil das besonders schöne Cover an den Rändern schon ein wenig angefleddert war, da es so oft ins Regal gequetscht und wieder herausgezogen worden war. Zum Abspielen war zudem eine mitunter teure Musikanlage notwendig, entweder als ausladendes Kompaktmodell von Dual, Saba oder Braun oder mit separaten Komponenten wie Verstärker, Plattenspieler, zwei Lautsprecherboxen (je größer, desto besser) und gegebenenfalls einem Tonbandgerät (das seinen Besitzer als engagierten und technisch kompetenten Musikfreak auszeichnete). Überdies erforderte die Auseinandersetzung mit Musik einen hohen Zeitaufwand. Mixtapes entstanden, indem man die Tracks sorgfältig aussuchte, ihre Laufzeit exakt ausmaß, die Songauswahl dann in Echtzeit auf eine Audiokassette aufnahm und zu guter Letzt das Cover mehr oder weniger hübsch beschriftete. Was heute mit wenigen Klicks in Minuten erledigt ist, beanspruchte seinerzeit ganze Nachmittage. Ganz abgesehen davon, dass man Musikstücke aus dem Radio zumeist mit Hilfe vor dem Lautsprecher platzierter Billigst-Mikrophone aufnahm. Dabei musste man ständig damit rechnen, dass irgendjemand ins Zimmer platzte und irgendetwas wollte, womit die schöne Aufnahme dahin war und man also darauf hoffen musste, denselben Song bei nächster Gelegenheit aus dem laufenden Programm zu »fischen«. Die mit alledem einhergehende Affektbindung und Identitätsbildung – wer diesen Aufwand betrieb, war ein echter Musikfan und -kenner – ist im Zeitalter des Streamings und der mobilen Abspielgeräte praktisch weggefallen. Außerdem war Rock die erste Musik in der Geschichte, die per definitionem *laut* gehört wurde, was zur Abgrenzung von Nichteingeweihten, also den Erwachsenen, beitrug.

Pop und Rock waren in den 70ern längst noch nicht Massen-, sondern Minderheitenprogramm. Folglich fanden sie bis weit in das neue Jahrzehnt hinein auch im öffentlichen Raum kaum statt. Weder wurden sie zur Dauerberieselung im Supermarkt eingesetzt, noch dienten sie als flächendeckende Klangtapete in den Medien. Sie wurden nicht der Werbung unterlegt, und auf Stadtfesten spielten statt Rock-Coverbands in aller Regel Dixieland-Kapellen. Zu hören waren die neuesten Hits höchstens bei Kirmes- und Jahrmarktveranstaltungen, wo sie für Fahrgeschäfte wie Raupe und Autoscooter ein junges Publikum anlocken sollten. In den Pausen zwischen Sweet und Gary Glitter aber wehten vom Riesenrad oder der nächsten Schießbude verlässlich auch die Schnulzen von Bata Illic und Peter Alexander herüber. Selbst die klassische Kirmesorgel tönte noch lautstark durchs Getümmel, und das nicht etwa als nostalgische Reminiszenz an die gute alte Zeit, sondern als selbstverständlicher Bestandteil der Kulisse.

Wer Popmusik hören wollte, musste sich Platten kaufen oder jemanden besuchen, der welche besaß. Die aus wenigen, dafür einflussreichen Magazinen bestehende Musikpresse wirkte dabei als Filter und Geschmackskompass. Hefte wie der *Rolling Stone*, *Creem*, der englische *Melody Maker*, ab 1972 auch der *NME* (*New Musical Express*) und das deutsche Magazin *Sounds* versorgten ihre Leser mit den nötigsten Musikinfos und dienten als Forum für Geschmacksentwicklung und die Verbreitung der korrekten Gegenkultur-Ideologie. Das Radio entfernte sich in den USA seit der Einführung des FM-Formats (entspricht dem europäischen UKW) von der reinen Hitformatierung und spielte auch anspruchsvolle Albumtracks. In Europa begriffen die öffentlich-rechtlichen Sendeanstalten um die Jahrzehntwende, dass sie ihre Programme auch auf die spezifischen Bedürfnisse junger Hörer zuschneiden mussten. Ab etwa 1969 begegnete man im Radio vermehrt journalistischen Magazinsendungen, die sich mit den Entwicklungen der Pop- und Rockmusik beschäftigten. Beim bundesdeutschen Fernsehen dagegen blieben Formate wie *Beat-Club*, *Disco*, *Musikladen* und *Plattenküche* noch bis zum Ende der 1970er Jahre die Ausnahme: Pop war TV-Mangelware.

Und es gab die Plattenläden selbst. Zu Beginn des Jahrzehnts koppelten sich die Plattenabteilungen von ihren Muttergeschäften, in der Regel war das der Elektrofachhandel, ab, zogen in eigene Läden und wurden auf diese Weise zum einflussreichen Teil der jugendlichen Subkultur. Ein Beispiel: Bernd Dopp, heute Chef von Warner Music und einer der wichtigsten Macher in der internationalen Musikbranche, begann seine Laufbahn in den frühen 1970er Jahren im Plattenhandel. Er erinnert sich:

> Anfang der 1970er Jahre war die Preisbindung für Schallplatten aufgehoben worden. Bis dahin musstest du für eine Langspielplatte 22 Mark hinblättern, jetzt konntest du plötzlich ein Album für 13,90 Mark kaufen. Und diese Läden waren sehr einfach gehalten, kaum Ausstattung, nur die Plattenkisten. Aber sie waren cool und Treffpunkte für Gleichgesinnte. Wenn du es geschafft hattest, Plattenverkäufer zum Beispiel bei Govi zu werden, einer der ersten Handelsketten, dann warst du fast schon selbst ein Mini-Rockstar, so ein hohes Prestige war mit diesem Job in der Jugendszene verbunden. Das Beste war, dass man die Platten mit nach Hause nehmen durfte. Und man lernte Mädchen kennen. Obendrein bekam man auch noch Geld dafür. Damals explodierte das Plattengeschäft umsatzmäßig und es ging steil aufwärts.

All dies plus die damals hierzulande noch karge Konzertszene bildete das Spielfeld, auf dem Popmusik stattfand.

Der verkürzte Mythos

Die musikalische Wirklichkeit der 1970er Jahre war im Übrigen eine andere als die, welche uns die Medien heute verkaufen. Denn Letztere wird naturgemäß beschränkt auf die Musik, die über den Tag hinaus blieb. Sei es, weil sie zum Ereignis wurde oder in der Nachbetrachtung als ein solches erscheint, weil sie die Hitparaden anführte, für Skandale sorgte, sie begleitete oder in der Rückschau zur Illustration augenfälliger Phänomene wie der Discomode taugt.

Das unvermeidliche Ergebnis solcher Praxis: Die reiche Blüte der Musikkultur der 1970er Jahre wird heute zumeist verkürzt auf ein paar wenige Namen, Songs und Schlüsselbegriffe – Bee Gees, Bowie, Punk und Ilja Richter. In TV-Dokumentationen sehen wir immer wieder dieselben ikonographischen Bilder: Ein bisschen ABBA, ein bisschen Smokie, vielleicht noch Bob Marley und *Saturday Night Fever*, dazu Willy Brandts Kniefall in Warschau, der autofreie Sonntag, Dutschkes Abschiedsgruß am Grab des RAF-Hungerstreik-Opfers Meins (»*Holger, der Kampf geht weiter!*«) und die Befreiung der Landshut in Mogadischu. Abgeschmeckt wird das Ganze mit ein paar Schlaghosen, Plateaustiefeln, Bonanzarädern und der unvermeidlichen Alice *Emma* Schwarzer – fertig ist das Schaufenster auf ein schrilles Jahrzehnt. Bild und Ton werden verknüpft zum plakativen Seventies-Klischee, ein bisschen schrill, ein bisschen verrückt, ein bisschen sonderbar. Dazu hören wir die Playlists vom Streamingdienst unseres Vertrauens mit den immer gleichen Songs. Motto: »Dein Lieblingshit der 70er!«

Ein Beispiel: Am 6./7./8. September 2019 veranstaltete der WDR auf seinem vierten Hörfunkprogramm ein Siebziger-Wochenende für die Zielgruppe der Generation 50plus. Präsentiert wurde ausschließlich die Musik dieses Jahrzehnts. Dazu ein paar Zahlen: 72 Sendestunden standen zur Verfügung, gespielt wurden in diesem Zeitraum 708 Songs, ein paar davon doppelt (die Zahlen basieren auf den online einsehbaren Playlists des Senders; nicht mitgezählt sind hier die ausschließlich den acht bei den Hörern beliebtesten Alben der 1970er Jahre entnommenen Songs, die in der Nacht vom 6. auf den 7. September gespielt wurden). Es ergab sich ein Feuerwerk mit dem seit Jahren bewährten Repertoire, das dem Programm neben den Songs der 1960er und 1980er Jahre ohnehin das Fundament liefert. Von 1970 bis 1979 waren in den Top Ten der bundesdeutschen Singlecharts insgesamt 596 verschiedene Songs vertreten. 106 von ihnen haben es in diesem Jahrzehnt auf Platz eins geschafft. 77 von diesen Nr.-1-Hits, also etwa drei Viertel, hat WDR4 an besagtem Wochenende gespielt, verzichtet wurde lediglich auf allzu Volkstümliches (»Theo, wir fahrn nach Lodz«, Vicky Leandros), heute kaum noch sendefähige Novelty-Nummern (»Borriquito«, Peret) und das eine oder andere Stück, das offenbar nicht dem Sendeformat entsprach (»Whole Lotta Love« von Led Zeppelin und »Paranoid« von Black Sabbath). An diesem Wochenende waren also fast elf Prozent der gesendeten Songs Nr.-1-Hits. Wenn wir nun annehmen, dass der überwiegende Rest der gesendeten Songs zu jenen verbliebenen 490 Stücken gehört, die in diesen Jahren in den Top Ten oder wenigstens in den Top Twenty vertreten waren (die Playlist bestätigt das), dann darf man davon ausgehen, dass sich die Hörer und Hörerinnen an diesem Wochenende vor Überraschungen sicher fühlen konnten: Sie kannten so gut wie jeden gesendeten Song. Diejenigen, die alt genug waren, bereits seit einem halben Jahrhundert, jüngere Hörer allein schon durch den permanenten Wiederholungseffekt, den das auf größtmögliche Popularität angelegte Sendeformat mit sich bringt.

Ob das so sein muss, soll hier nicht diskutiert werden. Fakt ist: Was da und in anderen Sendern bei der Darstellung vergangener Epochen, egal ob im Radio oder im Fernsehen, stattfindet, könnte man eine mediale ABBAsierung der musikalischen Dekade nennen. Das eigentlich schillernde, vielfältige, vielschichtige und auch widersprüchliche Jahrzehnt wird auf einen launigen Nostalgie-Bilderbogen reduziert und verklärt zur Legende von der guten alten Zeit, als die Welt noch überschaubar, das Leben leicht und der Rock 'n' Roll sowieso viel besser war. Das Schwierige an der Sache: Man kann nicht ein zweites Mal zum ersten Mal auf dem Mond landen oder »Smoke on the Water« hören. Anders gesagt: Ihre spirituelle Kraft, ihre Faszination, ihren historischen Impuls kann Musik nur in ihrem zeitlichen Kontext entfalten. Ohne ihn wird sie allzu leicht zur Nostalgie und zur Honoratioren-Erzählung. Wobei Agnetha, Anni-Frid, Björn und Benny am wenigsten dafür können – sie haben nur ihre Musik gemacht, die zu gut war, um sie zu vergessen.

Gleiches gilt für den eingangs erwähnten Iggy Pop, der allerdings damals noch ein Undergroundmusiker und weit davon entfernt war, ein echter Star zu sein. Den Status als Punk- und Coolness-Ikone, der ihm den Job als Werbefigur der Deutschen Bahn eingebracht hat, verdankt er also weniger seinem konservierten Seventies-Ruhm als einer nachträglichen Glorifizierung, die vermutlich mehr mit dem Zeitgeist des neuen Millenniums als mit den Heldentaten von einst zu tun hat. Pop ist ein kluger und belesener Mann, und er würde wohl sofort bestätigen, dass Rock 'n' Roll seinerzeit nicht das war, als das er heute verstanden wird, nämlich ein Synonym für ritualisierte Entgrenzung in einer durchformatierten und normierten Wohlstandsgesellschaft. Vielmehr war er die lautstarke Notwehr, das »Nein!« einer jungen Generation, die sich nicht länger an die durchgefaulten Moralkodizes ihrer Elterngeneration halten wollte. Sie suchte nach überzeugenden Alternativen und einem freien Leben mit selbstbestimmtem Wertesystem. Die Musik jener Epoche reflektiert diesen Prozess – lyrisch, ästhetisch, energetisch, dynamisch.

Zudem war die Musikindustrie damals noch weit entfernt von der unerbittlichen Multimillionen-Vermarktungs-Maschinerie späterer Jahrzehnte. Sie war jung, unfertig, sprunghaft und eine an allen Flanken offene Spielwiese für Verrückte, Hasardeure und Visionäre. Und sie war eine Wachstumsbranche, die nach vorne blickte und zumindest bis zum Ende des Jahrzehnts keine Krise kannte.

Geschichten und Geschichte

Wer Geschichte erzählen will, braucht Daten, Zahlen und Fakten. Und er braucht Geschichten. Auch wenn es kaum je einzelne Ereignisse sind, die als solche und allein den Gang der Dinge verändern, so sind es doch immer wieder Schlüsselmomente, in denen sich komplexe historische Prozesse verdichten. Die Weltgeschichte ist reich an Beispielen. Etwa jener unscheinbare Zettel, der die Welt veränderte: Er lieferte den Haken, an dem sich die Erzählung von Günter Schabowskis berühmter »Sofort, unverzüglich!«-Pressekonferenz vom 9. November 1989 in Ost-Berlin aufhängen ließ. Der Politiker las von seinem Notizzettel ein paar Wörter ab – und hatte in diesem Augenblick, ohne es zu ahnen, den Fall der Mauer eingeleitet.

Nicht anders funktioniert das in der Kultur- und natürlich auch der Musikgeschichte. Auch dort verdichten sich Entwicklungen zu sinnbildlichen Ereignissen, auch dort stehen die Namen einzelner Künstler für Geniestreiche, für Neuerungen und die Erfindung ganzer Genres. Dokumente, Gegenstände und Bilder können Umbrüche, Wendepunkte und Sternstunden symbolisieren. Gerade in den 1970er Jahren, einem Popjahrzehnt, das von einer Vielfalt künstlerischer, technischer und wirtschaftlicher Impulse geprägt wurde, lässt sich vieles auf solche nicht selten zufälligen Momente, auf Figuren und sogar Gegenstände verdichten.

Oft allerdings sind Bedeutung und Folgen dieser Momente auf Anhieb gar nicht erkennbar. Wer etwa hätte geglaubt, dass die Idee des Münchener Musikproduzenten Giorgio Moroder, sich bei seinem Komponistenfreund Eberhard Schoener einen Moog-Synthesizer für eine anstehende Plattenproduktion mit der Sängerin Donna Summer auszuleihen, dazu führen sollte, dass die Clubmusik auf Jahrzehnte hinaus revolutioniert wurde? Und immer wieder werden epochale Ereignisse auch begleitet vom Unverständnis ihrer Zeitzeugen. So zeigte sich das englische Musikmagazin *Melody Maker* nach der Uraufführung von Pink Floyds Meisterwerk THE DARK SIDE OF THE MOON im Londoner Rainbow Theatre am 17. Februar 1972, damals noch unter dem Titel DARK SIDE OF THE MOON: A PIECE FOR ASSORTED LUNATICS und ein Jahr vor der Veröffentlichung des Albums, einigermaßen irritiert. Der Kritiker des Blattes schrieb: »Es gab einige großartige musikalische Ideen, aber bei den Soundeffekten habe ich mich gefragt, ob ich versehentlich in den Vogelkäfig des Londoner Zoos geraten bin.«[2]

Dieses Buch erzählt die musikalische Geschichte der 1970er Jahre nicht zuletzt anhand ihrer Geschichten. Schlaglichtartig erhellen sie ihre Zeit, deren Denken und Geist, lassen uns historische Momente erleben, in denen sich Entwicklungen vollziehen und Ideen Bahn brechen. Gleichzeitig zoomen wir mit der Kamera aus dem jeweiligen Geschehen wieder heraus und betrachten es vor seinen zeitgeschichtlichen Kulissen. Dabei entsteht naturgemäß keine Enzyklopädie, sondern ein buntes Kaleidoskop, das sich erst in der Summe seiner Teile zum Ganzen runden kann. Selbstverständlich beschränkt diese Erzähl-

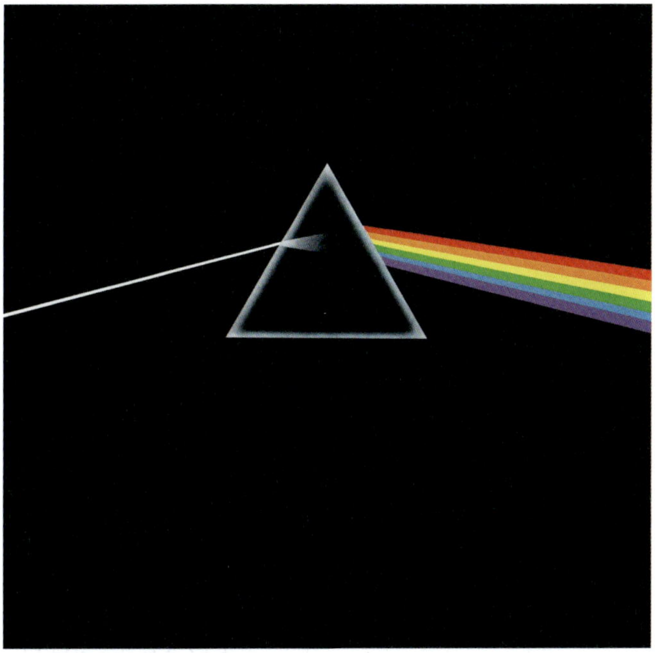

»Im Vogelkäfig«: Nicht jeder musikalische Impuls stößt auf Anhieb auf Verständnis – so zeigte sich die Kritik anfänglich irritiert auch von Pink Floyds THE DARK SIDE OF THE MOON.

technik das Geschehen auf einzelne Figuren und Geschichten, und selbstverständlich erhebt sie nicht den Anspruch, eine umfassende historische Darstellung zu sein.

Natürlich kann hier nicht jede/r verdiente/r Musiker/in in der gebührenden Weise vorgestellt und nicht jeder stilistische Impuls mit der gebotenen Ausführlichkeit gewürdigt werden. Es ging mir darum, die großen, stilbildenden und einflussreichen Entwicklungsstränge zu beleuchten und gleichzeitig einigen bedeutenden Akteuren über die Schulter zu blicken, die untrennbar mit dem musikalischen Lauf der Dinge verbunden sind. Dabei sollten sie soweit möglich selbst zu Wort kommen. Schließlich waren sie dabei.

Ansonsten aber gilt: Nichts kann die emotionale Geschichte dieses Jahrzehnts besser erzählen als die Musik selbst. Und die führte über wilde Wasser.

70

4. Mai 1970 »Verdammt, die haben einen umgebracht!«

Singer-Songwriter und Softrock: Wie Los Angeles zur Welthauptstadt des Pop wurde

Es ist Mittagszeit an diesem Montag, wenige Minuten vor halb eins. Die Sonne steht hoch. Die Schatten sind kurz und die Bäume so früh im Jahr noch fast kahl. Wie stumme Zeugen wachen sie im Hintergrund des Geländes. Weiter vorn ein paar Menschen, auf der löchrigen Rasenfläche wirken sie wie erstarrt, unfähig, sich zu bewegen. In ihren Gesichtern Erstaunen, Verwirrung, Neugier und Entsetzen. Ihre Blicke sind auf einen Mann gerichtet, der reglos vor ihnen auf dem Asphalt liegt. Sein Kopf ist vom Betrachter weggedreht, zu sehen ist nur ein dichter, dunkler Haarschopf. Von dort schlängelt sich ein blutiges Rinnsal zum Bordstein. Er liegt auf dem Bauch, die Hände unter der Brust verschränkt, die Beine lang ausgestreckt. Hinter ihm kniet eine junge Frau, die Augen geschlossen, der Kopf zurückgeworfen, der Mund weit geöffnet. Den einen Arm hat sie vorwurfsvoll erhoben, mit dem anderen scheint sie sich an einem neben ihr stehenden Mann mit Fransenlederjacke und Chelsea-Boots festzuhalten. Das Mädchen – wie sich herausstellen wird, ist es die erst 14-jährige Mary Ann Vecchio aus dem Städtchen Opa-locka in Florida – schreit.

Das später mit dem Pulitzer-Preis ausgezeichnete Foto von John Filo wird am 4. Mai 1970 auf dem Campus der Kent State University in Ohio aufgenommen. Filo ist einer von rund 3000 Studenten, die sich an diesem Tag auf dem Gelände versammelt haben, um gegen den wenige Tage zuvor am 30. April von Präsident Nixon verkündeten Einmarsch der US-Truppen in Kambodscha zu demonstrieren.

Schon am vorausgegangenen Wochenende ist in dem kleinen Universitätsstädtchen der Teufel los gewesen. Angefangen hat es bereits am Freitag, dem 1. Mai, als mehr als 500 Studenten demonstrieren und die Polizei vergeblich versucht, die Versammlung mit dem Einsatz von Tränengas aufzulösen. Der Bürgermeister verhängt daraufhin den Ausnahmezustand und fordert beim Gouverneur ein Kontingent der Nationalgarde an. Die Studenten wiederum zünden ein altes Holzhaus auf dem Campus an, das für Offiziersanwärterkurse der Army reserviert ist. Als die Feuerwehr versucht, den Brand zu löschen, kommt es zu weiteren Auseinandersetzungen, in deren Verlauf Steine fliegen und Feuerwehrschläuche durchgeschnitten werden. Kurzum: Seit diesem Samstag eskaliert die Situation.

Chrissie Hynde, damals 18 Jahre alt und noch eine ganze Dekade entfernt von ihrem späteren Rockruhm mit den Pretenders, studiert im ersten Semester an der Kent State University und wird die Stimmung auf dem Campus später in ihrer Autobiographie *Reckless* beschreiben:

> Jeder, der in Kent wohnte, machte sich auf den Weg zum Unigelände. Die Atmosphäre war aufgeladen. Es fühlte sich gut an, unsere Ansichten über den Krieg deutlich zu zeigen. Unsere Stimme zählte, und wir fühlten uns verbunden mit unseren Brüdern und Schwestern im ganzen Land. Klare Sache![1]

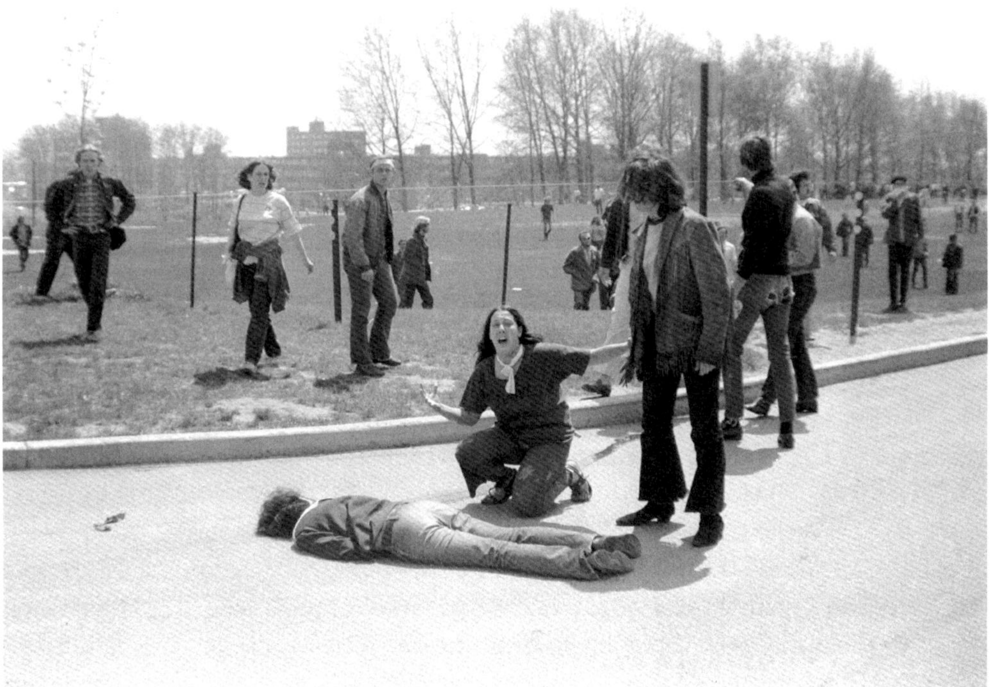

Four dead in Ohio: John Filos berühmtes Foto, entstanden am 4. Mai 1970 nach den tödlichen Schüssen während einer Demonstration an der Kent State University, Ohio.

Am Montagmittag dann findet eine erneute Demonstration statt. Circa 3000 Studenten sind zu diesem Zeitpunkt auf dem Gelände, etwa 500 bilden den harten Kern der Protestierenden. Die mit Bajonett-Schnellfeuergewehren bewaffnete Nationalgarde marschiert auf und bezieht Stellung auf einer Anhöhe. Chrissie Hynde ist vor Ort:

> Auf der leicht hügeligen Rasenfläche zwischen den Unigebäuden wimmelte es von Studenten. Noch nie hatte ich dort so viele Menschen gesehen. Zunächst konnte ich nicht erkennen, was noch von dem abgebrannten ROTC-Gebäude übrig war, und daher drängte ich mich durch die Menge. Dann hörte ich dieses Tatatatatatatatatatatat. Erst dachte ich, es wäre ein Feuerwerk. Eine geisterhafte Stille senkte sich über das Gelände. Bis auf einmal die Stimme eines jungen Typen zu hören war: »Verdammt, die haben einen umgebracht!«[2]

Nicht nur einen. Die Nationalgardisten haben plötzlich und ohne Vorwarnung mit scharfer Munition gezielt in die Menge der Studenten geschossen. Bei der späteren Untersuchung der Vorfälle wird festgestellt, dass innerhalb von 13 Sekunden 67 Kugeln abgefeuert wurden, vier von ihnen tödlich. Zu den Todesopfern zählen die an der eigentlichen Kundgebung unbeteiligten Studenten Sandra Scheuer und William Knox Schneider, die sich gerade auf dem Weg zu einer Vorlesung befanden. Allison Krause und Jeffrey Miller dagegen gehören zu den Demonstranten. Ermittlungen ergeben, dass die Opfer durchschnittlich mehr als 100 Meter von den Schützen der Nationalgarde entfernt gewesen waren. Weitere neun Studenten werden bei der Schießerei zum Teil schwer verletzt.

Die 23-jährige Patti Smith, die sich in diesem Frühling ein paar hundert Meilen weiter östlich in der New Yorker Hipsterszene rund um Andy Warhols Factory herumtreibt, besucht an diesem Tag das Max's Kansas City in Manhattans Park Avenue. Lakonisch kommentiert die spätere Rockpoetin die Stimmung an jenem Abend in ihrer Autobiographie: »Es galt als ausgemacht, dass die Regierung korrupt und der Vietnamkrieg falsch war, aber nun lag das Leichentuch der Kent State University über der ganzen Vorstellung, es wurde kein guter Abend.«[3]

»Eine Nation im Krieg mit sich selbst«

Seit Jahren schon führten die Vereinigten Staaten diesen Krieg auf der anderen Seite des Erdballs, zunächst in Vietnam, nun also auch in Kambodscha, und niemand wusste, wofür das gut sein sollte. Der männliche Teil der Jugend musste mit Erreichen des 18. Lebensjahres jederzeit damit rechnen, von Uncle Sam in die Army gezwungen zu werden. Und das oft genug mit Hilfe fragwürdiger Auswahlkriterien. Prominente Weiße, etwa Senatorensöhne und Film- oder Sportstars, konnten ruhiger schlafen als gewöhnliche junge Männer.

Nicht nur in den USA, spätestens seit 1967 auch im Rest der westlichen Welt, sogar in Japan, war die Generation der Babyboomer aufgestanden, um ihren Protest gegen diesen schmutzigen Krieg lautstark zu artikulieren und dessen rasches Ende zu fordern. Erreicht hatte sie nichts, selbst die massenhaften und gewalttätigen Ausschreitungen des berüchtigten 1968er Jahres hatten nicht viel mehr gebracht als eine Zuspitzung des Konflikts, in dem sich das Establishment als ein zu starker Gegner erwiesen hatte. Ende 1968 war der Republikaner Richard Nixon zum neuen US-Präsidenten gewählt worden, und der sollte sich als letzter Sargnagel auf den Hoffnungen der Hippie-Generation erweisen. Zwar hatte Nixon bei seinem Amtsantritt versprochen, den Krieg keinesfalls auszuweiten und sich stattdessen um einen »anständigen Frieden« zu bemühen. Nun aber marschierten US-Truppen in Kambodscha ein, weil dort angeblich jede Menge Vietcong-Partisanen untergetaucht waren.

Im Frühling dieses Jahres 1970 standen die USA am Rande eines Bürgerkrieges. Der Generationenkonflikt, ein Clash zwischen Alt und Jung, zwischen dem Gestern und dem Heute, zwischen Macht und Moral, war in der Mitte der amerikanischen Gesellschaft angekommen. Hatte man die seit den 1950er Jahren schwelenden und spätestens im Sommer 1967 offen ausgebrochenen Rassenunruhen noch als ein Problem der afroamerikanischen Bevölkerung ausblenden und den rustikalen Polizeieinsatz gegen protestierende Studenten beim Parteikonvent der Demokraten in Chicago als eine bedauerliche, aber einmalige Entgleisung in der Auseinandersetzung mit einer radikalisierten Minderheit abtun können, so war inzwischen einfach zu viel passiert, um sich weiterhin behaglich im Sessel zurückzulehnen. Und vielen dämmerte, dass irgendetwas an diesem Krieg ziemlich faul war. Die Zweifel an seiner moralischen Berechtigung wurden massiv, und sie beschränkten sich nicht mehr nur auf jugendliche Dropouts und weltfremde Hippies.

Als dann vier unschuldige Studenten tot auf dem Campus der Kent State University lagen, schien der Vietnamkrieg im eigenen Land angekommen zu sein. Fernsehen, Zeitungen und sonstige Medien berichteten. Und sie zeigten Fotos, auch das von John Filo. In den nächsten Tagen wurden rund 450 der rund 2100 Colleges und Universitäten des Landes bestreikt. An manchen kam es im Rahmen von Demonstrationen zu weiteren Zusammenstößen mit den Behörden, so etwa in New York, wo es beim sogenannten »Hard Hat Riot« mehr als 70 Verletzte gab. Statt die Wogen zu glätten, goss Präsident Nixon nun auch noch Öl ins Feuer, indem er zu den Vorgängen in Kent wenig einfühlsame Kommentare gab und im Zusammenhang mit den Demonstranten von »Bums« (deutsch etwa »Penner« oder »Gammler«) sprach. Der Vater von Allison Krause, einer der in Kent zu Tode gekommenen Studentinnen, sah sich genötigt, im nationalen Fernsehprogramm klarzustellen: »Meine Tochter war keine Gammlerin.«

Die vietnamkritische Öffentlichkeit schäumte vor Wut. Am 9. Mai dann kam es in Washington D.C. zu einer Massenkundgebung gegen den Vietnamkrieg und die Schüsse von Kent. Rund 100 000 Menschen nahmen teil. Am Rande der Veranstaltung gingen nicht nur ein paar Fensterscheiben zu Bruch, wie sich Nixons damaliger Redenschreiber Ray Kent später erinnerte:

> Die Stadt war ein bewaffnetes Lager. Der Mob warf nicht nur Scheiben ein, schlitzte Reifen auf und schob Autos auf Kreuzungen, sie warfen sogar Federbettgestelle von Überführungen hinunter in den fließenden Verkehr. Das war ihr Statement, Studentenprotest. Das ist kein Studentenprotest, sondern Bürgerkrieg.[4]

Und Nixon-Berater Charles Colson notierte: »Das hier ist eine Nation im Krieg mit sich selbst.«[5] Nixon selbst hatte es aus Sicherheitsgründen vorgezogen, sich für zwei Tage an seinen Urlaubssitz Camp David fliegen zu lassen. Der Präsident hatte sich aus der Schusslinie entfernt. Chrissie Hynde erinnert sich an den Freund ihrer Freundin Cindy, den John Filo fotografiert hatte: »Jeff Miller blieb jedoch da. Er konnte nicht mehr aufstehen, sondern lag am Boden, das Gesicht nach unten. Blut strömte aus seinem leblosen Körper und rann in die nächste Gosse.«[6]

Bis heute wurde niemand für die Morde zur Verantwortung gezogen. Und es bleibt weiterhin ungeklärt, ob die Gardisten aus eigenem Antrieb oder auf Befehl hin geschossen haben.

Stadtschreier der Gegenkultur

Nicht nur in den großen Metropolen des Landes hatte sich in Windeseile herumgesprochen, was in Kent passiert war, die Nachricht drang auch in die abgelegeneren Ecken des Landes. Zum Beispiel nach Pescadero, Kalifornien, eine gute Autostunde südlich von San Francisco gelegen. Im Westen des kleinen Ortes, in dem nur ein paar hundert Seelen leben, rauschen die Wellen des Pazifiks gegen die felsige Küste, östlich erheben sich die sanften Hügel des Butano State Parks mit ihren dichten Wäldern. Steve Cohen besitzt dort eine Jagdhütte, und im Mai des Jahres 1970 bekommt er Besuch von seinen beiden Chefs. Cohen verdient sein Geld als Beleuchter bei Rockkonzerten, und zu dieser Zeit gehört er zur festen Crew der neuen Supergroup Crosby, Stills, Nash & Young.

Für die Band hätte es in diesem Frühling nicht besser laufen können: Im März ist ihr zweites Studioalbum DÉJÀ VU erschienen, für das bereits zwei Millionen Vorbestellungen eingegangen waren. Prompt rollt das Werk die US-Hitlisten von hinten auf, in der dritten Maiwoche löst es BRIDGE OVER TROUBLED WATER von Simon & Garfunkel auf Platz eins der Billboard-Charts ab. Für den Frühsommer ist eine umfangreiche US-Tournee angesetzt. Zuvor aber wollen David Crosby und Neil Young noch ein paar Tage lang ausspannen. Sie fahren nach Pescadero, um dort Kraft in der Natur zu tanken. Es ist der 20. Mai 1970. Graham Nash berichtet in seiner Autobiographie *Wild Tales*:

> Die beiden hatten einen Ausflug nach Butano Canyon unternommen, um einen fetten Joint zu rauchen und die Riesenmammutbäume zu bewundern. In der Zwischenzeit war Steve Cohen zum Einkaufen auf dem Markt gewesen und kam mit einer Zeitschrift zurück, in der John Filos legendäres Foto von einem Mädchen abgedruckt war, das neben einem erschossenen Kommilitonen kniet. Croz (Crosby) schaute es sich mit wachsendem Schrecken an und reichte die Zeitschrift dann an Neil weiter, der seine Gitarre nahm, hinaus in die Wälder ging und eine halbe Stunde später mit einem fantastischen neuen Song zurückkam: »Ohio«. Er änderte nichts mehr daran, glättete ihn nicht. Der fertige Song entsprach seiner unmittelbaren Reaktion auf den Vorfall. Croz rief mich an und sagte: »Wir müssen alle sofort ins Studio.«[7]

Schon am nächsten Abend stehen David Crosby, Stephen Stills, Graham Nash und Neil Young zusammen mit ihrer Rhythmusgruppe – Calvin Samuels (Bass) und Johnny Barbata (Drums) – im Record Plant Studio in Los Angeles und nehmen »Ohio« auf.

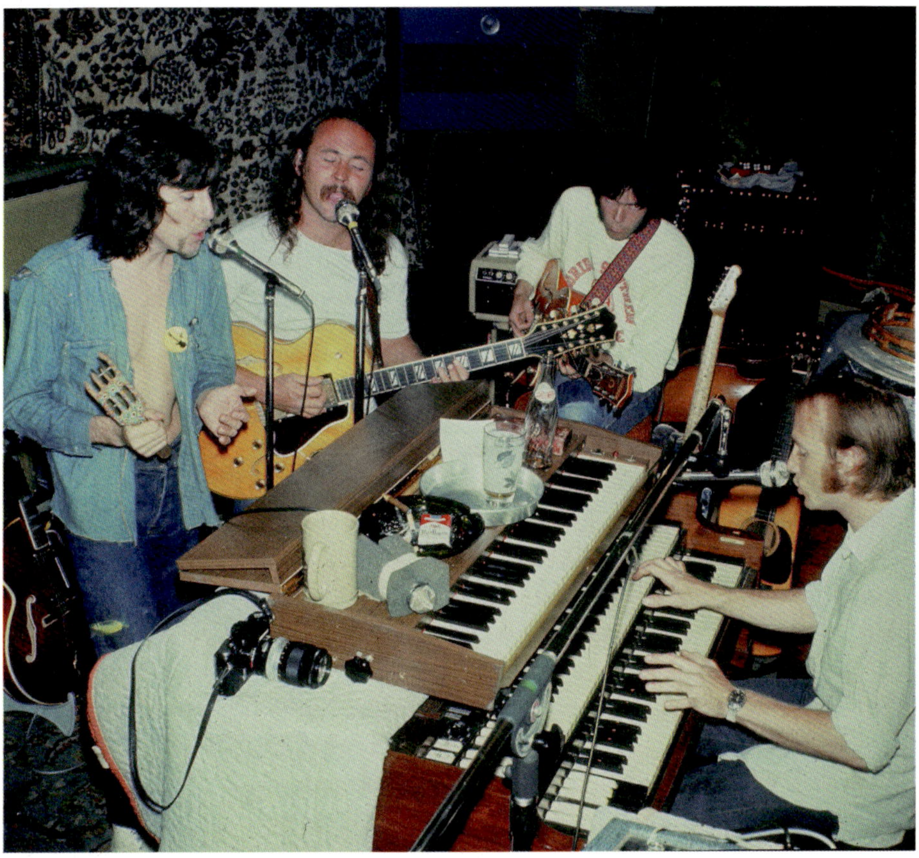

Künstler als Chronisten: Neil Young (2. v. r.) schrieb »Ohio« über das Kent-State-Massaker und nahm den Song mit Graham Nash (l.), David Crosby (2. v. l.) und Stephen Stills (r.) auf.

Dabei verzichten sie auf überflüssigen Aufwand, nach wenigen Takes ist der live gespielte Song im Kasten. Als B-Seite für die geplante Single spielen sie noch Stills' neue Komposition »Find the Cost of Freedom« aufs Band. Anschließend ziehen sie wieder von dannen.

> Tin soldiers and Nixon coming,
> We're finally on our own.
> This summer I hear the drumming,
> Four dead in Ohio.
>
> Gotta get down to it
> Soldiers are gunning us down
> Should have been done long ago.
> What if you knew her
> And found her dead on the ground
> How can you run when you know? […]

Am nächsten Abend spielt die Band dem zufällig gerade in L.A. weilenden Ahmet Ertegun, Boss des CSN&Y-Labels Atlantic Records, die Aufnahmen vor, verbunden mit einer dringenden Bitte. Nash:

> »Wir wollen die Platte sofort veröffentlichen«, sagten wir. »Der Skandal ist einfach zu groß. Das Land hat angefangen, seine eigenen Kinder zu erschießen. Alles gerät außer Kontrolle.« »Aber ›Teach Your Children‹ ist gerade auf dem Weg auf Platz eins der Charts«, sagte er. »Scheiß drauf!«, sagte ich. Er schaute mich ungläubig an. »Graham, du wirst damit einen Tophit haben!« »Mir egal. Scheiß drauf.«[8]

Ertegun lässt sich überzeugen. Persönlich sorgt er nun dafür, dass die neue Single nur zwei Wochen später in den Läden steht. Mit einem Cover im Übrigen, auf dem die amerikanische Bill of Rights (sozusagen das amerikanische Grundgesetz) abgedruckt ist. Nash und seine Mitstreiter sind stolz, denn sie empfinden sich als »Stadtschreier, die laut riefen: ›Es ist zwölf Uhr, und nichts ist in Ordnung.‹«[9] Und als solche werden sie in ihrer Generation auch wahrgenommen. Noch einmal Patti Smith, die Crosby, Stills, Nash & Young am 5. Juni 1970 im New Yorker Fillmore East live erlebt:

> Die Band war wirklich nichts für mich, aber von Neil Youngs Auftritt war ich ergriffen; sein Song »Ohio« hatte bei mir tiefen Eindruck hinterlassen. Für mich manifestierte sich in dem Song die Rolle des Künstlers als Chronist …[10]

Künstler als Stadtschreier? Popmusiker als Chronisten? Eine Idee, auf die weder Frank Sinatra noch Elvis Presley gekommen wären. Und selbst die Beatles hätten den Gedanken in ihren ersten Jahren weit von sich gewiesen. Dass Pop ein paar Jahre nach Sgt. Pepper sehr wohl – zwar nicht nur, aber oft genug – politisch war, hatte mehrere Gründe. Zunächst einmal: Die Zeiten waren nun mal aufgewühlt und geprägt von scharfen Auseinandersetzungen. Und die hatten ihre gemeinsame Wurzel, egal, worum es dabei konkret gerade ging, in einem grundsätzlichen Konflikt, dem Generationenkonflikt. Oder wie die Jungen das empfanden: dem von Gut gegen Böse.

Die Popmusik spielte dabei längst eine Rolle, die weit über ihre gewöhnliche Unterhaltungsfunktion hinausging. Dort, wo sie begann, hatten die Erwachsenen nichts mehr verloren. Ihre Welt endete da, wo das »Smoke on the Water«-Riff von Ritchie Blackmore und die Synthesizer-Sequenz von The Whos »Won't Get Fooled Again« ertönten. Hinter dieser Grenze lag das Reich der Jugendkultur, und die hatte nicht umsonst schon in den 1960ern formuliert: »Trau keinem über dreißig!« Die Musik artikulierte, was in diesem Reich vor sich ging, was dort gedacht und wie gefühlt wurde. Manchmal war sie großkotzig, manchmal albern, manchmal neurotisch und manchmal banal. Aber sie gehörte den Kids. Nicht jede Musik aber, die sich jung gab und in den Charts notiert war, kam an bei den Adressaten, deren Antennen für das, was man heute »Fake News« nennen würde, fein justiert waren. Da aber, wo Sound, Absender und Message ein schlüssiges Paket bildeten, funktionierte die Kommunikation. Nicht nur mit Hilfe der Songtexte, mindestens ebenso wichtig waren der emotionale, sinnliche, abenteuerliche und mitunter rüde Sound der Rockmusik und natürlich ihre schiere Lautstärke: »Play it loud« stand auf vielen Alben geschrieben. Allein das wirkte als Affront gegen die gepflegte Unterhaltungskultur der Generation 30plus.

So hatte der Pop der 1960er Jahre eine identitätsstiftende Kraft entwickelt, die er in dieser Form zuvor nie gehabt hatte, wenn man von dem kurzen Moment einmal absieht, als Elvis Presley in den mittleren 1950er Jahren auf den Plan getreten war. Da allerdings hatte sich die Revolte auf ein Teenagerpublikum beschränkt, das sich um politische Fragen nicht scherte. Nur allzu schnell und bereitwillig war der Mann aus Memphis dann auch in Hollywoods Arme gesunken, hatte alles Rebellische abgelegt und später keinen Hehl mehr daraus gemacht, dass er mit der Gegenkultur der nachgewachsenen Generation und mit deren Musik nichts anfangen konnte. Zwar war ihm 1968 eine erfolgreiche Rückkehr auf die Bühne und in die Charts gelungen, Einfluss auf die Popkultur aber hatte er da schon längst nicht mehr. Groovy war Elvis nicht.

Das waren zu Beginn der 1970er Jahre andere. Zum Beispiel Crosby, Stills, Nash & Young. Sie sangen von den Dingen, die auch im Leben ihres Publikums eine Rolle spielten. Vom Vietnamkrieg, von den Freuden des Drogenkonsums, von ihren Träumen und von ihren Ängsten – Themen, die im Pop erst in dem

Maß relevant geworden waren, als sich ein relativ erwachsenes Undergroundpublikum gebildet hatte, das die Sprache der Rockmusik verstand und sich in den Boy-meets-Girl-Märchen des Charthits nicht länger mehr wiederfinden konnte.

Die kalifornischen Beatles

Crosby, Stills, Nash & Young bedienten diese Klientel, die spätestens seit Woodstock ein mächtiger Marktfaktor geworden war, und sie waren auf diese Weise gleichsam zu den neuen Beatles geworden. Mit seinen Zottelmähnen und erdfarbenen Klamotten wirkte das Quartett allerdings so ganz anders als die Liverpooler. CSN&Y waren sanfter und tiefgründiger, vier grundverschiedene Typen, mit denen sich jeder Hippie identifizieren konnte. Da war der fröhliche Haudrauf David Crosby mit seinem verwegenen Walross-Schnauzbart, der scheue, geheimnisvolle Neil Young, der kühle, ein wenig mürrische Straßenrowdy Stephen Stills und der unkomplizierte Beau Graham Nash. Ein Muster, das erstaunliche Parallelen zu dem der Fab Four aufwies, dies allerdings rein zufällig, denn wenn es etwas gab, dem sich die neue Generation der amerikanischen Songkünstler verweigerte, dann war es das im Showbusiness praktizierte zielgruppengerechte Marketing. Was nicht hieß, dass die Besten dieser neuen Musikergarde nicht mindestens ebenso ehrgeizig gewesen wären wie ihre Vorgänger.

Zusammengekommen war diese unbestrittene First Brotherhood der jungen Musikszene, die sich in den Canyons von Los Angeles gesammelt hatte, im Herbst des Jahres 1968. Und die Umstände stehen beispielhaft für den Paradigmenwechsel, der sich zu dieser Zeit im Pop vollzog. Graham Nash, damals 26 Jahre alt, konnte als Gründungsmitglied der englischen Hollies bereits auf eine immens erfolgreiche Popkarriere zurückblicken. Die Band aus Manchester gehörte zu den neben Beatles, Rolling Stones und Kinks erfolgreichsten Exporten des britischen Beat-Booms. Spätestens 1967 aber hatte Nash von den stromlinienförmigen Hitparadensongs der Hollies (»Bus Stop«, »Jennifer Eccles«) die Nase voll, und der erklärte Dylan-Fan begann komplexeres Material zu schreiben. Dabei entfernte er sich lyrisch von den alten Klischees, verstand sich nicht länger als Dienstleister des Showbiz und betrachtete sich zunehmend als Künstler mit ernster und explizit politischer Message. Der Rest seiner Band aber beharrte auf dem bewährten Popkurs – mit der Folge, dass Nashs Songs, darunter auch einer mit dem Titel »Marrakesh Express«, der später zu den bekanntesten von CSN zählen sollte, von den Hollies abgelehnt wurden. Stattdessen fasste man den Plan, ein Album mit schwülstigen Popinterpretationen von Dylan-Songs einzuspielen. Nash empfand das als Sakrileg und zog im Spätsommer 1968 die Konsequenzen. Während eines Besuchs in Los Angeles im Haus seiner neuen Freundin, der soeben landesweit durchstartenden Sängerin und Songwriterin Joni Mitchell, traf er auf David Crosby und Stephen

Stills. Die drei entdeckten, dass ihre Gesangsstimmen aufs vorzüglichste miteinander harmonierten, und beschlossen daraufhin, gemeinsam Musik zu machen. Nash verließ die Hollies, und wenig später schon stand er mit Crosby und Stills im Plattenstudio.

Auch seine beiden Mitstreiter hatten 1968 bereits ihre Spuren in der US-Musikszene hinterlassen. David Crosby, geboren 1941, hatte zu den Gründungsmitgliedern der Byrds gehört, die mit »Mr. Tambourine Man« und »Turn! Turn! Turn!« die Blaupause für den amerikanischen Folkrock geschaffen hatten. Nach einem Streit im Sommer 1967 beim Monterey Pop Festival, wo er nach seinem Auftritt mit den Byrds auch bei den Kollegen von Buffalo Springfield auf die Bühne gestiegen war, hatte Crosby seinen Abschied eingereicht. Buffalo Springfield wiederum waren zu jener Zeit in Los Angeles das Ding der Stunde, hatten mit »For What it's Worth« einen landesweiten Hit gelandet und gezeigt, was alles ging, wenn man den englischen Beatles-Beat mit Folk, Country, Acidrock und dem Instrumentarium der modernen Studiotechnik kombinierte. Wie die Byrds wurde allerdings auch diese Gruppe von einem explosiven Duo geleitet: Stephen Stills und Neil Young. Lange konnte das nicht gutgehen, und 1968 brach die Band unter der Last ihrer Monster-Egos auseinander. Buffalo Springfield hatten zwar nur kurze Zeit existiert, ihr Einfluss auf die im Wandel begriffene Musikkultur der Westküste jener Jahre lässt sich dennoch kaum überschätzen.

Crosby hatte sich bald zur zentralen Figur der noch kaum flüggen L.A.-Szene gemausert. Umtriebig und notorisch gut gelaunt, kannte er bald jeden Musiker, der in die Stadt kam. Und das waren zu jener Zeit viele. Crosby hatte seine Fühler in alle Richtungen ausgefahren. Es war also nur eine Frage der Zeit, dass sich in seinem Dunstkreis Entscheidendes tun würde. Jackson Browne, damals 20 Jahre alter Newcomer und nach einem New-York-Aufenthalt gerade erst an die Westküste zurückgekehrt, beschrieb den Kollegen einmal so: »Er hatte diesen legendären VW-Bus mit Porsche-Motor drin, und das brachte es auf den Punkt – ein Hippie mit Power!«[11] Der Texaner Stephen Stills, damals 23 Jahre alt, zählte zu diesem Zeitpunkt ebenfalls zu den Szenefürsten rund um die Hollywood Hills. Er war kreuz und quer in den Staaten unterwegs gewesen und darüber zu einem der versiertesten Gitarristen, ausdrucksvollen Sänger und potenten Songwriter gereift.

Zum Ende des Jahrzehnts war die Zeit also reif für die erste Hippie-Supergroup. Mit ihrem im Mai 1969 veröffentlichten Debütalbum im Gepäck schafften Crosby, Stills & Nash dann auch bereits bei ihrem zweiten Auftritt überhaupt, dem Gastspiel beim Woodstock Festival im August desselben Jahres, den nationalen Durchbruch. Da allerdings waren sie schon zu viert: Neil Young war inzwischen zu dem Trio dazugestoßen.

CSN&Y führten die Herde an. Die sonnendurchfluteten, idyllisch in den Hügeln westlich von Hollywood gelegenen Canyons brachten eine bald kaum mehr zu überhörende Schwemme von jungen Musikern hervor. Eine der populärsten stilistischen Strömungen repräsentierten dabei zwei Bands, die versuchten, die Rockmusik mit dem bis dahin als reaktionär verachteten Erbe der Country-Music zu versöhnen: Poco und die Flying Burrito Brothers.

Letztere wurden angeführt von Gram Parsons, dem ebenso labilen wie vermögenden Spross einer Südstaaten-Familiendynastie, die ihr Geld mit dem Anbau von Zitrusfrüchten gemacht hatte. Sein Partner war Chris Hillman, ein Bassist, Gitarrist und Songwriter, der sich zu den zahlreichen Byrds-Flüchtlingen gesellt hatte, zu denen nach einem kurzen Gastspiel auch Parsons gehörte. Gemeinsam hatten die beiden die »Mr. Tambourine«-Truppe 1968 auf den Country-Geschmack gebracht und mit ihr das epochale Album SWEETHEART OF THE RODEO aufgenommen, das sich jedoch als kommerzieller Totalflop entpuppte.

Die Burritos jedenfalls gelten als die Ersten, denen eine schlüssige Formel dessen gelang, was als »Countryrock« in den folgenden Jahren zum Schlagwort wurde. Die andere Band, die dieses Genre prägte, Poco, wurde zwar schnell für ihre großartigen Konzerte berühmt, litt aber von Anfang an unter ständigen Personalwechseln. Sie ging dann auch in erster Linie als unerschöpfliches Talentreservoir für andere Bands in die Geschichte ein. Nicht wenigen erschien Countryrock zu Beginn der 1970er Jahre als das nächste große Ding. Letztlich aber blieb er eine Fußnote, auch wenn er als Idee großen Einfluss auf die damalige Szene ausübte und dazu als Startrampe für den Höhenflug der erfolgreichsten aller amerikanischen Bands, der Eagles, diente.

Als wesentlich langlebiger und kommerziell ergiebiger sollte sich dagegen das Konzept der Singer-Songwriter erweisen. Der sperrige Begriff benannte den entscheidenden Punkt: Es handelte sich um Sänger und Sängerinnen, die ihre Songs selbst schrieben. Natürlich hatte es das auch vorher schon gegeben, allerdings waren singende Songwriter bislang eher im Folk, Country oder Rockabilly beheimatet gewesen und im Pop kaum je aufgetaucht (Ausnahmen wie Buddy Holly bestätigen diese Regel). Mit Bob Dylan hatte sich das geändert. Inzwischen hatte der fruchtbare Humus der seit den 1950er Jahren florierenden Folkszene, die sich landauf, landab in den Coffeehouses der Universitäten und in den Clubs der großen und kleinen Metropolen tummelte, eine neue Generation von Musikern hervorgebracht. Sie schrieb ihre eigenen Lieder.

So unterschiedlich die Herkunft der Künstler sein mochte und so divers sie sich stilistisch präsentierten, eins war ihnen fast allen gemein: Ihre Songs schlugen einen neuen Ton an – privat, introvertiert, tendenziell leise und eindringlich. Nichtsdestotrotz gelegentlich auch aufmüpfig. Der Geist von

Woodstock war schließlich allgegenwärtig: »Gimme an F! Gimme a U! Gimme a C! Gimme a K! What's that spell?« Dennoch: Im Mittelpunkt der poetischen Betrachtungen stand klar das Ich. Zwar brachte diese neue Generation ihre Lieder noch immer vornehmlich mit Akustikklampfe oder am Klavier zu Gehör, reicherte sie dazu aber gerne mit Elementen aus Pop und Rock an – neben der elektrischen Gitarre und einer Rhythmusgruppe auch mit Keyboards und weiteren Instrumenten. Dennoch setzte man in der Performance auf Reduktion, verzichtete auf großes Besteck und stellte ganz gegen die alte Devise »It's the singer, not the song!« bewusst den Song selbst in den Mittelpunkt.

Damit trafen die Singer-Songwriter, wie sie bald genannt wurden, den Nerv eines desillusionierten Publikums. Die Toten des vergangenen Jahrzehnts, auch der in Altamont, wo die als Ordner angeheuerten Hells Angels einen 18-jährigen Konzertbesucher während eines Rolling-Stones-Konzerts erstochen hatten, waren nicht vergessen.

Und nun gab es schon wieder vier Tote, diesmal in Ohio, kaum dass das neue Jahrzehnt angefangen hatte. Die Rolling Stones sangen »Gimme Shelter«, und genau das war es, was die Generation Woodstock suchte: Schutz und Rückzug – »up against the wall, motherfucker!«[12] war gestern. Carole King, die wohl erfolgreichste Singer-Songwriterin jener Jahre, erinnert sich an die damalige Stimmung:

> Als wir auftauchten, war das eine kulturell turbulente Zeit mit großen Auseinandersetzungen zwischen den Generationen, und man konnte den Hunger nach diesem ganz persönlichen, vertraulichen Ding spüren, das wir machten.[13]

Und Jackson Browne ergänzt: »Die Leute waren an der Authentizität der Musiker interessiert, die ihre eigenen Songs schrieben und ihre eigenen Geschichten erzählten.«[14]

Ein Barhocker auf der Bühne und die alltägliche Hippiegarderobe reichten aus. Das Publikum legte Wert auf Echtheit – und das war weder eine Frage von Phonzahlen noch von Glamour. Die zurückhaltende Attitüde verlieh den Singer-Songwritern Glaubwürdigkeit: Neil Young oder Joni Mitchell entsprachen nicht dem Halbgott-Konzept, das die Rockmusik mit Supergockeln wie Jimi Hendrix, Jim Morrison, Mick Jagger und der schillernden Hippiequeen Janis Joplin etabliert hatte. Bei den neuen Songpoeten gab es kein aufwendiges Showspektakel zu sehen, stattdessen standen da Normalos, Menschen wie du und ich, auf der Bühne. Und die erzählten, was war und was man selbst empfand. Natürlich war das Ganze auch nur wieder eine Illusion, wenn auch eine schöne, denn weder Young noch Mitchell waren Menschen wie du und ich, dafür waren sie viel zu talentiert, zu ehrgeizig und zu charismatisch. Aber es funktionierte: Die Singer-Songwriter wurden nicht als unnahbare Showstars wahrgenommen, sondern als Brüder und Schwestern, die sich vom gewöhnlichen Publikum nur insoweit unterschieden, als sie eben Lieder schreiben und singen konnten.

Und noch etwas war neu: Inspiriert von starken Persönlichkeiten wie Judy Collins und Joan Baez, tauchten nun immer mehr junge Frauen auf den Clubbühnen auf. In der Rockmusik waren Erscheinungen wie Janis Joplin oder Grace Slick von Jefferson Airplane noch immer die Ausnahme, das Singer-Songwriter-Genre hingegen wurde bereits von Anfang an wie selbstverständlich auch von Frauen definiert. Zu den prägendsten von ihnen zählten um die Jahrzehntwende neben den bereits erwähnten Joni Mitchell und Carole King auch Laura Nyro, Lotti Golden und Melanie Safka.

Ihr Zentrum hatte die Bewegung im Szenetreff Troubadour in Beverly Hills gefunden. Der Club residierte auf dem Santa Monica Boulevard und bot neben einer gemütlichen Bar eine kleine Bühne und Platz für drei- bis vierhundert Leute. Zu der jungen Musikergarde, die dort regelmäßig auftauchte, gehörte auch ein baumlanger Kanadier, der 1966 aus Toronto nach Kalifornien gekommen war und bereits bei Buffalo Springfield angedeutet hatte, über welch großartiges Potential er als Songwriter verfügte. Neil Young war 23 Jahre alt, als er im Herbst 1968 sein erstes Soloalbum aufnahm. Den Deal bei Reprise Records hatte ihm sein umtriebiger, von der Ostküste stammender Manager Elliot Roberts besorgt. Youngs Musik erschien nun auf demselben Label wie die der zwei Jahre älteren, ebenfalls aus Kanada stammenden Joni Mitchell. Die beiden galten fortan als die wichtigsten künstlerischen Stimmen der Laurel-Canyon-Gemeinde.

Roberts stieg schnell zur bedeutenden Schlüsselfigur im Musikgeschäft von Los Angeles auf. Zusammen mit dem kleingewachsenen David Geffen, wie er selbst Spross einer jüdischen Kaufmannsfamilie aus New York City, gründete er 1970 Asylum Records. Alsbald sollte das Label die musikalisch noch eher heterogene Singer-Songwriter-Welle der ausgehenden 1960er Jahre zum weltweiten Softrock-Boom bündeln und spätere Weltstars wie Tom Waits, Jackson Browne, Linda Ronstadt und die Eagles hervorbringen.

Als Roberts und Geffen Asylum gründeten, waren sie beide 27 Jahre alt – als Musikmanager repräsentierten sie damit eine neue Spezies im US-Showgeschäft. Auch wenn sie selbst keine Hippies waren, so versuchten sie doch wenigstens, wie welche auszusehen und sich entsprechend zu benehmen. Im Unterschied zu den altgedienten Granden des Showbusiness verkehrten sie mit ihrer Künstlerklientel auf Augenhöhe – etwas, das im konservativen Musikbusiness der Ostküste noch kaum vorstellbar war. In Kalifornien dagegen rauchte man seine Joints gemeinsam, machte die Nächte zusammen durch und entspannte tagsüber in einem der zahlreichen Holzhäuser, die in den Künstlerkolonien des Laurel oder Topanga Canyon billig zu mieten waren.

Indes: Die Asylum-Macher Roberts und Geffen und ihr 23-jähriger Assistent Irving Azoff sowie die anderen Plattenfirmen-Executives, darunter die als Künstlerfreunde bekannten Mo Ostin und Lenny Waronker von Reprise Records, Joe Smith von Warner sowie Mamas-&-Papas-Ziehvater Lou Adler, vergaßen das Rechnen nicht. Sie wussten genau, was sie zu tun hatten, um ihre Schützlinge ins Rampenlicht zu bringen und dabei selbst auf ihre Kosten zu kommen.

Und sie alle, vorneweg der umtriebige Geffen und Kompagnon Roberts, hatten das Narrativ dieser jungen kalifornischen Szene verstanden und intuitiv begriffen, dass sie ihre Künstler groß machen konnten, wenn sie die damit verbundene Legende verkaufen würden: Die Jungs tragen Jeans, sind cool und sehen, um mit dem damaligen Edelgroupie Eve Babitz zu sprechen, allesamt aus »wie Jesus Christus nach einem Monat Palm Springs«; die Mädchen sind durch die Bank sanfte Elfen in luftigen Kleidern und mit wallendem Lockenhaar; jeder macht Liebe mit jedem und schreibt anschließend einen Song darüber; Drogen sind billig und immer vorrätig, dazu verfügt jedes Haus über einen Swimming Pool, und natürlich herrscht ewiger Sommer: California über alles, wie die Punkband Dead Kennedys eine Dekade später sarkastisch singen sollte. Und so weit von der Wahrheit war das Ganze schließlich nicht entfernt. So beschreibt Graham Nash in seinen Memoiren Stephen Stills' damaliges Haus als »multifunktionales Hippieparadies«[15], wo zwei immerzu unbekleidete Mädchen anwesend waren, »zwei unglaubliche Spielzeuge, die jederzeit jedem zur Verfügung standen, der Lust hatte, mit ihnen zu schlafen«.[16] Der Rest der Welt würde neidisch auf das Gelobte Land der Gegenkultur blicken und alle Platten kaufen, die dem Klischee entsprachen.

Talent gab es in diesem Paradies genug. An jedem Montag fand im Troubadour die »Hootenanny Night« statt. Bei dieser Open-Mic-Veranstaltung des Clubs durfte sich ein jeder auf der Bühne ausprobieren, der glaubte, etwas zu bieten zu haben. Vor den Augen der verschiedenen Labelmanager, die wie die Spinnen im Netz auf den nächsten Rohdiamanten warteten, erwarben sich hier jede Menge spätere Weltstars erste Sporen. Die Namen derer, die im Troubadour ihre Karriere starteten, liest sich wie ein Who's Who des Seventies-Pop: Tom Waits, Don McLean, Gordon Lightfoot, Judee Sill, Warren Zevon, John David Souther, Linda Ronstadt, Lowell George, Kris Kristofferson, Bonnie Raitt, Billy Joel und die Pointer Sisters sind nur die bekanntesten unter ihnen.

Zwar nicht als Musiker, wohl aber als Comedians weltberühmt wurden die »Hootenanny«-Kandidaten Steve Martin, Richard Pryor und das Duo Cheech & Chong. Sogar Elton John, von dem an anderer Stelle noch zu reden sein wird, verdankt dem Troubadour seinen Durchbruch: Am 25. August 1970 trat der Engländer dort zum ersten Mal auf. John, den da noch kein Mensch in den USA kannte, bestritt den Abend gemeinsam mit dem einheimischen Singer-Songwriter David Ackles (den seinerseits wiederum heute kein Mensch mehr kennt). Die begeisterte Reaktion des Publikums und die enthusiastischen Kritiken, die dem Engagement folgten, ergaben den Schub, der seine Weltkarriere in Fahrt brachte. Wenige Wochen nach seinen sechs Troubadour-Nächten wurde Elton John erstmals in den US-Charts notiert, und von da an ging es auch im Rest der Welt steil bergauf.

Am besten fasste die Lage im Los Angeles jener Jahre vielleicht Richard Davis, ein ehemaliger Beleuchter des Troubadour, zusammen: »Das Wohnzimmer der Szene war das Troubadour, das Schlafzimmer der Laurel Canyon, und Marihuana war die Kirche.«[17] Und Kokain, das zu dieser Zeit die neue Modedroge der L.A.-Szene wurde, war, um im Bild zu bleiben, so etwas wie der Tabernakel auf dem Altar.

Der Höhenflug der Kokain-Cowboys

Zu den ehrgeizigsten Mitgliedern der Gemeinde zählten Glenn Frey und Don Henley, beide Anfang zwanzig und blendend aussehend. Frey war aus Detroit und Henley aus Texas an die Westküste gekommen. Die zwei wollten Stars werden, verfügten über das erforderliche Talent und wussten, dass Los Angeles der Ort war, an dem sie mit ihren Ambitionen am besten aufgehoben waren. Ausgangspunkt ihrer Operation Superstar wurde natürlich das Troubadour, wo sie jeden Abend an der Theke standen und nach lohnenden Kontakten Ausschau hielten.

Lange dauerte es nicht, bis die zwei Zugereisten echte L.A.-Cowboys waren und mit den Leithengsten der Szene abhingen: Jackson Browne gehörte zu ihren engsten Buddys und besorgte Frey eine Unterkunft in seinem Haus, David Geffen und Elliot Roberts hatten bald einen Narren an den beiden gefressen, und der aufstrebende Songwriter John David Souther, wie Frey aus Detroit gekommen und liiert mit der Lokalmatadorin Linda Ronstadt, war ohnehin der engste Freund des Duos. Gemeinsam mit Frey hatte er schon 1969 unter dem Namen Longbranch Pennywhistle einen ersten Anlauf genommen, das gleichnamige Album aber hatte sich als Schuss in den Ofen entpuppt. Seit 1970 jedenfalls lungerten Frey, Henley und Souther regelmäßig im Troubadour herum und scharrten mit den Hufen. »Linda Ronstadt stand da auch rum und trug«, wie es ein Troubadour-Besucher ausdrückte, »ein kleines Kleidchen im Stil von Daisy Mae. Sie war barfuß und kratzte sich am Hintern.« (Daisy Mae Scraggs war eine dem Filmstar und Sexsymbol Mae West nachempfundene Hauptfigur in der satirischen US-Comic-Serie »Li'l Abner«, die von 1933 bis 1977 in amerikanischen Zeitungen erschien.)[18] Man kannte und man schätzte sich.

Im Frühling 1971 schlug Ronstadt Glenn Frey bei einem gemeinsamen Abendessen mit J. D. Souther in einem Restaurant an der Melrose Avenue vor, zusammen mit Henley ihre neue Begleitband zu bilden. Die beiden brachten Bernie Leadon, bis dahin noch bei den Flying Burrito Brothers, und Randy Meisner, Ex-Poco, mit. Im Juli 1971 gaben sie in Disneyland ihr erstes Konzert mit Ronstadt – es war gleichzeitig ihr letztes. Denn anschließend beschlossen die vier, ermutigt durch David Geffen, auf eigene Rechnung loszuziehen. Die Agenda war dabei unmissverständlich: Frey, Henley & Co. wollten ganz nach oben. Frey verriet das Jahre später auch ganz offen in einem Interview mit dem damaligen *Rolling Stone*-Reporter Cameron Crowe:

Jeder musste gut aussehen, gut singen, gut spielen und gut schreiben können. Wir wollten all das. Gleichrangigkeit in jeder Beziehung. Erfolg im AM- und FM-Radio. Nr.-1-Singles und -Alben, großartige Musik und jede Menge Kohle.[19]

Sehr romantisch war das nicht, Fragen blieben keine offen, und jeder wusste, dass es hinhauen würde. So berichtet J. D. Souther, dass Jackson Browne gesagt haben soll: »Diese Jungs werden mehr Geld machen als wir alle zusammen.«[20] Natürlich hatte er recht.

Ab September dienten die frischgebackenen Eagles nun als Wappentiere des Asylum-Labels. Anfang 1972 ging die Band mit Starproduzent Glyn Johns ins Studio und nahm ihr selbstbetiteltes Debüt auf, als Singles wurden daraus Jackson Brownes »Take it Easy« und die Eigenkompositionen »Witchy Woman« und »Peaceful Easy Feeling« ausgekoppelt. Zwar war noch nicht der ganz große Charts-Wurf dabei, dennoch konnten Geffen, Roberts und die Band mit der Bilanz des ersten Albums zufrieden sein. Sie hatten ja gerade erst angefangen.

Ihr zweites Album DESPERADO, eine lose zusammenhängende Songsammlung zur Analogie Western Outlaw / Rock 'n' Roller, erwies sich trotz späterer Klassiker wie »Tequila Sunrise« und dem Titeltrack als noch zu schwergängig für den breiten Markt. Aber mit dem dritten Album, bei dem sich die ehrgeizige Band mit Johns überwarf und Bill Szymczyk als passenderen Produzenten verpflichtete, platzte der Knoten auch kommerziell. Auf ON THE BORDER hatten die Eagles ihren deutlich rockigeren Kurs gefunden, auch wenn

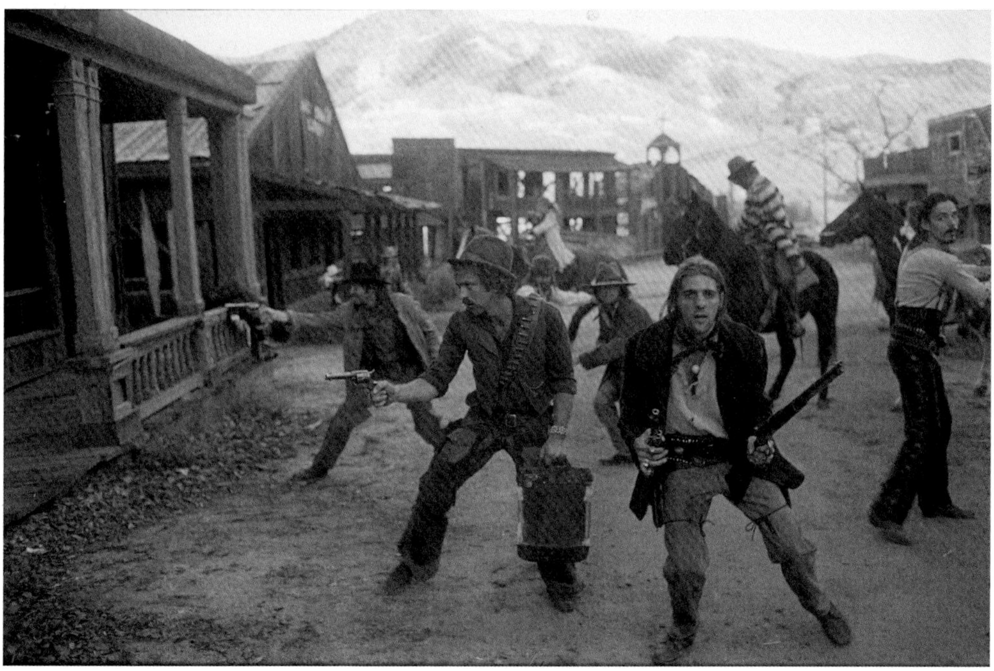

L.A.-Cowboys: Die Eagles mit Randy Meisner, Bernie Leadon, Don Henley, Glenn Frey (v. l.) und Jackson Browne (r.) bei der Fotosession für ihr zweites Album DESPERADO.

es mit »Best of My Love« ausgerechnet eine Ballade war, die ihnen die erste Nr.-1-Single bescherte. ONE OF THESE NIGHTS (1975) und natürlich HOTEL CALIFORNIA (1976) waren dann die logische Konsequenz: kühl und handwerklich perfekt inszenierte, massentaugliche Millionenseller, die alles, was an Ballast beim Höhenflug der Eagles noch hätte stören können, über Bord geworfen hatten. Vor allem betraf das letzte Spurenelemente der alten Countryrock-Idee plus das damit verbundene Personal in Gestalt von Bernie Leadon. Für ihn sprang Joe Walsh ein. Neben Frey und dem inzwischen hinzugestoßenen Don Felder verfügten die Eagles jetzt über eine Drei-Gitarren-Front. Die beiden jeweils mit Grammys ausgezeichneten Alben schufen eine musikalische Formel, die den wüsten alten Geist des Rock, die Erdverbundenheit des Country und die Sensibilität der Singer-Songwriter-Szene in elegantes und breitenwirksames Pop-Entertainment verwandelte.

Die Eagles waren nun das, was sie von vornherein sein wollten: Amerikas größte Band. Und ihre Mitglieder waren die archetypischen L.A.-Cowboys, die ihr goldenes Koks-Löffelchen am Goldkettchen um den Hals trugen. Sie personifizierten das Klischee vom Californian Way of Life wie niemand sonst. Dabei war kein einziger Eagle tatsächlich aus Kalifornien – ein Beweis dafür, wie wenig echt die Szene dort inzwischen war. Und wie paranoid: »You can check out any time you like but you can never leave …«, wie es in »Hotel California« heißt. Der Song war der letzte lichte Moment der Reflexion, bevor den Eagles ihr selbstgeschaffenes Sex & Drugs & Dollars-Phantasma 1980 um die Ohren flog.

Kokain ist ein ungeheurer Ego-Verstärker, unter dessen Einfluss die Fähigkeit zu menschlicher Empathie verkümmert. Da wundert es wenig, dass

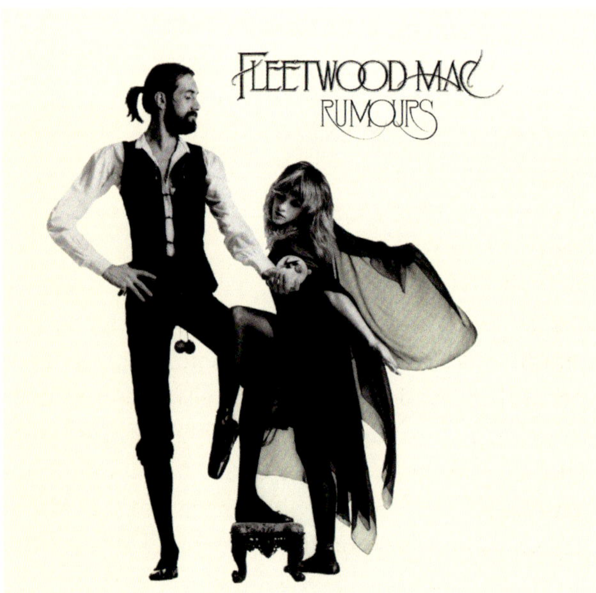

Kalifornische Koks-Kultur: Mit ihrem Erfolgsalbum RUMOURS stiegen auch die ursprünglich englischen Fleetwood Mac zu Superstars auf.

der AOR-Rock, für den ab Mitte der 1970er Jahre neben den Eagles beispielsweise auch die aus England gekommenen Neu-Kalifornier Fleetwood Mac (RUMOURS) standen, um so vieles glatter und kalkulierter klang als die unprätentiösen Alben, die zu Beginn des Jahrzehnts erschienen waren und Los Angeles als Welthauptstadt der Rockmusik etabliert hatten. Die Koks-Kultur der mittleren 70er übte einen gravierenden Einfluss auf die dort entstandene Musik und die Haltung ihrer Schöpfer aus. Und das betraf zweifellos nicht nur die Eagles.

Nicht wenige Troubadour-Veteranen weinten den alten Tagen denn auch Krokodilstränen nach. Zum Beispiel Linda Ronstadt, die 1974 mit dem Erfolgsalbum HEART LIKE A WHEEL und der Single »You're No Good« ihren internationalen Durchbruch schaffte. Sie kommentierte die Kommerzialisierung und Industrialisierung der Szene so: »Viel Gefühl ging dabei den Bach runter, mit Seelenqualen, Verwirrung und Verzweiflung. Alles wurde nur noch mit schmalen Lippen und ausdruckslosem Gesicht gesagt.«[21]

Troubadoure erobern die Charts

»Alles, was ich mit diesem Album erreichen wollte, war, dass man als Zuhörer das Gefühl hat, sie sitzt da am Klavier und spielt nur für mich.«[22] Der Mann, der das sagte, heißt Lou Adler, und sein Ziel hat er erreicht. Mehr noch: Sage und schreibe 25 Millionen Menschen konnte er davon überzeugen, ihr Geld für diese absichtlich unscheinbare Platte auszugeben. Das führte u. a. dazu, dass das Album den Spitzenplatz der US-Billboard-Charts im Jahr 1971 für 15 Wochen in Folge belegte und bei der Grammy-Verleihung im nächsten Jahr vier Trophäen abräumte. Die Platte wurde zum ersten echten Dauerseller der modernen Pop-Ära und setzte über Jahre hinweg stabil hohe Stückzahlen um: Für sagenhafte 302 aufeinanderfolgende Wochen, bis ins Jahr 1977 hinein, wurde sie in den US-Hot 200 notiert. Eine erstaunliche Bilanz für ein Album, das in gerade mal fünf dreistündigen Sessions entstanden war, die vergleichsweise lächerliche Produktionssumme von 22 000 US-Dollar gekostet hatte und für das so gut wie keine Promotion gemacht worden war.

Lou Adler hatte genau gewusst, was er tat, als er die 28-jährige Carole King, damals längst eine Veteranin des Showgeschäfts und seit 13 Jahren dabei, im Januar 1971 in die A&M Recording Studios schickte, um ein paar ihrer neuen, aber auch einige ihrer inzwischen fast zehn Jahre alten Songs aufzunehmen. Und im Unterschied zu ihrem erst kurz zuvor veröffentlichten ersten Soloalbum WRITER, das kaum jemand beachtet hatte, sollte TAPESTRY, so Adlers Plan, ohne aufwendige Arrangements auskommen. Kein Orchester, keine lärmende Rockband, nur Kings nicht eben sensationelle Stimme, ihr Klavier, dazu ein bisschen Gitarre, Bass und Schlagzeug. Zugaben wie hier mal ein Saxophon und dort mal ein Cello gab's nur als Farbtupfer und in homöopathischer Dosierung. Fertig. Adler war sicher, dass dieses einfach gehaltene Setting die größtmögliche Wirkung entfalten würde: King würde als eine vertraute Freundin in die Haushalte der inzwischen erwachsenen Hippies einziehen, vor allem die der weiblichen. Und mit ihren Songs würde sie dort nichts weniger als echtes, unverstelltes Gefühl zu Gehör bringen. Hits hatte die begnadete Songwriterin ohnehin bereits im Dutzend geschrieben – allerdings für andere.

Geboren wurde Carole King 1942 in Manhattan, und schon als Vierjährige saß sie zum ersten Mal am Klavier. Als Teenager nahm sie gemeinsam mit dem jungen Paul Simon erste Demos auf, und ihre Highschool-Liebe Neil Sedaka schrieb für sie den Hit »Oh! Carol«. 1959 wurde sie 17-jährig schwanger und heiratete Gerry Goffin. Das Ehepaar begann gemeinsam Songs zu schreiben, heraus kam dabei ein Volltreffer nach dem anderen: »Will You Love Me Tomorrow« von den Shirelles, Little Evas »The Loco-Motion«, »One Fine Day« von den Chiffons, »Up on the Roof« von den Drifters und »Pleasant Valley Sunday« von den Monkees. Neben Cynthia Weill / Barry Mann und Ellie Greenwich / Jeff Barry wurden Goffin/King zu den erfolgreichsten Songwritern der Brill-Building-Ära.

Allerdings repräsentierten sie eine Epoche des US-Musicbiz, die Mitte der 1960er Jahre überwunden gewesen war, denn seit den Beatles und Bob Dylan war es üblich geworden, dass Künstler ihre Songs selbst schrieben. Das seit seligen Tin-Pan-Alley-Zeiten übliche Prinzip, dem zufolge Berufskomponisten das Material lieferten, das in den Plattenfirmen dann zur Produktion an die passenden Interpreten vergeben wurde, war damit so überholt wie die Platten von Doris Day und Pat Boone. King spürte das. 1967 trennte sie sich von Goffin und ging mit ihren zwei Töchtern nach Kalifornien, wo sie sich im Laurel Canyon einnistete und als alleinerziehende Mutter schnell ihren Platz in der liberalen Hippiegemeinde fand. Ihre Metamorphose von der Hitschreiberin im Hintergrund zur dichtenden und singenden Künstlerin im Rampenlicht, also zur Singer-Songwriterin, konnte beginnen. Zunächst allerdings gründete sie eine Band namens The City. Nach einem Jahr schon war das Projekt Geschichte. Was blieb, waren ein sehr gutes Album, NOW THAT EVERTHING'S BEEN SAID (1968), und ein neuer Ehemann in Gestalt des Bassisten Charles Larkey.

Eine von Kings vielen Musikerfreundschaften erwies sich bei der Arbeit an TAPESTRY als überaus hilfreich: Ein junger Songwriter, der nach einem England-Aufenthalt versuchte, seine stockende Karriere in den Staaten wieder voranzutreiben, war auf das engste mit der Entstehung und der weiteren Geschichte von TAPESTRY verbunden. James Taylor, ursprünglich aus Boston/ Massachusetts, hatte zuvor beim Beatles-Label Apple sein hochgelobtes Debütalbum herausgebracht, war aber wegen seiner Drogenprobleme nicht in der Lage gewesen, die Platte mit dem nötigen Engagement zu promoten. Folglich war sie gefloppt. 1969 kehrte er zurück in die USA und startete dort einen neuerlichen Anlauf, unter anderem mit einem Gastspiel im Troubadour. Nachdem er im Herbst einen Plattendeal bei Warner unterschrieben hatte, gelang ihm 1970 mit SWEET BABY JAMES und dem Singlehit »Fire and Rain« der Durchbruch. Als Pianistin und Backgroundsängerin hatte an dem Album auch Carole

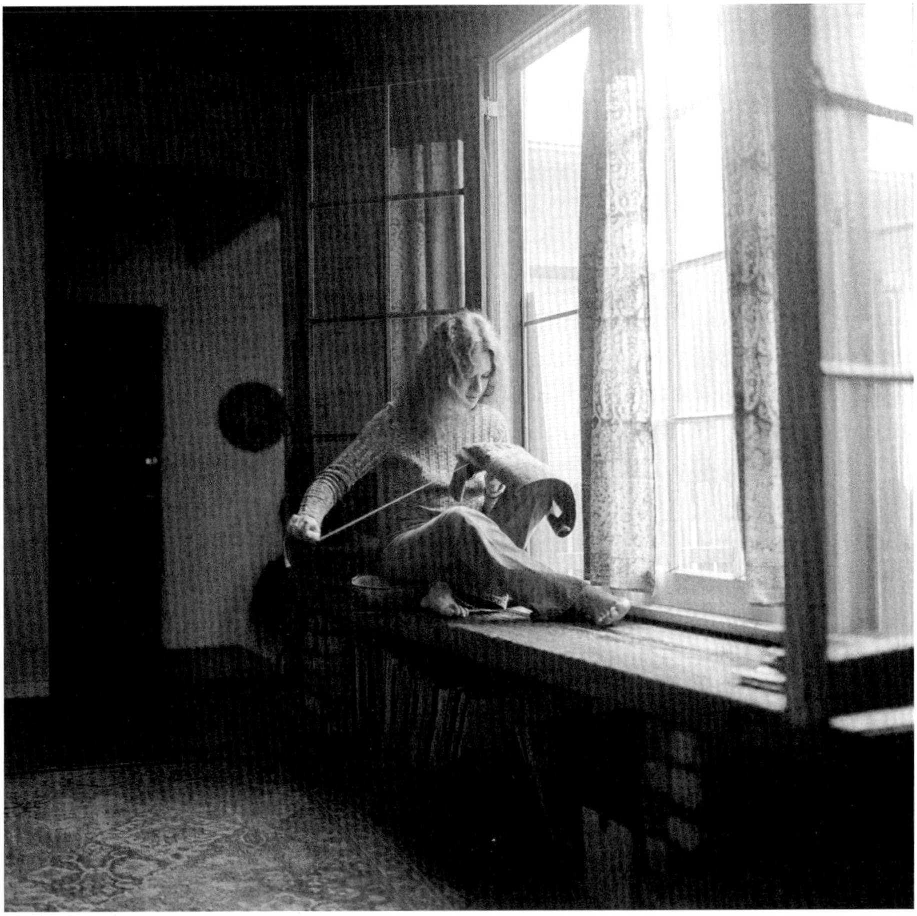

TAPESTRY: Carole King stickt an dem Wandteppich, der ihrem Erfolgsalbum den Titel gab. Das Bild stammt aus der in ihrem Haus in Laurel Canyon aufgenommenen Fotoserie für das Cover.

King mitgewirkt. Die Zusammenarbeit wurde zum Beginn einer lebenslangen Freundschaft, King hatte in Taylor einen Soulbrother gefunden.

Bei TAPESTRY nun wirkte Taylor seinerseits nicht nur als Gitarrist und Backgroundsänger mit, für sein eigenes, parallel entstehendes Album MUD SLIDE SLIM AND THE BLUE HORIZON nahm er zudem eine Version von Kings TAPESTRY-Song »You've Got a Friend« auf – ein Monsterhit: Die Single erreichte im Juli 1971 Platz eins der US-Charts, vier Wochen, nachdem Kings »It's Too Late« dort gethront hatte. Wer wollte, konnte die beiden im Frühling dieses Jahres auch noch zusammen auf der Bühne erleben, King bestritt das Vorprogramm für Taylors durch 27 Städte führende US-Tournee.

1971 war also in jeglicher Hinsicht das Jahr von Carole King und James Taylor. Die beiden repräsentierten die neue, sanfte Welle der Rockmusik: Nach dem Drama der ausgehenden 1960er Jahre war Pop, so zumindest wirkte es auf viele, erwachsen geworden, seine neuen Songs waren intelligent und kultiviert, und sie wurden dargebracht von entspannten Menschen, die unprätentiöser nicht hätten sein können. Die Singer-Songwriter und mit ihnen die Figur des empfindsamen Troubadours waren im Mainstream angekommen.

Natürlich beschränkte sich das Movement nicht allein auf Südkalifornien. Die Singer-Songwriter-Mode grassierte landesweit, und bald waren in den FM-Radiostationen alle möglichen Einzeltäter und -täterinnen zu hören, etwa Carly Simon, die Tochter des New Yorker Geschäftsmannes Richard L. Simon, Mitbegründer des Verlagshauses Simon & Schuster. Am 6. April 1971 gastierte auch sie im Troubadour. Sie bestritt dort das Vorprogramm von Cat Stevens – und lernte James Taylor kennen: Die beiden heirateten im November. Nicht nur wegen ihrer wohlhabenden Familie erwies sich Simon als gute Partie, im Winter 1973 besserte sie die Haushaltskasse mit den Einnahmen ihres eigenen Nr.-1-Hits »You're So Vain« gewaltig auf.

Apropos Cat Stevens: Auch er wurde dem neuen Genre zugerechnet, obwohl er mit Hits wie »Matthew and Son« und »I'm Gonna Get Me a Gun« tatsächlich schon eine Karriere vor der Singer-Songwriter-Welle gehabt hatte. Als der Engländer 1970 nach zweijähriger, krankheitsbedingter Pause auf die Szene zurückkehrte, hatten seine Songs allen Sixties-Plüsch hinter sich gelassen, wirkten reif, introvertiert und auf subtile Weise melancholisch: Er war der richtige Barde zur rechten Zeit, noch dazu mit einschmeichelnd sanfter Stimme und rabenschwarzen Locken. Und er hatte die richtigen Songs: »Lady D'Arbanville«, »Father and Son«, »Morning Has Broken« und »Wild World« waren großartiger Pop – zu Cat Stevens' Weltschmerz ließ sich bestens mitsingen.

Stevens war der nach Sixties-Ikone Donovan (»Hurdy Gurdy Man«, »Atlantis«) erste wirklich einfluss- und erfolgreiche Singer-Songwriter, den England hervorgebracht hat. Mit ihm war die Idee des autonomen Solokünstlers auch im Königreich salonfähig geworden. Stevens sollten englische Songpoeten unterschiedlichster Couleur folgen. Zu den wichtigsten zählten das Ehepaar Richard und Linda Thompson, die, wie auch Sandy Denny, bei der Folkrockband Fairport Convention angefangen hatten. Denny, die vielleicht schönste Stimme des englischen Folk, starb im Jahr 1978 gerade erst 31-jährig an den Folgen eines Treppensturzes.

Ebenfalls tragisch früh starb Nick Drake: Nach drei vollkommen erfolglosen Alben wurde der sensible, an Depressionen leidende Songwriter 1974 Opfer eine Tablettenüberdosis, vermutlich ein Suizid. Erst in den 1990er Jahren entdeckte ein breites Publikum sein Werk, nachdem einer seiner Songs, »Pink Moon«, für einen Werbeclip des VW-Konzerns verwendet worden war.

Weitere bedeutende Singer-Songwriter im England der 1970er Jahre waren Gerry Rafferty, Al Stewart, Judie Tzuke, Marianne Faithfull, Robert Wyatt, Roy Harper und Billy Bragg. In den USA zählten zur ersten Welle der Singer-Songwriter neben den bereits Erwähnten u. a. Tim Buckley, Gene Clark, John Denver, Arlo Guthrie, Tim Hardin, Kris Kristofferson, Warren Zevon, Harry Nilsson, Phil Ochs, John Prine, Bonnie Raitt, Tom Rush, John Sebastian, Jesse Colin Young, Jesse Winchester, Jim Croce, JJ Cale und nicht zuletzt Tom Waits.

Eine alte Seele

David Crosby sagte einmal: »Davor gab es nur Frank Sinatra und das Brill Building.«[23] Mit »davor« meinte er die Zeit, bevor die Beatles im Februar 1964 in der Ed-Sullivan-Show aufgetaucht waren und die Jugend eines ganzen Landes mit dem Beat-Fieber infiziert hatten. Als Künstler war Crosby in den Kulissen dieser nun erwachenden Underground- und Subkultur aufgewachsen, und die Zeit »davor« empfand er naturgemäß als die des alten Popbusiness, das beherrscht wurde von den ehernen Regeln einer nach außen hin abgeschotteten Branche und von alten Männern, die in exklusiven Seilschaften miteinander verbunden waren.

Diese Branche hatte Entertainment für ein erwachsenes, wertkonservatives Mittelstandspublikum produziert, das mit Gegenkultur, Protest und Revolution nie etwas am Hut gehabt hatte. In der Hochzeit von Vietnam-Protest, Mondlandung und Lennon-Bed-Ins gab es nicht nur den wachsenden Musikmarkt der Generation Woodstock, es gab nach wie vor auch dieses konservative Publikum. Und genauso wie 20 Jahre zuvor hörte es noch immer Musik, ging tanzen und kaufte hin und wieder eine Schallplatte, gerne Musical-Aufnahmen und Filmsoundtracks, gerne aber auch einen Singlehit, wenn er denn nicht gar zu wüst ausfiel. Wen oder was also hörte die bürgerliche weiße Mitte zu Beginn der 1970er Jahre?

Es waren eher nicht die Hippie-Songs von David Crosby und seiner neuen Gruppe, auch war es höchstens vereinzelt die aufwühlende Songpoesie von Joni Mitchell, die mit den kargen Seelenprotokollen ihres Albums BLUE 1971 neue Maßstäbe in Sachen Intensität und musikalischer Komplexität gesetzt hatte. Ebenso wenig dürften sich auf den Plattentellern der Erwachsenen und in den Radiostationen, die sie hörten, die schroffen Poltereien von Neil Young oder die wilden Countryrock-Experimente von Poco oder den Burritos gedreht haben.

Für den guten Ton in den Vorstadtvillen waren andere zuständig, etwa der immens erfolgreiche, sozusagen am rechten Rand der Singer-Songwriter-Szene operierende John Denver (»Take Me Home, Country Roads«). Oder die süßlichen Bubblegum-Singles der Archies (»Sugar, Sugar«) sowie das an die Tin-Pan-Alley- und Brill-Building-Ära anknüpfende Show-Entertainment, das in Bacharach/David-Songs wie »Raindrops Keep Falling on My Head« von B. J. Thomas und »Do You Know the Way to San José« von Dionne Warwick widerhallte. Dazu kamen natürlich die eingeführten Premiummarken der gemäßigten Pop-Unterhaltung wie zum Beispiel Simon & Garfunkel (»Bridge Over Troubled Water«), die bodenständigen Creedence Clearwater Revival (»Have You Ever Seen the Rain«), die knuddeligen Jackson Five (»I Want You Back«) oder deren Mentorin Diana Ross (»Ain't No Mountain High Enough«). Und natürlich die Las-Vegas-Fraktion mit Elvis Presley, Ray Stevens, dem walisischen »Tiger« Tom Jones und auch dem inzwischen auf die 60 zugehenden Frank Sinatra. Das waren die Stimmen der erwachsenen weißen Popwelt der Jahre um 1970.

Sehr bald sollte eine weitere dazustoßen. Und die sollte wie kaum eine andere den Begriff des leichten Popsongs neu definieren und damit eine ästhetische Bresche für spätere Schwergewichte von ABBA über Barry Manilow bis hin zu Manhattan Transfer und auch Lionel Richie schlagen. Gleichzeitig aber war dies nicht irgendeine Stimme, sondern die vielleicht emotionalste und womöglich perfekteste weibliche Gesangsstimme ihrer Zeit.

Dabei war sie ursprünglich nur als Co-Sängerin und schmückendes Beiwerk für ihren Bruder vorgesehen: Karen Carpenter, geboren am 2. März 1950 in New Haven, Connecticut, zog als 13-Jährige zusammen mit den Eltern und dem drei Jahre älteren Richard in eine klassische Suburb südwestlich von Los Angeles. Amerikanischer hätte es dort nicht sein können: Ein adrettes Einfamilienhaus reihte sich an das nächste, und heute, bald vier Jahrzehnte nach Karens Tod, findet sich in Downey noch immer das älteste McDonald's-Restaurant der Vereinigten Staaten.

In der Garage eines der vielen dort zwischen Palmen, ständig gewässerten Rasenflächen und gepflegten Gehwegen gelegenen Familiendomizile hatten sie angefangen: Richard, der schon früh als musikalisches Wunderkind alle nur erdenkliche Förderung erhielt, und Karen, die kleine Schwester, die ansonsten draußen mit den Jungs Baseball spielte und in der High School in der Marching Band die Trommel rührte. In den Flowerpower-Jahren fabrizierten sie erste Demos und sammelten erste Banderfahrungen. Richard schrieb schon da seine eigene Musik und gründete ein Jazztrio, bei dem Karen am Schlagzeug saß. Und sie spielte so gut, dass die junge Sheila E., die ein Jahrzehnt später für Prince trommeln würde, zu ihren Bewunderern zählte.

1969 dann kamen die Dinge ins Rollen: Herb Albert von A&M Records entdeckte das in Karens Stimme schlummernde Gold und gab den Geschwistern einen Vertrag. Dabei war er klug genug, den beiden freie Hand zu lassen. Weder drückte er ihnen irgendeinen gerade angesagten Produzenten aufs Auge, noch drängte er sie in eine vermeintlich erfolgversprechende musikalische Ecke. Mit der nur wenige Meilen entfernten Troubadour-Szene hatten die Carpenter-Geschwister schließlich so wenig zu tun wie mit den psychedelischen Rock-Experimenten der L.A.-Bands jener Tage. Stattdessen waren sie auf ihrem eigenen Kurs unterwegs, der mehr mit Broadway und PET SOUNDS als mit Bob Dylan und den Rolling Stones zu tun hatte. Richard hatte eine solide musikalische Ausbildung, Wurzeln sowohl im Jazz als auch im Great American Songbook und in der europäischen Klassik. Und er war ein ungewöhnlich talentierter Arrangeur. Im Studio übernahm er von Anfang an die Regie und entwickelte für seine Songs wie auch für die von anderen (darunter Beatles, Buffalo Springfield und Tim Hardin) elegante und komplexe Neu-Arrangements.

Ein erstes Beispiel war die Lennon/McCartney-Nummer »Ticket to Ride«, aus der er 1969 eine eindringliche Ballade und ein erstes Showcase für Karen machte. Die Single floppte, aber der nächste Schuss traf mitten ins Schwarze: Am 25. Juli 1970 standen die Carpenters mit ihrer Version des alten Bacharach/David-Titels »(They Long to Be) Close to You« erstmals auf Platz eins der US-

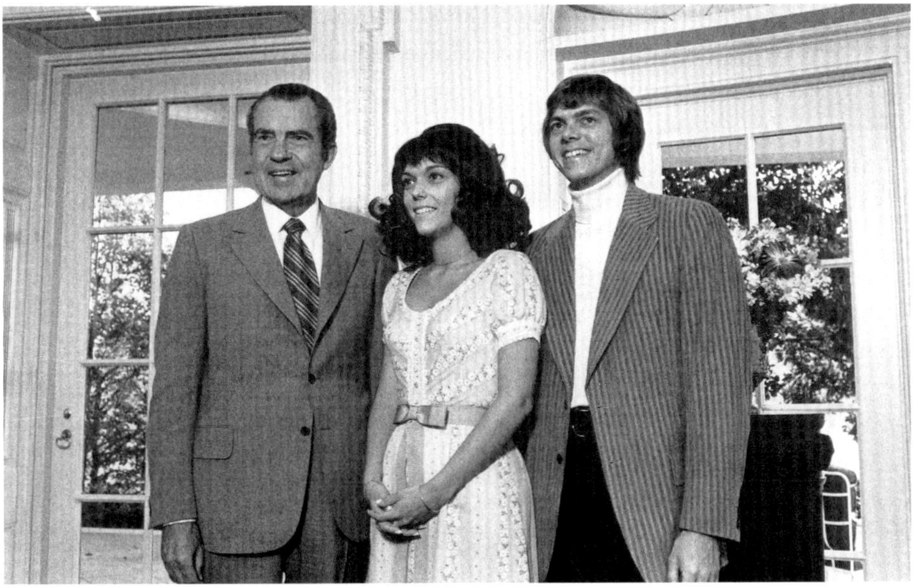

Das biedere Amerika: Karen und Richard Carpenter 1972 zu Besuch im Weißen Haus. Wenig später geriet US-Präsident Nixon in die Mühlen des Watergate-Skandals.

Charts. Es war der Beginn eines einzigartigen Siegeszuges, an dessen Ende drei Nr.-1-Hits, vier Grammys (den ersten davon errungen gegen die nominierte Konkurrenz von Beatles, Simon & Garfunkel und Jackson Five), zehn Studioalben und zwölf Top-Ten-Singles standen. Insgesamt haben die Carpenters rund 100 Millionen Tonträger verkauft.

Dabei war in den 1970er Jahren kaum etwas weniger cool, als die Carpenters zu mögen. Zu clean war ihr Image, zu konservativ ihr Auftreten, zu offensichtlich waren sie der bis ins kleinste Detail konsequente Kontrast zur jugendlichen Gegenkultur der Zeit. Rock 'n' Roll schien ihre Sache nicht. Die Carpenters waren anständig gekleidete Christenmenschen, und ihre Songtexte waren sauber. Als sie dann 1972 auch noch dem kurz vor dem Watergate-Debakel stehenden US-Präsidenten Richard Nixon ihre öffentlichkeitswirksame Aufwartung machten, galten sie auch weniger strengen Beobachtern als Symbolfiguren des bieder-spießigen Amerikas.

Verantwortlich dafür war allerdings nicht so sehr das Geschwisterduo selbst. Es war die Promotionabteilung ihrer Plattenfirma, die peinlich genau darauf achtete, dass das veröffentlichte Image der Musterfamilie makellos und keimfrei blieb. Richard Carpenter sagte dazu erst kürzlich in einem Interview:

> Die ganzen Fotos auf unseren Plattenhüllen, auf denen wir immer um die Wette lächelten, hat das Label so ausgesucht. Als ich versucht habe, das zu korrigieren, wurde ich davon mit aller Macht abgehalten. Die hatten ein Konzept für uns, und wir mussten das aushalten. Ich habe einige unserer Plattencovers wirklich gehasst.[24]

Obendrein setzte eine auf die fragile Karen abzielende öffentliche Kritik ein, die oft genug persönlich verletzte. So schrieb die Presse von ihr als einem Mädchen von nebenan, für das man aber kaum über den Zaun blicken würde. Karen Carpenter zerbrach letztlich wohl auch an diesen Angriffen sowie an ihrer Unfähigkeit, sich aus dem Gefängnis ihrer erfolgreichen Showkarriere zu befreien, um ein halbwegs normales Leben zu führen. Seit 1975 geriet sie tiefer und tiefer in den Strudel ihrer Magersucht-Krankheit, an deren Folgen sie am 4. Februar 1983 mit erst 32 Jahren starb, daheim in Downey, wo sie ihre Eltern morgens in ihrem Zimmer fanden. Ihr Herz hatte aufgehört zu schlagen.

Mit dem Abstand der Jahrzehnte werden die Qualitäten der Carpenters-Musik immer deutlicher, vor allem gilt das für Karen Carpenters Gesang. John Bettis, der viele ihrer Songs getextet hat, bringt die besondere emotionale Reife ihres Gesangs auf den Punkt: »Sie sang wie eine alte Seele.« Und ihre Freundin Petula Clark, selbst Sängerin und damit vom Fach, meint: »Karen hatte es nicht nötig, um die Noten herum zu tanzen, um irgendetwas zu beweisen, wie das heute so viele glauben tun zu müssen. Sie ließ es einfach aussehen, und dafür habe ich sie bewundert.«[25] Carpenters cremig-eleganter Kontraalt konnte beim Zuhörer mit einer einzigen Note emotionale Beben auslösen. Dass er das bis heute tut, beweist die inzwischen auf breiter Front erfolgte Rehabilitation ihrer Musik, die in den 1990er Jahren einsetzte. Selbst große Namen der Indierock-Szene berufen sich auf den Einfluss der Carpenters, darunter Sonic Youth und Nick Cave, auch The Bangles und Starproduzentin Linda Perry bekennen sich zu ihnen. Sogar Homer und Marge Simpson haben sich als Fans geoutet.

Die Stadt der Engel

1970 war das Jahr, in dem Los Angeles London endgültig als Mittelpunkt des Pop-Universums ablöste. Und mehr als das: In der drittgrößten Stadt der USA wurden in dieser Zeit Weichenstellungen vorgenommen, die nicht nur das folgende Jahrzehnt bestimmten, sondern bis in unsere Tage hinein wirksam geblieben sind.

Zunächst einmal ist da das Singer-Songwriter-Genre. Es brachte Weltstars von Carole King bis Elton John hervor und verankerte die Figur des autonomen Barden ein für alle Mal im Personal-Portfolio der Popkultur. Überdies war es das erste Pop-Genre, das Frauen in nennenswerter Zahl Zugang und Karriereperspektiven gewährte. Bis heute fasziniert junge Musiker und Musikerinnen die Idee, mit einem selbstgeschriebenen Song vor ein Publikum zu treten und ihn dort mit emotionaler Intensität und einem auf das Nötigste reduzierten Instrumentarium zu Gehör zu bringen. Der beste Beweis: Ed Sheeran, der gegenwärtig erfolgreichste Barde der Welt, der allein mit seiner Gitarre ganze Stadien füllt.

Neben Solisten brachte das reduzierte akustische Konzept, das stilistisch aus Folk- und Countrytraditionen schöpfte, auch den Softrock mit Bands wie

Eagles, America, Seals and Crofts und Bread hervor. Am konservativen Rand dieses Softrocks begann das Gebiet des Easy-Listening-Pop, und der wurde ebenfalls in L.A. für die Zukunft fit gemacht. Die Verdienste der Carpenters wurden in diesem Zusammenhang genannt, gleichzeitig aber war eine entsprechende Leichtgewichtigkeit in Interpretation und Inhalt auch bei den massiven Erfolgen von Carole King, James Taylor und den Eagles von Bedeutung – ein Element, das die genannten Stars mit den seinerzeit in Rockkreisen so gern geächteten Carpenters verbindet. Frank Zappa, notorischer Außenseiter der Los-Angeles-Szene und zeitlebens misstrauisch gegenüber Hipness-Diktaten und Coolness-Dünkel, hätte das sehr gefallen.

Die zu Beginn der 1970er Jahre noch in alle möglichen Richtungen drängende Rockmusik wurde nun nach und nach domestiziert, formalisiert und den Bedürfnissen eines weißen Massenmarktes angepasst. Der AOR- und der (heute sogenannte) Classic Rock fanden ihre Vorreiter in Musikern wie den Eagles und Fleetwood Mac, die bewusst Kanten und ideologischen Ballast entfernten, um ein Millionenpublikum zu erreichen. Auf diese Weise ebneten sie der Rockmusik ihren Weg zum dominierenden Mainstreamstil des Pop.

Gleichzeitig bewies die Woodstock-Ära, dass Pop in politisch aufgeregten Zeiten pointiert politisch artikulieren, formulieren und agieren kann. Sie zeigte aber auch, dass diese Qualität, gerade *weil* sie dem Publikum ein Identifikationsangebot macht, von einer zunehmend professionalisierten Musikbranche als willkommenes Verkaufsargument genutzt wird. Oder anders gesagt: Protest und Revolution lassen sich bestens verkaufen – solange sie hittauglich produziert sind. Bis heute. Und ein bisschen Skandal hilft dabei schließlich immer. Wie schon damals, als Crosby, Stills, Nash & Youngs »Ohio« bei diversen US-Radiostationen auf den Index geriet, weil der Song die Nixon-Administration offen angriff.

Pop 70

04.01.
Der alkoholisierte The-Who-Drummer KEITH MOON überfährt versehentlich seinen Chauffeur Neil Boland, der später seinen Verletzungen erliegt.

26.01.
JOHN LENNON schreibt »Instant Karma«, aufgenommen und abgemischt noch am selben Tag in den Londoner Abbey Road Studios. Die Single erreicht Platz drei in England.

07.02.
Mit »Venus« schafft es SHOCKING BLUE als eine der ersten kontinentaleuropäischen Bands auf Platz eins der US-Singles-Charts.

13.02.
BLACK SABBATH feiern am Freitag, dem 13., ihre Albumpremiere – bis heute gilt der Termin als Geburtstag des Heavy Metal.

28.02.
In einem Interview gibt PETER GREEN von Fleetwood Mac bekannt, dass er in Zukunft all sein Geld spenden will. Ein Jahr später wird er einen Geldboten mit einem Gewehr von seinem Grundstück verjagen.

16.03.
TAMMI TERRELL (24), Duettpartnerin von Marvin Gaye, stirbt an den Folgen eines Hirntumors.

26.03.
Wegen »unangemessenen Umgangs« mit einem 14-jährigen Mädchen wird PETER YARROW von PETER, PAUL & MARY zu einer dreimonatigen Gefängnisstrafe verurteilt (nach einem Konzert hatte er sich mit einem minderjährigen Fan eingelassen).

10.04.
Eine Woche vor Veröffentlichung seines ersten Soloalbums gibt PAUL MCCARTNEY in einer Pressemitteilung die Trennung der Beatles bekannt.

03.06.
RAY DAVIES muss ein einzelnes Wort der nächsten KINKS-Single neu einsingen. Die BBC will »Lola« nicht spielen, da sie die Songzeile »I met her in a club down in old Soho where you drink champagne and it tastes just like Coca-Cola« für verbotenes Product Placement hält. Davies ersetzt das Wort durch »Cherry-Cola«.

08.08.
Gemeinsam mit Juanita Green finanziert die texanische Sängerin JANIS JOPLIN einen Grabstein für die bereits 1937 verstorbene Bluessängerin Bessie Smith mit der Inschrift: »The greatest Blues Singer in the world will never stop singing – Bessie Smith – 1895–1937«.

26.08.
Startschuss für das Isle Of Wright Festival 1970: In den nächsten vier Tagen treten u. a. JIMI HENDRIX, THE WHO, THE DOORS, LEONARD COHEN und MILES DAVIS auf. Am selben Tag nehmen in New York die ELECTRIC LADY STUDIOS ihren Betrieb auf.

03.09.
ALAN WILSON, 27-jähriger Gitarrist und Songwriter von Canned Heat, stirbt in seinem Haus in Topanga Canyon, Los Angeles, an den Folgen einer Drogenüberdosis.

06.09.
Das Rockfestival auf der Ostseeinsel FEHMARN versinkt in Regen, Schlamm und Desorganisation. Rocker terrorisieren Zuschauer, angekündigte Bands kommen nicht, und die Veranstalter türmen mit der Kasse.

15.09.
US-Vizepräsident SPIRO AGNEW wettert öffentlich gegen die Rockmusik: Sie liefere Amerikas Jugend per Gehirnwäsche der Drogenkultur aus.

18.09.
Der US-Gitarrist JIMI HENDRIX (27) wird tot in das Londoner St. Mary Abbot's Hospital eingeliefert.

04.10.
Die US-Sängerin JANIS JOPLIN (27) wird tot neben ihrem Bett im Landmark Hotel in Hollywood aufgefunden. Todesursache: eine Überdosis Heroin.

05.12.
Mit ihrer a-capella-Aufnahme des erstmals 1779 publizierten Songs »Amazing Grace« erreicht JUDY COLLINS die US-Top-Twenty. Zwei Jahre später bringt die Militärkapelle The Royal Scots Dragoon Guards das Lied sogar auf Platz eins der UK-Charts.

08.12.
Auf den Tag genau zehn Jahre vor seinem Tod gibt JOHN LENNON Jann Wenner vom *Rolling Stone* das ausführlichste Interview seines Lebens.

16.12.
Fünf Singles und fünf Alben von CREEDENCE CLEARWATER REVIVAL, alle aufgenommen und veröffentlicht innerhalb von nur 24 Monaten, werden mit Gold ausgezeichnet.

71

5. März 1971 Pinkelpause in Ulster Hall

Blues, Prog und Heavy Metal: Wie die Erben der Sixties dem Rock neue Perspektiven eröffneten

»Ich war gerade 18 Jahre alt, hatte lange Locken und den ersten leichten Anflug von Bartflaum. Ich trug ein Batik-T-Shirt, Schlaghosen und wog 20 Kilo weniger. Perfekt für den Anlass!« So beginnt Gerry Fitzgerald seinen Bericht in der Online-Ausgabe des *Belfast Telegraph* vom 12. Dezember 2007. Gegenstand seines Artikels ist ein Abend 36 Jahre zuvor – der 5. März 1971, ein legendäres Konzert.

Es ist der Tag, auf den Rockfans in Nordirland schon lange gewartet haben. Denn hier darf man getrost von einer Rock-'n'-Roll-Diaspora sprechen: Seit einiger Zeit traut sich kaum noch eine englische Band dorthin, schon gar nicht in die Hauptstadt Belfast. Denn da eskaliert seit 1969 der Konflikt zwischen der katholischen und der protestantischen Bevölkerungsgruppe. Erstere kämpft für die Unabhängigkeit des kleinen Landes, sie will freikommen von der britischen Krone und eine eigene Republik gründen. Letztere dagegen will, dass alles so bleibt, wie es ist, bzw. Nordirland weiterhin zu Großbritannien gehört. Der Streit geht zurück auf den Irischen Unabhängigkeitskrieg 1919–21, an dessen Ende Irland zunächst ein Freistaat und 1948 dann eine unabhängige Republik wurde. Das vornehmlich von protestantischen, probritischen Unionisten bevölkerte Nordirland aber blieb unter britischer Hoheit.

Der Konflikt mit den republikanischen Katholiken gärte durch die Jahrzehnte weiter und brach 1969 wieder offen aus. Mit politischen Mitteln, so scheint es auch zwei Jahre danach, ist er nicht zu lösen. Beinahe täglich kommt es zu Übergriffen, zu Anschlägen und zu gewalttätigen Auseinandersetzungen. Die Menschen leben in Angst und Schrecken vor den Bombenanschlägen der Irisch-Republikanischen Armee (IRA). Da nutzen auch die von London entsandten Schutztruppen der britischen Armee wenig, die ihrerseits ebenfalls nicht zimperlich vorgehen.

Guten Gewissens kann jedenfalls niemand die Sicherheit einer durchreisenden Rockgruppe garantieren. T. Rex zum Beispiel haben deshalb ihr für den 3. März anberaumtes Konzert in der Ulster Hall, mitten in der Innenstadt von Belfast, kurzfristig abgesagt.

Und an diesem Freitag sollen Led Zeppelin kommen. Die Band, die sich gerade anschickt, zur zugkräftigsten Attraktion des internationalen Konzertgeschäfts zu werden, will auf einer kurzen Frühlingstournee durch Clubs und kleine Hallen das neue Material ihres nächsten Albums live testen, bevor sie in den Sommermonaten zu einer gigantischen Stadiontournee durch die USA aufbrechen wird. 14 Konzerte sind im Rahmen der »Back to the Clubs«-Tour vorgesehen, zwei davon auf der irischen Insel. Losgehen soll es nun also am 5. März in Belfast. Richard Cole, legendärer Tourmanager der britischen Hardrockpioniere, berichtet in seinem autobiographischen Bandporträt von jenem Tag und von der Atmosphäre in der Stadt:

> Stunden vor dem Belfaster Konzert gab es in der Nähe der Ulster Hall, in der die Band auftreten sollte, eine Konfrontation zwischen Demonstranten und der Polizei. Jemand ist sogar umgekommen. Zwei Polizisten mussten ins Krankenhaus. Vier Autos wurden in die Luft gejagt. Als wir von den Ausschreitungen hörten, bekam ich eine Gänsehaut.[1]

Gerry Fitzgerald und etwa 1200 weitere Rockfans drängen sich an diesem Freitagabend in den alten Gemäuern an der Bedford Street. Die riesigen Fenster der alten Versammlungshalle, in der schon Charles Dickens gelesen und Lord Randolph Spencer-Churchill, ehemaliger Premierminister und Vater des noch berühmteren Kriegspremiers Sir Winston Churchill, gesprochen hat, sind mit schwarzen Stoffbahnen verdunkelt. Seitlich der sich etwa anderthalb Meter über den Zuschauerraum erhebenden Bühne türmen sich schwarze Lautsprecherboxen. Und dahinter, an der Stirnwand des Saales, sieht man die mächtige, von Säulen eingefasste Hausorgel. Sie wirkt wie ein überdimensionaler Altar, und ihre aneinandergereihten Pfeifen recken sich wie schlanke Kerzen bis hinauf zur Decke.

Erwartungsvolles Murmeln erfüllt den Raum, dazu tönt aus der P. A. leise Musik vom Band. Die Tickets haben ein knappes Pfund gekostet, und auch die billigsten Plätze in den rechts und links hinter der Bühne angebrachten Sitzreihen sind besetzt, ebenso wie die Plätze auf den Emporen seitlich über dem Zuschauerraum. Kaum einer hier ist gekommen, um sich neue Songs anzuhören. Im Gegenteil: Die Kids wollen hören, was sie kennen und lieben. Vor allem sind das die harten Rockkracher der ersten drei Alben von Led Zeppelin, Stücke wie »Immigrant Song«, »Communication Breakdown«, »Heartbreaker« und natürlich »Whole Lotta Love«. Fitzgerald schreibt:

> »Whole Lotta Love« war das Stück, das noch jahrelang als Intro für *Top of the Pops* verwendet wurde, und wir wollten es live erleben. In der Mitte der Aufnahme stürzte sich die Band in etwas, das ich nur als eine Art Sixties-Psychedelic-Nonsens beschreiben kann. Wie würden sie das auf die Bühne bringen?

Fitzgerald meinte den Mittelteil in der Originalaufnahme des Songs von Led Zeppelin. Für die wöchentliche TV-Hitshow der BBC wird damals jedoch eine andere Version verwendet, nämlich die von Alexis Korners Band CCS, die extra für den Sender eine verkürzte und passgenaue Fassung ihrer Coverversion von »Whole Lotta Love« produziert hat – allerdings ohne den »psychedelischen Nonsens«. Fitzgerald und all die anderen kommen auf ihre Kosten – und erleben eine Überraschung:

> Wir hörten das markante Gitarrenintro und waren sofort auf den Beinen, um zu headbangen oder wie immer man unsere Versuche, sich zur Musik zu bewegen, damals nannte. Wir warteten, und dann kam die Passage mit der »abgedrehten Traummusik«. Zu unserer Überraschung und Freude aber gab es keine kreischenden Gitarren und irren Geräusche – nein! Robert Plant und die Jungs schoben stattdessen ein Medley von klassischen Rock-'n'-Roll-Songs der 50er und 60er Jahre ein. Und das Dach der Ulster Hall flog weg – phantastisch!

Das ist es, was Gerry Fitzgerald im Gedächtnis blieb: eine wilde Hardrock-Party. Nicht aber das, wofür dieses Konzert tatsächlich in die Geschichtsbücher eingegangen ist.

Gestern und Heute: Stones vs. Led Zeppelin

Ein paar Wochen zuvor: Jimmy Page und Robert Plant frieren. Denn in Headley Grange funktioniert die Heizung nicht, obendrein sind die Mauern feucht. Nun sieht man die beiden Rockstars auf der Wiese vor dem Anwesen herumalbern. Der eine ist mit einem dicken Pullover bekleidet und trippelt vom rechten Fuß auf den linken, der andere trägt eine dünne Jacke und schrammelt auf einer Mandoline. Kleine Atemwölkchen sind vor ihren Mündern zu erkennen, und vor den winterkahlen Bäumen tollt ein Schäferhund herum. Offenbar sind die zwei Männer vor die Tür gegangen, um frische Luft zu schnappen, bevor sie sich im Inneren des Hauses wieder an die Arbeit machen. Auf der Zufahrt vor dem Hauptportal ist ein schwerer Rolls-Royce geparkt, daneben ein schnittiger Sportwagen und noch ein paar Meter weiter ein großer BMC-Truck. Er ist tarn-

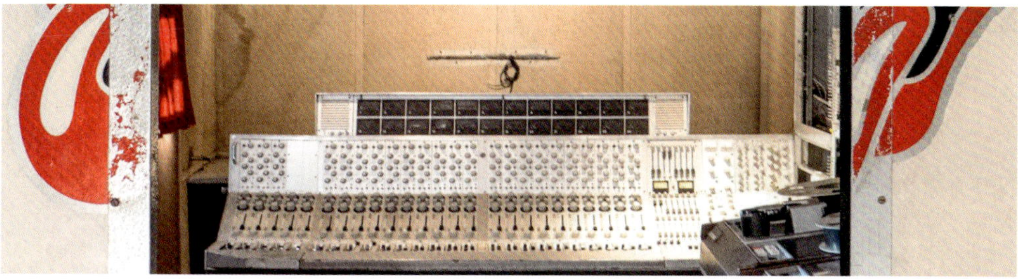

Blick ins Allerheiligste: das Rolling Stones Mobile Studio, mit dem berühmte Alben der Stones, von Led Zeppelin, The Who und Deep Purple aufgenommen wurden.

farben lackiert und beinhaltet ein mobiles Aufnahmestudio. Das Gefährt gehört den Rolling Stones, und die vermieten es gerne. Zum Beispiel an die Kollegen von Led Zeppelin (die Szene ist auf privaten Filmaufnahmen zu sehen, die während der Arbeiten am vierten Led-Zeppelin-Album in Headley Grange im Winter 1971 entstanden sind).

Headley Grange, gebaut im 18. Jahrhundert, wurde früher einmal als Waisen- und Armenhaus genutzt. Jetzt aber ist das inzwischen etwas heruntergekommene Herrenhaus am Rande der Ortschaft Headley in East Hampshire, südwestlich von London und auf halbem Weg nach Portsmouth gelegen, für die Musiker von Led Zeppelin ein vorübergehendes Zuhause geworden. Wie Jimmy Page BBC News Jahrzehnte später in einem TV-Feature erklären wird, wohnt im Winter 1971 die komplette Band dort: »Es war eine inspirierende Zeit. Essen, schlafen, Musik machen, das war es, was wir dort Tag für Tag taten. Das Album erzählt das auf seine eigene Art, wenn man es komplett hört.«

Gemeint ist die legendäre Langspielplatte, die offiziell keinen Titel trägt, allgemein aber als LED ZEPPELIN IV oder wegen der vier darauf abgebildeten markanten Runenzeichen als ZOSO-Album bekannt ist. Das Setting in Headley Grange hatte sich bewährt, gemeinsam mit Toningenieur Andy Johns hatte die Band dort schon im Jahr zuvor mit dem Rolling Stones Mobile Studio LED ZEPPELIN III aufgenommen.

Zu diesem Zeitpunkt sind sie die vielleicht heißeste Band im Königreich, auf jeden Fall aber diejenige, welche wie keine andere die Zukunft der Rockmusik verkörpert. Zu Beginn des neuen Jahrzehnts ist die britische Szene im Umbruch. Die alten Helden der 1960er Jahre sind entweder weg vom Fenster wie die Beatles oder abgetaucht wie die Kinks, denen mit »Lola« zwar noch einmal ein Monsterhit gelungen ist, der aber auf viele Jahre hinaus ihr letzter gewesen sein wird. Außerdem sind Singlehits auf dem Markt der Popmusik inzwischen sowieso eine Währung, die so überholt ist wie der Shilling, den Großbritannien am 15. Februar 1971 zugunsten des neuen Dezimalsystems abgeschafft hat. Was nun zählt, ist das Album. Die Schlacht um Poperfolg, Prestige und Ruhm wird jetzt und in Zukunft nicht mehr mit 45, sondern mit 33 Umdrehungen pro Minute geschlagen.

Der fröhliche Mythos von Swinging London und Carnaby Street verblasst zusehends. Das Königreich ist nicht mehr das, was es einmal war: Die alte Kolonialherrlichkeit ist lange schon dahin, das Commonwealth spürbar geschrumpft und die Wirtschaft, die sich in den 25 Jahren nach dem Zweiten Weltkrieg nie so recht erholen konnte, wegen permanent schwächelnder Exportleistung, eines drastisch abgewerteten Pfunds und galoppierender Inflation auf dem besten Weg in eine tiefgreifende Depression. Wilde Streiks mit gewalttätigen Auseinandersetzungen zwischen Polizei und Arbeitern erschüttern das Land.

All dies wird sich auch durch den Eintritt des Vereinigten Königreichs und Irlands in die Europäische Gemeinschaft zum Jahresbeginn 1973 nicht ändern. Ein Jahr später wird das deutsche Nachrichtenmagazin *Der Spiegel* schreiben: »Das ›swinging London‹ der 60er Jahre ist inzwischen so düster geworden wie zu Zeiten von Charles Dickens, seine imperialen Avenuen sind spärlicher beleuchtet als die Slum-Straßen ehemals britischer Kolonialstädte.«[2] Da passt ins Bild, dass der britische Minister für Luftfahrtbeschaffung (so hieß sein Amt tatsächlich), Frederick Corfield, am 4. Februar 1971 bekanntgab, dass die altehrwürdigen Rolls-Royce-Werke in Konkurs gehen. Die um sarkastische Bemerkungen traditionell nie verlegene Boulevardpresse kommentierte den Vorgang mit der Bemerkung, das sei »so, als habe man entdeckt, dass die Kronjuwelen gefälscht sind…«[3]

Dass die Sixties Geschichte und die neuen Zeiten andere sind, zeigt just in diesem März 1971 auch das Beispiel der beiden größten britischen Bands: Die Rolling Stones, die sich auf ihrem aktuellen Livealbum GET YER YA YA'S OUT als »Greatest Rock 'n' Roll Band in the World« vorstellen lassen, touren im März durch die kleinen Hallen und Clubs der englischen Provinz. 18 Konzerte werden sie in neun Städten geben, zwei an jedem Auftrittstag, eins nachmittags, eins abends. So war das üblich, als die Stones eine Dekade zuvor auf ihre ersten Tourneen gegangen sind, und so halten sie es noch heute. Die Shows dauern dann auch nur etwa eine Stunde. Anders machen es Led Zeppelin, die zur selben Zeit durch England tingeln: Sie planen zwölf Konzerte in zwölf Städten, und die dauern jeweils doppelt so lang wie die der Stones.

Nicht nur die Tourneen der beiden Bands unterscheiden sich signifikant voneinander, auch die Motive für die Konzertreisen: Die Stones wollen Abschied nehmen, Led Zeppelin dagegen sich für große Taten rüsten. Wegen ihrer immensen Steuerprobleme, die ihnen das Management des US-Amerikaners Allen Klein eingebracht hat, hat der neue Finanzberater der Stones entschieden, dass die Musiker zum Start des nächsten Steuerjahres, also zum 1. April 1971, ins französische Exil gehen – anders sind die astronomischen Schulden, die für jeden einzelnen Rolling Stone beim Fiskus aufgelaufen sind, nicht zu begleichen. Jagger & Co verabschieden sich also im März von ihren englischen Fans. Trotz ihres aktuellen Singlehits »Brown Sugar« ist ihre Zukunft erst einmal ungewiss.

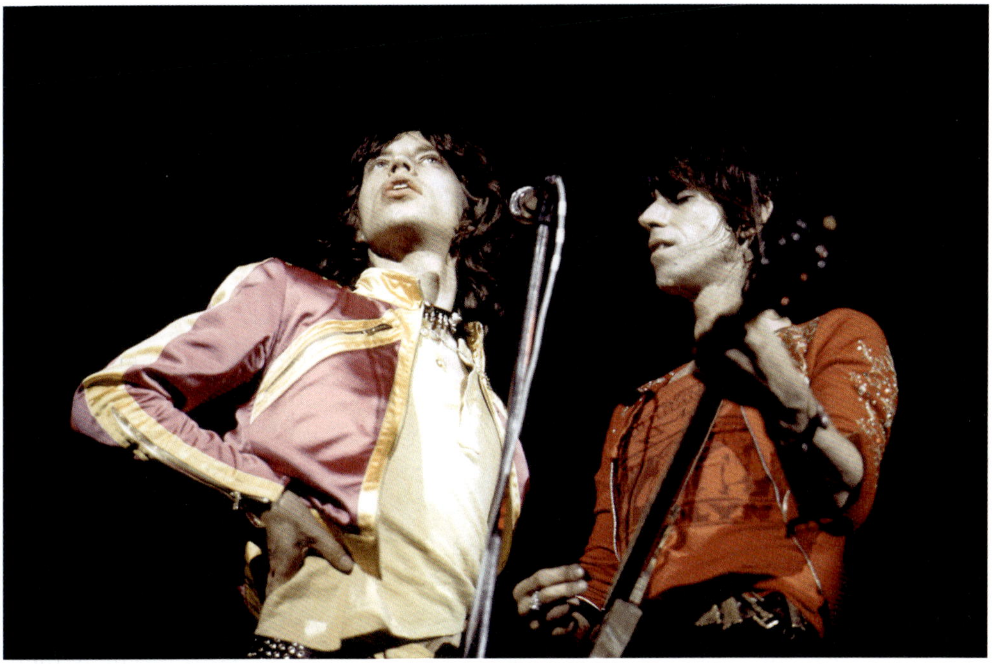

Veteranen: Nicht wenige zählten die Rolling Stones, hier live in Bristol in der Colston Hall im März 1971, schon zu Beginn der 70er Jahre zum alten Eisen.

Led Zeppelin dagegen haben einen vollen Terminkalender und wollen sich in der Provinz warm spielen. Außerdem, so erklärt Drummer John Bonham der Presse, will die Band zurück zur Intimität der kleinen Clubs: »Die Atmosphäre dort ist immer besser als in großen Venues wie der Royal Albert Hall. Wir wollten eine Tour machen, bei der uns die größtmögliche Zahl von Fans an den Orten sehen kann, wo wir damals angefangen haben.«[4] Einen Singlehit wie die Kollegen Rolling Stones haben Led Zeppelin zu diesem Zeitpunkt in England nicht. Und den wollen sie auch gar nicht haben, denn Singles veröffentlicht die Band grundsätzlich nicht. Der Markt der kleinen Scheiben und der Drei-Minuten-Songs interessiert sie nicht, stattdessen setzen die Engländer auf die in jeder Beziehung größeren Möglichkeiten des Albums. Manager Peter Grant und seine Schützlinge wissen, dass die Albumkäufer einen Markt mit dramatischem Wachstumspotential bilden und dass die Musik der Band, eine komplexe Weiterentwicklung des britischen Sixties-Bluesrock, weit über die Ansprüche von Singles-Konsumenten hinausgeht. Was im Übrigen keine Frage des Alters mehr ist: Alben werden längst nicht nur von anspruchsvollen jungen Erwachsenen gekauft, auch Schülerinnen und Schüler geben ihr Taschengeld zunehmend für Langspielplatten aus.

Die Stones existieren in diesem März 1971 als Band seit bald neun Jahren, das Durchschnittsalter ihrer Mitglieder beläuft sich auf knapp 28 Jahre. Led Zeppelin dagegen gibt es erst zweieinhalb Jahre, sie sind im Durchschnitt 24 Jahre alt. In der rasend schnellen Entwicklung der Rockmusik jener Jahre ist das ein glatter Generationsunterschied. So gastieren in diesem Frühling im Abstand von jeweils wenigen Tagen in Manchester, Newcastle und Leeds zwei große Bands, von denen die eine das Gestern und die andere das Morgen repräsentiert (auch wenn die Stones wohl zu ihrer eigenen Überraschung länger als alle anderen, auch als Led Zeppelin, durchhalten werden – was nichts daran ändert, dass viele Beobachter schon damals meinen, dass sie längst hätten abtreten sollen).

Was die Zukunft angeht, da gibt es im Frühling 1971 neben Led Zeppelin jede Menge neue Bands, gegen die Jagger & Co. tatsächlich alt aussehen: zum Beispiel Deep Purple, Black Sabbath, Jethro Tull, Yes, Faces, Humble Pie, Uriah Heep, Free, Genesis, UFO, Ten Years After und Emerson, Lake & Palmer.

Artiger Applaus

Zurück nach Belfast: Dort haben Led Zeppelin soeben den fünften Song ihres Sets beendet. »Dazed and Confused« stammt ursprünglich von dem amerikanischen Folksänger Jake Holmes. Schon seit seinen Yardbirds-Zeiten aber bildet das Stück einen zentralen Pfeiler in Jimmy Pages Bühnenperformance, inklusive eines ausufernden Gitarrensolos und exzentrischer Einlage mit dem Violinbogen.

Die Fans in der Ulster Hall sind glücklich, allein schon, weil sie endlich einmal etwas anderes zu hören bekommen als die in den Straßen von Belfast fast schon übliche Soundkulisse von Feuerwehr- und Polizeisirenen sowie explodierenden IRA-Bomben. Plant sagt den nächsten Song an, ein neues Stück, wie schon »Black Dog«, das die Band bereits ein paar Minuten vorher vorgestellt hat. Die Nummer beginnt ausgesprochen verhalten. Page hat ein monströses Ding umgeschnallt, eine Gitarre mit gewaltigem Korpus und zwei parallel zueinander verlaufenden Hälsen. Er zupft darauf eine zarte, abfallende Akkordfolge. Die Ersten gehen ein frisches Bier holen. Oder pinkeln. Sie sind nicht hierher gekommen, um Balladen zu hören. Gerry Fitzgerald: »Wir mochten es nicht. Zu ›balladig‹ für Led Zeppelin, das dachten wir. Es klang nicht wirklich wie nach ihnen – jedenfalls nicht bis zur letzten Minute des Songs, als Page mit diesem heute berühmten Riff begann.« In der Tat, nach hinten raus rockt das Ganze majestätisch, und Jimmy Page steigert sich in ein beeindruckendes Solo hinein. Nach den acht Minuten gibt es dann auch artigen Applaus, nicht eben überschwänglich, immerhin aber anerkennend. Die Live-Premiere des neuen Songs darf also als geglückt gelten, auch wenn niemand hier ahnt, weder die Band noch das Publikum, dass »Stairway to Heaven« einer der berühmtesten und erfolgreichsten Songs des 20. Jahrhunderts werden soll.

Ungewöhnlich sind komplexe und an die 10-Minuten-Grenze heranreichende Rocksuiten wie diese 1971 nicht. Ganz im Gegenteil, Tracks wie »In-A-Gadda-Da-Vida« von Iron Butterfly und »Child in Time« von Deep Purple gehören, obwohl sie sich mitunter über eine ganze Plattenseite hinziehen, in jenen Jahren zu den Dauerbrennern auf den Plattentellern in den Jugendclubs. Gerade

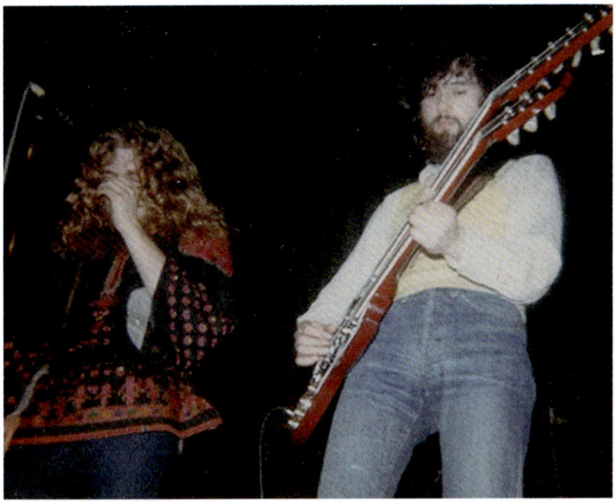

Monströses Ding: Robert Plant und Jimmy Page mit seiner Doppelhalsgitarre – eines der wenigen erhaltenen Fotos vom Led-Zeppelin-Auftritt in der Ulster Hall in Belfast.

die Komplexität der Musik, ihr Drama und ihre Intensität sind es, die solche Stücke für das Publikum attraktiv machen. Die Hörer wollen sich in der musikalischen Erfahrung verlieren. »Stairway to Heaven« öffnet dafür Tür und Tor.

Später wird Komponist Jimmy Page das Konzept hinter der Komposition so erklären:

> Das Intro ist so eine Art [Johann Sebastian] Bach für Arme, und die Blockflöten geben der Sache eine mittelalterliche Atmosphäre. Die Idee von »Stairway« war es, im Verlauf immer mehr Schichten und Stimmungen offenzulegen. Die Intensität und Subtilität sollten dabei in musikalischer und emotionaler Hinsicht zunehmen.

Der Songtext fiel Plant offenbar fast komplett und wie ein Geschenk des Himmels in die Hände. Page:

> Ich werde das Bild nie vergessen: Robert saß auf dem Boden, den Rücken an die Wand gelehnt, und schrieb diesen Text. Als wir später den Song von Anfang bis Ende komplett durchspielten, kam er dazu und sang den ganzen Text – er hatte in einem Rutsch gut 90 Prozent davon fertig geschrieben.[5]

Plant bezeichnete die Lyrics in einem Interview mit David Fricke vom *Rolling Stone* einmal als »eine zynische Betrachtung über eine Frau, die immer alles bekommt, was sie will, ohne je irgendetwas zurückzugeben«[6]. Das eingangs entworfene Bild von der Lady, die »sicher ist, dass alles Gold ist, was glänzt, und eine Leiter zum Himmel kauft«, war allerdings auch mystisch genug, um alle möglichen anderen Interpretationen zuzulassen, bis hin zu satanistischen Botschaften, die in den Song hineingedeutet wurden. Der *Melody Maker*, damals wichtigstes Musikblatt in Großbritannien, befand in seinem Konzertbericht über die Show in der Ulster Hall: »Eine exzellente Ballade, die Robert als gereiften Lyriker zeigt.« Und das Blatt zitiert Jimmy Page, der dem Reporter auf dem gemeinsamen Rückflug nach London verrät: »Der Text ist brillant – er ist der beste, den Robert je geschrieben hat.«[7]

Von jenem 5. März 1971 an gehörte »Stairway to Heaven« jedenfalls zum festen Bühnenrepertoire der Band. Die erste bekannt gewordene Aufzeichnung des Songs geht im Übrigen auf das Konto der *BBC*. Am 1. April spielten Led Zeppelin eine exklusive Zugabe zu ihrer »Back to the Clubs«-Tour: Im Paris Theater, einem ehemaligen Kino auf Londons Lower Regent Street, gab die Gruppe für 200 Zuschauer ein weiteres Konzert. Die Show wurde von der BBC aufgezeichnet und am 4. April im Rahmen von John Peels Sendereihe *In Concert* ausgestrahlt – das erste Mal, dass »Stairway to Heaven« im Radio zu hören war[8]. Und beileibe nicht das letzte Mal. Als Bestandteil des im November 1971 erschienenen Albums LED ZEPPELIN IV entwickelte sich der Song zu einem der größten Klassiker der Rock-Ära überhaupt.

Neue Galaxien

Die Gründe für den einzigartigen Erfolg dieser Ballade, den des dazugehörigen Albums und nicht zuletzt den seiner Schöpfer sind so augenfällig wie vielschichtig. Und sie sind typisch für Rockmusik und Popästhetik der frühen 1970er Jahre. Das kulturelle Leitmotiv der Sixties hatte noch darin bestanden, alle Grenzen und Einschränkungen einzureißen. »Break on through to the other side!« und »Tear down the walls, motherfucker!« lauteten zwei der markantesten Slogans dieser Zeit. Nun, zu Beginn der Seventies, da sehr viele von diesen Mauern zertrümmert daniederlagen, tat sich dahinter neues Terrain auf. Das Leitmotiv hieß jetzt: Unbekannte Welten erkunden!

Als das neue Jahrzehnt begann, war der Mensch zum ersten Mal auf dem Mond gelandet; zum ersten Mal war ein Herz verpflanzt worden, das Fernsehen sendete nun in Farbe, im Unterschied zu Großbritannien waren die Wirtschaftsleistung der USA und auch die der Bundesrepublik so groß wie nie zuvor; die Autos wurden dicker, die Städte größer und die Wolkenkratzer höher, die Teflonpfanne und die Kühltruhe hielten Einzug in die Haushalte, das Transistorradio wurde zum Massenartikel, die Concorde flog in Überschall-Geschwindigkeit von Kontinent zu Kontinent, und die ersten Computer tauchten in den Büros auf; außerdem war die Anti-Baby-Pille nun für alle verfügbar, und die Satellitentechnik machte Live-Übertragungen von den entlegensten Winkeln der Erde möglich. Träume von einer Science-Fiction-Welt mit privaten Raumschiffen und von Siedlungen wahlweise auf fremden Planeten oder am Meeresboden waren allgegenwärtig: Eine neue, bequemere und schönere Welt schien nicht nur zum Greifen nahe, kaum jemand zweifelte daran, dass sie tatsächlich bald Wirklichkeit sein würde. So prophezeite *Der Spiegel* 1966, dass man im Jahr 2000 Briefe lesen könne, ohne sie zu öffnen, Gliedmaßen von selbst nachwachsen und alle Infektionskrankheiten besiegt sein würden. Kurzum: Zukunft war etwas, auf das man sich ohne Wenn und Aber freuen konnte. Erste Wermutstropfen – etwa in Gestalt der Ölkrise von 1973 und des aufrüttelnden Reports »Die Grenzen des Wachstums«, den der Club of Rome 1972 vorstellte – trübten zwar schon bald die Wachstums-Euphorie, waren aber 1970 noch kaum zu vermuten und sollten ihre Wirkung auf das gesellschaftliche Klima erst allmählich entfalten. Eine nennenswerte Fortschritts- und Wachstums-Skepsis entwickelte sich in den westlichen Ländern jedenfalls erst zum Ende des 70er Jahrzehnts.

Zu dessen Beginn aber war das »Höher, weiter, schneller!«-Prinzip allgemeiner Konsens. Das zeigte sich zum Beispiel in der Mode: Die Farben wurden greller, die Outfits schriller und der Hosenschlag grotesk weit; Gleiches galt für Hemdkragen und Sakkorevers, die ebenfalls bizarre Ausmaße erreichten. Ähnlich die männliche Haarmode: Man ließ es wachsen und sprießen, die Matten reichten bis auf den Rücken, die Koteletten bis an die Kieferkante. Und das Kino: Stanley Kubricks legendäres Science-Fiction-Opus *2001 – Odyssee im Weltraum* von 1968 war nicht nur eine kolossal ausgestattete Bildorgie mit kühner neuer Erzähltechnik, es drang mit zweieinhalb Stunden Laufzeit auch in Dimensionen vor, die bis dahin Hollywoods Historienschinken vorbehalten waren.

Selbstverständlich galt all das auch für die Musik. Ein paar Zahlen zum Musikmarkt der Vereinigten Staaten: 1955 betrug dessen Gesamtumsatz 277 Millionen US-Dollar, 1964, im Jahr der Beatlemania, bereits 758 Millionen, und 1967 war mit 1,173 Milliarden erstmals die Milliardengrenze überschritten worden. 1973 dann setzte die Musikbranche in den USA stolze zwei Milliarden Dollar um, fast acht Mal so viel wie 18 Jahre zuvor. Zum Vergleich: Im selben Jahr lag der Umsatz der Filmbranche mal gerade bei 1,3 Milliarden, und der des Sportgeschäfts betrug vergleichsweise mickrige 600 Millionen.[9]

Aber nicht nur der Musikmarkt und seine Gewinnspannen wuchsen explosionsartig an, auch die Musik selbst entwickelte ihren ganz eigenen Größenwahn: Laut? Schön, aber wie geht es lauter? Drei-Minuten-Singles? Warum so kurz, eine Plattenseite hat doch 20 Minuten! Lass uns aus dem Vollen schöpfen, es noch vielschichtiger, noch großartiger, noch verrückter machen!

Bereits die rasende Entwicklung der Aufnahmetechnik verführte zu Megalomanie: Hatten die Beatles ihren Sgt. Pepper im Winter 1967 noch auf vier Spuren aufgenommen, so waren in den Tonstudios schon im nächsten Jahr acht Spuren Standard. 1968/69 erschienen mit dem zweiten Blood, Sweat & Tears-Album, Grateful Deads AOXOMOXOA und Frank Zappas HOT RATS gar schon die ersten 16-Spur-Aufnahmen. 24-Spur-Rekorder sollten nicht lange auf sich warten lassen[10]. Ende 1971 waren allein in London bereits 21 professionelle Tonstudios mit 16-Spur-Technik und Dolby-Rauschunterdrückungssystem ausgestattet – ein Quantensprung in der Aufnahmequalität, der hörbaren Fortschritt brachte.

Led Zeppelin passten perfekt in diese XXL-Philosophie: Ihr Rock wollte größer, lauter, wilder, gewaltiger, dramatischer und natürlich schöner sein als alles, was die Konkurrenz zustande brachte. Bis zu einem gewissen Grade wurde er das auch. Aber: Page & Co. waren beileibe nicht die Einzigen, die dem Zeitgeist folgend in neue künstlerische Galaxien aufbrachen. Dabei saß ihre wohl mächtigste Konkurrenz direkt vor der Haustür: etwa die neben den Stones einzige britische Band, die schon seit den denkwürdigen Tagen der Beatlemania dabei war und dennoch mit der Entwicklung Schritt halten konnte, The Who.

Ein visionärer Fehlschlag

Als Led Zeppelin in englischen Clubs und Theatern »Stairway to Heaven« vorstellten, hatten Pete Townshend, Roger Daltrey, Keith Moon und John Entwistle mit LIVE AT LEEDS gerade erst ihren Status als einer der kraftvollsten Bühnenacts der Welt untermauert. Ihren Hauptehrgeiz aber richteten The Who, allen voran Mastermind Townshend, auf das Tonstudio. Das Doppelalbum TOMMY, die womöglich erste, in jedem Fall aber bis heute bekannteste Rockoper, hatte 1969 den Anfang gemacht. Seitdem galt Pete Townshend als visionäres Hirn und als einer der klügsten Köpfe der Popkultur. Zweifelsohne war er das, die wenigsten Beobachter jedoch ahnten: Townshend stand 1970 unter gewaltigem Druck. Er musste liefern. Das erwartete nicht nur sein Publikum, das erwartete auch seine Band, die seit geraumer Zeit ungeduldig mit den Hufen scharrte. Seit TOMMY hatte es praktisch nichts Neues von The Who gegeben, eine in jenen Zeiten auf einem Markt, der wöchentlich neue Sensationen bot, geradezu selbstmörderische Schaffenspause. Das ambitionierte Drama um den taubstummen Tommy war als Wunderwerk des Rock gefeiert worden. Und das galt es zu toppen. Die nächste Who-Platte musste mindestens genauso gut, wenn nicht besser sein. Noch schlauer, noch klüger, noch grandioser. Und perfekte Rockmusik sowieso.

Mit TOMMY und triumphalen Auftritten in Woodstock und auf dem Isle-Of-Wright-Festival 1970 waren The Who zu internationalen Superstars geworden – eine Entwicklung, die Pete Townshend nachdenklich gemacht hatte. Immer schon hatte der sensible und neurotische Songwriter gewusst, dass die Rockmusik ihre Kraft aus der emotionalen Verbindung bezog, die sie zwischen Musikern und Publikum herstellen konnte. Für den Who-Kopf waren Konzerte nicht einseitiges Entertainment-Angebot, sondern identitätsstiftende Rituale, die damit auch im Dienste gegenkultureller Ziele standen und nicht nur politische und soziopsychologische Funktionen erfüllten, sondern den Künstler auch in eine gewisse Verantwortung zwangen. Seitdem die Band aber vor allem in den USA in immer größeren Stadien spielte und sich ihre Beziehung zum Publikum einseitig hin zu einem reinen Dienstleistungsverhältnis entwickelte, wurde es Townshend zunehmend unbehaglich. Er fühlte sich von den Fans mehr und mehr isoliert. Das überaus komplexe und komplizierte »Lifehouse«-Projekt, das er nun im Herbst 1970 ersann, war einerseits die logische Reaktion auf diese Erfahrungen, andererseits aber auch der Versuch, TOMMY mit einem neuen Konzept-Projekt zu toppen und dabei künstlerisches Neuland zu erschließen. »Lifehouse« sollte gleichzeitig SciFi-Märchen, Doppelalbum mit innovativer Musik, neuartige Konzert-Performance, Kinofilm, Theater-Happening und obendrein Kommentar zur Gesellschaft mit Vorgriff auf das sein, was wir heute als virtuelle Realität kennen. Also: Nichts weniger sollte es werden als die Zukunft des Rock 'n' Roll. Ein bisschen viel, wie sich herausstellte.

Das Problem: Keiner verstand, was Townshend da vorhatte, außer dass es sich um eine Platte und einen Film handeln sollte. The-Who-Sänger Roger Daltrey meint dazu in seiner Autobiographie:

> In einer Welt in der nicht allzu fernen Zukunft ist die Umweltverschmutzung so massiv geworden, dass die Stadtbevölkerung in geschlossenen Räumen leben muss, in denen die Menschen sogenannte Erfahrungsanzüge tragen, durch die ihre Sinne künstlich stimuliert werden. Die Menschen verlieren die Verbindung zu ihrer natürlichen Umgebung.

So weit, so klar: die Vision einer manipulierten Gesellschaft, die den Kontakt zum wirklichen Leben verloren hat. Weiter heißt es:

> Die restliche Bevölkerung lebt auf den Feldern von der Hand in den Mund. Die Erfahrungsanzüge sind mit dem Netz verbunden, das die Menschen durch Schläuche ernährt und unterhält. Sie können an einem Tag Tausende von Leben erleben, was großartig ist, doch in dieser Welt gibt es keinen Rock 'n' Roll, was schlecht ist. Dann kommt ein Rebell namens Bobby, der das Netz hackt und die persönlichen Daten der Menschen in Töne verwandelt, die er ihnen vorspielt. Am Ende kommt die Musik in einem einzigen Ton zusammen. Und mit diesem Ton sind die Menschen frei und verschwinden ins Nirvana. Ende.[11]

Die persönlichen Daten wollte Townshend im Rahmen eines über mehrere Wochen stattfindenden Konzertworkshops im Londoner Young Vic Theater bei den einzelnen Fans im Publikum erheben, um damit dann einen Synthesizer zu füttern, der daraufhin »individualisierte« Musik ausspucken sollte. Im Januar 1971 erläuterte Townshend die Idee Penny Valentine vom britischen Musikmagazin *Melody Maker*:

> Wir schreiben eine Geschichte, und die wollen wir vom ersten Tag dieses Workshops hier im Theater aufführen. Für diese nutzen wir die Quadrophonie und werden mit vorbespielten Tonbändern arbeiten. Rund 400 Menschen werden in das Ganze eingebunden sein, und am Ende wollen wir eine Musik machen, die sie repräsentiert.[12]

So weit der Plan. Doch Townshend steckte damals so tief im Labyrinth seiner Ideen, dass er schlicht nicht in der Lage war, das Konzept seinen Mitmusikern, seinem Management, der Plattenfirma und eventuellen Geldgebern in der Filmindustrie auch nur annähernd klar und überzeugend darzustellen. Und: Wir können das Ganze heute nur deshalb halbwegs nachvollziehen, weil wir mit dem Internet und dessen Kultur längst über einen realen Bezugsrahmen für Townshends damalige Phantasie verfügen. Den aber gab es damals nicht. Vor einem halben Jahrhundert hatte niemand eine Vorstellung von so etwas wie dem Internet, geschweige denn auch nur eine vage Idee davon, was eine dergestalt vernetzte Welt oder Gesellschaft sein und welche Probleme sie mit sich bringen könnte. Folglich hielten zu Beginn des Jahres 1971 sowohl The Who als auch ihr Management Townshend für einen genialischen, aber offenbar komplett durchgeknallten Spinner. Er selbst sich im Übrigen zeitweise auch.

Immerhin, im Winter hatte Townshend schon jede Menge Songs rund um das »Lifehouse«-Konzept geschrieben. Deren Demos überzeugten Band und Management. Nach einem verunglückten Versuch in den New Yorker Record-Plant-Studios kam man dann im März 1971 mit einen alten Freund der Gruppe, dem Produzenten Glyn Johns, überein, die besten neuen Songs unter Verzicht auf das mysteriöse »Lifehouse«-Konzept für ein Studioalbum aufzunehmen. Die Sessions fanden im Frühling in den Londoner Olympic Studios und in Mick Jaggers Landsitz Stargroves in East Woodhay in der Grafschaft Hampshire statt, wohin das Rolling Stones Mobile Studio nach dem Aufenthalt in Headley Grange zwischenzeitlich zurückbeordert worden war.

Die Aufnahmen erschienen im August 1971 unter dem profanen Titel WHO'S NEXT. Es ist nicht nur das vielleicht beste Album im Who-Katalog, aus verschiedenen Gründen ist es bis heute auch eines der stilbildenden Alben der Rock-Ära überhaupt. Ein wichtiges Verdienst von WHO'S NEXT deutete dabei allerdings in eine überraschende Richtung, jedenfalls für Fans des britischen Hardrock, wie ihn The Who repräsentierten: Mit »Baba O'Riley« und dem gewaltigen Albumfinale »Won't Get Fooled Again« fanden sich auf der Platte zwei Tracks, deren Produktion weit in die elektronische Zukunft des Pop wies. Beide Songs bezogen ihren Herzschlag aus einem monophonen Analog-Synthesizer. Der VCS3 von der Firma EMS war dabei eines der ersten sowohl einigermaßen handlichen als auch erschwinglichen Modelle. Townshend hatte sich ein solches Gerät für etwa 1000 Pfund sowie dazu noch einen ARP 2500 für sein Heimstudio besorgt. Er war einer der sehr wenigen Musiker, die neben der Neugier auch über genügend technisches Verständnis und vor allem die nötige Geduld verfügten, die Möglichkeiten der komplizierten Maschinen zu erkunden.

Als wohl erster Popmusiker überhaupt kam der Who-Gitarrist dabei auf die Idee, mit Hilfe des Synthesizers nicht nur Klänge, zum Beispiel aus seiner Lowery-Orgel, zu manipulieren, sondern diese darüber hinaus auch zu pulsierenden Klangfolgen zu programmieren.

Pate standen dabei die Arbeiten des kalifornischen Avantgarde-Komponisten und Minimal-Music-Pioniers Terry Riley, speziell dessen 1969er Album

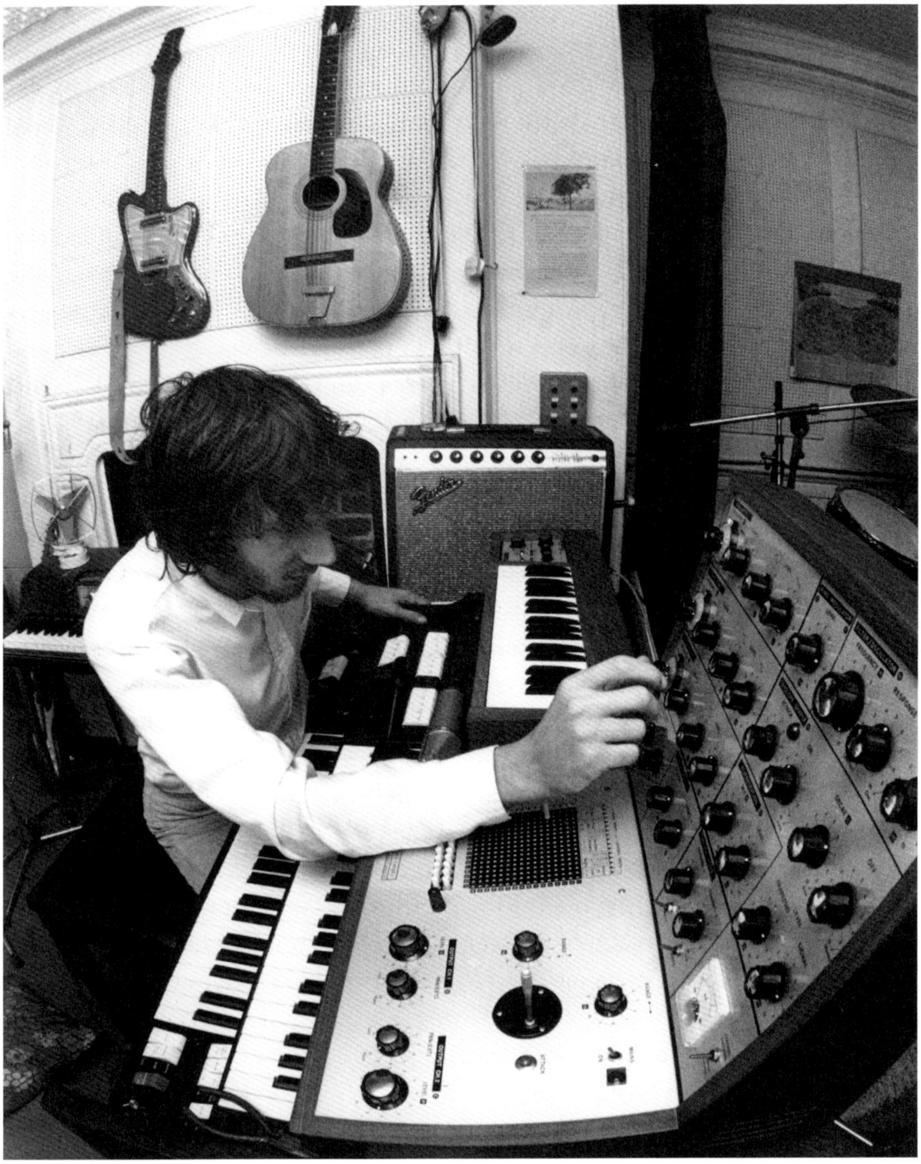

Mensch und Maschine: The-Who-Mastermind Pete Townshend hantiert in seinem Homestudio an einem der ersten VCS3-Synthesizer – so entstand 1971 »Won't Get Fooled Again«.

A RAINBOW IN CURVED AIR (der Songtitel »Baba O'Riley« ist eine Kombination der Namen von Terry Riley und Townshends damaligem spirituellen Mentor, dem indischen Guru und Mystiker Meher Baba).

Auf diese Weise schuf er die wohl ersten Loops, die in der Popmusik je benutzt wurden – zu hören in den erwähnten Songs »Baba O'Riley« und »Won't Get Fooled Again«. Das Schwierige daran: Einmal geschaffen und auf Tonband aufgenommen, waren diese Loops nicht mehr veränderbar. Und die Band, allen voran der Schlagzeuger, war gezwungen, exakt dem vorgegebenen Tempo dieser Tonbandschleifen zu folgen. Seinerzeit ein vollkommen neues Prozedere, denn bis dahin galten Drummer als die unangefochtenen Herrscher über das Tempo eines Songs. Pete Townshend: »... Keith konnte außergewöhnlich gut zu einem vorher aufgenommenen Tempo spielen, etwas, das heutzutage jeder gute Drummer kann, 1971 aber beispiellos war.«[13]

Vor allem »Baba O'Riley« mit seinem geloopten und gepitchten Synthesizer-Klavier, seiner wie eine Büffelherde voranstürmenden Rhythmusgruppe, Townshends Power-Gitarrenakkorden und der altertümlichen Folkfiedel von Gastmusiker Dave Arbus führte wie kein anderer Track seiner Zeit das Gestern, das Heute und das Morgen der populären Musik zusammen. Der Song bildete den Prolog von WHO'S NEXT, und der Epilog, das epische »Won't Get Fooled Again«, komplett mit verfremdeter Orgel und Roger Daltreys markerschütterndem Finalschrei, stand dem in nichts nach.

Das Album bildete die perfekte Symbiose aus dem vorwärts in neue Dimensionen drängenden Geist der Rockmusik der frühen 1970er Jahre und dem alten Credo des Pop, dass Kraft und Vision am wirkungsvollsten in der kurzen kompakten Erscheinung eines einzelnen Songs zusammenfinden. Auch wenn Pete Townshend sich mit dem letzteren Aspekt der Sache im Zusammenhang mit WHO'S NEXT zunächst schwertat. Schließlich bedeutete dies, dass sein ganzes großes, schönes »Lifehouse«-Konzept dabei über Bord gegangen war. Produzent Glyn Johns: »Die Songs brauchten die Story von Lifehouse nicht, was Pete nicht verstand, da er sie als Illustration der Geschichte geschrieben hatte.«[14]

Trotz seines Scheiterns aber war »Lifehouse« zum Triumph geworden. Seinen Frust hatte Townshend inzwischen überwunden, in seiner Autobiographie beschrieb er »Lifehouse« selbstironisch als »eine Mischung aus Science-Fiction, mystischem Geschwafel und visionärer Weltsicht bezüglich der Rolle, die Computer in der Zukunft der elektronischen Musik spielen konnten«[15].

Musik und Elektronik

The Who betraten also technisches Neuland, indem sie zum ersten Mal mit synthetisch erzeugten Klängen und Tonschleifen arbeiteten. Eines der Probleme, die sie dabei lösen mussten, bestand darin, dass man diese Klänge noch nicht speichern konnte und sie sich ein zweites Mal nicht wieder identisch herstellen ließen. Das hatte dazu geführt, dass die zuvor in Townshends Heimstudio auf Tonband aufgenommenen Demoversionen der jeweiligen Synthesizer-Loops für die endgültigen Plattenaufnahmen verwendet werden mussten.

Eine Band, die zur gleichen Zeit mit wachsendem Enthusiasmus nach bis dahin ungehörten Sounds suchte und dabei ähnlichen Schwierigkeiten begegnete, waren Pink Floyd. Deren ebenfalls im Frühling 1971 entstandenes Epos »Echoes« von ihrem Album MEDDLE wurde eingeleitet von einem Ton, den Keyboarder Rick Wright eher zufällig entdeckt hatte, als er sein Klavier mit dem eigentlich für die Hammondorgel vorgesehenen Leslie-Effekt kombinierte: »Ping« – ein tropfender, heller Klang, der an das im Zweiten Weltkrieg verwendete ASDIC-Unterwasser-Ortungssystem erinnerte, das einen ähnlichen Ton produziert hatte. Wright konnte diesen Sound im Tonstudio nicht noch einmal in derselben Qualität nachbilden. Also blieb Pink Floyd wie zur gleichen Zeit auch The Who nichts anderes übrig, als die Demoaufnahme für das endgültige Stück zu verwenden.

Die Parallele verdeutlicht, wie kompliziert und von Zufällen abhängig die Arbeit in den Tonstudios damals verlief. Hinzu kamen weitere Probleme, die heute kaum noch nachvollziehbar erscheinen. So hatte EMI in den berühmten Abbey-Road-Studios erst 1968 eine Achtspur-Maschine für Pop-Produktionen bereitgestellt, ein gutes Jahr, nachdem andere wichtige Studios das bereits erledigt hatten. Als nun ab Herbst 1968 die ersten 16-Spur-Rekorder auftauchten, hielt es die stockkonservative EMI bis auf weiteres für nicht nötig, schon wieder nachzurüsten. Was auch daran lag, dass man trotz der Beatles und ihres Welterfolges Popmusikern nach wie vor äußerst reserviert gegenüberstand. Deren »Kunst« hielt man für minderwertig. Unabhängige und auf möglichst lückenlose Auslastung angewiesene Firmen wie die Olympic Studios in Barnes oder die vom Ex-EMI-Angestellten George Martin an der Oxford Street betriebenen AIR-Studios kannten solche Vorurteile nicht und erwiesen sich als erheblich investitionsfreudiger, zumal sie längst wussten, dass das Gros ihrer Klientel nicht nur in der Gegenwart, sondern erst recht in der Zukunft aus Popmusikern bestehen würde. Folglich waren zu Beginn der 1970er Jahre nicht nur AIR und Olympic, sondern auch IBC, Trident und der bereits erwähnte Rolling Stones Mobile Recording Truck mit 16 Spuren ausgerüstet. Abbey Road nicht.

Bands wie Pink Floyd, deren künstlerisches Selbstverständnis sich mindestens so sehr auf bestmögliche Klangqualität wie auf musikalisch hochwertige Ideen gründete, zogen die Konsequenz. Obwohl sie bei EMI unter Vertrag standen, verließen sie für die Produktion ihres fünften Studioalbums Anfang 1971 Abbey Road und gingen in die AIR-Studios. Drummer Nick Mason in seiner Autobiographie:

> Bei AIR, das sich durch Spitzentechnologie auszeichnete, herrschte eine gänzlich andere Atmosphäre als in den Abbey-Road-Studios, die man dringend auf den neuesten Stand hätte bringen müssen. Moderne Studios wurden damals für Rockbands konzipiert und nicht für das gesamte musikalische Spektrum eingerichtet, da sich die neue Klientel inzwischen im Kern aus der Rockmusiksparte zusammensetzte.[16]

Abbey Road war als Studio von der EMI schon in den 1920er Jahren geplant worden, und da war es darum gegangen, mit drei verschieden großen Aufnahmeräumen allen Bedürfnissen jeder nur denkbaren Musikproduktion im eigenen Haus gerecht werden zu können. Inzwischen aber, und ganz besonders seit den späteren 1960er Jahren, bildete die Popmusik den Löwenanteil der aktuellen Schallplattenproduktion. Außerdem bestand die Aufgabe des Tonstudios nicht mehr nur darin, die von einer Band, einem Solisten oder einem Orchester gespielte Musik möglichst originalgetreu aufzuzeichnen. Musikkünstler aller Provenienz betrachteten das Studio zunehmend auch als ein Instrument, mit dem sie ihre Produktionen kreativ gestalten konnten. Deshalb erwarteten sie dort State-of-the-art-Ausstattung. Es ist dies ein entscheidender Aspekt der sich verändernden Musik jener Zeit. Ohne das Studio als eigenständiges Tool im künstlerischen Gestaltungsprozess wäre ein Großteil der Popmusik der 1970er Jahre nicht denkbar. Auch und gerade im Bereich des Rock.

Die erwähnten Pink Floyd erwiesen sich in diesem Zusammenhang als Pioniere und visionäre Architekten einer neuen Klangästhetik. Und »Echoes« darf als Blaupause dessen gelten, was die Band in der Folge auf die Beine stellte, darunter zeitlose Klassiker und Meilensteine audiophilen Wohlklangs wie THE DARK SIDE OF THE MOON (1973), WISH YOU WERE HERE (1975) und THE WALL (1979). Abgesehen davon markierte dieses über 23 Minuten mäandernde musikalische Monument so etwas wie die endgültige künstlerische Selbstfindung der Band und präsentierte erstmals sämtliche essentiellen Bestandteile des Pink-Floyd-Sounds in ausgereifter Form. Mit dem nächsten Album THE DARK SIDE OF THE MOON und dessen Songzyklus erschloss sich die Band auch »ihr« Thema, das dem Zeitgeist der Seventies in vieler Hinsicht entsprach: die Entfremdung des Menschen in der technischen Moderne. Als Grundmotiv sollte es die Alben bis einschließlich ANIMALS (1977) durchziehen. Später kamen auch die Entfremdung von der eigenen Rolle des Rockstars (THE WALL) und die Aufarbeitung der Kriegstraumata hinzu, die Waters' Generation so sehr geprägt hatten (THE WALL, THE FINAL CUT).

Die Geburt des Metal

Pink Floyd, Led Zeppelin und The Who hatten um 1970 herum den bluesgetränkten Rock der 1960er Jahre für das neue Jahrzehnt aufbereitet, ihn in ihren Werkstätten aufgebockt, auseinandergenommen, sein Fahrwerk verstärkt und die Karosserie modernisiert. Natürlich waren sie nicht die Einzigen, im Bereich des Hardrock agierten auf Augenhöhe weitere Bands wie die kurzlebige Jeff Beck Group, Deep Purple, Nazareth, Uriah Heep, Taste und Free, aus denen später die höchst erfolgreichen Bad Company hervorgingen. Auch aus den USA kamen wichtige Impulse, etwa von Iron Butterfly, Blue Cheer, Steppenwolf und Vanilla Fudge. Nicht zu vergessen Fleetwood Mac, die sich nach ihren großen Erfolgen der späten Sechziger (»Albatross«, »Oh Well«) und dem Ausscheiden ihres Gitarristen Peter Green auf eine lange Odyssee bis zur US-Westküste begaben, von wo sie sich 1975 mit dem Millionenseller FLEETWOOD MAC und den Neuzugängen Stevie Nicks und Lindsey Buckingham als führende Vertreter des Soft-/AOR-Rock zurückmeldeten.

Einigen der genannten Bands war nur kurze Zeit beschieden, andere wiederum, zum Beispiel Deep Purple, vermochten ihren Stil so marktgerecht zu entwickeln, dass sie in kurzer Zeit ein mit Genreklassikern und Charthits durchsetztes Repertoire schufen (»Smoke on the Water«, »Black Night«), das ihnen eine gesunde Auftragslage bis ins hohe Alter bescheren und ihre Bands zu beständigen Rock-Entertainment-Marken machen sollte.

Die vielleicht wichtigste Rolle von all diesen Bands spielte eine Formation, die zunächst, ähnlich wie Led Zeppelin, von der Kritik kaum ernst genommen wurde, inzwischen aber als Baumeister des womöglich bedeutendsten und bis heute stabilsten Rockgenres gilt. Ihre Geschichte beginnt zwischen den tristen Mietskasernen, mit denen man in der Industriemetropole Birmingham die klaffenden Lücken auffüllte, die Hitlers Bomben gerissen hatten: The Birds and the Bees sind eine von vielen Amateur-Tanzkapellen, als sie im Spätwinter 1966 das Angebot für ein gut dotiertes Gastspiel in der Bundesrepublik Deutschland erhalten. Für die Band ist es die Chance, endlich auszubrechen aus der Perspektivlosigkeit von knochenharter Fabrikmaloche und schlecht bezahlten Wochenendgigs. Nur: Ihr fehlt ein guter Leadgitarrist. Die Wahl fällt auf den gerade erst 17 Jahre alt gewordenen Anthony Frank Iommi, der bis dahin bei den Rockin' Chevrolets gespielt hat. Er nimmt das Angebot an und beschließt, seinen Job in einem Stahlwerk zu kündigen und von nun an ganz auf die Musik zu setzen. Als er an seinem letzten Arbeitstag in der Mittagspause kurz zum Essen zu Hause in der Park Lane im Stadtteil Aston vorbeischaut, wo seine Eltern einen kleinen Gemischtwarenladen betreiben, verkündet er, nicht wieder in die Fabrik zurückzukehren. Die Mutter aber verhindert das. Vom Mittagstisch aus schickt sie ihren Sohn zur letzten Schicht, er soll seinen Job ordentlich zu Ende bringen. Eine fatale Entscheidung. Als der Junge an diesem Nachmittag einen Kollegen an der Blechstanze vertreten muss, passiert es:

> Ich hatte noch nie an der Maschine gearbeitet, und es lief alles ganz gut, bis ich für einen Moment die Konzentration verlor. Mit einem lauten Knall quetschte mir das Stahlmonstrum die Fingerkuppen der mittleren Finger ein. Reflexartig riss ich die Hand zurück und verlor dabei zwei Fingerenden. Entsetzt sah ich die hervorstehenden Knochen. Überall floss Blut.[17]

So erzählt es Iommi in seiner Autobiographie. Das Urteil der Ärzte ist niederschmetternd: Mittel- und Ringfinger sind nicht mehr zu gebrauchen, und das Gitarrenspielen kann er vergessen.

Iommi ist am Boden zerstört. Wenig später spielt ihm sein Vorarbeiter aus dem Stahlwerk eine Platte vor. Widerwillig hört Iommi zu, dann nickt er anerkennend, ein guter Gitarrist, ja, aber warum soll er sich den noch anhören, jetzt, wo er selbst nicht mehr spielen kann? Erst da erzählt sein Kumpel, dass der Mann, der da spielt, Django Reinhardt, einer der größten Gitarristen der Jazzgeschichte, selbst mit 18 Jahren einen schweren Unfall hatte, bei dem zwei Finger seiner Griffhand dauerhaft verkrüppelt worden waren. Das Beispiel gibt Iommi neuen Mut.

Er ist Linkshänder und kann sich nicht vorstellen, die rechte Griffhand zu wechseln und noch einmal ganz von vorn anzufangen. Stattdessen bastelt er aus einer Plastikflasche und dem Leder einer alten Jacke Prothesen für seine Finger. Ganz allmählich kämpft er sich nun zurück – dennoch ist sein Spiel für immer verändert: Die beiden verletzten Finger können durch die Plastikkappen hindurch nichts fühlen, dazu kann er die dicken, scharfkantigen Stahlsaiten nicht mehr ziehen, zu groß sind die Schmerzen. Iommi konzentriert sich also verstärkt auf das Akkordspiel auf den tiefen Saiten, wo er mit Zeigefinger und kleinem Finger der Griffhand auskommt. Außerdem beginnt er dünnere Banjosaiten zu verwenden (erst Jahre später, als er längst wieder auf der Bühne steht und zum Profimusiker geworden ist, wird er mit Picato einen Hersteller finden, der ihm dünnere Saiten-Sätze für die E-Gitarre produziert). Dazu kommt er auf die Idee, die Saiten zu lockern und um bis zu drei Halbtöne herunterzustimmen. Auf diese Weise erhält er einen tieferen, dunkleren Klang. Und er gleicht sein körperliches Handicap durch Technik aus, indem er die Verstärker benutzt, die sein Freund Lyndon Laney in Birmingham baut. Laneys Amps sind von vornherein auf mehr Gain (Verzerrung und Nachklangzeit) angelegt als die Produkte anderer Hersteller. All das sorgt im Ergebnis für den einzigartigen Gitarrensound, mit dem Tony Iommi nun die schweren Riffs seiner neuen Band Black Sabbath modelliert. Auf den ersten beiden Alben – BLACK SABBATH und PARANOID, beide von 1970 – entwickelt er mit seiner Gitarre den typischen Powerchord-Sound, der Black Sabbath prägen sollte.

Auf dem dritten Album MASTER OF REALITY hat die Band ihre Stimme endgültig gefunden, Iommis Spiel, die düsteren Lyrics von Geezer Butler – alle vier Musiker sind große Horrorfilm-Fans, so Ozzy Osbourne: »Wenn ich sage, dass wir den Blödsinn mit der Schwarzen Magie nicht einen Augenblick ernst nahmen, ist das die reine Wahrheit. Uns gefiel einfach das Theatralische am Satanismus« – und der schwere, harte Ensemblesound stehen nun in voller Blüte. Die Platte entsteht von Februar bis April 1971 in den Londoner Island Studios, just zu der Zeit, als Led Zeppelin und die Rolling Stones auf ihren Clubtourneen unterwegs sind, The Who sich an die Arbeit für WHO'S NEXT machen und Pink Floyd mit *Echoes* den Kurs für ihre weitere Karriere abstecken. Das Album wird Black Sabbath endgültig in der Beletage der Rockszene etablieren. Und Tony Iommi hat Rache genommen an der Blechstanze, die ihn Jahre zuvor die Fingerkuppen gekostet hat – seine Gitarre und seine Band klingen nun selbst wie ein gewaltiges Stahlwerk. Oder wie es Eddie van Halen einmal formulierte: »Er nahm den Rock 'n' Roll und machte daraus Heavy Metal.« Die frühen Alben von Tony Iommi, Sänger Ozzy Osbourne, Bassist Geezer Butler und Drummer Bill Ward markieren die Geburt des Genres – mit allem, was dazugehört. Neben dem düsteren, bleischweren Sound der Gruppe sind das auch deren Themen: B-Movie-Trash, Goth-Ästhetik, nächtliches Friedhofsgruseln, Satanismus, Okkultismus und eskapistische Phantasiewelten, also die bis heute langlebigste und publikumswirksamste Subkultur der Rockmusik.

Prog erobert die Charts

Zur gleichen Zeit, als sich Black Sabbath in der rauen Industriewelt von Birmingham formieren, also Mitte 1968, wird in London eine weitere junge Band flügge. Bald wird sie sich an die Spitze der letzten großen neuen Strömung setzen, die aus der rockmusikalischen Konkursmasse der 1960er Jahre hervorgegangen ist: der Progressive Rock, kurz Prog. Allerdings handelt es sich hier weniger um eine stilistische Kategorie als um einen Sammelbegriff für ein über die Maßen heterogenes Genre, das Rock mit allen möglichen weiteren Einflüssen vermengt, von Jazz über Klassik und Folk bis hin zu Avantgarde und Electronic. Fragt sich also, was die Prog-Künstler denn überhaupt miteinander verbindet. Da ist zum einen der gemeinsame Humus der englischen Psychedelic-Rockszene der ausgehenden 1960er Jahre, zu der Moody Blues, The Nice, Procol Harum, Pink Floyd und Soft Machine gehören. Zum anderen ist da das verbreitete Bestreben der Musiker, die Rockmusik zu einer seriösen Kunstform zu erheben, die sich nicht länger an das klassische Drei-Minuten-Single-Format und die stilistische Grundformel »Blues + Country = Rock« gebunden fühlt. Progressive Rock betrachtet sich als Album-Musik, zu der man nicht tanzt, der man stattdessen konzentriert zuhört.

Wohl keine populäre Band der frühen 1970er Jahre stand so sehr für diese Haltung, und wohl keine verwandelte den alten bluesbasierten Rock mit derartiger Konsequenz in eine elitäre Kunstmusik wie Yes. So wie auch Black Sabbath profitieren Yes dabei von einer ganz besonderen Situation, die den Musikmarkt um die Jahrzehntwende kennzeichnete. Seit den Beatles war die Plattenindustrie von Legionen junger Musiker überrollt worden, und deren Musik hatte sich als so umsatzträchtig wie nichts zuvor erwiesen. Der Haken an der Sache: Die alteingesessenen Manager verstanden kaum etwas davon, sie kannten weder die Regeln von Beat und Rock, noch konnten sie die Emotionen eines riesigen jungen Publikums einschätzen, das diese Platten plötzlich millionenfach kaufte. Die Folge: Ab etwa 1966 öffnete sich das Einfallstor in die Branche für eine ganz neue Generation von Künstlern und Managern.

Alle wollten ein Stück vom Kuchen haben, jeder wollte Umsatz machen. Flugs gründeten die großen Plattenkonzerne Unterlabel wie Harvest (EMI), Deram (Decca) und Vertigo (Philips), wo zum Beispiel Tony Iommi und Black Sabbath unterkamen. Man wusste zwar nicht so recht, ob die Sache Erfolg haben würde, doch gab es sehr bald genügend Beispiele, die zeigten, dass da reichlich Kohle auf der Straße lag. Wenn man etwas riskierte, konnte man auf Goldadern stoßen. So gelangten Black Sabbath schon mit ihrem ersten Album in die englischen Top Ten, Pink Floyd brachten 1967 gleich ihre ersten zwei Singles in die Charts, Deep Purple räumten mit ihrer Debütsingle »Hush« in den USA ab, und Ten Years After brachten es mit ihrem triumphalen Woodstock-Auftritt zu beträchtlichem internationalem Ruhm. Weitere frisch gegründete unabhängige Labels wie Chrysalis, Charisma und Island sahnten ab, und ihre jungen Künstler, darunter Jethro Tull, Free, Fairport Convention, King Crimson, The

Nice, Spooky Tooth und Moody Blues, gaben Anlass zu den schönsten Hoffnungen. Den Vogel sollte in diesem Zusammenhang der Jungunternehmer Richard Branson abschießen, der auf seinem Virgin-Label 1973 als erstes Album überhaupt das Werk eines versponnenen Jünglings namens Mike Oldfield veröffentlichte, der zuvor bei Singer-Songwriter Kevin Ayers den Bass gezupft hatte: TUBULAR BELLS, auf dem Oldfield Dutzende, zum Teil obskure Instrumente selbst spielt, wurde zum überraschenden Monsterhit und bereitete nebenbei den Boden für spätere Elektronik-Stars wie Jean-Michel Jarre.

Zurück zu Yes: Die Band wird in der Londoner Szene zum Insidertipp, als sie die Konzerte so berühmter Kollegen wie Janis Joplin und Cream eröffnet. 1969 erhalten sie einen Vertrag bei Atlantic, und im Februar 1971 haben sie bereits drei Alben herausgebracht. Aber erst mit der dritten Platte, THE YES ALBUM, wird klar, wohin der Zug fahren soll. Im Sommer 1971 zieht sich die Band in ein kleines Probenstudio in Londons Stadtteil Mayfair zurück, wo sie sich auf ihr viertes Album vorbereiten will. Dort kommt es zur endgültigen Weichenstellung, die Yes zur vielleicht wichtigsten und neben Emerson, Lake & Palmer erfolgreichsten aller Artrock-Bands machen soll: Keyboarder Tony Kaye, der den Bandsound bis dahin mit Klavier und Orgel geprägt hat, weigert sich, das angesagte Mellotron und die plötzlich allgegenwärtigen Synthesizer in seinen Instrumentenpark mitaufzunehmen. Konsequenz: Er wird gefeuert. Sein Nachfolger ist trotz seiner gerade erst 22 Jahre schon berühmt für seinen ausschweifenden Lebensstil und gilt auch als der technischen Seite seines Jobs gegenüber höchst aufgeschlossen: Mit Rick Wakeman finden Yes endgültig zu sich selbst. Die beiden nächsten Alben, FRAGILE (1971) und CLOSE TO THE EDGE (1972), erreichen höchste Chartplatzierungen, womit Yes den Progressive Rock auch im Mainstream salonfähig machen.

Das Genre erlebt nun eine kurze Blüte, bis etwa 1974 landen Bands wie Yes, Genesis, Jethro Tull, Emerson, Lake & Palmer und natürlich die bereits erwähnten Pink Floyd in den Albumcharts ganz weit vorne. King Crimson, die Band, die 1969 mit ihrem lyrischen und hochintelligenten Album IN THE COURT OF THE CRIMSON KING so etwas wie ein Manifest des Progressive Rock geliefert hat und als das Maß der Dinge gilt, ist da schon wieder in der Obskurität verschwunden. Ihr eigenwilliger Gitarrist Robert Fripp hat die Gruppe zu einer Ein-Mann-Veranstaltung umfunktioniert, wobei zwar immer noch interessante Musik entsteht, ein großes Publikum für King Crimson aber nicht mehr zu erobern ist.

Mitte des Jahrzehnts war der progressive Spuk vorbei. Das Publikum setzte nun andere Prioritäten, und die Prog-Acts hatten ihr Pulver verschossen.

Der langwierige Aufstieg von Yes zeigt, dass es zu dieser Zeit durchaus noch zwei oder sogar drei Alben lang dauern durfte, bis endlich der Knoten platzte. Das hatte vor allem damit zu tun, dass die Rockgemeinde noch kaum konservative Tendenzen entwickelt hatte, ganz im Gegenteil: Eine gewisse Offenheit für Experimente und neue Klänge gehörte zum Selbstverständnis der Musik und ihrer Hörer. Die Industrie, die gerade erst damit begonnen hatte, die Gegenkultur in ein formatiertes Marktprodukt zu verwandeln, wusste das. Also ließ sie erheblich mehr zu, als heute auch nur vorstellbar wäre. Selbst ein notorischer Quertreiber wie Frank Zappa und der nicht minder sperrige Captain Beefheart hatten bei ihren Labels in den 1970er Jahren langfristige Verträge beziehungsweise Vertriebsdeals mit Major-Labels abgeschlossen. Dabei schaffte es Zappa erst 1974 mit seinem 18. (!) Album APOSTROPHE (') zum ersten und einzigen Mal in seiner Laufbahn in die US-Top-Ten. Beefheart blieb ein solcher Erfolg zeitlebens verwehrt.

Außerdem waren auf dem langen Weg von der Idee des Komponisten bis hin zur fertigen Schallplatte weit weniger Entscheidungen zu treffen als heute. Die Bands spielten ihre Musik im Studio weitgehend live ein. Da wurde hinterher nicht mehr allzu viel herumgetrickst, höchstens hier und da noch eine Spur hinzugefügt, ein Fehler ausgebessert und auch mal einzelne Teile aus verschiedenen Sessions miteinander kombiniert. Ansonsten aber war der Aufnahmevorgang ein handwerklicher Prozess, der in einem überschaubaren Zeitraum erledigt wurde. Der nächste Schritt war dann das Mischen der Spuren für das Masterband. Auch dies wurde von Menschenhand erledigt, und es war ein Vorgang, der erhebliche Konzentration verlangte. Ein einmal vollzogener und auf Masterband aufgenommener Mix war endgültig.

Die nächsten Fragen waren beim Label zu entscheiden: Welchen Song veröffentlichen wir als Single? Welche Fotos nehmen wir fürs Cover? Wie können wir am besten für die Platte werben? Wo kann die Band spielen? Welches Magazin hat Interesse an einem Interview? Und welche Radiosender werden die Platte spielen? Es gab keine generalstabsmäßig geplanten Marketingkampagnen, es wurden nicht über Monate hinweg passgenaue Images kreiert, auch gab es nicht wie heute Produzententeams, die jeweils ausschließlich auf Grooves, Bridges oder Chorusse spezialisiert gewesen wären. Schon gar nicht war es möglich, die im Studio entstandene Performance eines Musikers nachträglich zu optimieren, indem man etwa kleinste Temposchwankungen quantisierte, d. h. mit Hilfe von Computern ausmerzte. Kurzum: Auf den Aufnahmen jener Jahre waren noch Menschen im Raum zu hören, sie garantierten sozusagen naturgemäße Diversität im Angebot.

Wie gesagt: Es gab weniger Entscheidungen zu treffen, und deshalb wurde weniger nachgedacht. Das Plattenmachen ging schneller, war spontaner, und folglich waren auch die Zyklen zwischen den einzelnen Platten kürzer. Von den ersten Studiosessions für ein Album bis zu seiner Veröffentlichung verging in der Regel selten mehr als ein halbes Jahr. Und was sich im Untergrund, also abseits der Hitparaden, tat, konnte den Weg ins Rampenlicht schneller schaffen. Der Grund: Die medialen Multiplikatoren waren wirkungsvoller als heute. Eine Begründung, die angesichts des im Vergleich zu heute damals erheblich geringeren Medienangebots zunächst überrascht, aber schnell erklärt ist: Das Geschehen war auf wenige Quellen konzentriert. Im Radio gab es zu Beginn der 1970er noch keine Rund-um-die-Uhr-Beschallung mit Popmusik; Neuigkeiten und interessante Platten waren lediglich in den wenigen Spezialsendungen zu hören, die von den Fans sehr genau abgehört wurden.

Und im Fernsehen war noch weniger Pop zu sehen. So gab es in England zwar die Chartshow *Top of the Pops* und das relativ offene Format *The Old Grey Whistle Test*, während sich die Bundesrepublik noch den immer avantgardistischer werdenden *Beat-Club* leistete, der seit seinen Glanzzeiten in den Sixties rapide an Zuschauern verlor und 1973 schließlich eingestellt wurde. Abgelöst wurde er vom fast ausschließlich auf Hitware bedachten *Musikladen*. Und dann war da noch *disco*, das wegen seiner willkürlichen Musikauswahl und seines peinlichen Moderators allerdings niemand so recht ernst nahm. Außerhalb dieser Sende-Inseln aber war Popmusik auf der Mattscheibe verpönt, also nicht vorhanden.

Anders war die Situation in der nicht öffentlich-rechtlich organisierten Radio- und TV-Landschaft der USA. Dort war alles zu hören und zu sehen, was populär war und folglich Quote beziehungsweise Werbeeinnahmen versprach. Das seit den späten 1960er Jahren etablierte FM-Radio bot ein breites Spektrum an Album-Musik, die AM-Sender deckten derweil das Hitrepertoire ab. Im Fernsehen waren Pop und Rock in verschiedensten Formaten präsent, etwa in Talkshows wie der von Dick Cavett, in Unterhaltungsshows wie der von Ed Sullivan und in eigenen Musikformaten wie *Soul Train*, *The Midnight Special* und *In Concert*. Dennoch war dies- und jenseits des Atlantiks die Menge der Adressen überschaubar, wo sich Rock- und Popfans über Neues informieren oder einfach an dem erfreuen konnten, was sie mochten. Der Vorteil daran: Wenn in einer dieser Shows ein neuer Name mit überzeugendem Angebot auftauchte, dann erreichte er auf Anhieb seine Zielgruppe fast vollständig. Damit wurde ein Erfolg über Nacht nicht nur möglich, er war fast schon garantiert. Grandiose Entdeckungen versackten kaum je in der Vielfalt des Angebots.

Dafür spielte die Presse eine deutlich größere Rolle als heute. In den frühen 70ern stieß man nicht auf neue Musik, indem man sie hörte, sondern indem man über sie las. Rockmagazine wie der *Rolling Stone* und *Creem* in den USA, *Melody Maker* und *New Musical Express* in England und hierzulande *Sounds* hatten die Deutungshoheit inne über das, was in der Rockszene vor sich ging, wer gerade angesagt war, wer eher nicht und wer sich auf dem absteigenden Ast befand. So einflussreich die Pop-Presse in diesen Jahren war, so wenig allerdings konnte sie ihr Publikum letztlich manipulieren. Beispiel Led Zeppelin: Trotz ihres immensen Erfolges und ihrer unzweifelhaften Fähigkeiten als

Musiker fiel die Band in den ersten Jahren ihres Bestehens bei der Rockpresse durch. Und zwar krachend.

Noch das dritte Led-Zeppelin-Album wurde im November 1970 im *Rolling Stone* vom legendären Lester Bangs gnadenlos zerrissen:

> Ihre Musik ist so vergänglich wie ein Marvel-Comic und so lebendig wie ein alter Technicolor-Cartoon. Sie erfordert weder Intelligenz noch Empfindungsvermögen und setzt auf niederste Instinkte, um den Ruhm der Band auch für die nächsten Monate zu sichern. Ihre Alben entwickeln die simplen Mittel der ödesten weißen Bluesbands weiter zu hemmungsloser Grobschlächtigkeit – wie ein Epos von Cecil B. DeMille.

Die Anspielung in der letzten Zeile bezieht sich auf Cecil B. DeMille, einen US-Film-Regisseur, der vor allem für spektakuläre Mammutfilme wie das Bibel-Drama *The Ten Commandments* (*Die zehn Gebote*) und das halbdokumentarische Zirkus-Epos *The Greatest Show on Earth* (*Die größte Schau der Welt*) bekannt war.

Interessanterweise waren Hinrichtungen wie diese nicht etwa der vorübergehenden Irritation oder gar persönlichen Aversion des jeweiligen Kritikers geschuldet. Die konsequente Ablehnung dürfte andere Gründe gehabt haben: Der Kritik passte bei Led Zeppelin die ganze Richtung nicht. Die Band hatte, noch bevor sie überhaupt eine Note hatte hören lassen, bei Atlantic einen für eine Newcomer-Band bis dahin nicht für möglich gehaltenen Vorschuss von 143 000 Dollar herausgeschlagen. Und als sie dann loslegte, musste sie sich nicht groß nach oben arbeiten, sie fing gleich oben an. Schon im ersten Jahr kickten Led Zeppelin sämtliche Bands von der Bühne, die sich trauten, sie ins Vorprogramm zu nehmen, darunter Iron Butterfly und Vanilla Fudge. Auf Singles verzichteten sie, Interviews gaben sie nicht, und ihre Exzesse hinter den Tournee-Kulissen waren von Anfang an legendär. Dazu benahmen sie sich, als wären sie jetzt und in Zukunft selbstverständlich das künstlerische Maß der Dinge. Led Zeppelin betrachteten sich als die größte Band der Welt, und sie machte keinen Hehl daraus.

Die Musikpresse aber empfand sich zu dieser Zeit als intellektuelle Vorhut der Gegenkultur und als deren unverzichtbaren Sekundanten. Entsprechend beleidigt war sie, als sie von Led Zeppelin kurzerhand ausgesperrt wurde. Einem Mann wie *Rolling-Stone*-Gründer Jann Wenner, der sich viel darauf zugutehielt, dass er einen direkten Draht zu Mick Jagger pflegte und sich stundenlang mit John Lennon unterhalten durfte, waren die selbsternannten Superstars aus England ein Dorn im Auge. Dabei waren Wenners Ziele alles andere als subversiv, er wollte sein Magazin – und mit ihm die Rockkultur – im Mainstream salonfähig und damit profitabel machen. Mit dieser Strategie wurde er zu einem der ersten Hippiekapitalisten überhaupt.

Led Zeppelin zelebrierten derweil ungerührt einen neuen Gigantismus, der symptomatisch für den zunehmenden Narzissmus des Rock wurde. Dabei setzten sie auf die Kraft ihrer Musik und die Wirkung von Mund-zu-Mund-Propaganda, womit sie tatsächlich außerhalb des Mainstream ihre Glaubwürdigkeit wahrten und dennoch Millionen scheffelten. Die Presse brauchten sie dafür nicht.

Rock wird respektabel

LED ZEPPELIN IV, WHO'S NEXT, MEDDLE, MASTER OF REALITY, FRAGILE und auch Rod Stewarts Millionenseller EVERY PICTURE TELLS A STORY – jede dieser Platten hatte 1971 auf ihre ganz eigene Weise das Koordinatensystem des 70er-Jahre-Rock definiert. Wer die rasende Entwicklung dieses Jahres direkt hätte miterleben wollen, der hätte sich am besten wohl ans Steuer des bereits erwähnten Rolling Stones Mobile Trucks gesetzt: Nach den Wintersessions in Headley Grange und den Aufnahmen von The Who in Stargroves brach das Gefährt im Juni nach Südfrankreich auf, wo es in Villefranche-sur-Mer Zeuge der EXILE ON MAIN ST.-Sessions der Rolling Stones wurde. Anschließend legte es auf dem Weg zurück nach England im Dezember einen Zwischenstopp im schweizerischen Montreux ein und begleitete Deep Purple dort bei den Aufnahmen zu ihrem Albumklassiker MACHINE HEAD. 1971 wäre der Mobile Truck zweifellos der Sehnsuchtsort eines jeden Rockfans gewesen.

Das Spektrum der Rockmusik reichte nun von Pink Floyds verwegenen Soundscapes und den untrennbar mit dem Cover-Artwork von Roger Dean verbundenen Phantasiewelten von Yes über den mehr oder weniger bluesverwurzelten Hardrock von Led Zeppelin, The Who, Free, Deep Purple und Status Quo bis hin zur schwerblütigen Düsternis von Black Sabbath.

Bands wie Fairport Convention, Lindisfarne, Steeleye Span und in den USA The Band orientierten sich an lokalen Folktraditionen und standen für einen nach den wilden Psychedelia-Jahren plötzlich hippen Naturalismus. Für den stand auch die Gruppe, die um die Jahrzehntwende die bei weitem erfolgreichste in den USA war: Creedence Clearwater Revival um die Gebrüder John und Tom Fogerty. Zwischen 1968 und 1972 erlebten die vier Rocker aus San Francisco einen einzigartigen Schaffensrausch. Sage und schreibe sieben Studioalben brachten sie heraus, und mit zehn internationalen Top-Ten-Platzierungen feierten sie eine beispiellose Hitserie. Ihre knorrigen Songs schöpften dabei aus traditionellen Quellen wie Rock 'n' Roll, Blues und Country, entwickelten eine unaufgeregte, geradezu lakonische Ökonomie im Ausdruck und setzten damit bleibende Maßstäbe in Sachen Americana. CCR reflektierten die allgemeine »Back to the roots«-Stimmung auf ihre ganz eigene souveräne Weise.

Bleiben noch die englischen Sixties-Veteranen: Die Beatles marschierten nun getrennt. Wie man Hits machte, wussten sie besser als alle anderen, schließlich hatten sie die moderne Variante dieses Spiels erfunden. Überraschenderweise aber war es George Harrison, der bis dahin im Schatten von

John Lennon und Paul McCartney gestanden hatte, der mit dem Monsterhit »My Sweet Lord« und dem Triplealbum ALL THINGS MUST PASS den weitaus besten Start als Solo-Beatle erwischte. Als er im August 1971 im Madison Square Garden das »Concert for Bangladesh« mit Gästen wie Bob Dylan, Ringo Starr, Eric Clapton, Klaus Voormann, Leon Russell und Billy Preston veranstaltete, war dies zudem die erste große Benefizveranstaltung des Rock. Gleichzeitig war es aber auch der erste öffentliche Schulterschluss einer internationalen Musiker-Aristokratie, angeführt von vier heiligen Aposteln der Gegenkultur, die gemeinsam auf der Bühne ein längst sakrosanktes Repertoire zelebrierte. Ein bisschen war es so, als würde im Madison Square Garden die Messe gelesen – in jener New Yorker Augustnacht war Rock zum ersten Mal respektabel geworden.

Die alten Rivalen der Beatles, die Rolling Stones, gaben sich zur selben Zeit in der südfranzösischen Villa von Keith Richards bacchantischen Freuden hin, versuchten dabei ein neues Album aufzunehmen (EXILE ON MAIN ST.) und schufen so den Mythos von Nellcôte. Bis heute ist diese Legende eine der schillerndsten der 1970er Jahre überhaupt. Sie wurde zur fruchtbaren Keimzelle der nun einsetzenden Ver-Jetsettung des Rock – die passende Kehrseite zur hehren Bangladesh-Medaille. Es war wie immer: Die Beatles nahmen den weißen Hut, die Stones den schwarzen. Und das überaus erfolgreich. Die Alben, die sie mit dem Brian-Jones-Nachfolger Mick Taylor produzierten, zum Beispiel STICKY FINGERS von 1971 und EXILE von 1972, verkauften sich besser denn je. Und sie boten einen gereiften Rock 'n' Roll, der sich seiner Wurzeln jederzeit bewusst war, aufgeschlossen blieb für aktuelle Einflüsse und eloquent die Zeitläufte thematisierte. Dabei war der Pop-Instinkt der Stones intakt geblieben, Singles wie »Brown Sugar« und »Angie« schafften es noch immer mühelos an die Chartspitze.

Bis 1971 war Rock in die Zukunft marschiert. Gelegentlich blickte er inzwischen auch zurück. Im Januar kletterte Don McLeans »American Pie« an die Spitze der US-Charts. Der Songtext enthielt jede Menge Anspielungen auf Ereignisse und prominentes Personal der da noch jungen Rockgeschichte. Sie reichten von Bob Dylan, Janis Joplin, Elvis und den Beatles bis zu Woodstock und »the day the music died«, womit Buddy Hollys Todestag, der 3. Februar 1959, gemeint war. Die Fans der frühen Jahre waren erwachsen geworden, und zum ersten Mal begann Pop nun auch ein Gefühl der Nostalgie zu bedienen. Gleichzeitig aber reklamierte eine nachgewachsene Teenager-Generation neue Helden und neue Trends, von denen im nächsten Kapitel die Rede sein wird.

Led Zeppelin übrigens sollten nie wieder nach Belfast zurückkehren. Wohl aber nach Nordirland, zumindest im übertragenen Sinn: Die Fotos für das Albumcover von HOUSES OF THE HOLY ließen sie 1973 in den bizarren Felsformationen des Giants Causeway (Straße der Riesen) an der Küste der Grafschaft Antrim am nördlichsten Punkt der irischen Insel schießen. Die darauf abgebildeten nackten Kinder sehen aus, als würden sie über eine Felsenleiter in den Himmel klettern.

01.02.
GINGER BAKER, früher bei Cream, nun mit seiner Air Force unterwegs, und Elvin Jones, der bereits für John Coltrane und Charlie Mingus spielte, veranstalten im Londoner Lyceum eine öffentliche Drum-Battle.

03.02.
DAVEY JONES gibt bekannt, dass er die Monkees verlässt.

01.03.
Bassist JOHN DEACON vervollständigt das Line-up der noch unbekannten Londoner Band QUEEN.

12./13.03.
Im New Yorker »Fillmore East« nehmen die ALLMAN BROTHERS ihr legendäres Live-Doppelalbum auf.

06.04.
Im »Troubadour«-Club in Los Angeles lernt die Singer-Songwriterin CARLY SIMON den Kollegen JAMES TAYLOR kennen, ein Jahr später heiraten die beiden.

26.04.
Zum ersten Mal schafft es MARC BOLAN mit T. REX in die deutschen Top Ten: Die Single »Hot Love« steht auf Platz neun. Im Lauf des Sommers wird sie es bis auf Platz drei schaffen – nur »Chirpy Chirpy Cheep Cheep« von Middle of the Road und »Butterfly« von Danyel Gerard sind stärker.

12.05.
MICK JAGGER heiratet das nicaraguanische Model Bianca de Macias in einer kleinen Kapelle im südfranzösischen Saint Tropez. Zur Feier des Tages lässt er die internationale Rock-Elite in Gestalt von ERIC CLAPTON, RINGO STARR, PAUL MCCARTNEY, STEPHEN STILLS und anderen einfliegen.

20.–24.06.
Im Südwesten von England findet das erste GLASTONBURY FESTIVAL statt. Auf der Bühne stehen u. a. DAVID BOWIE, FAIRPORT CONVENTION, TRAFFIC, QUINTESSENCE und HAWKWIND.

03.07.
In der Badewanne seines Pariser Apartments wird JIM MORRISON, der 27-jährige Leadsänger der US-Band THE DOORS, tot aufgefunden. Trotz der offiziell festgestellten Todesursache »Herzversagen« bleiben die genauen Umstände unklar.

07.07.
Als sie an diesem Tag im schwedischen Dorf Verum vor den Traualtar treten, sind sie in Schweden zwar Stars, außerhalb des Landes aber kennt sie (noch) kein Mensch: Drei Jahre später werden BJÖRN ULVAEUS und AGNETHA FÄLTSKOG mit ABBA eine Weltkarriere starten.

13.08.
Während eines Streits ersticht ein Drogenhändler den Saxophonisten KING CURTIS vor dessen Apartmenthaus in New York. Bei der Beerdigung singen ARETHA FRANKLIN, CISSY HOUSTON und STEVIE WONDER.

11.09.
Im amerikanischen TV-Network ABC feiert die auf der erfolgreichen Motown-Band THE JACKSON FIVE basierende Cartoon-Serie *The Jackson 5ive* Premiere.

21.09.
In der BBC geht die neue Musikshow *The Old Grey Whistle Test* zum ersten Mal auf Sendung. Sie wird zum neben *Top of the Pops* wichtigsten Musikformat der nächsten Jahre werden.

02.10.
Triumph für ROD STEWART: Nachdem sein Song »Maggie May« bereits im September im Vereinigten Königreich auf Platz eins der Charts geklettert war, gelingt ihm das gleiche Kunststück nun in den USA. Dazu gelangt sein Album EVERY PICTURE TELLS A STORY in derselben Woche an die Chartspitze.

29.10.
Bei einem Motorradunfall in Macon/Georgia stirbt der 24-jährige DUANE ALLMAN, Leadgitarrist der ALLMAN BROTHERS.

04.12.
Während eines Konzerts von FRANK ZAPPA & THE MOTHERS OF INVENTION gerät das Casino im schweizerischen Montreux in Brand. DEEP PURPLE, die dort am folgenden Tag mit Plattenaufnahmen beginnen wollten, verfolgen das Geschehen von ihrem Hotel aus und schreiben darüber den Song »Smoke on the Water«.

72

16. Juli 1972 Drei Musketiere an der Themse

No more Flowerpower: Wie der englische Glamrock den Pop erneuerte und ein transatlantisches Bündnis schloss

Ein mächtiger alter Kasten aus den 1930er Jahren, mitten im Londoner Stadtteil Mayfair gelegen, vis-à-vis zum Hyde Park: Nicht die schlechteste Adresse, um eine transatlantische Lunte zu legen. Was am 16. Juli 1972 in einer Nobelsuite des ehrwürdigen Dorchester Hotels vor sich ging, war zunächst einmal nichts anderes als das ausgebuffte Promotion-Manöver eines ungewöhnlich zielstrebigen und geschickten Managers. Dorthin, wo gewöhnlich Weltenlenker und Hollywood-Promis von Dwight D. Eisenhower bis Elizabeth Taylor logieren, hat Tony Defries an jenem Sonntagabend eine rundes Dutzend von Vertretern der amerikanischen Rockpresse eingeladen. Er will ihnen seinen Schützling ans Herz legen.

Die Edelfedern zählen zur Elite ihrer Zunft und schreiben für Magazine wie *Rolling Stone*, *Creem* und Andy Warhols *Interview*. Was sie sagen, hat Gewicht. Wer ihren Segen erhält, hat Zukunft in der Welt der Popmusik, natürlich vor allem jenseits des Atlantiks. Und dort, das weiß Defries so gut wie jeder andere, der in diesem Business arbeitet, befindet sich der größte und wichtigste Musikmarkt.

Tags zuvor, am 15. Juli, karrt er seine Gäste zu einem Konzert nach Aylesbury, Buckinghamshire. Dort gastieren David Bowie und die Spiders from Mars. Seit Ende Januar schon ist die Tour unterwegs, 50 Konzerte hat die Band bereits in allen Winkeln des Königreichs gegeben. Die Ziggy-Mania ist also entfacht, die Kids tragen Bowie und die Seinen auf Händen durch die Shows – und die da oben auf der Bühne haben etwas zu bieten. Nicht nur die Songs des Albums THE RISE AND FALL OF ZIGGY STARDUST AND THE SPIDERS FROM MARS, das einen Monat zuvor veröffentlicht wurde und nun auf dem Weg in die UK-Top-Ten ist, sondern auch eine Show, wie sie noch keiner gesehen hat.

Vor allem zwei Figuren bestimmen das Spektakel. David Bowie steht als Sänger im Mittelpunkt. Orangerot gefärbte Haare, verschiedenfarbige Pupillen, das feminine Gesicht dezent geschminkt, ein enger, blaurotgold gemusterter Ganzkörper-Overall, der die knabenhafte Figur betont, dazu kniehohe Schnürstiefel und vor dem Bauch eine gewaltige zwölfsaitige Akustikklampfe – ein Fabelwesen von einem anderen Stern. Und der Gitarrist: Mick Ronson, ein schlaksiger Junge mit aristokratisch-strengen Gesichtszügen und goldblonder Engelsmähne, sein Outfit so ungewöhnlich wie das seines Bühnennachbarn: güldene Satinbluse, ebensolche Kniebundhose, dazu Plateau-Schnürstiefel und eine perfekt ins Bild passende Gibson-Les-Paul-Goldtop-Gitarre. Auch Ronno ist ein Space-Kadett, der gerade einem SciFi-Comic entsprungen scheint. Zusammen mit Drummer Woody Woodmansey und Trevor Bolder (der Bassist trägt einen gewaltigen, greisengrau gefärbten Backenbart) wirkt das Ganze wie eine Abordnung aus einem fremden Sonnensystem, wo Jeans verboten und ewige Sinnenfreuden versprochen sind. Und sie haben Songs wie »Starman«, »Rock 'n' Roll Suicide«, »Moonage Daydream« und »Five Years« im Gepäck, mit schweren Gitarren unterfütterter Hardrock. Catchy, stylish und melodramatisch kündet er von den Abenteuern dieser wundersamen Gestalt namens Ziggy Stardust. Sie klingen wie »die Hausband von Kubricks *A Clockwork Orange*«[1], wie es David Hepworth ausdrückte. Und Charles Shaar Murray vom *New Musical Express* wird später schreiben: »Das war vielleicht die bewusst theatra-

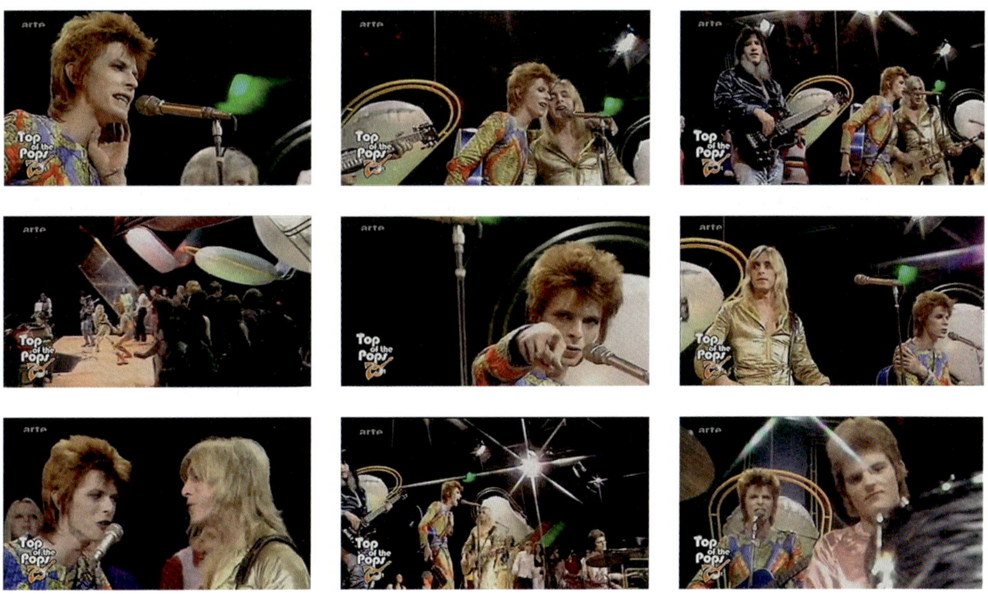

Vom anderen Stern: David Bowie, Gitarrist Mick Ronson und Band am 6. Juli 1972 mit »Starman« in *Top of the Pops*.

lischste Rockshow, die je auf die Bühne gebracht wurde – sie ließ Alice (Cooper) Stück für Stück wie eine Theatergruppe aus dem dritten Schuljahr aussehen.«[2] Den Amis jedenfalls klappt kollektiv die Kinnlade herunter.

Wenige Tage vor der Show im Aylesbury Friars, am 6. Juli, ist Bowies Performance der neuen Single »Starman« bei *Top of the Pops* ausgestrahlt worden – der Auftritt wird legendär, weil er den vor dem Fernseher versammelten Kids des Landes das androgyne Paar Bowie/Ronson präsentiert und der Sänger dem Gitarristen vor laufender Kamera mit einer homophilen Geste den Arm um den Hals legt. Seinerzeit war das unerhört, aus heutiger Sicht ist die Aufregung allerdings kaum mehr nachvollziehbar. Der Effekt der schillernden Darbietung beschert Ziggy jedenfalls ein landesweites Momentum, das Album und Single in die Top Ten katapultiert und David Bowie praktisch über Nacht zum Star macht.

Im Dorchester Hotel wird nun ein Triumvirat Hof halten. Defries weiß, dass er die drei heißesten Rockstars der Saison beisammen hat: Zuerst einmal Bowie, der als Ziggy Stardust wie der sprichwörtliche Mann vom Himmel in das irdische Jammertal gefallen ist (den er tatsächlich 1976 in der Verfilmung des Romans *The Man Who Fell to Earth* von Walter Tevis spielen sollte). Zweiter im Bund ist Bowies Kumpel Iggy Pop, der mit seinen Stooges drei Jahre zuvor im amerikanischen Detroit angefangen hat, nun aber aufgrund mieser Plattenverkäufe und eines massiven Heroin-Problems vor dem Karriere-Aus steht. Bowie jedoch hat sich in den Rocker aus der Autostadt verguckt, ihn unter seine Fittiche genommen und wird ihm bei seinem neuen Soloalbum helfen. Pop wird bald die metallisch-harte Kante des Glamrock repräsentieren, wobei er als Bühnenpersönlichkeit – mit nacktem Oberkörper, dickem Kajalstift um die Augen und silberfarbenem Spaghettihaar – den definitiven Stage-Maniac gibt. Im richtigen Leben dagegen ist er ein smarter Junge, belesen, eigenwillig, gewinnend und ehrgeizig. Supergroupie Bebe Buell wird ihn einmal ein »charmantes Arschloch« nennen, »und das weiß er auch ganz genau«[3].

Und dann ist da noch Lou Reed, der seit einer Weile ebenfalls zu Bowies Entourage gehört. Mit The Velvet Underground hat er einst die dunkle Seite des Rockuniversums erkundet, ist dann allerdings wieder bei seinen Eltern in Long Island eingezogen, wo er sich im väterlichen Steuerbuchhaltungsbetrieb als Schreibhilfe für 40 Dollar in der Woche verdingte. Kurz darauf hat ihn RCA unter Vertrag genommen, seit April nun ist sein erstes Soloalbum auf dem Markt. Dass die Platte unentschlossen zwischen allen Stühlen rockt und die Käufer nicht recht überzeugen kann, wundert wenig, wenn man bedenkt, dass mit Steve Howe und Rick Wakeman sogar zwei Yes-Musiker Hand mitangelegt haben, die dem Progrock zugerechnet werden und zum ehemaligen Velvet-Underground-Kopf ungefähr so gut passen wie eine schwäbische Kuckucksuhr in Andy Warhols Factory. Bowie hat sich nun auch Reeds darbender Karriere angenommen und wird dessen zweites Album TRANSFORMER produzieren. Dazu hat er dem düsteren, schmallippig und verschlagen wirkenden New Yorker eine kräftige Dosis Glam 'n' Glitter verordnet.

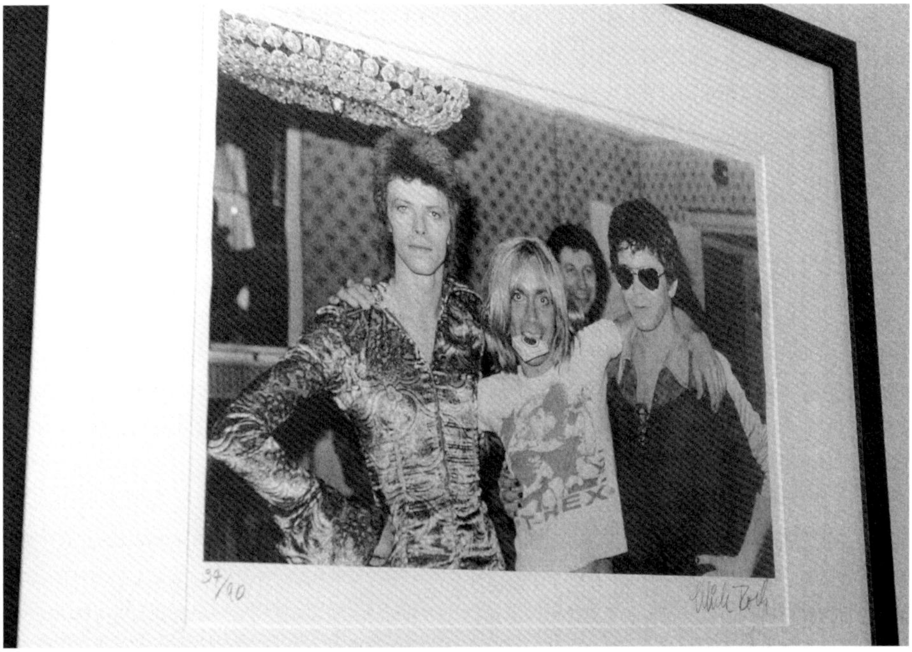

Historischer Schnappschuss – und längst museumsreif: David Bowie, Iggy Pop und Lou Reed (v. l.) am 16. Juli 1972 im Londoner Dorchester Hotel. Manager Tony Defries hält sich im Hintergrund.

Sie alle drei – Bowie, Reed und Pop – stehen bei Defries' neu gegründeter Managementfirma MainMan unter Vertrag, und sie spielen ihre Rollen an diesem Tag perfekt. Der Regisseur Todd Haynes, der dem Glamrock 1998 mit seinem Spielfilm *The Velvet Goldmine* ein Denkmal setzen sollte, sagte über jenen Nachmittag:

> Bowie wechselte das Outfit vielleicht vier Mal, man servierte Champagner, Kaviar und frische Erdbeeren, und jeder präsentierte buchstäblich seine beste Performance. Iggy spielte den Junkie auf dem Fußboden. Reed gab den höhnischen Ami, der von Bowie hingerissen war, und Bowie selbst spielte die Herzogin der ganzen Veranstaltung. Es war eine komplett durchchoreographierte Theaterperformance, die im wirklichen Leben stattfand.

Viel mehr passierte nicht. Aber das war auch nicht nötig. Denn alle Anwesenden, laut Bowies Haus- und Hoffotograf Mick Rock kaum mehr als ein Dutzend, waren begeistert und schätzten sich glücklich, Zeugen der dekadenten Posse geworden zu sein.

Rock gelang ein Schnappschuss, der die drei so zeigte, wie sie waren: Bowie der stolze Spiritus Rector, Pop der fröhliche Anarchist, Reed der mürrische Zyniker. Das Foto hielt den denkwürdigen Moment fest, als die transatlantische Allianz dieser drei Glamrock-Musketiere zum nachhaltigen Impuls für die Popkultur der 1970er Jahre wurde.

Mit Schminktopf und Satinsakko

Wer im Jahr 1972 ein Teenager war, also ein Angehöriger der Jahrgänge 1953 bis 1960, der war allenfalls ein großes Kind gewesen, als die Beatles REVOLVER gemacht hatten. Die Helden der Sixties hatten vielleicht an den Zimmerwänden der älteren Geschwister gehangen, an denen der Kids des Jahres 1972 hatten sie jedenfalls nichts mehr verloren. Zumal die Götter der Gegenkultur wie Jimi Hendrix, Janis Joplin, Jim Morrison und Brian Jones ohnehin tot waren. Wer will mit 16 schon Tote an die Wand pinnen?

Neue Helden waren gefragt. Und die suchten sie nicht bei denen, die Pop zu Kunsthandwerk und selbstgefälliger Leistungsschau gemacht hatten. Das war es schließlich nicht, was Pop versprochen hatte. Kurz und knackig sollte es sein, Spaß sollte es machen, und tanzen sollte man dazu nach Möglichkeit auch können. Bei Yes und King Crimson war da nichts zu holen. Bei Led Zeppelin, Deep Purple, Black Sabbath und The Who schon eher. Perfekt aber war der Deal bei Marc Bolan, denn ihn nahmen die großen Brüder und Schwestern nicht wirklich ernst, er gehörte den Kids also exklusiv. Jede Pop-Generation braucht schließlich ihren Exklusivbesitz, ihr Wir-Gefühl, ihr Credo, ihren Code.

Cowboy-Klamotten und Batikkleider sollten gerne die großen Geschwister tragen, die 15-Jährigen hatten andere Vorstellungen, jedenfalls die in England. Sie reizte das augenfällig Androgyne, das einer wie Bolan ins Spiel brachte. Im März 1971 trat er mit T. Rex in *Top of the Pops* auf, sang seinen Hit »Hot Love« und hatte sich zuvor als Make-up zwei glitzernde Tränen unter die Augen gemalt. Sein Sound war zwar nur eine pompös inszenierte Variante uralter Rock-'n'-Roll-Versatzstücke, der kleine Sänger aber hatte das ein wenig großspurig und passend zu seiner exotischen Ausstrahlung »Cosmic Rock« genannt. Ob das nun wirklich kosmisch oder komisch war, spielte keine Rolle, es war in jedem Fall das richtige Wording für die Post-Beatles-und-Woodstock-Dekade, die nun also von einem mysteriösen Jungen mit Mädchengesicht und Sternen-Make-up repräsentiert wurde. Und da T. Rex im Sommer 1972 in den Singlecharts das Maß der Dinge darstellten, war es nur folgerichtig, dass Marc Bolan als Gestalt auf Iggy Pops T-Shirt auf Mick Rocks Schnappschuss der Pressekonferenz im Dorchester Hotel indirekt ebenfalls mit von der Partie war.

Das Spiel mit den Geschlechterrollen war eine englische Tradition, die schon in den guten alten Zeiten der Music Hall zum Handwerkszeug eines jeden Comedian gehört hatte. Im Unterschied zum prüden US-Entertainment war man im Königreich in dieser Hinsicht noch nie sonderlich zimperlich gewesen, Männer in Frauenkleidern hatten immer schon einen akzeptierten Spaß dargestellt.

Im Pop allerdings waren sie neu. Noch als sich die Rolling Stones für das Cover ihrer 1966er Single »Have You Seen Your Mother, Baby, Standing in the Shadow?« als Frauen hatten ablichten lassen, wäre kein männlicher Fan auf die Idee gekommen, den Look für den nächsten Dancehall-Besuch am Samstagabend zu übernehmen. Was auch daran lag, dass die Band auf dem Schwarzweißfoto wie ein Trupp RAF-Helferinnen nach einem aus dem Ruder gelaufenen Kasernenball in düsteren Blitzkrieg-Zeiten wirkte.

Als dann aber Ray Davies 1970 in »Lola« »girls will be boys and boys will be girls – it's a mixed-up, muddled-up shook-up world« sang, Bolan öffentlich mit seiner weiblichen Seite kokettierte und Bowie in einem Interview Anfang 1972 verkündete, dass er bisexuell sei, taten die Lads von Birmingham bis Brighton und von Leeds bis London genau das: Sie besorgten sich Schminktopf, Kajal und Glitter. Dazu klauten sie ihren Müttern die Seidenschals aus dem Kleiderschrank, suchten auf Flohmärkten nach Glitzersakkos und orangefarbenen Satinblusen und mauserten sich auf diese Weise von pickeligen Jeansjacken-Teenagern zu samtäugigen Halb-Girl-halb-Boy-Geschöpfen. Sie sahen nun anders aus als Plant und Osbourne.

Und: Die Bühne für dieses neueste Popspiel war plötzlich nicht mehr das Album, sondern die Single. Glam war echte Hitparaden-Musik, die schnörkellos und ohne prätentiöses Getue drauflosrockte. Schon »Hot Love« hatte die Richtung vorgegeben: ein simpler 12-Bar-Blues, ein altmodischer Shuffle, im Hintergrund gespensterten Elvis, Buddy Holly und Eddie Cochran, und zum großen Finale jubilierte ein Chorus, der sich per »Lalala«-Endlosschleife in jeden Gehirnkasten hineinbohrte, wobei er augenzwinkernd »Hey Jude« von den Beatles grüßte. Bolan entpuppte sich dabei als cleverer Songwriter, indem er zwar das alte Bluesschema verwendete, dabei auf dem harmonischen Weg von der Subdominante zurück zur Tonika aber den Umweg über die Moll-Parallele ging – ein kleiner, feiner Dreh, der »Hot Love« das gewisse melodische Etwas bescherte. Das war Pop par excellence, ganz ohne zickige Verrenkungen, und natürlich wurde der Song Bolans erste Nummer eins.

Mochten Bowie und Roxy Music als intellektuell und arty gelten, Alice Cooper als abseitig und Sweet, Slade und T. Rex als Kinderkram, musikalisch unterschieden sich ihre Singles kaum voneinander: Bowies »The Jean Genie« folgte so wie Slades Stampfrock, Sweets Bubblegum-Pop und Suzi Quatros Motorcity-Boogie demselben uralten Bauplan des klassischen Rock 'n' Roll, nur dass das Ganze inzwischen mit besserer Tontechnik und einer Extraportion Lautstärke zu schlagkräftigster Radioware hochgetunt worden war – streng nach der Devise »Stumpf ist Trumpf!« und ganz ohne falsche Bescheidenheit. Dazu ließ sich in jedem Fall tanzen, und nichts anderes hat je darüber entschieden, ob eine Teenagermode funktionierte oder nicht.

Auch der Mann am Klavier wusste das: Elton John, dem der Schöpfer weder Engelslocken noch ein ebenmäßiges Antlitz geschenkt hatte, thronte da bereits als unangefochtene Queen-Mum des Glamrock und mit Hits wie »Crocodile Rock« und »Bennie and the Jets« über den Dingen. Zwar war er – im Unterschied zu David Bowie, der das von sich nur behauptete – tatsächlich schwul, outen sollte er sich aber erst eine Dekade später. Jetzt reichte es erst einmal, dass ihn seine überspannte Bühnenperformance, seine exzentrische Garderobe und sein weder Plüsch noch Pomp scheuender Pianopop als Quintessenz des überdrehten Glam-Heros auszeichneten.

1973 jedenfalls, auf dem Höhepunkt des Glamrock, ließen sich im Großen und Ganzen zwei unterschiedliche Strömungen ausmachen: die Künstler-Fraktion um Bowie, Roxy Music und den im November mit seinem ersten Cockney-Rebel-Album hinzugestoßenen Steve Harley einerseits sowie die spaßorientierte, in Teilen proletarische Pop-Fraktion um T. Rex, Sweet, Slade, Suzi Quatro und Trittbrettfahrer wie Mud. Dazwischen behaupteten sich kurzzeitig ein Veteran wie Ex-The-Move-Kopf Roy Wood, der zunächst mit seinem Bandkollegen Jeff Lynne das zukunftsträchtige Electric Light Orchestra gründete, um dann gleich wieder auszusteigen und kurzzeitig mit Wizzard und »See My Baby Jive« abzuräumen, sowie Alice Cooper, der seinen Hardrock mit Glam, Glitter und jeder Menge B-Movie-Horror anreicherte (»School's Out«, »Elected«).

Brian Eno, zu Beginn seiner Karriere Keyboarder bei Roxy Music, sagte dem englischen Journalisten Barney Hoskyns einmal:

> Wir fühlten uns nicht verwandt mit Sweet oder Gary Glitter. Aber all diese Dinge waren letztlich eine Reaktion auf das, was unmittelbar zuvor geschehen war, und das hing mit der Idee zusammen, dem Publikum den Rücken zuzukehren und sich mit seinem Gitarrensolo zu beschäftigen. Ich denke, all diese Bands – wir, Bowie und andere – drehten sich wieder um zum Publikum und sagten: »Hey, wir machen hier eine Show!«[4]

Die unterschiedlichen Strömungen des Glamrock rangen dabei nicht etwa um die künstlerische Leitung des Genres, sie machten eher die beiden Seiten ein und derselben Medaille aus. Denn Glam war das Glitzerbad, in das die unterschiedlichsten Künstler ihre Musik eintauchten, um ihre hedonistische Grundhaltung zu unterstreichen und ein verbindendes, in allen Farben schillerndes Zeitgeist-Gütesiegel zu erhalten. Die Besten von ihnen, allen voran Bowie, waren sich des zweifelhaften Wertes eines solchen Siegels nur zu bewusst und verließen sich darauf nicht länger als nötig. Die weniger Weitsichtigen dagegen ritten die Masche so lange, bis die Zeit sie überholt und ihre Karriere ins Abseits gekickt hatte. Spätestens drei Jahre nach dem großen Boom von 1972/73 war das geschehen.

David wird Bowie

Zweifellos war der 1947 im Londoner Stadtteil Brixton geborene David Bowie die künstlerisch potenteste Persönlichkeit der Glam-Phase. Er hat diesen kurzen Sturm, der den alten Hippie-Muff aus den Kleidern des Pop blies, als Rückenwind genutzt, um seiner Karriere endgültig den nötigen Schub zu verschaffen. Denn bis 1971 hatte er noch nicht allzu viel auf der Habenseite verbuchen können. Sein erstes Album hatte der gebürtige Londoner 1967 veröffentlicht – ein formvollendeter Flop. Drei weitere Alben hatte er dann zwischen 1969 und 1971 folgen lassen. Zwar war ihm mit »Space Oddity« im Woodstock-Sommer ein mittelprächtiger Hit geglückt, der seinen rein englischen Erfolg aber vor allem der zeitgleich erfolgten ersten Mondlandung verdankte. Im Grunde hatte der Song Bowie jedoch einen Bärendienst erwiesen, denn die Presse betrachtete den Sänger nun als One-Hit-Wonder und die elegisch arrangierte Geschichte von Major Tom als hübsche, jedoch bald wieder vergessene Novelty-Nummer.

Zwei Jahre würde er noch brauchen, bis er seine zunächst so vagen wie allerdings auch anspruchsvollen Vorstellungen in die richtige Form gießen konnte. Sein drittes Album, THE MAN WHO SOLD THE WORLD von 1970, erwies sich dabei als erster echter Schritt vorwärts. Es markierte den Beginn seiner Zusammenarbeit mit Mick Ronson, der als Gitarrist und Arrangeur von nun an Klarheit und Profil in Bowies Musik bringen sollte. Zunächst einmal versuchte Ronson es hier mit einem ordentlichen Schuss Hardrock. Dazu fiel das Album durch sein bemerkenswertes Cover auf, das Bowie mit lockigem Langhaar in einem Kleid und hingegossen auf eine Chaiselongue zeigte – ein erster Flirt mit dem androgynen Image späterer Jahre. Die Kritik nahm die Platte begeistert auf, das Publikum aber ignorierte sie.

Ähnlich erging es ein Jahr später HUNKY DORY. Vor dessen Produktion hatte Bowie im Winter 1971 zum ersten Mal eine ausgiebige USA-Reise unternommen, eine Erfahrung, die für entscheidende Impulse, für neue Freunde und damit für einen ganz neuen Bezugsrahmen sorgte. Vor allem war er nun zum ersten Mal in die New Yorker Künstlerszene eingetaucht, unter anderem hatte er Andy Warhol und dessen Clique kennengelernt und sich dabei mit Lou Reed sowie Iggy Pop angefreundet. Die amerikanische Journalistin Lisa Robinson hatte das erste Treffen zwischen Bowie und Reed initiiert und schrieb später darüber:

> Ich arrangierte für diesen Abend ein kleines Dinner im Ginger Man Restaurant in der Nähe des Lincoln Centers. Und im Unterschied zu den vielen Geschichten, die über dieses ›schicksalhafte‹ Treffen kursieren, war es sehr gediegen. Weiße Tischdecken und Filet Mignon. Lou Reed, kein bisschen gesellig, war dort mit seiner damaligen Frau Betty Kronstad. Iggy trafen wir später im Max's [Kansas City]. Und auch wenn sich keiner mehr an den Abend erinnert, ich weiß noch, dass Iggy an diesem Abend mal nicht stoned war und dass sich David und er auf Anhieb super verstanden.[5]

Beide, Reed und Pop, hinterließen tiefen Eindruck bei Bowie. So tief, dass der Engländer nicht nur Songs wie den von Reed inspirierten »Queen Bitch« und »Andy Warhol« für sein nächstes Album schrieb, sondern darüber hinaus auch die Idee in ihm heranreifte, eine Bühnenfigur zu entwickeln, die das Beste von Reed und Pop in sich vereinen sollte. Dieser Figur, die seinen Vorstellungen zufolge wie ein Außerirdischer vom Mars wirken sollte, gab er dann auch in Anlehnung an seinen neuen US-Buddy Iggy den Namen Ziggy.

Sosehr die Amerikareise Bowie neue Horizonte eröffnet hatte, so wenig hat sie allerdings seinen da längst umfassend geformten künstlerischen Kosmos verändert. Denn ohne etwa die elementaren Theatererfahrungen, die Bowie in London gesammelt hatte, wäre Ziggy Stardust nicht denkbar gewesen. Eine Schlüsselrolle in dieser Entwicklung spielte der Londoner Regisseur, Schauspieler, Tänzer und Pantomime Lindsay Kemp (1938–2018). Bowie erinnert sich an die erste Begegnung:

> Während meiner Phase des ›kulturellen Erwachens‹ war der phantastische Lindsay Kemp einer meiner wichtigsten Mentoren und hat mich sehr beeinflusst. 1967 hörte meine Freundin Jan, die Sekretärin/Empfangsdame meines damaligen Managers Ken Pitt, gar nicht mehr auf, mir von Kemp vorzuschwärmen. Sie kannte meine Vorliebe fürs Theater und fürs Ungewöhnliche und lag mir wochenlang in den Ohren, mit ihr zusammen diesen Pantomimen anzuschauen. Ein Pantomime, gibt es etwas Uninteressanteres? Dann sagte sie mir, dass er mein einziges Album als Intervallmusik benutzte. Ein Pantomime, wie interessant! Ich holte sie mittags ab und wir fuhren zum kleinen Theater, an dem er arbeitete. Kemp ging entschieden über das hinaus, was ich mir je unter Pantomime vorgestellt hatte. Zunächst einmal war seine Performance entschieden ›out‹.[6]

Der Kurzfilm, der von Bowies Besuch in Andy Warhols Factory im Februar 1971 erhalten ist, zeigt ihn dann auch mit einer ausgiebigen Pantomime. Und in seinen Konzerten baute er zunehmend Theaterelemente ein. Nicht zuletzt sie waren es, die seine Ziggy-Stardust-Tour zu dem außergewöhnlichen Bühnenereignis machten, das sie war.

Überdies war Bowie lange schon intensiv an Modefragen interessiert. Von der gängigen Mode jedenfalls hielt er nichts: »Zu diesem Zeitpunkt schien sich die Rockmusik in eine Art Jeanshölle verirrt zu haben.«[7] Die Ausstattung der Ziggy-Stardust-Tournee mit maßgeschneiderten Outfits nicht nur für ihn selbst, sondern auch für seine Musiker, ging auf die Inspiration durch zwei Filme des amerikanischen Regisseurs Stanley Kubrick zurück: *2001: A Space Odyssey* (1968) und *A Clockwork Orange* (1971). Bowie:

> In beiden Filmen ging es um das gleiche Hauptthema: Es gibt im Leben keinen roten Faden. Wir entwickeln uns nicht weiter, wir überleben nur. Außerdem waren die Klamotten phantastisch: die Courrèges-artigen [Anspielung auf André Courrèges, den französischen Modeschöpfer, der die Mode der 1960er Jahre mit futuristischen Designs prägte] Jogginganzüge in *2001* und *Clockwork* mit seinen Droogs – todschick.[8]

Die dritte maßgebliche Inspiration für die Entwicklung der Ziggy-Ästhetik war ein mit Bowie und seiner damaligen Frau Angie befreundetes Modeschöpfer-Paar namens Freddie Buretti und Danielle Parmar. Beide wirkten bereits ausgesprochen androgyn, als alle anderen noch in Hippieroben, mit Fusselbart und Glöckchen um den Hals herumliefen, und beide bekannten sich im Unterschied zur sinnsuchenden Gegenkultur ausdrücklich zu Dekadenz, Oberflächlichkeit und Glamour. Das Paar übte großen Einfluss auf die Bowies aus, Angie etwa kopierte die Peroxid-weiß gefärbte Kurzhaarfrisur von Danielle, und Freddie wurde zum »ultimativen Mitgestalter des Ziggy-Looks«, wie Bowie ausdrücklich bestätigte[9].

Last but not least stand bei der Geburt des Ziggy auch ein alter Held von Bowie Pate, nämlich der Rock-'n'-Roll-Veteran Gene Vincent, den er in den Sechzigern in England live erlebt hatte:

> Damals trug Vincent als Folge seines Autounfalls eine Schiene am Bein. Um seine gewohnte Haltung am Mikro einnehmen zu können, musste er sein verletztes Bein hinter sich schieben, was meiner Meinung nach eine große theatralische Wirkung besaß. Diese Rockerpose wurde zur Lieblingsstellung des noch nicht ausgereiften Ziggy. Mick Rock hat sie bei vielen Gelegenheiten gut eingefangen, am allerbesten auf der Rückseite des PIN UP-Albums.[10]

Als Ziggy Stardust dann im Sommer 1972 auf der Bildfläche erschien, war er ein multimediales Gesamtkunstwerk und weit mehr als nur die Selbstinszenierung eines ehrgeizigen Pop-Exzentrikers für seine neueste Schallplatte. Da war zunächst einmal der über Wochen und Monate hinweg sorgfältig orchestrierte Medienhype, der vom kalkulierten Provokationsgehalt der Interviews über die schrille Ziggy-Optik bis hin zur durchchoreographierten TV-Performance von *Starman* reichte. Bowie war zu diesem Zeitpunkt seit sieben Jahren im Geschäft und bereits 25 Jahre alt. Er wusste, wie die Medien funktionieren, und er nutzte das geschickt. Wie auch Marc Bolan und Bryan Ferry, die zum Zeitpunkt ihres großen Erfolgs ebenfalls weit in ihren Zwanzigern waren. Der englische Journalist Charles Shaar Murray konstatierte: »Anders als ihre Vorgänger in den 60ern, hatten sie eine viel genauere Vorstellung davon, wie sie mit den Medien umgehen mussten und wie sie sich selbst präsentieren wollten.«[11]

Die Figur des außerirdischen Rockstars Ziggy Stardust vermochte die Stimmung ihrer Zeit zu symbolisieren und gleichzeitig dem Glamrock über eine kurzlebige Popmode hinaus eine künstlerische Tiefe und Relevanz zu erschließen, die ihm sonst wohl fremd geblieben wäre. Sie schloss jede Menge Strömungen ihrer Zeit miteinander kurz: englische Music-Hall- und Varieté-Travestie, deftigen Rock 'n' Roll, Hardrock-Moderne, die provokante Dramaturgie des modernen Theaters, Pop-Art, den düsteren Foto-Realismus von Velvet Underground und nicht zuletzt eine futuristische Ästhetik, die in jenen Jahren zunehmender wirtschaftlicher Depression der Jugend in Großbritannien als Projektionsfläche für eskapistische Phantasien diente. Dazu war Ziggy Stardust in Person seines Schöpfers so real, dass ihn jeder, der wollte, live erleben konnte. Dennoch blieb er eine Kunstfigur, nicht wirklich greifbar, pure Vision und Phantasie. Für ein simples Popalbum war das allerhand.

Puppentheater in London

Zur selben Zeit, als Ziggy Stardust im Herbst 1972 durch die USA tourt und die Neue Welt erobert, machen sich fünf junge Männer aus New York auf den Weg nach London. Daheim im Big Apple sind sie bereits das, was man »talk of the town« nennt – die angesagteste Band der Undergroundszene. Und nun haben die New York Dolls eine Einladung von Rod Stewart und den Faces, die seit ihren beiden 1971er Hits »Maggie May« und »Stay With Me« zu den weltweit größten Bühnenattraktionen zählen. Die New Yorker sollen die Faces als Vorgruppe bei einem Konzert in Londons Wembley Pool begleiten. 13 000 Zuschauer statt wie bisher 300. Für die Dolls eine willkommene Gelegenheit, den Schritt über den großen Teich zu wagen. Mit dem Gedanken spielen sie ohnehin schon seit geraumer Zeit, denn zu Hause kommen sie nicht weiter: Nach anfänglicher Begeisterung machen alle Plattenfirmen einen großen Bogen um das Quintett – zu vulgär, zu obszön. Eilig werden noch weitere Konzerte in England vereinbart, unter anderem Supportgigs für Kevin Ayers, Status Quo, Lou Reed und Roxy Music, und fertig ist die erste UK-Tour der New York Dolls.

Zusammengerauft haben sich David Johansen, Johnny Thunders, Silvain Sylvain, Arthur Kane und Billy Murcia im Winter 1972. Im Juni dann haben sie einen festen Job als Hausband im Mercer Arts Center übernommen, wo sie an jedem Dienstagabend im kleinen Oscar Wilde Room auftreten. Bis zum Oktober haben sie dort 14 Mal gespielt und sind dabei zur definitiven Kultband geworden. So empfindet es auch Bob Gruen, Fotograf und John-Lennon-Intimus:

> Alle waren total wild angezogen, und auch die Bühne war voller Leute, und mitten zwischen all diesen Leuten auf der Bühne war die Band. Man konnte wirklich nicht genau unterscheiden, wer zur Band gehörte und wer zum Publikum. Um die Band herum gab es eine steil aufragende Zuschauertribüne, das sah aus wie eine Menschenwand. Alles schwärmte durcheinander, und alle schrien gleichzeitig, und das war das erste Mal, dass ich die Dolls gesehen habe. Es war das Aufregendste, was ich je in meinem Leben gesehen habe.[12]

Jerry Nolan, der die Band damals sah und ihr wenige Monate später selbst angehören sollte, fasste sich kürzer: »Anfang, Mitte, Schluss, bumm-bumm-bumm.«[13]

Die Dolls besinnen sich auf das große, wilde Erbe der 1950er Jahre, beschränken sich auf drei Minuten und allenfalls drei Akkorde pro Song, geben

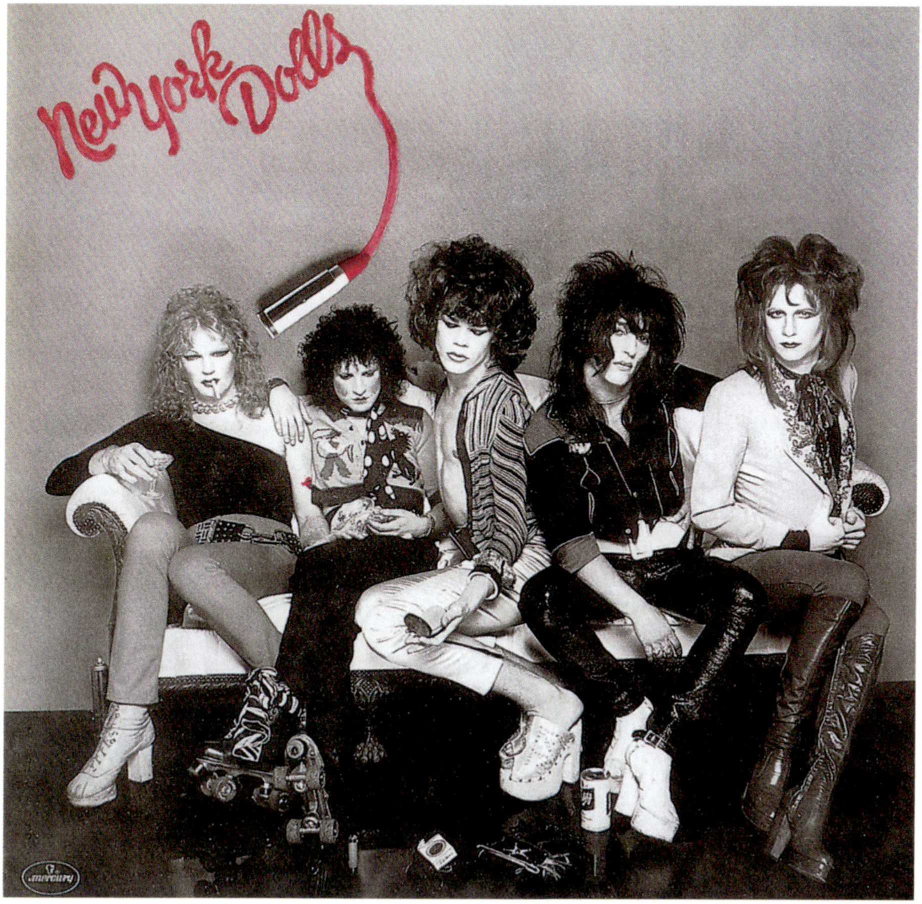

Too much too soon – die New York Dolls in vollem Ornat auf dem Cover ihres Debütalbums: Arthur »Killer« Kane, Sylvain Sylvain, David Johansen, Johnny Thunders und Jerry Nolan (v. l.).

dabei ordentlich Gas und machen auch sonst keine Gefangenen. Es ist der pure Stoff und, wie damals nicht wenige meinen, das Beste, was dem Rock 'n' Roll seit Little Richard widerfahren sei. Tatsächlich kreuzen die New York Dolls die anarchische Energie der Stooges mit Bowies androgynem Glamour und dem schludrigen Rhythm 'n' Blues der Rolling Stones. All das schicken sie durch ihren ganz eigenen Durchlauferhitzer, und heraus kommt dabei ein explosiver Cocktail, der wie eine groteske Karikatur der einzelnen Bestandteile wirkt. Mit anderen Worten: Glamrock pur.

1972 gibt es in ganz Manhattan nichts Cooleres als die Dienstags-Konzerte dieser wildgewordenen Travestie-Truppe im Mercer Arts Center – eine wunderbar schlampige und fahrig heruntergedroschene Beschwörung der klassischen Tugenden: wüst, aggressiv, hysterisch, voller Größenwahn und Enthusiasmus. Das allein aber ist es nicht, diese Band muss man auch sehen.

Die übers Knie hinaufreichenden Lackleder-Schaftstiefel mit den riesigen Plateauabsätzen, die monströsen Krähennester, zu denen sie, allen voran der spindeldürre Johnny Thunders, ihr Haupthaar wuchern lassen, dazu das mit breitem Strich aufgetragene Make-up und das tuntige Getue. Im Zentrum dieser schrillen Versammlung: ein zweifellos besessener Schreihals. David Johansen sieht aus wie Jaggers verschollene Zwillingsschwester. Die New York Dolls sind das Schrillste, was sich in jenem Jahr denken lässt. Sie sind brillant, und sie werden lichterloh verbrennen.

Am 16. Oktober landen sie in London, bis Anfang November läuft alles nach Plan, die Show mit den Faces wird zum Fest, und auch die englische Musikpresse wird aufmerksam. Dann aber passiert es: In der Nacht des 7. November erwischt es den gerade 21-jährigen Billy Murcia. Bei einer Party lässt er sich einen Cocktail aus Alkohol und dem Aufputschmittel Methaqualon verabreichen, in der Folge erleidet er einen Erstickungsanfall. Statt Hilfe zu holen, verfrachten die Partygäste Murcia in eine Badewanne mit eiskaltem Wasser und verdrücken sich. Der Drummer stirbt. Am nächsten Tag sitzen die geschockten Dolls im Flieger zurück nach New York, die Band scheint am Ende.

Bevor sie aufgeben, überredet jedoch Jerry Nolan Johansen und Thunders, weiterzumachen – mit ihm als Schlagzeuger. Nolan ist da schon ein erfahrenerer Musiker als alle Dolls zusammen. Unter anderem hat er bereits bei Wayne County, dem später berühmt gewordenen Billy Squier und in der Band der jungen Suzi Quatro gespielt. Kurz darauf ist auch der ersehnte Plattenvertrag unter Dach und Fach, Mercury Records lässt 25 000 Dollar Vorschuss springen.

Zunächst kehrt die Band zurück ins Mercer Arts Center, wo sie weitere Triumphe feiert. Wer mit den Dolls auftritt, hat es nicht leicht. Patti Smith zum Beispiel weiß ein Lied davon zu singen:

> Es war eine harte Schule für mich, Abend für Abend einem unwilligen, randalierenden Publikum, das nur die New York Dolls sehen wollte, Lyrik vorzutragen. Ich trug meine Gedichte vor, konterte Beleidigungen und sang zwischendurch zu ein bisschen Musik vom Kassettenrekorder ein paar Songs.[14]

Derweil nahmen die Dolls unter der Regie von Todd Rundgren ihr selbstbetiteltes und im Juli 1973 veröffentlichtes Debütalbum auf. Trotz begeisterter Kritiken – so diagnostiziert Nick Kent für den *New Musical Express* prophetisch, dass kein Album außer RAW POWER von Iggy Pop »so klar definiere, was Rock 'n' Roll in den 1970er Jahren sein sollte« – geht NEW YORK DOLLS an der Ladentheke sang- und klanglos unter. Auch das ein Jahr danach erscheinende TOO MUCH TOO SOON floppt. Mercury feuert die frustrierte Band, die sich daraufhin auflöst. Nach zwei Alben voller lustvoller Kriegserklärungen an alles und jeden ist es vorbei. Alle haben ihren Spaß gehabt und Supergroupies wie Bebe Buell und Sable Starr sich schadlos gehalten. New York wird bald andere Puppen tanzen lassen.

Vergessen aber werden Johansen, Thunders und die Ihren nicht. Als der spätere The-Smiths-Sänger und Vorsitzende des englischen Dolls-Fanclubs Morrissey die Gruppe 1973 in all ihrer aufgedonnerten Herrlichkeit im englischen Fernsehen sah, wo sie im *Old Grey Whistle Test* »Lookin' for a Kiss« und »Jet Boy« zum Besten gab, war das ein existentielles Erlebnis für den damaligen Teenager: »Ich war 13 Jahre alt und es war meine erste echte emotionale Erfahrung. Am nächsten Tag war ich 21.«[15] Moderator Bob Harris erging es wie vielen Erwachsenen, die diese Bande aufgetakelter New Yorker zum ersten Mal sahen. Er wusste nicht, wie ihm geschah, und tat das Ganze als »Mock Rock« (deutsch etwa: Nachäffer-Rock) ab. Die Kids aber hatten verstanden. Und ähnlich wie jene, die das legendäre erste Velvet-Underground-Album gehört hatten, gründeten viele von ihnen Bands. Die New York Dolls bildeten das fehlende Verbindungsstück zwischen 60s-Garage, Glamrock, Punk, Metal und Sleaze, und sie wurden zu einer der einflussreichsten Rockformationen ihrer Ära.

Nachtrag zu diesem prallen, aber letztlich einzig wirklich erwähnenswerten Kapitel des US-Glamrock: Ein Engländer im Tross der New York Dolls hatte aus der kurzen, heftigen, dramatischen und spektakulären Geschichte der Band seine eigenen Schlüsse gezogen. Als Malcolm McLaren, der in der Auflösungsphase der Gruppe deren Management übernommen hatte, von seinem New Yorker Abenteuer zurückkehrte ins heimische London, wusste er sehr genau, was er wollte. Dazu später mehr.

Aufsteiger, Absteiger und eine Hitfabrik

Ziemlich genau ein Jahr nach jener denkwürdigen Pressekonferenz im Dorchester Hotel hatten die Glam-Helden ihre Schuldigkeit getan. David Bowie musste dem irrsinnigen Tempo, mit dem er seit seiner ersten Amerikareise durch sein Leben gerast war, Tribut zollen, bevor er ernstlichen gesundheitlichen Schaden nehmen und an sich selbst irrewerden würde. 1976 blickte er auf seine damalige Situation zurück:

> Es war sehr leicht, Tag und Nacht von dieser Figur besessen zu sein. Ich wurde Ziggy Stardust. David Bowie gab es nicht mehr. Und jeder um mich herum redete mir ein, dass ich ein Messias war. Ich verlor mich hoffnungslos in einer Phantasiewelt. Und ich begann ernsthaft an meinem Verstand zu zweifeln.[16]

Schon im Februar 1973 war Bowie während einer US-Tour auf der Bühne mit einem Kreislaufkollaps zusammengebrochen. Kurz darauf hatte er entschieden, seine Band aufzulösen. Am 3. Juli war es dann so weit: Die Spiders from Mars gaben offiziell ihr letztes Konzert. Tatort war das Londoner Hammersmith Odeon und die letzte Nummer: natürlich »Rock 'n' Roll Suicide«.

Ziggy Stardust hatte sich also selbst den Stecker gezogen und war damit Geschichte. Bowie aber hatte gerade erst richtig angefangen. Von ihm würde noch jede Menge zu hören sein, zunächst im Herbst 1972 der von Cyrinda Foxe – später Ehefrau erst von David Johansen, dann von Steven Tyler – inspirierte

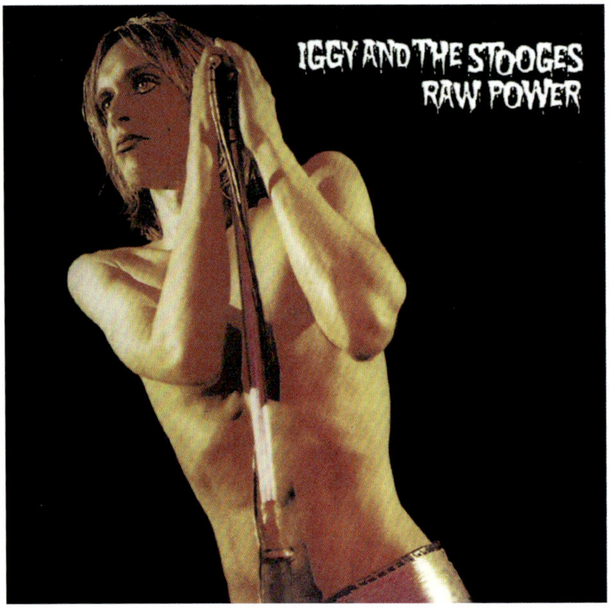

Heute ein Klassiker, damals ein Flop: das dritte Album der Stooges.

Top-Ten-Hit »The Jean Genie«. Als Nächstes machte er PIN UPS, eine Sammlung von Coverversionen seiner Lieblingssongs aus den Sixties. Mit ALADDIN SANE variierte er dann noch einmal die alte Ziggy-Formel, bevor er 1974 in die USA entschwand und dort begann, sich mit Blue-Eyed Soul und dem schwarzen Sound von Philadelphia zu beschäftigen.

Sein Kumpel Lou Reed stand inzwischen auf eigenen Beinen. Er hatte aus der Bowie-Produktion TRANSFORMER den Welthit »Walk on the Wild Side« ausgekoppelt und sich damit als Solostar Gehör verschafft, was endlich auch Aufmerksamkeit auf seine bis dahin buchstäblich unbekannt gebliebene Vergangenheit mit Velvet Underground lenkte.

Bei Iggy Pop dagegen standen die Dinge nicht ganz so gut. Zwar hatte sein drittes Album mit den Stooges, RAW POWER, jede Menge gute Kritiken eingefahren, kaufen wollte es allerdings niemand. Anfang 1974 zerbrachen die Stooges, und Iggys Karriere schien damit am Ende zu sein. Nach einer Durststrecke aber verhalf Bowie seinem Freund als Produzent und Co-Autor 1977 zum Solodebüt THE IDIOT und damit zu dauerhaftem Ruhm und materiellem Auskommen.

Johnny Thunders, der mit Frauenkleidern und der Glam-Ästhetik ohnehin nie viel am Hut gehabt hatte, stellte den Schminktopf 1975 zur Seite und verließ die New York Dolls zusammen mit Jerry Nolan, um mit Ex-Television Richard Hell The Heartbreakers (nicht zu verwechseln mit Tom Pettys gleichnamiger Begleitband) zu gründen, die zu den wichtigsten Gruppen der frühen Punkszene im Big Apple zählten. Die restlichen Dolls blieben zwar noch eine Weile zusammen, spielten aber keine Rolle mehr.

Derweil hatten T. Rex nach einem beispiellosen Siegeszug (»Get it on«, »Metal Guru«, »Children of the Revolution«) ihren kurzen, schnellen Abstieg vom Popgipfel begonnen. Bis zum Frühling 1973 war Bolan alles gelungen, danach ging so gut wie nichts mehr. Halb lag es an seiner Hybris – immerhin hatte er in einem *Rolling Stone*-Interview erzählt, dass er so etwas wie Dylans Prosa- und Poesieband *Tarantula* in fünf Minuten schreiben könne. Halb aber lag es auch daran, dass er ein ernsthaftes Imageproblem hatte. Die 15-Jährigen, die er mit seinen frühen Hits erobert hatte, hörten nun andere Musik und gingen zum Beispiel auf die großen Rockfestivals. Dort aber waren T. Rex, die man für Kinderkram hielt, nicht gern gesehen. Wenn sie dann doch mal gebucht worden waren, wie zum Beispiel für das Weeley Festival of Progressive Music 1971 in Clacton-on-Sea, wurden sie lauthals ausgebuht. Und die Redaktion der TV-Show *Old Grey Whistle Test*, wo die angesagte Rockmusik abseits der Singlecharts vorgestellt wurde, hatte Bolan von vornherein ausgesperrt. Man hielt ihn dort für ein Pop-Leichtgewicht. Die T-Rextasy der Jahre 1971–73, die Titelseiten in der Boulevardpresse und der abendfüllende Konzertfilm *Bolan's Boogie*, den kein Geringerer als Ringo Starr verantwortet hatte, waren ein bisschen zu viel des Guten gewesen. Ein gewisser Argwohn bei der seriösen Rockpresse und dem cooleren Publikum war die Folge gewesen. Abgesehen von all dem war Bolan nach drei Jahren auf der Überholspur wohl auch einigermaßen ausgebrannt.

Als er sich nach langer Flaute dann endlich anschickte, wieder zu alter Form aufzulaufen, und die junge Punkszene ihn, nicht ganz zu Unrecht, als großen Bruder in die Arme schloss, kam er bei einem Autounfall am 16. September 1977 ums Leben, wenige Tage vor seinem 30. Geburtstag. Kurz zuvor noch hatte er die letzte Episode seiner neuen TV-Show *Marc* mit seinem alten Freund und Rivalen David Bowie als Gast abgedreht. Der lebte im Übrigen zu diesem Zeitpunkt bereits zusammen mit Iggy Pop in West-Berlin und damit in jeder Beziehung auf einem anderen Planeten.

Roxy Music waren viel zu ambitioniert, um sich dauerhaft auf die engen Koordinaten des Glamrock festlegen zu lassen. Hinzu kam, dass ihr neben Sänger Bryan Ferry schillerndstes Bandmitglied Brian Eno bereits im Frühling 1973 seinen Abschied eingereicht hatte (u. a. um als Solokünstler später auch mit Bowie zu arbeiten). Die Band modifizierte ihr Konzept nun behutsam in Richtung eines eleganten Cocktail-Rock, der ihr noch bis in die 1980er Jahre hinein als solide Karrieregrundlage diente.

Glam was done. Was blieb, waren ein schrilles Modephänomen und eine Handvoll Künstler, die auf den Zug aufgesprungen waren und eine Zeitlang noch ihr kommerziell einträgliches Süppchen kochten. Dazu gehörten zunächst einmal Slade (»Mama Weer All Crazee Now«, »Cum on Feel the Noize«) und Sweet (»Ballroom Blitz«, »Teenage Rampage«), die jeweils relativ dauerhafte Karrieren begannen, im Grunde aber ihr Pulver gegen Ende der 1970er Jahre verschossen hatten. Nur kurz absahnen konnten Alvin Stardust (»Jealous Mind«), Mud (»Tiger Feet«) und Gary Glitter beziehungsweise die Glitter Band (»Rock and Roll Part 2«, »Angel Face«). Zu den Eintagsfliegen zählten das kurzlebige Giorgio-Moroder-Projekt Chicory Tip (»Son of My Father«), die Engländerin Dana Gillespie, die zum Defries-Stall gehörte und Bowies HUNKY DORY-Song »Andy Warhol« coverte, sowie Drummer Cozy Powell (»Dance With the Devil«, mit Suzi Quatro am Bass). Derweil war die Ex-Maurice-Gibb-Gattin Lulu, die Bowies »The Man Who Sold the World« zum Hit machte, da erstens schon seit Jahren gut im Geschäft und hatte zweitens mit dem Glam-Phänomen im Grunde sowieso nie etwas zu tun gehabt.

Eine besondere Rolle im Glamrock-Pantheon spielte Suzi Quatro. Sie stammte wie Iggy Pop aus Detroit, hatte den Job als Musikerin von der Pike auf gelernt und verfügte über ein geradezu preußisches Arbeitsethos. Hätte man die Bassistin und Sängerin auf der Höhe ihres Charterfolges Mitte der 1970er Jahre gefragt, welche Musik sie machte, so hätte sie ohne mit der Wimper zu zucken geantwortet: »Rock 'n' Roll!« Glam, Glitter-Look und das Spiel mit den Geschlechterrollen waren ihr vollkommen fremd. Erst kürzlich stellte sie in einem Interview klar: »Ich war immer das Gegenteil von Glamrock. Umso absurder ist, dass ich bis heute manchmal dem Glamrock zugeordnet werde.«[17] Sie war gerade 1,52 m groß, ein nimmermüdes Energiebündel, erklärter Elvis-Fan, trug genau deshalb am liebsten schwarzes Leder und hatte in ihrer Band die Hosen an. Der Teeniepresse war das natürlich egal, sie verkaufte die Musikerin als sexy Glam-Girl.

Tatsächlich war Suzi Quatro eine der ersten echten Boss-Ladies der Rockszene, und als solche hat sie in den Köpfen weiblicher Jugendlicher der 1970er Jahre womöglich mehr angerichtet als alle Alice Schwarzers zusammengenommen.

Sie war die erste Frau im Rockbusiness, die nicht nur sang, sondern ein Instrument spielte, eine Band anführte und ihre Songs selbst schrieb. Wenn überhaupt, dann hatte es so etwas bis dahin höchstens in der Singer-Songwriter-Szene gegeben. Quatro wurde damit zum wichtigen Einfluss für viele Musikerinnen, die nach ihr kamen. Ausdrücklich zu ihr bekannten sich etwa Tina Weymouth von den Talking Heads und Joan Jett von den Runaways. Zwar gehörte sie zum Chinn/Chapman-Stall, wo man sie mit maßgeschneidertem Teen-Rock à la »Can the Can« und »48 Crash« ausstattete und ihre eigenen Songs auf die B-Seiten verbannte. Trotzdem bewies sie Standvermögen. Im Verlauf ihrer weiteren Karriere demonstrierte sie eine tiefe Verwurzelung in den amerikanischen Musiktraditionen, die ihr auch über die Glam-Jahre hinaus Erfolg als Bühnenkünstlerin ermöglichte.

Apropos Chinn/Chapman: Der Engländer Nicky Chinn und der Australier Mike Chapman waren das mit Abstand erfolgreichste Songwriter- und Produzententeam der 1970er Jahre. Zu Beginn des Jahrzehnts hatten sie sich zusammengetan und mit »Tom-Tom Turnaround« und dem australischen Folkpop-Trio New World einen mittleren Hit gelandet. Daraufhin schrieben sie Stücke für die noch unbekannten Sweet. Allein zwischen 1971 und 1974 kamen dabei zwölf Top-Ten-Hits heraus, u. a. »Teenage Rampage« und »The Ballroom Blitz«. Ab 1973 gehörten mit Suzi Quatro und Mud (»Tiger Feet«) auch zwei Acts

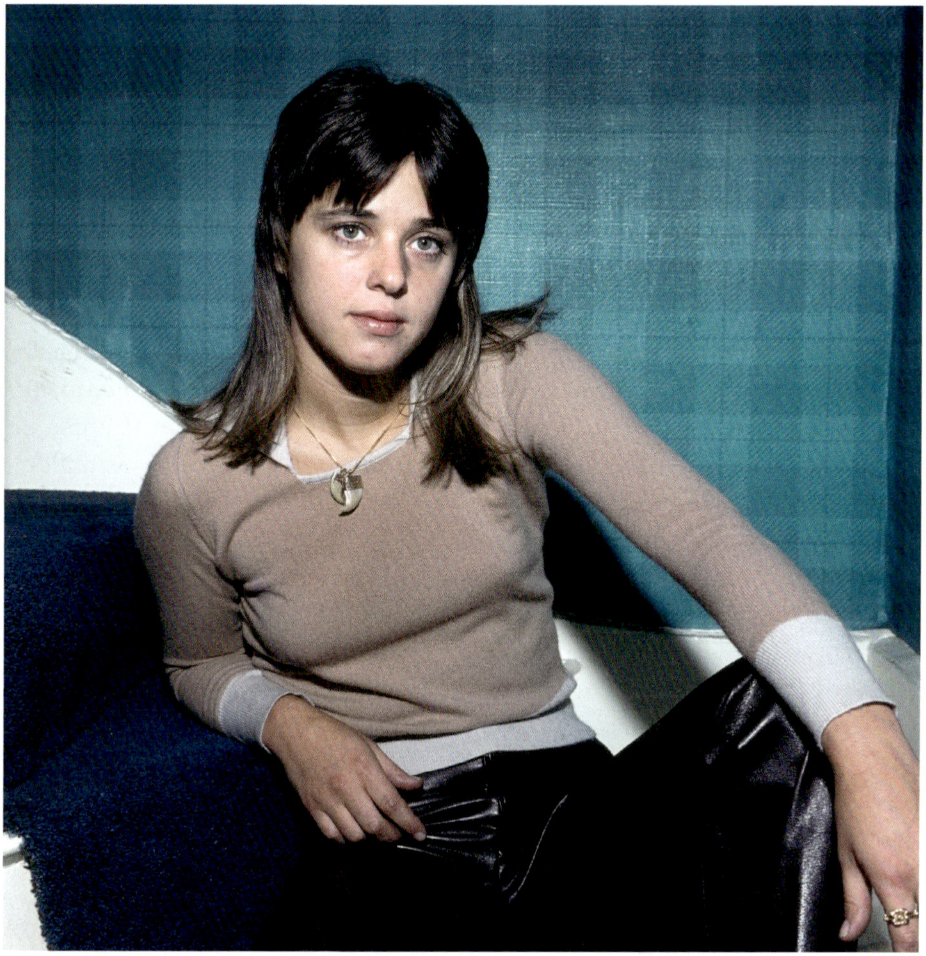

Lady Boss: Suzi Quatro zur Zeit ihres Einstandshits »Can the Can« im Jahr 1973 in London.

von Mickie Mosts neuem Rak-Label zu ihrer Kundschaft. 1975 dann begannen sie ihre Arbeit mit den englischen Newcomern Smokie (»Living Next Door to Alice«) und Exile (»Kiss You All Over«).

Als Chinn/Chapman Mitte der 1980er Jahre ihre Partnerschaft beendeten, hatten sie mehr als 50 (!) Top-40-Hits in der Bilanz, die beiden letzten davon Tina Turners »Better Be Good to Me« sowie »Heart and Soul« von Huey Lewis & The News. Damit waren Chinn/Chapman die effizienteste Hitfabrik seit Lennon/McCartney. Kein Zufall, denn wie niemand sonst hatten sie zur Hochzeit des Glamrock dessen klassische Formel verinnerlicht: XXL-Gitarrenriffs, simple Stampfrhythmen, dazu mit reichlich Kopfstimmeneinsatz überzuckerte Chorarrangements und Refrains, die jeder Pub auf Anhieb geschlossen mitgrölen konnte. Gerne griffen Chinnichap, wie sie genannt wurden, zu starken Slogans und setzten dabei Plakativität über Inhalt. Abgeschmeckt wurde das Ganze mit einer ordentlichen Portion Drama – fertig war der nächste Glam-Hammer. Sweet-Hits wie »Co-Co«, »Wig-Wam Bam«, »Block Buster!«, »Hell

Raiser«, »The Ballroom Blitz«, »Teenage Rampage« und »Action« bieten dafür beste Beispiele. Chinn/Chapman-Ware war für den schnellen Konsum gemacht. Das ursprüngliche Anliegen des Glam reduzierte sich damit auf Charterfolg und Airplay. Kein Wunder, dass die Halbwertzeit überschaubar blieb.

Die USA konnten an all dem Glitter nie wirklich etwas finden. Abgesehen von David Bowie konnte sich kein Star des Glamrock dauerhaft in den amerikanischen Charts festsetzen. Sweet blieben die Ausnahme, Leadsänger Brian Conolly & Co. gelangen immerhin vier Top-Ten-Hits. T. Rex dagegen schafften es mit viel Mühe und »Get it on« ein einziges Mal auf Platz zehn, und Suzi Quatro im Duett mit Smokie-Sänger Chris Norman erst 1978 auf Platz vier (»Stumblin' in«). Von den Alben der klassischen Glam-Vertreter landete nicht eins auf vorderen US-Charträngen.

Das Ganze blieb ein europäisches Phänomen, und der Grund war simpel: Die Amis stießen sich am provozierenden Spiel mit den Geschlechtern. Jungs in Mädchenkleidern, mit Kajalstift, Glitter im Gesicht und offensichtlichem Spaß am sexuellen Bäumchen-wechsel-dich-Spiel gingen in God's own Country einfach nicht. Dafür saß der Puritanismus zu tief und war der Bible Belt zu fest um den amerikanischen Moralkodex geschnallt. Mochte das Ganze für Engländer ein Spaß sein, US-Kids konnten und durften darüber nicht lachen. Da nutzte es auch wenig, dass die Mitglieder von Sweet und Slade genauso unzweifelhaft heterosexuell veranlagt waren wie die Männlichkeits-Ikonen Elvis und Frank Sinatra. Folgerichtig spielte die Glam-Idee in den Suburbs, wo seit jeher über Erfolg und Misserfolg von Trends des weißen US-Pop entschieden wird, keine Rolle und konnte lediglich in urbanen Subkulturen wie etwa der in New York Fuß fassen.

Und doch gab es sogar tief im Westen einen einsamen Glam-Vorposten: Auf einen Vorschlag von David Bowie hin eröffnete der Radio-DJ Rodney Bingenheimer 1972 in Los Angeles, das zu dieser Zeit Joni Mitchell und die Eagles anhimmelte, den E-Club. Dort konnte man jeden Abend all das hören, was die britische Glamszene hergab, und dazu Auftritte von Iggy Pop und den New York Dolls erleben. Zu den Teenagern, die dort abhingen, gehörten Joan Jett und ihre späteren Mit-Runaways, überhaupt kann der Club als Keimzelle der kalifornischen Post-Punkszene der 1980er Jahre gelten, aus der nicht zuletzt der Glam-Metal hervorging (dem seine eigenen Quellen allerdings kaum noch bewusst waren). Bingenheimer selbst sollte später übrigens auch eine entscheidende Rolle in der Karriere der deutschen Sängerin Nena spielen. Als Nina Hagen 1984 in seiner Sendung zu Gast war, erwähnte sie Nenas Song »99 Luftballons«; Bingenheimer spielte das deutschsprachige Lied, den Hörern gefiel es, und so kam Nenas US-Erfolg ins Rollen. »99 Luftballons« erreichte Platz zwei der US-Charts.

Zurück zum Glam: Entscheidend für dessen Durchschlagskraft in Europa war freilich nicht die Musik allein. Entscheidend war die Kombination aus Musik, Performance und Attitüde. Es ging eben nicht nur um C-Dur und A-Moll. Glam war Lärm, Aufregung, Kopfkino – »turn another page on the teenage rampage!« Unabhängig davon, ob es die ins Karnevalistische hinüberlappende Maskerade von Slade oder Sweet war, die abgründig-dekadente Glitter-Travestie der New York Dolls oder das futuristisch-strenge Ziggy-Stardust-Design: Glam war vor allem auch etwas fürs Auge.

Ambitionierte Künstler wie David Bowie, Bryan Ferry und Brian Eno betrachteten Glam als Bühne, die ihnen erlaubte, mit Identitäten zu spielen und die Möglichkeiten ihrer jeweiligen Bühnenfigur zu erkunden. Dabei entwickelten sie eine Popkunst, die tief unter die glitzernde Oberfläche drang. Bowie schuf dabei sogar nebenbei Bleibendes, Beispiel Mott The Hoople: Als die Band nach drei erfolglosen Alben schon fast aufgegeben hatte, schrieb er ihr im Frühsommer 1972 den Welthit »All the Young Dudes« auf den Leib, weit mehr als eine erfolgreiche Rockballade. Der Song artikulierte ein Manifest der Generation Glam:

> And my brother's back at home with his Beatles and his Stones
> We never got it off on that revolution stuff

Mott The Hoople wurden durch diesen Song unsterblich und nutzten den unverhofften Rückenwind für noch weitere erfolgreiche Alben.

Männer wie Bowie und Bolan, der wie kein anderer die Oberfläche zur eigentlichen Substanz (v)erklärte (»I drive a Rolls Royce cause it's good for my voice!«), gaben dem Glam ein künstlerisches Gewicht, das für die Bubblegum-Hits von Chinn/Chapman unerreichbar blieb. Für die leichtgewichtige Chartware ging das auch in Ordnung, denn das Ganze sollte ja eh nur ein Spaß sein.

Das Vermächtnis der Glam-Jahre

Glam war ein kurzes heftiges und reinigendes Gewitter mit jeder Menge Blitz und Donner gewesen, dessen Echo lange nachhallte. So waren zwei der größten Rock-Acts der späteren 1970er Jahre, Kiss und Queen, noch unmittelbar unter dem Eindruck des Glamrock gegründet worden. Und natürlich gab es in der Folge jede Menge Leichtgewichte, die ihren Auftritt mit ein wenig Glitter, Glamour und Schminke anreicherten: Kenny, Barry Blue, Bay City Rollers, Hello und wie sie sonst noch hießen. Der Einfluss ging letztlich weit über den Rock hinaus: Prince bediente sich unter anderem bei Marc Bolan, New-Wave-Acts wie Ultravox und Human League benutzten Glam-Elemente, auch die New Romantics der frühen 1980er wären ohne T. Rex und David Bowie nicht denkbar. Den Pop- und Glam-Metal des Sunset Strip mit Bands wie Van Halen, Mötley Crüe, Ratt und Warrant haben wir bereits erwähnt. In den 1990ern und über das Millennium hinaus bezogen sich Suede, Marilyn Manson, Goldfrapp, The Darkness und andere auf das Glam-Erbe, auch wenn sie es in erster Linie als extravaganten Kleiderschrank und Palette für schrille Schminkorgien nutzten und das Spiel mit den Geschlechtern dabei kaum noch eine Rolle spielte. Nach

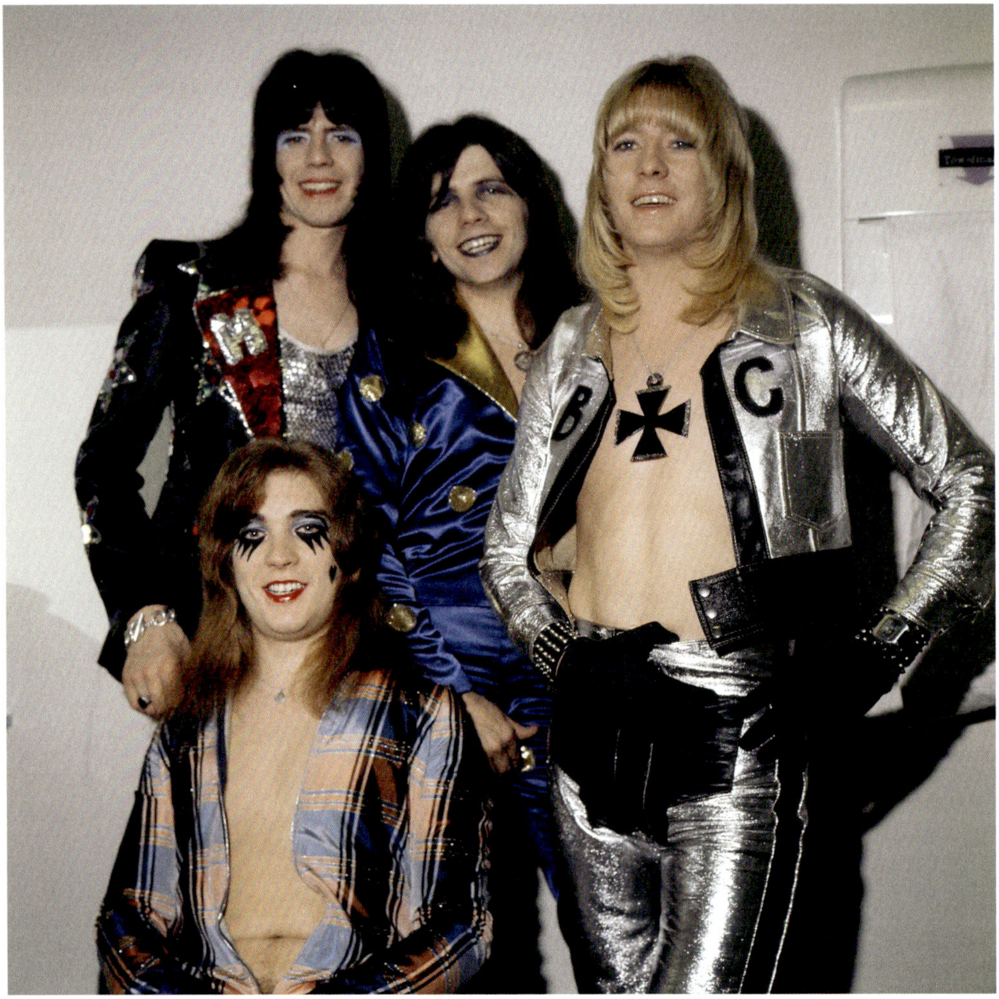

Sweet im Januar 1973 backstage bei *Top of the Pops*: Mick Tucker, Andy Scott, Brian Conolly (v. l.) und Steve Priest (sitzend) mit Kriegsbemalung.

Boy George, Freddie Mercury, Lady Gaga und Conchita Wurst war das Queere ohnehin zur Mode im Popzirkus geworden.

Zu Beginn der 1970er aber flankierte Glam eine gesellschaftliche Phase der Individualisierung, zunehmenden Selbstermächtigung und sexuellen Befreiung. Es war die Zeit, als Women's Lib und das Gay Movement allmählich erstarkten und der Hedonismus des Glam und sein lustvolles Spiel mit den Geschlechterrollen Jugendlichen ein Spielfeld zur Selbstfindung boten. Der junge David Johansen erlebte das so:

> All das gab mir zu denken: all diese radikalen Gedanken, nicht nur darüber, die Regierung zu stürzen, sondern über Sexualität, was sie ist, was männlich und was weiblich eigentlich ist. Es gab bestimmte Typen, egal ob hetero, homo oder bisexuell geprägt, die in dieses androgyne Ding hineinwuchsen.[18]

Und, so möchte man anfügen, auf diese Weise ihre eigene Sexualität nicht nur erkundeten, sondern im besten Fall endlich finden und leben konnten. Am Ende ging es um die Suche nach Identität. Und vielleicht war das der entscheidende Grund für den Erfolg des Glamrock bei den Teenagern. Als Brian Eno Jahrzehnte später auf diese Jahre zurückblickte, befand er:

> Ich war immer der Meinung, dass das Glam-Element das falsche war, auf das man sich fokussieren sollte. Für mich ging es nicht so sehr um den Glamour, sondern um die Idee, Identität zu verändern, oder darum, über die eigene Identität nachzudenken.[19]

Und so endete die Geschichte des Glam – und die seines Gottes Ziggy Stardust – mit einem neuen Anfang: Vor der letzten Spiders-Show im Hammersmith Odeon verschwand ein Teil des Bandequipments, das über Nacht auf der Bühne stehen gelassen worden war. Wie sich später herausstellte, war dafür ein Jugendlicher namens Steve Jones verantwortlich. Er war gerade 17 Jahre alt, lebte bei seinen Eltern in Hammersmith und hatte kein Geld. Aber er brauchte Gitarren und Verstärker, weil er mit seinem Schulkumpel Paul Cook eine Band gründen wollte. Drei Jahre später waren die beiden eine Hälfte der Sex Pistols. Ein schöner Schlussakkord des Glamrock, der nicht nur auf diese Weise als essentieller Teil der Punk-DNA weiterexistierte.

Pop 72

17.01.
Ehrung für den King: Der Highway 51 South in Memphis wird offiziell in »ELVIS PRESLEY BOULEVARD« umbenannt.

21.01.
PINK FLOYD spielen ein ganzes Jahr vor der Veröffentlichung des Albums in der Guildhall, Portsmouth, zum ersten Mal sämtliche Songs von THE DARK SIDE OF THE MOON live. Am selben Tag wirft CHUCK BERRY während einer Jamsession Rolling-Stones-Gitarrist KEITH RICHARDS in Los Angeles von der Bühne, nachdem der zu laut gespielt hatte.

09.02.
Bei seinem ersten Konzert seit 1966 stellt PAUL MCCARTNEY in Nottingham dem Publikum seine neue Band WINGS vor. Derweil wird seine neue Single »Give Ireland Back to the Irish« von der BBC wegen ihres politisch kontroversen Textes aus dem Programm verbannt. Der Song erreicht dennoch die Top Twenty.

15.03.
Aus Protest gegen das grassierende Schnulzenwesen spielt der Radiodiscjockey ROBERT W. MORGAN in Los Angeles 90 Minuten lang ununterbrochen »Puppy Love« von DONNY OSMOND. Die um die geistige Gesundheit des DJs besorgten Hörer alarmieren die Polizei, die in den Sender eindringt und den Spuk beendet.

25.03.
DEEP PURPLE veröffentlichen ihr epochales Album MACHINE HEAD mit den Klassikern »Smoke on the Water« und »Highway Star«.

16.04.
Das ELECTRIC LIGHT ORCHESTRA gibt im Fox and Greyhound Pub in Park Lane, Croydon, England, sein erstes Konzert.

02.05.
LES HARVEY, Gitarrist der schottischen Band STONE THE CROWS, erhält während eines Konzerts in Swansea, Wales, einen

tödlichen Stromschlag, als er ein nicht geerdetes Mikrophon berührt. Leadsängerin MAGGIE BELL bricht nach dem Zwischenfall auf der Bühne zusammen und muss im Krankenhaus behandelt werden.

07.05.

Schon 1967 hatte sich der Pianist und Sänger Reginald Kenneth Dwight den Künstlernamen ELTON JOHN zugelegt. Fünf Jahre später ändert er seinen Namen auch amtlich.

12.05.

Mit EXILE ON MAIN ST. erscheint das erste Doppelalbum der ROLLING STONES.

24.07.

Offenbar weil sein Haar zu lang ist, gerät BOBBY RAMIREZ, Drummer bei EDGAR WINTER'S WHITE TRASH, in einer Bar in Chicago in eine Schlägerei und erleidet dabei tödliche Verletzungen.

12.10.

DIANA ROSS feiert ihre Filmpremiere: Im Biopic *The Lady Sings the Blues* über das Leben der Jazzlegende BILLIE HOLIDAY ist sie in der Hauptrolle zu sehen. Auf Anhieb wird sie daraufhin für den Oscar als »beste Schauspielerin« nominiert.

03.11.

In einer privaten Zeremonie geben sich in Manhattan JAMES TAYLOR und CARLY SIMON das Ja-Wort.

18.11.

Der 29-jährige Gitarrist DANNY WHITTEN stirbt in Los Angeles an einer tödlichen Kombination aus Schmerzmitteln und Alkohol. Kurz zuvor hatte er seinen Job in Neil Youngs Begleitband Crazy Horse verloren.

13.12.

Beim ARD-Sender Radio Bremen startet mit dem MUSIKLADEN eine neue TV-Show mit Popmusik. Bis 1984 werden 90 Folgen gesendet.

31.12.

Am Ende dieses Jahres haben große Namen der Rockszene ihren Abschied verkündet: CREEDENCE CLEARWATER REVIVAL, JEFFERSON AIRPLANE, MARTHA AND THE VANDELLAS, MC5, THEM und THE VELVET UNDERGOUND sind nun Geschichte. Gegründet worden sind dagegen ABBA, BRUCE SPRINGSTEENS E STREET BAND, THE JAM, STEVE HARLEY & COCKNEY REBEL, STYX, THE SENSATIONAL ALEY HARVEY BAND, VAN HALEN und TWISTED SISTER.

73

10. Oktober 1973 Apparatur und Tanz

Anschlussstelle Düsseldorf: Krautrock, Elektropop und drei junge Männer auf der Autobahn

Der Mann ist jung, allenfalls Ende zwanzig. Sein Haar fällt in gepflegten Wellen auf die Schultern, und er trägt einen schwarzen – oder sehr dunkelblauen, so genau ist das nicht auszumachen – Rollkragenpullover. Als er im Bild erscheint, legt er den Kopf leicht schief und verkündet: »Wir haben uns vorgenommen, Ihnen ab und zu, wenn wir Gelegenheit dazu haben, neue deutsche Musikgruppen vorzustellen. Sei es aus dem Bereich der sogenannten E-Musik, der ernsten Musik, oder auch aus der Popmusik.« Sein Ton ist seriös, geradezu staatstragend. Der Jungredakteur ist sichtlich durchdrungen von seiner Mission, dem Pop die Weihen der Hochkultur zukommen zu lassen. So viel schließlich wissen er und seine Redaktion: Für den gewöhnlichen Fernsehzuschauer ist Pop in diesen Zeiten neu, ungewohnt, suspekt gar und alles andere als salonfähig, zumal in *aspekte*, dem 14-tägig ausgestrahlten Kulturmagazin des Zweiten Deutschen Fernsehens. Also hat die Ankündigung, die Michael Stefanowski an diesem Mittwochabend um ziemlich genau 21:54 Uhr in die Kamera spricht, schon fast etwas Entschuldigendes.

Bis dahin hat *aspekte* ganz im Zeichen der am folgenden Tag eröffneten Frankfurter Buchmesse 1973 gestanden. Aus diesem Anlass wurden Gespräche mit Bundeskanzler Willy Brandt, CDU-Politiker Helmut Kohl, *Spiegel*-Chef Rudolf Augstein und dem Satiriker Loriot aufgezeichnet. Außerdem wurde in einem Beitrag das Leseverhalten der Deutschen untersucht, über die Ghostwriter deutscher Bestseller-Autoren berichtet und ein telefonischer Lyrik-Service aus London vorgestellt. Nun also Popmusik. Stefanowski fährt fort:

> Die Band Kraftwerk, die Sie gleich hören werden, ist in der Popszene für eigenwillige Klangexperimente berühmt. Ihr Name bezieht sich übrigens auf die enorme elektronische Apparatur, mit der das Kraftwerk arbeitet. Gestern nun ist ihre neue Schallplatte erschienen, in der völlig neue Kraftwerk-Töne angeschlagen werden. Der Titel heißt bescheiden RALF UND FLORIAN. Ihre Musik ist deutlich leiser, melodiöser, konsumierbarer geworden, der besondere Reiz liegt darin, dass auch traditionelle Elemente, Sentimental-Romantisches, musikalische Allgemeinplätze in das elektronische Klangspiel integriert werden. Und das ist auch, wie ich meine, ironisch zu verstehen. Darauf deuten schon Titel wie »Heimatklänge«, »Klanggebirge« [tatsächlich heißt das Stück »Tongebirge«], »Ananas Sinfonie« oder dieses Stück, das schlicht »Tanzmusik« heißt.

Im nächsten Moment blickt der Zuschauer in einen Saal. Im Hintergrund eine mit einem hellbraunen Vorhang abgehängte Wand, davor drei Musiker, umgeben von verschiedensten Gerätschaften. Auf dem Fußboden stehen zwei kleine Tafeln, auf der linken von beiden leuchtet in neonblauer Schreibschrift der Name Ralf, auf der rechten der von Florian.

Während der Kamerafahrt von Ralf Hütter, der vor einem Tasteninstrument sitzt, hinüber zum in der Mitte postierten Wolfgang Flür sieht man einen rotweiß gestreiften Verkehrsleitkegel, der wie vergessen am Wandvorhang auf dem Boden steht und seit der ersten Kraftwerk-Platte das optische Erkennungsmerkmal der Band darstellt. Flür schlägt mit zwei stricknadeldünnen Stöckchen auf ein vor ihm angebrachtes Brett ein, das aussieht wie ein mit Alufolie beschichtetes Tablett. Aus dessen Rücken hängen wirr verlaufende Drähte herab, die in einem darunter angebrachten Kasten verschwinden. Mit dieser Apparatur produziert der »Drummer« ein regelmäßiges Rasseln und ein sonderbar künstlich klingendes »Tschak«. Rechts steht Florian Schneider, der auf seiner Querflöte elegische Melodien beisteuert. Auf dem Revers seines Sakkos glitzert eine mit Steinen besetzte Sechzehntelnote. Schneiders Flöte verleiht dem gleichförmigen Geplauder des Klaviers und den ebenfalls von Hütter produzierten wie Wolkenschleier durch die Musik wabernden Klangflächen melodisches Profil.

Verträumt und ein wenig verwunschen klingt das alles. Eigentlich und im Gegensatz zur aggressiven Rockmusik ist dies sogar genau die richtige Musik zur Schlafenszeit. Der Fernsehzuschauer mag sich zurückgelehnt und den nun folgenden Abspann der *aspekte*-Sendung beruhigt zur Kenntnis genommen haben.

Die drei jungen Männer, die diese eigenartige Tanzmusik an jenem Nachmittag, es ist der 10. Oktober 1973, im Berliner Fernsehstudio des ZDF fabriziert

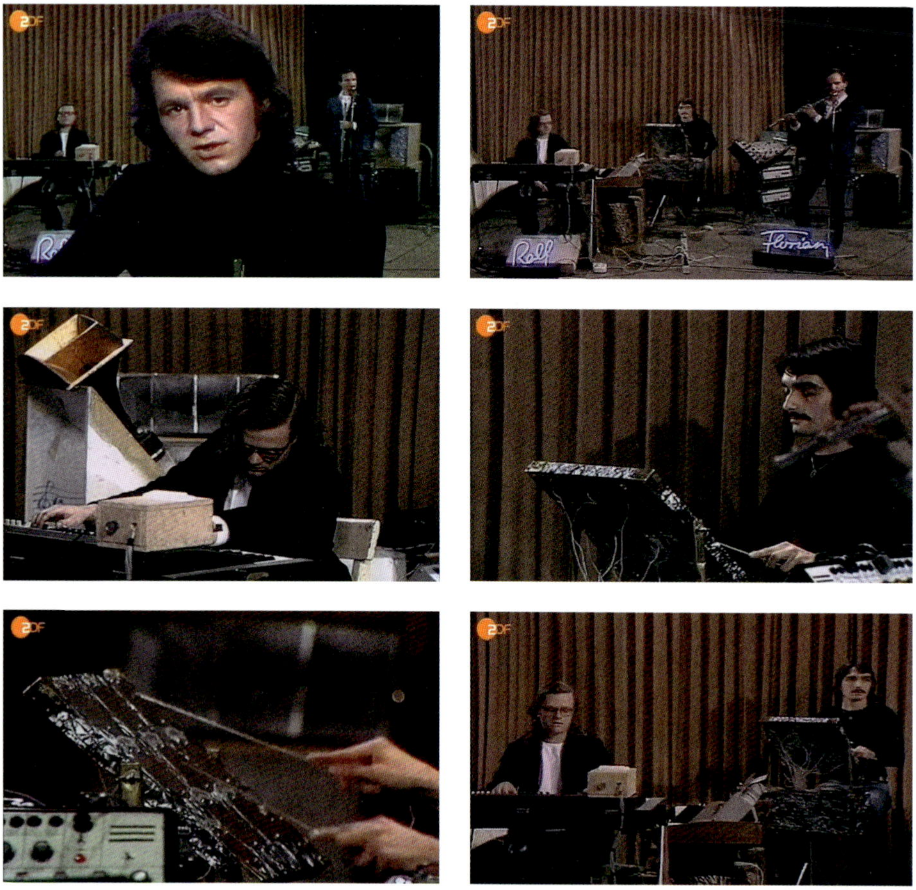

Kling-Klang für die Kulturnation: Moderator Michael Stefanowski und Kraftwerk in der ZDF-Sendung *aspekte*.

haben, können sich zur abendlichen Sendezeit allerdings nicht zurücklehnen. Und an erholsame Ruhe in Morpheus' Armen ist schon gar nicht zu denken. Als die Musiker vor dem vom Sender gebuchten Hotel stehen, erleben sie eine Überraschung. Ralf Hütter berichtet davon ein paar Tage später auf einer Postkarte, die er zusammen mit der neuen Langspielplatte seiner Band aus seiner Heimatstadt Düsseldorf an Redakteur Stefanowski schickt:

> Lieber Michael, in Berlin hat das Hotel die Tür nicht aufgemacht, und wir haben so in einem Club auf dem Kudamm (über Ascot-Club) ganz angenehm die Nacht verbracht. Ein Fan und zwei Mädchen haben uns schon angesprochen und sich gefreut über die Sendung. Viele Grüße von Ralf.

Ein obskures Kästchen

In den 1960er Jahren war die Bundesrepublik so etwas wie der schäbige Hinterhof der internationalen Popszene: von der Straße her kaum einsehbar und vermeintlich wenig interessant. Wohl hatten sich seit dem Beginn der Beatlemania im Jahr 1964 und der damit verbundenen englischen Beatwelle zwischen Flensburg und Garmisch Hunderte von jungen Bands gegründet. Zunächst aber hatten sie nur, brav und so gut es eben ging, die Vorbilder aus dem Königreich und aus Übersee kopiert. Allmählich aber hatte sich bei den ambitionierteren Jungmusikern die Erkenntnis durchgesetzt, dass die Deutschen nach dem Zweiten Weltkrieg »ihrer Kultur beraubt worden« waren und man ihnen »einen amerikanischen Kopf aufgesetzt« hatte, wie es Kraftwerk-Kopf Ralf Hütter einmal formulierte[1]. Sie seien »in den späten 1960er Jahren aufgewacht und haben realisiert, dass aus Deutschland eine amerikanische Kolonie geworden war«[2]. Damit meinte Hütter die flächendeckende Amerikanisierung der westlichen Welt. Sie hatte infolge des Weltkriegs eingesetzt und neben kulturellen Errungenschaften wie Jeans und Coca-Cola, Fender- und Gibson-Gitarren, dem Fernseher, der Heckflosse und dem Rock 'n' Roll auch James Dean, Marilyn Monroe, Jane Fonda und Captain Kirk hervorgebracht. Auf der Mattscheibe mochte die Bundesrepublik da mit Hildegard Knef und Dietmar Schönherr (alias Commander Cliff McLane in der SciFi-Serie *Raumpatrouille*) noch leidlich dagegenhalten, in Sachen Musik aber blieb sie, wie gesagt, der Hinterhof, wo man auf Koryphäen wie Heintje, Roy Black und die Geschwister Leismann traf. Es bestand also Handlungsbedarf. Junge Musiker forderten eine eigene Identität ein. Dies im Übrigen auch deshalb, weil, wie es der Bassist und Produzent Lothar Meid ausdrückte, »die ursprüngliche Amerika-Liebe meiner Generation in den Sechzigern in Hass umgeschlagen war, zum Beispiel durch den Vietnamkrieg. Wir wollten nicht länger Besatzermusik machen.«[3]

Zur Initialzündung in diesem allmählichen Prozess der Selbst-Bewusstwerdung einheimischer Musiker waren im September 1968 die Essener Songtage geworden. Dort hatten sich neben internationalen Größen wie Frank Zappas Mothers of Invention, Alexis Korner, The Fugs und Julie Driscoll erstmals auch junge deutsche Popgruppen mit eigenen Konzepten vorgestellt, darunter Tangerine Dream, Floh de Cologne, Guru Guru und Amon Düül. Sie alle grenzten sich bewusst von den angloamerikanischen Kollegen ab. Die Veranstaltungsreihe hatte ein stattliches Medienecho hervorgerufen und einen ersten kleinen Boom verursacht: Wer auf sich hielt, warf nun sein englisches Hitcover-Programm über Bord und suchte nach einem eigenen Weg.

Zu den Ersten, die dabei auf sich aufmerksam machen konnten, gehörte neben den bereits in Essen aufgetretenen Künstlern auch das Kölner Musikerkollektiv Can. Wobei man in diesem Fall definitiv von einem Kollektiv sprechen darf, denn das künstlerische Konzept von Irmin Schmidt (Keyboards), Michael Karoli (Gitarre), Holger Czukay (Bass) und Jaki Liebezeit (Drums) setzte auf gemeinsame Improvisation abseits von zuvor festgelegten Strukturen

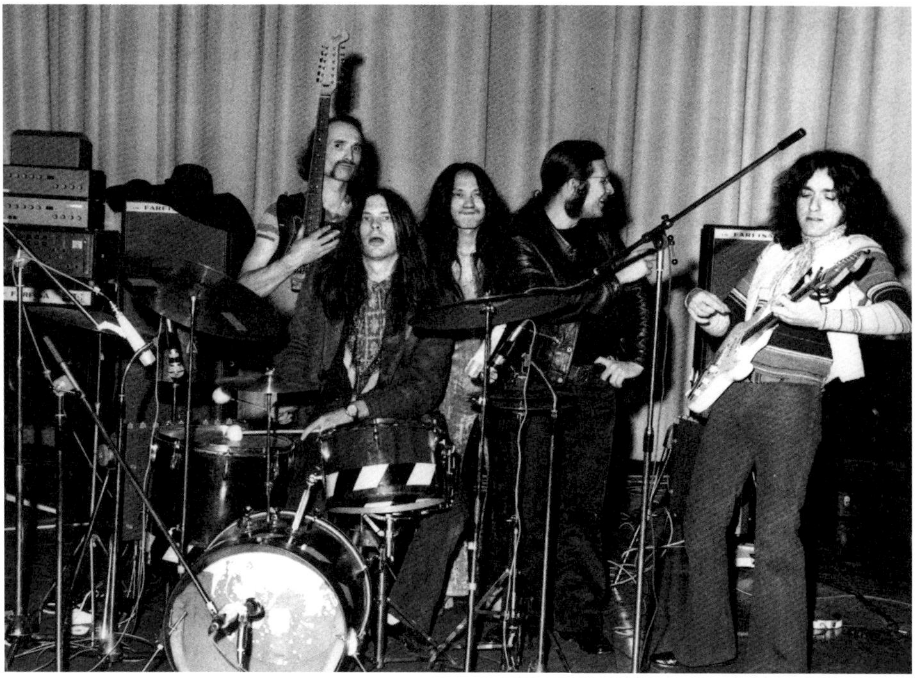

Kraut mit Konzept: Die Kölner Avantgarderocker Can mit Holger Czukay, Jaki Liebezeit, Damo Suzuki, Irmin Schmidt und Michael Karoli (v. l.).

oder gar durchkomponierten Songs. Und das bedeutete für die zum Teil klassisch ausgebildeten Musiker (Czukay und Schmidt hatten bei Karlheinz Stockhausen Komposition studiert), dass sie zunächst einmal alles Gelernte vergessen mussten, um ganz von vorn anfangen zu können. Auf ihren ersten Alben kombinierten sie atonale Elemente mit Spoken-Word-Performances, archaische Funkismen mit Jazz-Einwürfen und monströse Rhythmusgrooves mit aggressivem Garagenpunk. Dabei setzten sie auf das Stilmittel der Monotonie, indem sie alle möglichen Elemente beständig und mit nervenaufreibender Konsequenz wiederholten. Cans Musik war so intelligent wie schwergängig und impulsiv. Und gehört hatte man solch eindringlichen Lärm bis dahin nicht. In der Öffentlichkeit stieß die Band mit ihrer Musik auf eine gehörige Portion Skepsis und Unverständnis. Irmin Schmidt: »Als wir anfingen, hat die Kritik geschrieben: ›Die können ja gar nicht spielen!‹ Und wir haben gesagt: ›Ja, stimmt! Wir wollen auch gar nicht so spielen wie die Engländer oder die Amerikaner. Wir spielen so wie wir.‹«[4]

Im Fall von Can gab es dennoch sehr bald auch echte Anerkennung. 1971 lieferte die Band die Musik für den TV-Dreiteiler und Straßenfeger *Das Messer* von Francis Durbridge und landete mit »Spoon«, der hypnotischen Leitmelodie der Serie, sogar einen veritablen Hit.

Zuvor schon hatten Can 1970 den Soundtrack für das legendäre TV-Event *Das Millionenspiel* beigesteuert. Gut 30 Millionen Fernsehzuschauer hatten ihre Musik gehört, im Radio gespielt wurde sie dennoch kaum. Während ihrer gesamten Existenz blieben Can im Grunde eine Kultband. Allerdings eine der einflussreichsten, die in den Annalen der internationalen Rockmusik überhaupt zu verzeichnen waren. Und auch vermeintlich kultivierten Kreisen blieb Cans Musik zunächst fremd, wer ihr dort begegnete, war schockiert. So berichtete Holger Czukay noch Jahrzehnte später amüsiert von der Verleihung des Adolf-Grimme-Preises 1972 in Marl, wo die Band auftrat: »Carlo Schmid [einer der Väter des Grundgesetzes] war da, ein Blumenbouquet, alles sehr feierlich. Als wir dann aber loslegten, verließen alle panikartig den Raum.«[5]

Der bundesdeutsche Musikkonsum der frühen 1970er Jahre war noch geprägt von importierter Hit-Ware, mehr oder weniger läppischer Schlagerkost und gelegentlich mal einem französischen Chanson, das mit Massenappeal punkten konnte. Es genügt ein Blick in die Top Ten der Single-Hitparade der zweiten Oktoberwoche 1973, in der Kraftwerk bei *aspekte* auftraten: Die Nummer eins belegte Bernd Clüver mit »Der kleine Prinz«, gefolgt von Suzi Quatro mit »48 Crash« auf Platz zwei und »Can the Can« auf drei, Nummer vier war Albert Hammond mit »Free Electric Band«, ihm folgte Freddy Breck (»Rote Rosen«), dazu fanden sich unter den ersten zehn Medicine Head, die Rolling Stones, Demis Roussos, Sweet und Jürgen Marcus.

Mit Kinderlied zum Welthit

Bei der Erinnerung an den Kraftwerk-Besuch im ZDF-*aspekte*-Studio und das anschließende Hotel-Malheur vor 46 Jahren muss Michael Stefanowski schmunzeln:

> Ich weiß nicht, ob wir noch, wie das damals üblich war, abends in der Stammkneipe der Redaktion zusammen gegessen und die dann später noch 'ne Runde gemacht haben. Und keine Ahnung, was das für ein Hotel gewesen ist. Bestimmt aber war es nicht die letzte Klitsche, wenn das ZDF es gebucht hat. Jedenfalls war der Laden einfach zu, als die Jungs da ankamen. Also sind sie in den nächsten Club gegangen, und Ascot-Club klingt natürlich etwas halbseiden. Aber gut, der ganze Kudamm war damals ein bisschen halbseiden.

Redakteur Stefanowski, der 1969 über eine Hospitanz zum ZDF kam, ist Ruheständler und lebt mitten in Berlin. Wenn man mit ihm spricht, spürt man die Begeisterung und die Aufbruchsstimmung, die in jenen Post-1968-Jahren in der *aspekte*-Redaktion herrschten. Und auch die Neugier: »Das war eine neue Musik, und die wollten wir den Menschen vorstellen!«

An das neben dem Verkehrsleitkegel auffälligste Requisit, das die drei Kraftwerk-Musiker mit nach Berlin gebracht hatten, kann sich Stefanowski allerdings nur vage erinnern: »Erstes elektronisches Drumkit der Welt? Normalerweise hätte man sagen müssen, wow, jetzt geht's los! Aber ich hab das nicht wirklich mitgekriegt, ich musste mich auf meinen Text konzentrieren. Es gab ja noch keinen Teleprompter.«

Tatsächlich war der Apparat, von dem Stefanowski da spricht, ein aus der Not geborenes Provisorium. Im Grunde hatte Wolfgang Flür es nur deshalb zusammengebastelt, weil er sich schämte, im Fernsehen mit dem mickrigen Kinderschlagzeug aufzutreten, das er in Kraftwerks Düsseldorfer Kling-Klang-Studio vorgefunden hatte.

Wenige Wochen vor dem geplanten ZDF-Auftritt hatte Flür, der erst kurz zuvor von Hütter und Schneider für das Kraftwerk-Projekt angeheuert worden war, während einer Pause bei Proben im bandeigenen Studio ein obskures Kästchen gefunden, das sich als primitives Rhythmusgerät für Alleinunterhalter herausgestellt hatte. Hütter und Schneider hatten damit die Rhythmen für ihr RALF UND FLORIAN-Album eingespielt. Gemeinsam mit Schneider kam Flür nun auf die Idee, eine komfortablere Spielfläche für das Ding zu konstruieren. Er bastelte ein externes Schlagbrett, auf das er verschiedene Pads für verschiedene Töne montieren wollte, damit man darauf wie auf einem normalen Schlagzeug spielen konnte:

> Zunächst einmal begann ich mit der Konstruktion des Tabletts, das die Metallplatten für mein neues elektrisches Schlagbrett aufnehmen sollte. Bei gemeinsamen Spaziergängen [mit dem Maler, Texter und Musiker Emil Schult, mit dem Flür zusammenwohnte, Anm. d. Autors], die wir damals öfter in unserer Umgebung unternahmen, hatten wir ganz in der Nähe im Hafengebiet einen großen Schrottplatz für Buntmetalle entdeckt. Es dauerte nicht lange, da fanden wir auf matschigem Grund einen Berg von runden Blechstücken jeglicher Durchmesser.[6]

Flür montierte drei Reihen dieser Blechstücke auf sein Tablett und verband diese mit dünnem Draht, den er aus der Unterseite des Tabletts heraus in die eigentliche Beatbox führte (bei der es sich höchstwahrscheinlich um eine Farfisa Rhythm 10 handelte, eines der ersten an eine Orgel anschließbaren elektrischen Rhythmusgeräte). Zusätzlich verkabelte er zwei dünne Metallstäbe, die als Schlagzeugstöcke fungieren sollten, ebenfalls mit der Beatbox. Wenn er nun mit dem Stab auf eine seiner Blechplatten schlagen würde, müsste der Stromkreis für die Dauer der Berührung geschlossen sein und ein Ton erklingen.

Es funktionierte – und Kraftwerk verfügten damit im September 1973 über das erste elektronische Drumset der Musikgeschichte. (Das Funktionsprinzip des von Schneider und Flür entwickelten elektronischen Schlagzeugs hatte allerdings keine Zukunft. Die ab Beginn der 1980er Jahre den Markt erobernden E-Drums arbeiteten im Unterschied zum von Kraftwerk entwickelten Prototyp mit berührungsempfindlichen Flächen, sogenannten Pads, mit deren Hilfe man elektronische Trigger-Impulse setzen konnte, die dann in elektroakustische Signale gewandelt wurden – das erste bekannte E-Drumset war das SDS5 von Simmons.) Bei den Tontechnikern des ZDF-Studios war das Ding

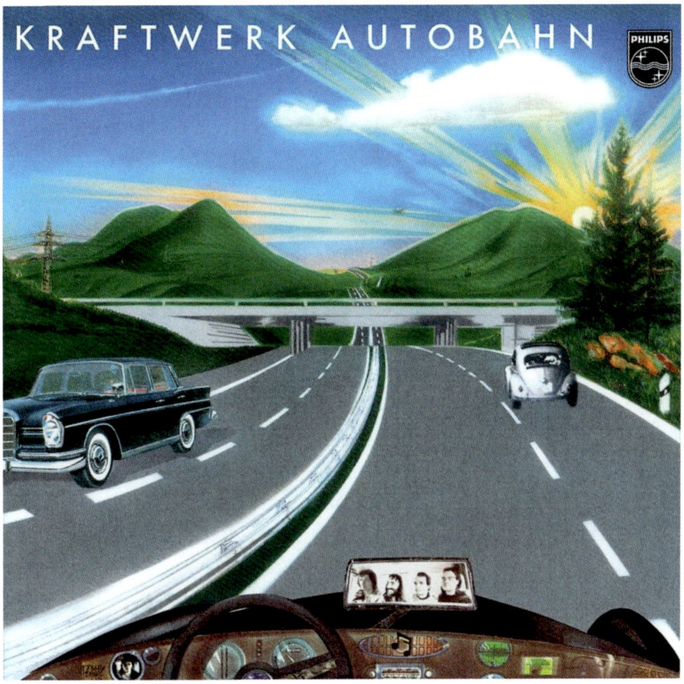

»Musikalischer Scherzartikel«: AUTOBAHN begründete eine neue Zeitrechnung in der populären Musik.

die Sensation. Flür: »Die Techniker kamen danach alle zu mir und wollten wissen, was ich da spiele. Die wollten wissen, was es mit dem kleinen Kasten auf sich hatte.«[7] Die Redakteure dagegen interessierten sich dafür weniger. Stefanowski: »Uns war nicht wirklich bewusst, wie bahnbrechend diese Musik war. Wir konnten ja nicht ahnen, dass Kraftwerk mal museumsreif sein würden.«

Auf jeden Fall hatte der Auftritt bei *aspekte* für erste Aufmerksamkeit gesorgt, die drei sonderbaren jungen Männer mit ihrer ebenso sonderbaren Musik blieben im Gedächtnis – auch weil sie optisch so gar nicht dem damaligen Klischee einer Popgruppe entsprachen: Hütters Haar war streng gescheitelt und fiel in Strähnen auf die Schultern, dazu trug er eine dicke Hornbrille (heute würde man ihn einen »Nerd« nennen). Schneider hingegen sah mit Fassonschnitt und dunklem Anzug aus wie ein Bankangestellter und Flür mit gepflegtem Langhaar und Schnauzbart wie eine Mischung aus D'Artagnan und Philosophiestudent. Optik hin, Optik her: Die Performance im renommierten Kulturmagazin des ZDF etablierte Kraftwerk als führende Instanz der neuen deutschen Rockmusik, der man erst später den in England geprägten Begriff Krautrock aufdrücken sollte.

Ihr erklärtes Ziel, eine eigenständige, vollkommen synthetische, also elektronisch hergestellte Musik zu kreieren, sollten Kraftwerk nun in Siebenmeilenstiefeln weiterverfolgen. RALF UND FLORIAN erwies sich als die Ouvertüre zu dem, was ein Jahr später folgen sollte: Im November 1974 veröffentlichte die mit dem zusätzlichen Rhythmiker Karl Bartos zum Quartett angewachsene Band das Album, das sie berühmt machte. Die ausgekoppelte Singleversion des Titeltracks »Autobahn« wurde zum internationalen Überraschungshit. Das Publikum allerdings betrachtete den eigenartigen Sound mit dem monotonen Singsang eher als musikalischen Scherzartikel. Auch Michael Stefanowski, der »Autobahn« als Kinderlied betrachtete: »Ich stand mehr auf Rock. Wenn wir im VW-Bulli mit Kind und Kegel in den Urlaub fuhren, dann sangen wir im Auto ›Wir fahr'n, fahr'n, fahr'n auf der Autobahn‹. Aber das war's dann auch.«

Ein Jahr zuvor aber, als sie bei *aspekte* auftraten, hatten Kraftwerk bereits die Auffahrt zu jener Autobahn gefunden, die sie zu internationalem Ruhm als bedeutendste Elektropop-Pioniere führen sollte. Dass nur zwölf Monate danach im Düsseldorfer Kraftwerk eine neue Zeitrechnung angebrochen war, zeigte sich dem aufmerksamen Beobachter allein schon daran, dass der gute alte Verkehrsleitkegel ausgemustert und im bunten Artwork des AUTOBAHN-Albums nicht mehr zu finden war.

Von Kleingärtnern und Kosmischen Kurieren

Mochten Kraftwerk mit AUTOBAHN einen internationalen Hit gelandet haben: Für den Rest der Krautrocker blieb ein solcher Erfolg außerhalb ihrer Reichweite. Und dafür gab es Gründe, nicht zuletzt die steinzeitlichen Strukturen in der Musik- und Medienszene. Im Radio gab es kein oder kaum Airplay, weil man Rockmusik, noch dazu solche von einheimischen Musikern, in den Redaktionen der öffentlich-rechtlichen Sender grundsätzlich für minderwertig hielt. Die wenigen Ausnahmen, Redakteure wie etwa Winfrid Trenkler vom WDR, Barry Graves vom RIAS Berlin und *Beat-Club*-Regisseur Mike Leckebusch, bestätigten die Regel. Und leicht hatten sie es nicht, wie Trenkler berichtet:

> Als ich im Rahmen der *Radiothek* die Elektroniker von Harmonia vorstellte, hat mich der Produzent, noch während der Titel lief, angebrüllt: ›Was spielst du da für eine Scheiße?‹ Brian Eno war zu dieser Zeit mal bei mir zu Hause, wie viele andere Musiker auch. Hier spielte ich ihm Harmonia vor und schleppte ihn anschließend nach Hamburg in die Fabrik, weil dort einer der seltenen Auftritte der Gruppe stattfand. Ein Mächtiger im WDR scheißt dich zusammen und zur selben Zeit sagt Eno wörtlich: ›Das ist die wichtigste Rockmusik, die heutzutage auf der Welt gemacht wird!‹ Und dann ging er ins Weserbergland, wo die Gruppe lebte, hat sich Inspiration geholt und mit ihnen mehrere Platten gemacht.[8]

Allmählich erst etablierten die öffentlich-rechtlichen Sender Jugendsendungen wie die erwähnte *Radiothek* (WDR), *Pop Shop* (SWF) oder *Zündfunk* (BR), die den musikalischen Bedürfnissen ihrer jugendlichen Klientel eher gerecht wurden. Einheimisches aber kam auch dort nicht so ohne weiteres auf die Playlist.

In der Tonträger-Industrie hatte es bis zum Ende der 1960er Jahre nicht nur Widerstände gegen Rockmusik gegeben, man wusste dort oft auch kaum, was es damit auf sich hatte, wie sie funktionierte und wie ihr Publikum tickte. Alles, was über die üblichen UK-Kopien hinausging, mit denen die Rattles und die Lords groß geworden waren, erschien den Plattenmanagern als rätselhaft und einer näheren Betrachtung nicht wert. Zwar hatte ein jugendliches Publikum auf dem Konsum- und Freizeitmarkt der Bundesrepublik 1969 bereits für einen Gesamtumsatz von etwa 20 Milliarden Mark[9] gesorgt, einheimischer Rock fand in den Charts dennoch nicht statt.

Erst unter dem Eindruck der Essener Songtage, die der Szene-Aktivist Rolf-Ulrich Kaiser federführend mitgestaltet hatte, begann man in den Manageretagen zu erkennen, dass da ein neuer ertragreicher Markt im Entstehen begriffen war. Kaiser fand dann auch in Peter Meisel, dem damaligen Chef der Hansa Musikverlage, einen potenten Geldgeber, der ihm ermöglichte, 1969 mit Ohr das erste Plattenlabel zu gründen, das sich um die Vermarktung einer eigenständigen Rockmusik aus deutschen Landen kümmern wollte. Bei Ohr kamen nun vielversprechende Talente unter, zum Beispiel Tangerine Dream, Floh de Cologne, Ash Ra Tempel, Guru Guru, Klaus Schulze, Birth Control, Amon Düül und Hoelderlin. Das Label war so trendy und erfolgreich, dass die Mannheimer Plattenfirma BASF, damals in erster Linie im Jazz- und Schlagerbereich aktiv, bald darauf das Ohr-Tochterlabel Pilz finanzierte, auf dem fortan Wallenstein, Popol Vuh, Witthüser & Westrupp und Bröselmaschine veröffentlichten. 1971 befand sich Kaiser auf der Höhe seiner Macht, und zweifellos gebührt ihm das Verdienst, einer der einflussreichsten und bedeutendsten Geburtshelfer des Krautrock zu sein.

In *Tanz der Lemminge*, einer minutiösen Szene-Chronik der späten 1960er und frühen 70er Jahre, lässt die Musikjournalistin Ingeborg Schober den damals allgegenwärtigen Saxophonisten Olaf Kübler zu Wort kommen. Im Zusammenhang mit den ersten Industriekontakten der Münchener Hippiekommune Amon Düül beschreibt er, wie zwei fremde Welten aufeinandertrafen:

> Viele Leute von der Industrie haben damals das große Geschäft gewittert, der Meisel, die Polydor und andere große Firmen, die ihre Männer ausschickten. Die waren natürlich solche Krawattenärsche und Normalfreaks, dass die mit den Düüls kein vernünftiges Wort reden konnten. Die überstanden schon mal den zweiten Joint nicht.[10]

Nach und nach aber verständigte man sich, auch wenn Rolf-Ulrich Kaiser ab 1972 ins Abseits driftete und seine beiden Labels mit ihm untergingen. Der Kraut-Zampano hatte Freundschaft geschlossen mit LSD-Papst Timothy Leary, und um dessen Ideen zu propagieren, hatte er nun ein drittes Plattenlabel namens Kosmische Kuriere gegründet. Fortan verfiel Kaiser der Droge, redete zunehmend wirres Zeug, agierte immer selbstherrlicher und verlor zusehends den Überblick, vor allem über seine Labels. Innerhalb kürzester Zeit hatte er

Klagen von Bands am Hals, denen er die Tantiemen schuldig geblieben war. 1975 tauchte Kaiser auf Nimmerwiedersehen ab.

Seine beiden ehemaligen Mitarbeiter Günter Körber und Bruno Wendel gründeten 1972 mit Brain das im weiteren Verlauf wichtigste Label für deutsche Bands, dem dann auch erste kommerzielle Erfolge gelangen. Zu denen, die in den folgenden Jahren als Brain-Künstler einigermaßen respektable Plattenumsätze feiern konnten, zählten unter anderem Birth Control, Jane, Guru Guru, Grobschnitt, Harmonia, Scorpions, Neu! und Novalis. Was nicht unerheblich auch daran lag, dass die gesetzliche Aufhebung der Preisbindung im Einzelhandel der Bundesrepublik ab 1. Januar 1974 dafür gesorgt hatte, dass aktuelle Langspielplatten plötzlich nicht mehr 20 oder gar 22 Mark, sondern nur noch 14 oder 15 Mark kosteten. Der jugendliche Rockfan freute sich, der Handel rieb sich die Hände, und die Umsätze stiegen.

Lange währte die Euphorie im Lager der Krautrock-Bands allerdings nicht: Schon bald war klar, dass sich schwarze Zahlen nicht bei allen und schon gar nicht von selbst einstellten. So ließen viele Labels ihre mit großen Hoffnungen angeheuerten Bands relativ schnell wieder fallen. Finanzielle Investitionen und geduldige Aufbauarbeit, speziell in Form einer kompetenten künstlerischen A&R-Betreuung, hatten kaum je stattgefunden.

Die neben der Plattenindustrie und den Massenmedien dritte schwierige Hürde, die man als Musiker überwinden musste, waren die geradezu haarsträubenden Zustände in der Konzertbranche. Fritz Rau, der gemeinsam mit Horst Lippmann als Erster hierzulande eine seriöse Konzertagentur aufbaute, die auch internationale Rockkünstler in die Bundesrepublik holte, erzählte dem Autor einmal, wie das in den 1960er Jahren ablief, zum Beispiel bei einer Deutschlandtournee mit Jimi Hendrix 1969:

> Das war ja abenteuerlich. Ich bin mit Jimi in meinem klapprigen VW-Bulli durch die Gegend gekurvt. Die Gagen musste man vor Ort kassieren, am besten sofort nachzählen, und ob die Werbung vor Ort funktionierte, war reine Glückssache. Wenn die keine Lust hatten, Plakate zu kleben oder kein Geld, Plakatkleber zu bezahlen, dann gab's eben keine Werbung.

Viel hatte sich da in den folgenden Jahren nicht geändert. Die Sängerin Inga Rumpf erinnert sich an die frühen 1970er Jahre, als sie mit Frumpy und Atlantis durch die Lande tingelte:

> Das war furchtbar. Wir zogen wie die Zigeuner durch die Gegend. Wir hatten Hotels gebucht, und dann sahen die uns Langhaarige da vor der Tür stehen, mitten in der Nacht, völlig fertig von den langen Reisen und Konzerten, und haben die Tür vor uns wieder zugemacht.[11]

Selbst prominente Bands konnten sich kaum professionelle Roadies leisten und bauten ihr Equipment vor und nach den Konzerten selbst auf und ab. Um

Geld zu sparen, kamen viele Musiker privat bei WGs unter, deren Bewohner sie erst am Auftrittsort kennenlernten. Schätzungen zufolge gab es Mitte der 1970er Jahre in der Bundesrepublik etwa 3000 aktive Bands, von denen maximal fünf Prozent professionell arbeiteten. Von diesen konnte allenfalls eine Handvoll ihren Lebensunterhalt mit Musik bestreiten. Wer pro Abend Höchstgagen von 3000 Mark einstreichen konnte, behielt davon nach Abzug aller Unkosten im besten Fall 150 Mark pro Gruppenmitglied übrig.

Hinzu kam das leidige Künstlervermittlungsmonopol des Arbeitsamtes, das hoffnungsvollen Jungmanagern von vornherein einen Kernbereich ihrer Arbeit unmöglich machte: Zu dieser Zeit galt die Auftrittsvermittlung für Künstler in der Bundesrepublik gesetzlich noch als Arbeitsvermittlung und fiel daher in die alleinige Zuständigkeit der Arbeitsämter. Dort versuchte man der Aufgabe mit Hilfe sogenannter »Künstlerdienste« Herr zu werden – angesichts fester Bürozeiten und immenser Bürokratie aber kam dabei kaum Zählbares heraus. Christian von Grumbkow, Gitarrist der damals viel gebuchten Wuppertaler Band Hoelderlin, erzählt:

> Die meisten Typen, die so eine Konzertveranstaltung machen, stehen mit einem Bein im Gefängnis, weil sie das eigentlich gar nicht dürfen. Da müsste dann entweder ein vernünftiger Manager her, der auch die Legitimation dafür hat, oder man geht zur Arbeitsvermittlung. Nur: Da passiert nichts, wir haben es ja probiert. Ein Kleingärtnerverein macht einen Tanzabend, da kann man dann spielen.[12]

Nicht ganz passend, weder für die Musiker noch für die Kleingärtner.

Zwar gab es in Bezug auf Künstler Ausnahmeregelungen, doch bis weit in die 1970er Jahre hinein beharrte das Arbeitsamt auf seinem altertümlichen Monopol, das auch Bereiche wie zum Beispiel Model-Agenturen betraf.

Unberechtigte Arbeitsvermittlung konnte laut Paragraph 228 des Arbeitsförderungsgesetzes mit Geldstrafen bis zu 30 000 DM geahndet werden. Erst 1994 wurde die private Arbeitsvermittlung infolge eines Urteils des Europäischen Gerichtshofes auch in Deutschland wieder erlaubt.

Und wenn es dann doch mal zu einem echten Rock-Event in deutschen Landen kam, wurde es nicht selten zum Desaster. Zum Beispiel das u. a. von Beathe Uhse gesponserte »Love-and-Peace-Festival«, das unter chaotischen Umständen vom 4. bis 6. September 1970 auf der Insel Fehmarn stattfand: Nachdem dort einige der angekündigten Bands nicht erschienen waren, die Veranstalter am letzten Tag mit den Festival-Einnahmen das Weite gesucht und die zornigen Festivalhelfer daraufhin das Organisationszentrum angezündet hatten – übrigens zu den Klängen des Songs »Macht kaputt, was euch kaputt macht« von der Politrockband Ton Steine Scherben, die als eine der letzten dort auf der Bühne stand –, war das »deutsche Woodstock«, wie die Presse es nannte, in den Fluten der Ostsee versunken.

Das Gesamtbild jedenfalls war Mitte der 1970er Jahre ernüchternd: Rockmusik hatte es schwerer als jede andere Unterhaltungsmusik im Land, weil sie als unseriös und künstlerisch minderwertig galt, ein Phänomen, das sehr viel auch mit der ausschließlich im deutschsprachigen Raum praktizierten Unterscheidung zwischen E- und U-Musik zu tun hatte. Eine wirtschaftlich gesunde und künstlerisch erfolgversprechende Rockkultur scheiterte zudem maßgeblich an den für professionelle Rockmusiker katastrophalen Bedingungen im Arbeits-, Sozial- und Steuerrecht. So wurde erst 1981 die gesetzliche Grundlage für die Einführung der Künstlersozialversicherung geschaffen, die Kreativen seit 1983 wenigstens die Möglichkeit einer verlässlichen und individuell finanzierbaren sozialen Absicherung inklusive eines bescheidenen Rentenanspruchs bietet. Im Jahrzehnt davor war derlei noch undenkbar gewesen.

Fazit: Wer in dieser Branche als Musiker überleben wollte, musste versuchen, so autark wie möglich zu werden. Die Beispiele von Can und Kraftwerk, die schon früh mit eigenem Verlag, eigenem Studio, Bandübernahmeverträgen und Selbstmanagement arbeiteten, zeigten, wie es funktionieren konnte. Für alle anderen aber galt: Mit Tonträgern ließ sich kaum großes Geld verdienen, zumal die Vorschüsse der Plattenlabels irgendwann auch zurückgezahlt werden mussten, faktisch also Schulden darstellten. Ähnlich tückisch war das Konzertgeschäft, das im Bereich des Pop noch weitgehend schwarz beziehungsweise am Rande der Legalität abgewickelt wurde. Erste seriöse Agenturen wie Lippmann + Rau sowie Mama Concerts von Marek Lieberberg und Marcel Avram in München begannen sich gerade erst zu etablieren. Folglich wurden die jungen und in geschäftlichen Dingen unerfahrenen Musiker nur allzu oft zu Opfern unseriöser Geschäftspraktiken.

Selbst Ralf Hütter, einer der cleversten Krautrocker und bald einer der reichsten deutschen Musiker überhaupt, suchte angesichts der damaligen Zustände noch Zuflucht in streng marxistischer Argumentation. Während des legendären Open-Air-Pop-Festivals in Aachen im Juli 1970, dem ersten seiner Art in der Bundesrepublik, ließ er hinter der Bühne ZDF-Reporter Michael Stefanowski wissen: »Die Leute, die an dieser Musik verdienen, sind nicht die Musiker, die sie machen, es sind die Leute, die Musiker auf die Bühne bringen und mit ihnen handeln wie mit einer Ware.«[13]

Zwei Jahre nach jenem denkwürdigen *aspekte*-Auftritt von Kraftwerk hatte sich der rockmissionarische Eifer von Rockfan Stefanowski noch längst nicht erschöpft. Im Auftrag seiner Redaktion machte er sich 1975 an eine TV-Dokumentation, die Ingeborg Schober so beschrieb:

> Am 23. Juni widmete das ZDF-Magazin *aspekte* dem Krautrock eine ganze Sendung. Das war eine mittlere Sensation, denn das seriöse Magazin lieferte hier einen Überblick, den bislang weder eine der Musikzeitschriften noch Musiksendungen im Fernsehen geleistet hatten.[14]

Tatsächlich lieferte die Dokumentation eine gründliche Bestandsaufnahme dessen, was sich bis dahin in der Republik getan hatte. Dabei untersuchte die

Reportage die Rahmenbedingungen, unter denen Berufsmusiker der Sparte Rock hierzulande arbeiteten. Auch seine alten Freunde von Kraftwerk hatte Stefanowski um Mitwirkung gebeten:

> Die hatten 1975 aber schon angefangen, sich total zurückzuziehen und aus allem rauszuhalten. Als ich diese Dokumentation drehte, habe ich Hütter gefragt, ob er zur Verfügung steht. Nee, das wollte er nicht. Zu den sozialen Problemen, die Musiker in Deutschland damals hatten, wollte er nichts mehr sagen.

Der Mann aus Gronau

Das tat dafür ein anderer, dem der Film dann auch den gebührenden Platz einräumte. Als erster und bis dahin einziger Deutschrocker hatte er es geschafft, nicht nur unbestrittenen Star-Status zu erringen, sondern sogar im sechsstelligen Bereich Schallplatten zu verkaufen und vorderste Hitparadenplätze einzufahren. Seine Songs waren aus dem Radio kaum mehr wegzudenken. Was auch daran lag, dass er im Unterschied zur Krautkonkurrenz über Humor, Ehrgeiz und Chuzpe im Übermaß sowie, nicht unwichtig, über einen Plan verfügte. Dazu sang er in seiner Muttersprache – auch das in jenen Jahren ein Alleinstellungsmerkmal, wenn man von Kraftwerk absieht. Und: Er sang deutsch auf eine Weise wie keiner je vor ihm. Vier Jahrzehnte später würde er der wohl einzige nationale Künstler sein, den man allein an der Silhouette erkennen konnte – nicht schlecht für einen, der in den 1960er Jahren als Jazzschlagzeuger im westfälischen Hinterland begonnen hatte.

Geboren wird Udo Gerhard Lindenberg am 17. Mai 1946 in Gronau. Mehr Provinz geht nicht. Und Klein-Udo weiß das. Also schnürt er schon in sehr jungen Jahren sein Ränzlein und geht auf Wanderschaft. Erste Station des 15-Jährigen: der Breidenbacher Hof in Düsseldorf, wo er 1961 eine Kellnerlehre beginnt – tagsüber Tabletts mit Kaffee und Kuchen, nachts in der Altstadt erste Banderfahrungen als Trommler. Einige Jahre lang zieht Lindenberg umher, am Ende hat er sein Schlagzeug nicht nur hoch im Norden bei dem Multiinstrumentalisten und Jazz-Flötisten Gunter Hampel aufgebaut, er hat sich auch in Frankreich herumgetrieben und auf einem US-Militärstützpunkt im libyschen Tripolis gespielt. Dann Musikschule in Münster/Westfalen und Wehrdienst als Kanonier im rheinischen Wesel.

1968 endlich findet der inzwischen 23-Jährige seine Wahlheimat: In Hamburg steigt er bei den City Preachers ein, Deutschlands erster professioneller Folkrockgruppe, wo er unter anderem auf die bereits erwähnte Inga Rumpf und den Organisten Jean-Jacques Kravetz trifft. Er kommt in der legendären WG »Villa Kunterbunt« in Winterhude unter, wo spätere Stars wie Otto Waalkes, Marius Müller-Westernhagen, Lonzo Westphal und der Boogie-Woogie-Pianist Gottfried Böttger zu seinen Mitbewohnern zählen. Nebenher spielt

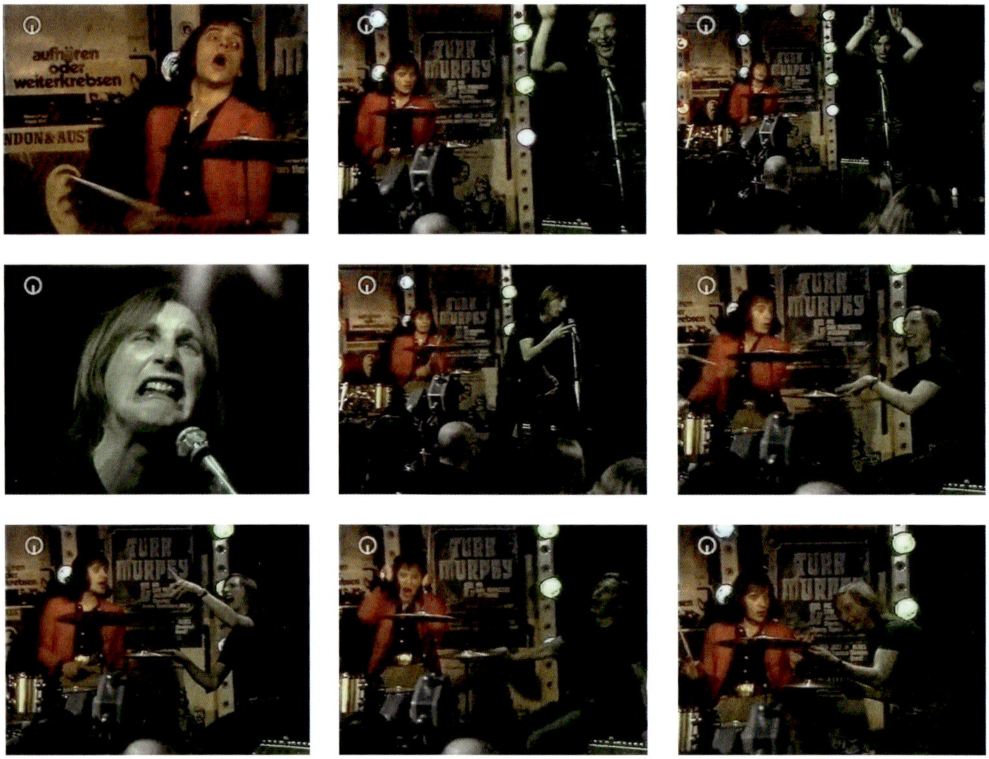

Gipfeltreffen: Udo Lindenberg und Otto 1975 im *Onkel Pö* mit »Gerhard Gösebrecht«.

er für Jazzer wie Michael Naura, den nordfriesischen Allrounder Knut Kiesewetter und den Münchener Saxophonisten Klaus Doldinger, mit dem er auch die Titelmelodie des TV-Dauerbrenners *Tatort* aufnimmt.

Die schon in jungen Jahren ungewöhnlich bunte Biographie erklärt die Unbekümmertheit, das Selbstbewusstsein und die Weltläufigkeit, mit denen Lindenberg sich nun daranmacht, die so gegensätzlichen Pole Schlager, Pop und Rock zu vereinen. Und: Im Vergleich zu den intellektuellen Krautrockern, die vielfach akademischen Familien entstammen, ist Udo (sein Vater Gustav ist Installateur, Mutter Hermine Hausfrau) ein Mann des Volkes, der weiß, was die Menschen bewegt.

Bis er die passende Formel hat, muss er allerdings ein bisschen experimentieren: 1971 bringt er zunächst ein Album mit englischen Texten heraus, das seinen Wortwitz und damit den eigentlichen Lindenberg noch unterschlägt, musikalisch unentschlossen zwischen Psychedelia, Folk und Bluesrock pendelt und gerade mal 1200 Exemplare verkauft. Aber schon der zweite Schuss, DAUMEN IM WIND von 1972, sitzt. Zum ersten Mal gibt es hier einen einheimischen Rocker zu hören, der deutsch singt und dabei so ungezwungen und natürlich klingt, als würde er sich an der Theke mit einem Kumpel unterhalten. Seine Songs jonglieren mit Worten, kombinieren, was nicht kombinierbar scheint, und treffen mit ihrer unorthodoxen und doch sensiblen Sprache mitten ins Herz. Kurzum: »Er ist der bestverstandene Star der Branche«, wie der Musikkritiker Wolfgang Spindler damals verkündet[15]. Songs wie der Titeltrack und »Hoch im Norden« machen Lindenberg im Radio bekannt und sorgen dafür, dass die Platte auch ohne nennenswerte Promotion mehrere tausend Exemplare absetzt. 1973 ist der Boden bereitet, ALLES KLAR AUF DER ANDREA DORIA und das ein Jahr später erscheinende BALL POMPÖS machen ihn zum ersten echten Star der deutschen Rockmusik. Songs wie das Dixie-schwangere »Onkel Pö«-Panoptikum »Alles klar auf der Andrea Doria« (das ihm dort lebenslanges Freibier einbringen wird), die Ode an die unendlich erotische Dame mit dem »Cello«, die melancholische Ost/West-Meditation »Wir wollen doch einfach nur zusammen sein« und der fröhliche Tango für den Stehgeiger »Rudi Ratlos« werden aus dem Stand zu Klassikern. Lindenbergs Erfolgsgeheimnis ist das, was die Presse bald Schnodder-Lyrik nennt: Coole Sprüche, die auf direktem Weg in den jugendlichen Wortschatz eingehen (»Keine Panik auf der Titanic!«, »Jetzt trinken wir erst mal einen Rum mit Tee!«), und dazu eine Vorliebe für skurrile Figuren wie Elli Pyrelli, Votan Wahnwitz, Johnny Controletti, Carl Brutal und Bernie Flottmann, die er gerne dem Personal der Varieté-Halbwelt von St. Pauli entnimmt.

Bei allem Witz durchzieht seine Texte aber auch ein scharfer Blick auf die soziale Wirklichkeit. Sensibel porträtiert er das »Alkoholmädchen« und den »Cowboy Rocker«. Das Wunder an der Sache: Lindenbergs Lieder klingen leicht, locker und lässig, sie verströmen weder das Pathos mancher Krautrocker noch die dogmatische Folkattitüde der Liedermacher-Fraktion. Lindenberg hat seinen Tucholsky, Kästner und Ringelnatz drauf und nuschelt gleichzeitig entspannt im Hippieslang und Kiezsprech – so salopp und süffig waren deutsche Liedtexte seit den Zeiten von Friedrich Hollaender und Peter Kreuder nicht. All das verpackt er in hemdsärmeligen Rock 'n' Roll, den er gerne mit einer Prise Roaring Twenties und einem Schuss leichter Melancholie würzt. Im Rückblick erklärte Lindenberg seinen Erfolg selbst:

> So was gab's nicht, bis auf Rio, der das allerdings für eine andere Klientel machte. Macht kaputt, was euch kaputt macht, Ton Steine Scherben, das war grandios, total wichtig und super und so, aber es hatte eben nicht diese Riesenpopularität.[16]

In der Tat, Rio Reiser, der andere große Poet in der deutschsprachigen Rockmusik der 1970er Jahre, singt zu dieser Zeit noch bei Ton Steine Scherben (KEINE MACHT FÜR NIEMAND), die als ausgewiesene Hausband der linken Szene letztlich auf möglichst griffige Politslogans festgelegt sind. Erst in späteren Jahren, zum Beispiel in den Songs des dritten Scherben-Albums WENN DIE NACHT AM TIEFSTEN (1975), wird Reiser wirklich zeigen können, was in ihm steckt.

Weitere Versuche, Rock mit deutscher Sprache zu verbinden, verlaufen in den frühen 1970er Jahren ausnahmslos unbefriedigend. So klingen die Texte des Politkabaretts Floh de Cologne wie vertonte Flugblätter, und denen der

Nürnberger Pioniere Ihre Kinder, die es seit 1968 als Erste mit deutschen Texten versuchen, mangelt es im Vergleich zu Lindenberg an Witz und Esprit. Ähnliches gilt auch für den etwas sperrigen Bluesrock der Franken, der nie die Lockerheit und den Massenappeal von Lindenbergs Panikorchester erreicht.

1975 jedenfalls, als das ZDF Stefanowskis Dokumentarfilm sendet, veröffentlicht Lindenberg sein viertes deutschsprachiges Album VOTAN WAHNWITZ. Es wird ihm seine erste Goldene Schallplatte einbringen. Ausverkaufte Tourneen gehören da bereits zur Lindenbergschen Tagesordnung, womit er der bis dahin einzige Vertreter der nationalen Rockmusik ist, der das von sich behaupten kann. Fröhlich und auch ein bisschen stolz rappt er also in die ZDF-Kameras: »Im deutschen Schlager gibt's 'ne Wende, die Schwachsinns-Lieder geh'n zu Ende, es wurd' auch Zeit, verdammt noch mal, denn wir leben ja nicht mehr im Neandertal!«

Blues und Rock im Arbeiter- und Bauernstaat

So ungewohnt wie Rock mit deutschen Texten in diesen Jahren für das Publikum der Bundesrepublik war, so selbstverständlich war er jenseits der innerdeutschen Grenze. In der DDR wurde praktisch ausschließlich deutsch gesungen (mit Ausnahme diverser Coverversionen englischsprachiger Titel). Und das auf höhere Weisung hin. Wie die DDR überhaupt versuchte, alles, was dort künstlerisch und demzufolge auch musikalisch vor sich ging, unter Kontrolle zu behalten. Auch wenn die Regierenden im Arbeiter- und Bauernstaat nicht unbedingt den Eindruck erweckten, als würden sie Jugendkultur verstehen: Um die Gefährlichkeit der »Monotonie des Je-je-je und wie das alles heißt«, wie Walter Ulbricht beim 11. Plenum des Zentralkomitees der SED im Dezember 1965 anmerkte, wussten sie sehr wohl (er bezog sich dabei radebrechend auf das »Yeah, yeah, yeah!« der Beatles). Der Tenor der Veranstaltung, die als »Kahlschlag-Plenum« in die Geschichte einging, war denn auch radikal gewesen: Die Kulturschaffenden der DDR und ihr Werk seien, so diagnostizierten die Verantwortlichen, durchdrungen von westlicher Dekadenz, die staatseigenen Kontrollgremien hätten versagt, und all das sei schleunigst in Ordnung zu bringen. In der Folge wurden praktisch sämtliche in der DDR produzierten Filme verboten, dazu Theaterstücke, Bücher und eben auch die Beatbands. Böse Zungen sprachen von einer »Abschaffung der Realität« durch das ZK. Die enthusiastische Beatszene der DDR war damit zu Beginn des Jahres 1966 mehr oder weniger ausgelöscht beziehungsweise in die Illegalität verabschiedet worden.

Als Hardliner hatte sich in diesem Prozess der damalige Sicherheitssekretär des ZK, Erich Honecker, hervorgetan. Schon im Oktober hatte er eine Kampagne initiiert, mit der die Beatszene des Landes ausgemerzt werden sollte. So wurde innerhalb weniger Wochen zum Beispiel in Leipzig 54 von 58 registrierten Bands die Lizenz entzogen, woraufhin es zur legendären »Beat-Demo« am 31. Oktober kam. Bilanz: Von den rund 800 teilnehmenden Beatfans wurden

264 festgenommen und 97 von ihnen anschließend ohne Gerichtsurteil zu sechswöchigem Arbeitseinsatz in den Braunkohletagebau geschickt.

Zu den betroffenen Bands gehörten auch die Butlers, eine der bekanntesten Gruppen der damaligen Szene. Die Begründung für ihr Spielverbot zitierte ihr damaliger Sänger Klaus Renft später in einem Gespräch mit dem Deutschlandfunk: »Wegen Verbreitung von Schund und Schmutz und westlicher Unkultur wurde uns die Spielerlaubnis auf Lebenszeiten entzogen, so war die Formulierung.«[17] (Tatsächlich hatte die Vertreterin der zuständigen Bezirksdirektion für Konzert & Gastspiel verkündet, dass die Butlers »nicht mehr existent« seien.)

Nach dem von oben verfügten Ende der Beat-Bewegung hätte es in der DDR mucksmäuschenstill sein sollen. Unterhalb des staatlichen Radars aber war die Szene aktiv wie eh und je. Und einige Bands hatten den Herbst 1965 ja auch überlebt, darunter Team 4, die sich nun Thomas Natschinski und seine Gruppe nannten. 1968 starteten sie mit dem Album DIE STRASSE einen ersten Versuch, Rock mit deutschen Texten zu kombinieren. Ebenfalls noch aktiv war die Theo Schumann Combo, die im Herbst 1965, kurz vor Honeckers Anti-Beat-Offensive, eine Coverversion des Rolling-Stones-Titels »(I Can't Get No) Satisfaction« eingespielt hatte. Die Aufnahme war allerdings umgehend im Giftschrank gelandet, nicht zuletzt, weil man wegen der nicht autorisierten Übersetzung des Songtextes juristische Probleme mit dem Musikverlag der Rolling Stones befürchtete (erst 30 Jahre später wurde der Song erstmals veröffentlicht). Die vielleicht wildeste der jungen DDR-Beatbands, das sehr populäre Diana Show Quartett, existierte zwar zunächst ebenfalls weiter, musste aber dann die Segel streichen, nachdem 1966 einige Mitglieder gezielt zur Nationalen Volksarmee einberufen worden waren.

Rockmusik fand in der DDR jedenfalls ab 1966 unter weitgehendem Ausschluss der Öffentlichkeit in abseits gelegenen Landgasthöfen und unter falschem Veranstaltungsetikett statt. Dennoch glomm die Glut weiter. Eine wichtige Rolle spielte dabei auch ein Spielfilm aus England. In *Privileg* erzählte der Regisseur Peter Watkins von einem Rockstar, der in das Visier staatlicher Institutionen gerät. Man versucht ihn zu instrumentalisieren, damit er seine jugendlichen Fans von ihren rebellischen Gedanken abbringt. Interessanterweise durfte dieser im Westen nicht sonderlich erfolgreiche Film ab 1969 in den Kinos der DDR gezeigt werden. In einer Schlüsselszene sieht man den Hauptdarsteller Paul Jones (der in den 60ern mit Manfred Mann bekannt geworden war und später mit der englischen Bluesband Erfolge feierte) gefesselt hinter Gittern, während er die dramatische Ballade »Free Me« singt – fortan ein Kultsong auf den heimlichen Rockbühnen des Arbeiter- und Bauernstaates. Kurios: In der Hoffnung auf Heilung werden im Film Gelähmte in ihren Rollstühlen vor die Bühne geschoben. Die Szene versetzte DDR-Kinogänger in größtes Erstaunen, da sie kaum glauben konnten (und durften), dass ausgerechnet die als dekadent gebrandmarkte Rockmusik Lahme wieder gehen lassen könnte.

Erst als das DDR-Fernsehen ab 1970 für seine Jugendsendungen – darunter das 1973 anlässlich der X. Weltfestspiele der Jugend und Studenten etablierte Polit- und Musikformat *rund* – verstärkt nach einheimischen Rockgruppen zu suchen begann, besserte sich die Lage allmählich. Die Gründe lagen auf der Hand: Etwa zu diesem Zeitpunkt setzte ein vorsichtiges Tauwetter ein, auch deshalb, weil eine Verbreitung der westlichen Jugendkultur im Land kaum mehr aufzuhalten war – Rock und Pop fanden so oder so ihren Weg über oder unter oder durch den Eisernen Vorhang, sei es über das Radio oder eingeschmuggelte Schallplatten. Selbst die Hardliner des Regimes sahen ein, dass ein pragmatischerer Kurs gefragt war: Wenn das Ganze schon nicht aufzuhalten war, dann wollte man es wenigstens so gut es eben ging unter Kontrolle behalten, indem man eigene Angebote machte.

Bands wie das Horst-Krüger-Sextett, die Uve Schikora Combo, die Alexanders (von denen sich 1971 mit Panta Rhei eine Vorläuferband von Karat abspaltete), das Joco-Dev-Sextett (Ex-Brightles) und das Dresden-Sextett (aus dem später Lift hervorging) kamen nun zu bescheidener Popularität. Ausnahmslos handelte es sich bei den Genannten um exzellente Musiker, die oftmals vom Jazz kamen und eine fundierte klassische Musikausbildung genossen hatten. Sie begannen nun, moderne Elemente wie Psychedelic, Progressive oder Hardrock in die noch sehr liedhafte Beat- und Rockmusik der 1960er Jahre aufzunehmen, und orientierten sich dabei natürlich an Vorbildern aus den USA und England. Allerdings betrachtete sie das Publikum zunächst als nur unzureichenden Ersatz für die Originale und nahm sie als authentische Repräsentanten einer eigenen Szene nicht wirklich ernst.

Angloamerikanischer Rock & Pop war schließlich die Musik der Freiheit – und das öffentliche Musizieren in der DDR war strikt geregelt: Wer dort überhaupt auf eine Bühne wollte, der musste über eine Spielerlaubnis verfügen. Für Unterhaltungskünstler wurde sie von der Kulturabteilung der jeweiligen Bezirksräte ausgestellt. Und Voraussetzung dafür war für Berufsmusiker in der Regel eine abgeschlossene Ausbildung an einer Hochschule. Wer die nicht hatte, musste sein Können vor einer Prüfungskommission nachweisen. Seit 1957 durften sich zudem Amateur- und Laienmusiker um eine Spielerlaubnis bemühen, die auch in diesem Fall eine Prüfungskommission erteilte. Mitunter waren die Amateure den Berufsmusikern künstlerisch gleichwertig, Aufnahmen im Rundfunk und für das staatliche Plattenlabel Amiga blieben aber gewöhnlich den Berufsmusikern vorbehalten. Verständlich also, dass ein Publikum, das um diese Bedingungen und die Einschränkungen wusste, mit denen einheimische Musiker klarkommen mussten, zunächst einmal misstrauisch reagierte, als plötzlich erste staatlich geprüfte Rockbands auf der Bildfläche erschienen.

Dennoch gewannen einige dieser Gruppen in den folgenden Jahren ein eigenes Profil und damit die für eine treue Gefolgschaft notwendige Glaubwürdigkeit. Vor allem galt das für die kleine, allmählich wachsende Bluesszene. Ihre Inspiration erhielt sie nicht zuletzt auch durch das von Horst Lippmann und Fritz Rau organisierte American Folk Blues Festival, das bereits 1964 und 1966 erfolgreich in der DDR gastiert hatte (die Amiga hatte Konzertmitschnitte veröffentlicht). Aus dieser Bluesszene wuchsen in der zweiten Hälfte der Siebziger erfolgreiche Bands wie Engerling, Monokel (mit Bassist Horst Schütze, Ex-Diana-Show), Jürgen Kerth, Hansi-Biebl-Band, Mama Basuto und die Hof-Blues-Band (manche von ihnen umgingen drohende Auftrittsverbote auch, indem sie in den 80ern bei von den Kirchen veranstalteten sogenannten Bluesmessen auftraten).

Was den klassischen DDR-Rock betrifft, so hatte sich bereits bis zur Mitte des Jahrzehnts ein Großteil seiner prominentesten Vertreter etabliert: Electra, Karat, Scirocco, die Klaus-Renft-Combo, City, Lift, die Horst-Krüger-Band und Wir. Nicht zu vergessen die bereits seit 1964 existierende Stern Combo Meißen, die sich in den Siebzigern verstärkt auf Art- und Progressive-Rock verlegte.

Als Primus inter Pares erwiesen sich sehr bald die 1969 gegründeten Puhdys. Spätestens 1973, als sie für den legendären Spielfilm *Paul und Paula* die von Filmkomponist Peter Gotthardt geschriebenen Klassiker »Wenn ein Mensch lebt« und »Geh zu ihr« beisteuerten, wurden sie zum Flaggschiff des DDR-Rock. Musikalisch waren sie nicht sonderlich aufregend, aber sie bewiesen ein gutes Gespür für das, was angesagt war. Ihr Metier war moderater Hardrock mit einem Schuss Prog. Außerdem hatten sie ein Händchen für zugängliche Melodien. Die Puhdys waren volkstümlich, zeitgemäß und nicht zu aufmüpfig. Songtexte mussten schließlich von Amts wegen abgesegnet werden. Und die Puhdys vermieden in ihren Texten (im Unterschied etwa zur Renft-Combo, die sich letztlich um Kopf und Kragen sang) allzu großes Risiko. Sie verharrten geschickt im Ungefähren. Eigentlich hatten sie in ihren frühen Jahren nur Westsongs gecovert, bis sie 1971 die Möglichkeit erhielten, in der Fernsehsendung *Notenbank* aufzutreten – mit der Auflage, dafür dann einen eigenen deutschsprachigen Titel mitzubringen. So entstand ihr Einstandshit »Türen öffnen sich zur Stadt«, der für die Band tatsächlich ganz neue Türen öffnete.

Zwar erreichten diverse DDR-Bands ab der zweiten Hälfte der 1970er Jahre erstaunliche Erfolge. So durften die Puhdys als erste Vertreter des DDR-Rock auch im westlichen Ausland auftreten, und Karat gelangten mit ihrer später von Peter Maffay gecoverten Ballade »Über sieben Brücken musst du gehen« sogar bis auf Platz 15 der bundesdeutschen Charts. Dennoch war der DDR-Rock unter dem Einfluss staatlicher Kontrolle in seinen Ausdrucksmöglichkeiten naturgemäß eingeschränkt geblieben (die Zensur war bei Konzerten und im Radio deutlich rigoroser, da diese Bereiche staatlichen Organen direkt unterstanden, während das Plattenlabel Amiga größere Freiheiten genoss). Bereits zur Mitte der 1970er Jahre hatte der Staat wieder begonnen, den ohnehin geringen Spielraum der Künstler zu beschneiden, manches ging Kulturwächtern dann eben doch zu weit. Und wer nicht spurte, flog raus. Klaus Renft kam dem zuvor, indem er im April 1976 einen Ausreiseantrag stellte, der zügig genehmigt wurde. Zuvor hatte man ihm die Spielerlaubnis entzogen. Liedermacher Wolf Biermann wurde im selben Jahr nach einer triumphalen Tournee im Westen inklu-

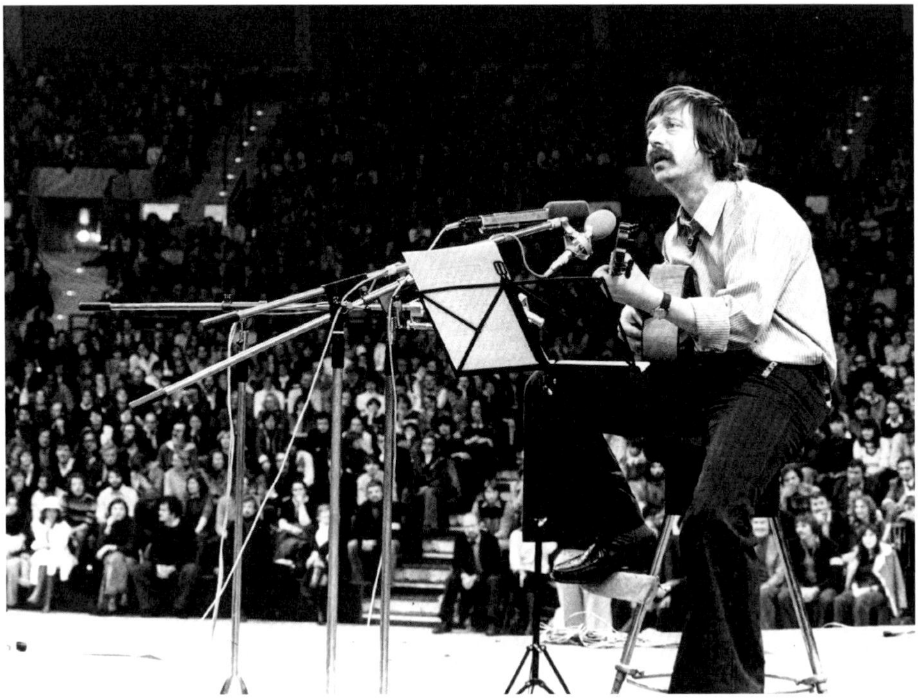

Der Anfang vom Ende der DDR: Der systemkritische Liedermacher Wolf Biermann wurde am 16. November 1976, kurz nach seinem legendären Konzert in der Kölner Sporthalle, ausgebürgert.

sive eines legendären Konzerts in Köln ausgebürgert bzw. nicht wieder in die DDR zurückgelassen, was auch innerhalb der DDR zu unerwartet heftigen Protesten führte (und von nicht wenigen in der Rückschau als der Anfang vom Ende des realexistierenden Sozialismus gewertet wird). Zu denen, die eine öffentliche Solidaritätsbekundung unterzeichneten, gehörten der Schauspieler Manfred Krug und Biermanns Stieftochter Nina Hagen – beide waren schon kurze Zeit später keine DDR-Bürger mehr.

In Anbetracht der Verhältnisse verwundert es also kaum, dass die Rock- und Popszene der DDR letztlich im internationalen Vergleich immer auch ein wenig bieder und hausbacken wirkte. Schillernde Figuren wie Brian Eno, Marc Bolan, David Bowie oder Jimmy Page waren dort schlicht nicht möglich gewesen – wenn man vom gesamtdeutschen Gesamtkunstwerk Nina Hagen einmal absieht. Vielleicht spielte dabei auch eine Rolle, dass bewusstseinserweiternde Drogen wie zum Beispiel Marihuana und LSD, die in der Fortentwicklung der westlichen Rockmusik ihre Rolle gespielt haben, in der DDR nicht zu haben waren. Stattdessen hielt man sich an Alkohol. Fritz Puppel von City brachte die Gepflogenheiten in einem Interview auf den Punkt: »Es wurde gesoffen, das war billig. Und nachdem 2.8 im Turm erreicht waren, brauchtest du auch keine zusätzlichen oder alternativen Möglichkeiten mehr.«[18]

Wir sind die Roboter

In der Bundesrepublik waren Kraftwerk ihren Weg stoisch weitergegangen und hatten nach AUTOBAHN weitere Meilensteine ihres Elektropop gesetzt. Zehn Jahre nach den Essener Songtagen hatten sie eingelöst, was ihre Musikergeneration versprochen hatte: eine eigenständige, zeitgemäße und weltoffene Variante populärer Musik, die dennoch fest in heimischen Traditionen verwurzelt war. Es war ein langer Weg gewesen. Nach ihren Anfängen in Studentenbands hatten Hütter und Schneider 1968 in einer Gruppe namens Organisation psychedelische Rockelemente mit ambitionierten Free-Jazz-Exkursionen vermischt. Mit der Gründung von Kraftwerk im Jahr 1970 begannen die beiden Musiker dann ihre ureigene künstlerische Vision zu verfolgen. Hütter formulierte sie fast vier Jahrzehnte später in einem *Stern*-Interview, wobei jedes einzelne Wort wohlgewählt war:

> Wir hatten unseren Raum, unser Konzept. Elektronisch erzeugte Volksmusik aus dem Rhein-Ruhrgebiet. Wir haben uns aber nicht im Geringsten abgegrenzt, im Gegenteil: Die Musik ging immer um die Dinge, die uns umgaben. Was wir sahen, waren nicht Palmen, sondern Schlote, Autos und Züge.[19]

Entsprechend sollte Kraftwerks Musik klingen. Hütter und Schneider beschäftigten sich intensiv mit den neuen Möglichkeiten der elektronischen Klangerzeugung. Und sie sparten eisern, um die entsprechende Ausrüstung zu bekommen. Hütter:

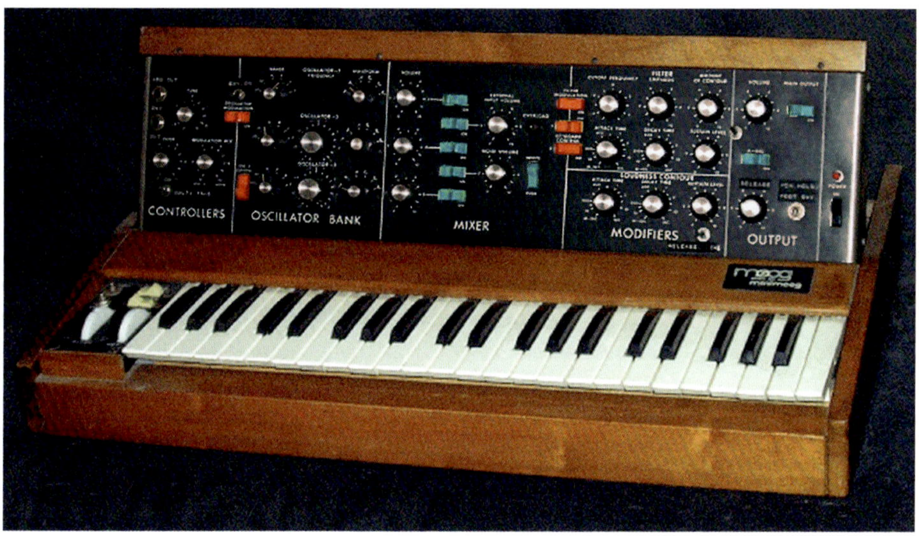

Neue Klänge: Der Mini-Moog war zu Beginn der 1970er Jahre einer der ersten erschwinglichen Analog-Synthesizer, zu hören war er beispielsweise auf dem Instrumentalhit »Popcorn« von Hot Butter (1971).

> Mein erster Mini-Moog hat wirklich genauso viel gekostet wie mein grauer VW Käfer damals. 5500 D-Mark. Ich habe die Rechnung noch. Der Synthesizer war für mich aber viel wertvoller als das Auto. Mit dem Auto konnte ich in der Gegend herumfahren, aber mit dem Synthesizer konnte ich mir die ganze Welt erschließen.[20]

Natürlich waren Kraftwerk nicht die Ersten, die mit Synthesizern experimentierten. Zu den bekanntesten Vorläufern des Synthie-Pop gehört zum Beispiel der Instrumentaltrack »The Minotaur« des US-Pianisten Dick Hyman aus dem Jahr 1969. Und in Europa besonders erfolgreich war 1971 »Popcorn« von Hot Butter, eine Coverversion eines Stücks des deutsch-amerikanischen Komponisten und Synthesizer-Pioniers Gershon Kingsley. Außerdem ist die US-Komponistin Wendy Carlos zu nennen, die damals noch als Walter Carlos auftrat. Mit SWITCHED-ON BACH von 1968, THE WELL-TEMPERED SYNTHESIZER von 1969 und dem auf dem Moog und mit Hilfe eines Vocoder-Prototyps eingespielten Soundtrack des Filmerfolgs *A Clockwork Orange* zählt sie zu den bedeutendsten Electro-Pionieren.

Mit AUTOBAHN hatten Hütter und Schneider ihren Kurs endgültig gefunden. Kraftwerk wollten sich radikal nicht nur von »natürlichen« Instrumenten verabschieden, sie wollten dazu ihre Musik vollständig automatisieren und dem angloamerikanischen Konzept der handgemachten, auf spontanen emotionalen Ausdruck setzenden Rockmusik damit eine eigene Idee gegenüberstellen. Dazu verfolgten sie das alte Bauhaus-Prinzip der größtmöglichen Reduktion, was konsequenterweise kompositorisch zur weitestmöglichen Vereinfachung und letztlich folgerichtig zu regelrechten Kindermelodien führte. Woraus auch der für Kraftwerk typische statisch-monotone, mitunter durch Vocoder-Einsatz verfremdete Singsang folgte, der Titel wie »Autobahn«, »Radioaktivität«, »Trans Europa Express«, »Die Roboter« und »Das Model« kennzeichnete. Ebenso logisch war die Idee, den menschlichen Faktor zugunsten des reinen Klanggeschehens nicht nur aus der Musik, sondern auch aus ihrer Präsentation zu eliminieren. Folge: Mit dem Album DIE MENSCH-MASCHINE von 1978 inszenierten sich die vier Kraftwerk-Musiker als Roboter.

Natürlich war all das bahnbrechend. Die Nerds aus dem Düsseldorfer Kling-Klang-Studio wurden zur zweifellos einflussreichsten einheimischen Popgruppe. Sie initiierten mit ihrem Werk ganze Zukunftsgenres, nicht nur den Electropop und die gesamte Techno-Bewegung, sondern im Grunde alles, was in der Folge mit synthetischer Musik zusammenhängen sollte. Allerdings hatte die glanzvolle Medaille auch ihre Rückseite: Je weiter sich die vier kauzigen Mensch-Maschinen aus der Öffentlichkeit zurückzogen und ihren kühlen Kling-Klang-Kosmos für sich selbst sprechen ließen, desto mehr erschienen sie als eine freudlose Roboterbrigade aus einem fernen Paralleluniversum. Das Narrativ dieses Gesamtpakets ließ einen frösteln, denn es kündete von einer Zukunftsvision, in der kalte Technik den Menschen überflüssig gemacht hatte. Hinzu kam, dass sich Witz und Ironie von Songs wie »Radioaktivität« und »Die

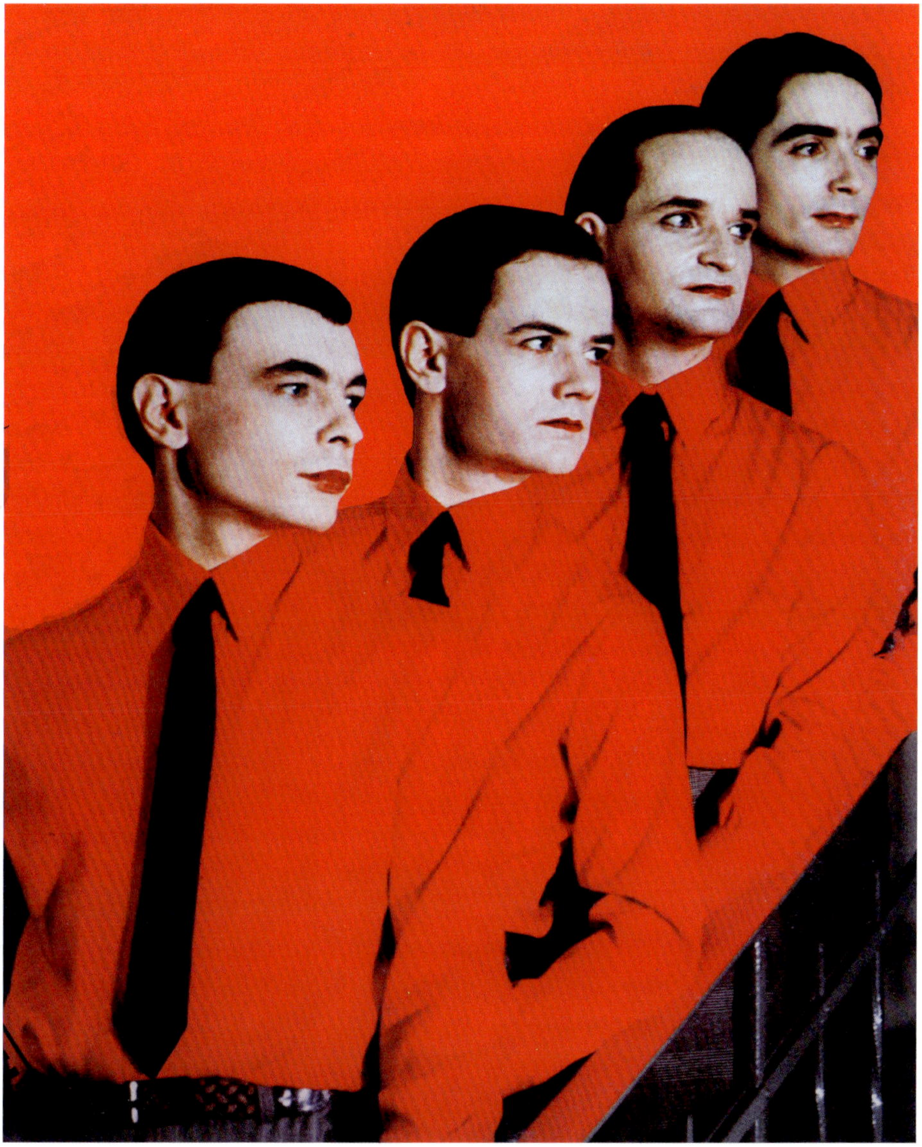

Die Roboter: Auf dem Coverbild ihres Albums DIE MENSCH-MASCHINE präsentierten sich Kraftwerk im Stil des russischen Konstruktivismus.

Roboter«, falls es sie denn gab, vor diesem Hintergrund kaum erschließen wollten. Zumal in einer Zeit, in der sich die Gesellschaft allmählich Gedanken um Fragen des Umweltschutzes machte und die Tücken der Atomkraft entdeckte (da half es auch nicht viel, dass sie sehr viel später für ihr 1991er Album THE MIX eine neue Version des Songs mit geändertem Text aufnahmen, in dem es heißt: »Strahlentod und Mutation durch die schnelle Kernfusion«, und eine Stimme die Orte bekannt gewordener Störfälle wie Harrisburg oder Sellafield nennt).

Dass Kraftwerk dennoch so ungeheuer erfolgreich wurden und ihre Musik diese Wirkung entfalten konnte, hatte einen entscheidenden Grund: Sie waren konsequenter als alle anderen. Konsequenter auch als Neu!, die sich 1971 als Ableger aus einer frühen Kraftwerk-Besetzung gelöst hatten und mit Tracks wie »Hallogallo« und »Für immer« ebenfalls eine eigene, elektronisch verfremdete Lesart der angloamerikanischen Rockmusik boten. Letztlich aber gelang es Neu! nicht, aus ihrem Ansatz eine längerfristig tragfähige künstlerische Perspektive zu entwickeln. Nach ihrem dritten gemeinsamen Album trennten sich Klaus Dinger und Michael Rother 1975 – zu diesem Zeitpunkt hatte der Krautrock seinen kreativen Zenit ohnehin überschritten.

Tangerine Dream aus Berlin blieben im Unterschied zu Neu! auch über das Jahr 1975 hinaus aktiv und relevant. Das Trio, dessen Personal sich rund um Gründer und Mastermind Edgar Froese immer wieder erneuerte und dem in den frühen Jahren prominente Vertreter der Berliner Electronic-Schule wie Klaus Schulze, Conrad Schnitzler, Christoph Franke und Peter Baumann angehörten, setzte ähnlich radikal wie Kraftwerk auf synthetische Klangerzeugung, konzentrierte sich dabei aber stärker auf die Produktion üppig ausgekleideter Soundscapes und legte so Grundlagen für spätere Stile wie Ambient, New Age und Techno.

Can begannen in der zweiten Hälfte der 1970er Jahre ebenfalls auseinanderzufallen. Zunächst verließ Holger Czukay die Band 1977, bevor diese sich ein Jahr später endgültig auflöste. Ihr Vermächtnis war gewaltig: Die Kölner zählen zu den bedeutendsten Pionieren in Sachen Avantgarde und Experimental Rock und erschlossen dem Pop Neuland jenseits klassischer Songstrukturen. Kennzeichnend für ihren Stil waren repetitive Kompositionstechniken und eine ganz eigene Textur, die Elemente aus Free Jazz, Weltmusik und Rock umfasste.

Was Can, Neu!, Tangerine Dream, Faust, Kraftwerk, die frühen Weltmusiker von Embryo und die chaotischen Amon Düül II im Besonderen miteinander verband, ist ein Phänomen, für das der Volksmund das Wort vom Propheten geprägt hat, der im eigenen Land nichts gilt. Zwar schafften es Kraftwerk ins Radio und auch in die Charts, genossen aber hierzulande den Ruf sonderbarer Käuze, die man nicht recht ernst nahm. Ansonsten galt: Can, Tangerine Dream und all die anderen – okay, ganz nett und manchmal auch ein bisschen verschroben, aber wenn's wirklich drauf ankommt, dann doch lieber Deep Purple, David Bowie und Fleetwood Mac. Der Autor dieser Zeilen, damals ein Teenager, dessen musikalischer Kosmos zwischen Stones, Zeppelin und Status Quo pendelte, hat Tangerine Dream Mitte der 1970er Jahre live in einem Universitätshörsaal erlebt. Die Szenerie war bizarr: Auf der Bühne drei Langhaarige, wie Buddhas inmitten von gestapelten Kästen mit Tastaturen, Reglern und Leuchtlämpchen hockend, vor der Bühne vereinzelte Mädchen in wallenden Gewändern beim entrückten Rotationstanz, und der Rest des Auditoriums zugekiffte Hippies, deren auf die Arme gelegte Köpfe wie schlafend auf den ausgeklappten Schreibplatten der Sitzpulte ruhten; dazu Pfeifen, Zischen und Blubbern aus deckenhohen P. A.-Türmen. Rock ging anders.

In England und den USA sah man das entspannter: Amon Düül II wurden schon in einem frühen Stadium ihrer Karriere zur Kultband im Königreich und

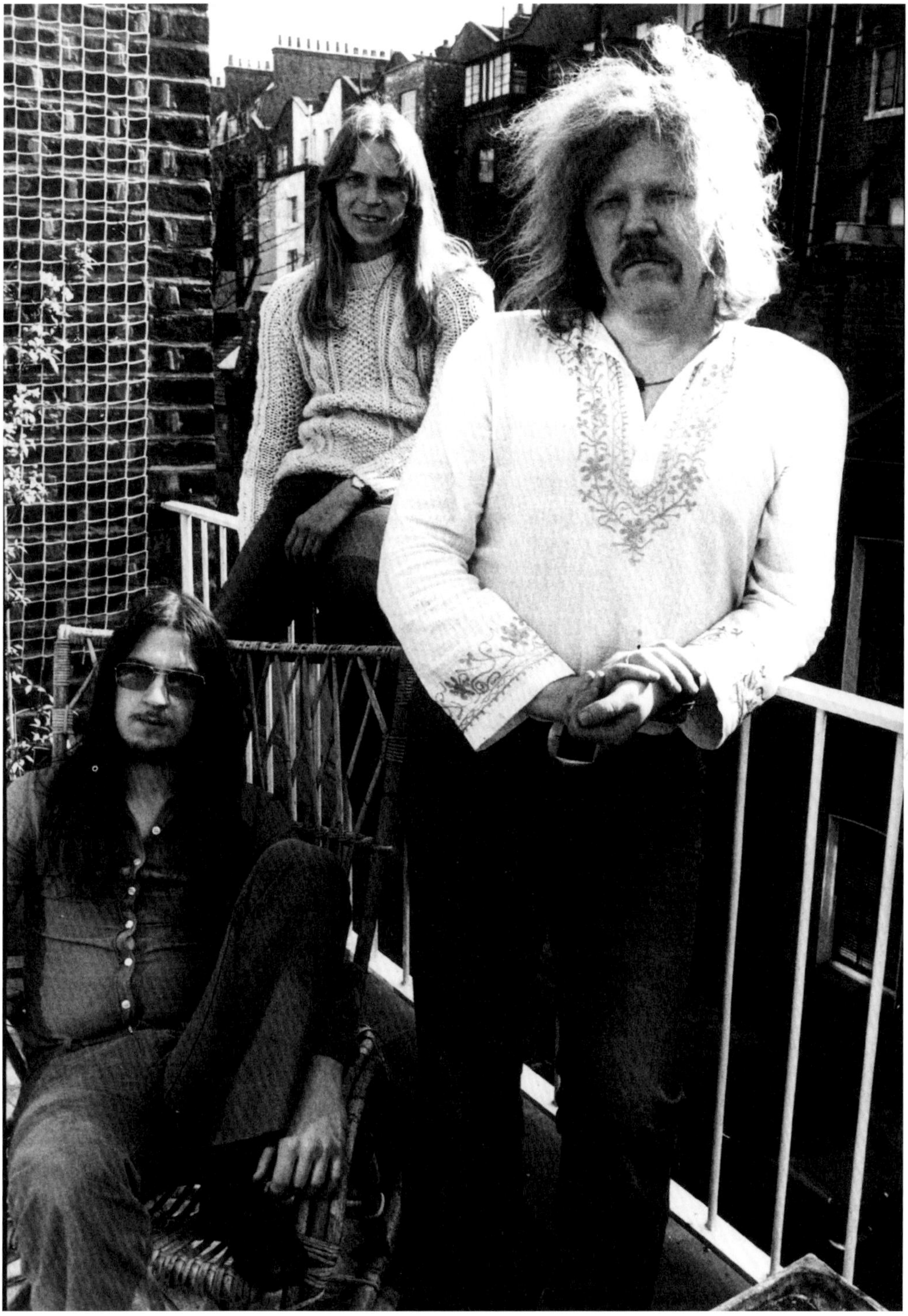

Propheten, die im eigenen Land zunächst wenig galten: Tangerine Dream, hier mit Christoph Franke, Peter Baumann und Edgar Froese (v. l.) im Jahr 1974.

tourten dort wie auch im restlichen europäischen Ausland regelmäßig. Ähnliches gilt für die kantigen Industrial-Pioniere Faust und für Tangerine Dream. Letztere hatten ihren Aktionsradius bis Mitte der 1970er Jahre gar schon bis nach Asien und in die USA erweitert. Zudem unterschrieben beide Bands 1973 beim englischen Label Virgin Records. Ausschlaggebender Grund: Bei einheimischen Firmen fühlten sie sich weder geschäftlich noch künstlerisch kompetent betreut. Kein Wunder, schließlich war ihre Musik von gewöhnlicher Rockmusik so weit entfernt wie der Müggelsee vom Mississippi. Da trugen dann auch Edgar Froeses gelegentlich rätselhafte Einlassungen wenig zur Verständigung bei, etwa wenn er in einem Fernsehinterview verlauten ließ: »Wir fühlen eine sehr große Schwerkraft in uns, die wir versuchen zu überwinden.«[21] Das war eher nicht die Sprache, die deutsche Plattenmanager auf Anhieb verstanden (es sei denn, sie hießen Rolf-Ulrich Kaiser, von dem aber hatten Froese und seine Gruppe nach vier Jahren nervenaufreibender Zusammenarbeit genug). Nach ihrem Wechsel zu Virgin verkauften Tangerine Dream und Faust jedenfalls prompt sechsstellig, Erstere ihr viertes Album PHAEDRA und Faust ihr allerdings zum Preis einer Single angebotenes Compilation-Album THE FAUST TAPES.

Darüber hinaus nutzten Musiker wie Michael Rother und Hans-Joachim Roedelius (Cluster, Harmonia, Neu!) ihre Erfahrungen und Kontakte, um in den folgenden Jahren im Avantgarde-Bereich mit internationalen Partnern ein komplexes Werk unter eigenem Namen zu schaffen.

Das restliche Personal der Krautrock-Ära aber war Mitte der 1970er Jahre mehr oder weniger weg vom Fenster. Einige, etwa Wallenstein (mit dem späteren Gastrokritiker Jürgen Dollase) und Triumvirat, versuchten es mit einer Hinwendung zum leichteren Poprock-Format, kamen aber über Zufallstreffer nicht hinaus. Andere wie Jane, Novalis und Eloy entwickelten zwar eine marktgängige und schwerblütig-teutonische Variante ihrer Hard- und Artrock-Vorbilder, zerbrachen aber letztlich an personellen und wirtschaftlichen Problemen.

Und dann war da noch ein Umstand, der fast allen Krautrockern zu schaffen machte: Sie hatten keine Sänger beziehungsweise nur solche, die nicht besonders gut singen konnten. Tatsächlich scheiterten die Bands, in deren musikalischem Konzept Gesang eine tragende Rolle spielte, allen voran Jane, Eloy und die kurzlebigen Harlis, durch die Bank daran, dass sie, um es freundlich zu sagen, am Mikrophon allenfalls durchschnittliches Personal aufbieten konnten.

Überhaupt lässt sich im Zusammenhang mit der deutschen Rockmusik der Krautrock-Ära eine auffällige Abwesenheit von prägnantem Gesang und profilstarken Frontleuten konstatieren. Die Elektroniker verzichteten gleich ganz darauf, die versierten Jazzrocker von Kraan desgleichen, und die Rocker fanden kaum je gute Sänger oder Sängerinnen. Einige wie Can und Kin Ping Meh arbeiteten deshalb konsequenterweise mit Vokalisten aus England bzw. englischsprachigen Sängern, und Nektar, die als einzige deutsche Progband mit ausgefeilten Gesangssätzen aufwarten konnten, bestanden ohnehin ausnahmslos aus in der Bundesrepublik gestrandeten englischen Musikern.

Zu den wenigen Ausnahmen im Gesangsfach gehörte die großartige, an Soul und Gospel geschulte Inga Rumpf, deren Bands Atlantis und Frumpy allerdings kaum dem Krautrock zuzurechnen sind. Und auch der Autodidakt Klaus Meine von den Hannoveraner Scorpions brachte es als Sänger zu Weltruhm. Allerdings ist seine Band ein Fall für sich: Auch wenn sie sich zunächst nicht groß von der Konkurrenz zu unterscheiden schien, hatte sie doch einen über die Krautprovinz hinausweisenden Masterplan, dem sie konsequent folgte. Zum Ende des Jahrzehnts hatten es die Scorpions dann auch als einzige deutsche Band in die Champions League des Hardrock geschafft.

Was die Gründe für die sonderbare Gesangsschwäche der bundesdeutschen Rockmusik angeht, so hatte die vermutlich mit dem historischen Bruch in der Gesangs- und Schlagertradition zu tun, den das Dritte Reich verursacht hatte. Auffällig ist zum Beispiel, dass mit dem Ende der Weimarer Republik und der Unterhaltungskultur der 1920er Jahre auch ein Ende des oft und gerne in den hohen Registern angesiedelten männlichen Kunstgesangs einhergegangen war. Bei den Nazis dagegen hatten Männerstimmen männlich und folglich tief und kräftig zu klingen, ein Ideal, das den Krieg um viele Jahrzehnte überdauert hat (Ausnahmen wie Rudi Schuricke bestätigen diese Regel).

Wer in der Nachkriegszeit aufwuchs, also sämtliche Krautrocker, der kannte männlichen Gesang neben dem der Rock-'n'-Roll-Platten aus Übersee nur von Vertretern der Klassik, der Operette, des Musicals und des Schlagers. Und dort reichte das Spektrum von Schuricke bis zu Freddy Quinn, nichts also, das einem jungen Mann von 1968 das Singen unbedingt schmackhaft gemacht hätte.

Was blieb, waren die angloamerikanischen Vorbilder. Wer aber denen nacheiferte, imitierte nur wieder. Und er hatte nicht nur mit dem leidigen Sprachproblem, sondern obendrein auch noch mit Hemmungen zu kämpfen, den extrovertierten, emotionalen Gesangsstil aus Soul und Gospel zu übernehmen. Der dominierte die Rockmusik schließlich und war für einheimische Gesangskünstler nicht nur neu, fremd und ungewohnt, er erschien auch allzu vielen als nicht angebracht (»Negergeschrei!«). Im deutschsprachigen Raum gab es nun mal weder eine DooWop- und Barbershop-Gesangstradition noch eine so lebendige Folkszene wie in den USA, die in Gestalt der für ihren großartigen zweistimmigen Gesang berühmten Everly Brothers ins Popfach hinüberwirkte. In deutschen Schulen, Jugendclubs und -vereinen wurden dagegen allenfalls Volks-, Wander- und Pfadfinderlieder gesungen – sehr zum Missvergnügen der beteiligten Jugendlichen, bei denen derlei Liedgut nicht zuletzt aufgrund seiner zweifelhaften Rolle im Dritten Reich verpönt war. Erst Hannes Wader und Gruppen wie Zupfgeigenhansel sollten diese Liedtradition später rehabilitieren.

Das Singen gehörte in diesen Jahren also nicht zu den bevorzugten Kulturtechniken eines jungen Mannes in der Bundesrepublik (Mädchen bzw. Frauen blieben in der Rockszene noch für lange Zeit die Ausnahme). Es war ganz einfach cooler, Gitarre zu spielen. Bis auf weiteres sollte sich der Deutschrock schwer damit tun, auf dem Gebiet des Gesangs eigene Lösungen zu finden.

Der Gegenschlag(er)

Was uns zurück zu Udo Lindenberg bringt: Er hatte aus seiner gesanglichen Not die Tugend seines ureigenen Nuschelgesangs gemacht und damit tatsächlich eine eigene Lösung gefunden. Mit seinen ersten großen Erfolgen hatte er zudem den Startschuss für eine mehrheitsfähige deutsche Pop- und Rockmusik diesseits des Schlagers gegeben. Allerdings sollte es noch eine Weile dauern, bis die sich im Land der Dichter und Denker auch flächendeckend durchsetzen würde. Bis zum Beginn der 1980er Jahre, als die sogenannte Neue Deutsche Welle einsetzte, blieb die selbsternannte »Nachtigall« Lindenberg ein Einzelfall, und die »Schwachsinns-Lieder«, wie er den Schlager nannte, waren noch längst nicht zu Ende. Im Gegenteil, der deutsche Schlager boomte in den Siebzigern. Und bei aller konservativen und klischeebehafteten Düsternis des Genres gab es auch hier den einen oder anderen Lichtblick und so manchen Impuls, der sich später als wichtig erweisen sollte.

Sprechen wir also nicht von den Chris Roberts und Howard Carpendales dieser Jahre, auch wenn sie ihre Gassenhauer unter Zuhilfenahme eines ehemaligen Autoverkäufers namens Dieter Thomas Heck so nachhaltig in unser audiovisuelles Erinnerungsvermögen gehämmert haben, dass ihre Hinterlassenschaften auch ein halbes Jahrhundert später dort noch anhaften. Einmal abgesehen davon, dass ihre Lieder ohnehin in der Regel aus den immer gleichen Federn stammten, namentlich denen der Textdichter Bernd Meinunger, Michael Kunze und Kurt Hertha sowie der Komponisten Ralph Siegel, Christian Bruhn, Jack White und Joachim Heider. Gefühlt machten die genannten Herren fast die komplette einschlägige Chartware jener Jahre unter sich aus. Und allesamt waren sie Männer, die das Ethos des einheimischen Schlagers nicht in Frage stellten, stattdessen aber mit stoischer Präzision dem Anforderungsprofil entsprechend lieferten. Die Botschaft war dabei immer so simpel wie unmissverständlich gewesen: Das Leben ist wunderbar, die Liebe erst recht, und beides zusammen, kombiniert mit einer sentimentalen Melodie, ergibt immer einen tollen Schlager. Hits wie »Er gehört zu mir«, »Du kannst nicht immer siebzehn sein«, »Ein Festival der Liebe« und Dutzender weiterer vom selben Kaliber gaben ihnen recht.

Sprechen wir lieber von Leuten wie Udo Jürgens, Reinhard Mey, Ulrich Roski, Stephan Sulke und auch dem Beat-Bruder Achim Reichel. Letzterer hat eine der interessantesten Karrieren in den deutschen Pop-Annalen aufzuweisen. 1975 kam dem Hamburger Seemannssohn eine Idee, wie er Bodenständigkeit, künstlerischen Anspruch, hemdsärmeligen Rock und Zeitgeist aufs natürlichste unter seine hanseatische Hafenarbeitermütze bringen konnte: DAT SHANTY ALB'M und KLABAUTERMANN (1977) boten verrockte Seemanns- und Volkslieder und taten das, was deutsche Rockmusik lange nicht getan hatte, außer beim Kollegen Lindenberg: Sie machten Spaß. Und für Reichel selbst bedeuteten sie den Start in eine erfolgreiche Solokarriere, die ihm noch Hits wie »Der Spieler« und »Aloha Heja He« einbringen sollte.

Interessant übrigens, dass sich Lindenberg zur gleichen Zeit wie Reichel ebenfalls mit der Vergangenheit beschäftigte und seine Wurzeln in Rock 'n' Roll und Beat beschwor. 1978/79 brachte er mit der zweiteiligen ROCK REVUE eine Sammlung von Rockklassikern heraus, die er adäquat in sein patentiertes Schnodderdeutsch übertragen hatte. Mit den Texten, die er für diese Songs geschrieben hatte, zeigte Lindenberg, wie sehr die angloamerikanische Rockmusik ein Stück emotionale Heimat auch für westdeutsche Nachkriegskids war. Reichel, der 1978 auf dem Album REGENBALLADE klassische deutsche Lyrik von Goethe bis Fontane vertonte, hatte dagegen eine noch weiter reichende Brücke geschlagen, die die deutsche Rockmusik über den Bruch der Nazizeit hinweg mit der Tradition des Landes der Dichter und Denker verband und ihr auf diese Weise auch ein Stück Identität (wieder-)gab.

Außerhalb des Rocksegments gab es ebenfalls einige Musiker, die mit ihrer Arbeit zeigten, wie man in der vermeintlich sperrigen deutschen Sprache unterhaltsame und dennoch gehaltvolle Songtexte schreiben konnte. Einer von ihnen entstammte der Folkbewegung der 1960er Jahre, die sich bei den legendären Festivals in der Burg Waldeck konstituiert hatte. Als er seine Laufbahn 1967 mit »Geh und fang den Wind«, einer Coverversion des Donovan-Hits »Catch the Wind«, startete, nannte er sich noch Rainer Mai. Da war er bereits 24 Jahre alt, hatte ein Faible für Paris, eine Prise Existenzialismus inhaliert und einen Plattenvertrag bei einem französischen Label unterschrieben. Reinhard Mey, wie er wirklich heißt, wollte Chansonnier werden, war ein Muster an Bodenständigkeit, Verlässlichkeit und unaufgeregter Rationalität. Und er hatte Witz. All das schlug sich in seinen leisen, klugen und zur Akustikklampfe vorgetragenen Liedern nieder. Zu Beginn der 1970er Jahre schaffte er den Durchbruch mit der launigen Moritat »Der Mörder ist immer der Gärtner« und »Über den Wolken«, einer romantischen Hommage an sein großes Hobby, das Fliegen.

Mey wurde der Kaste der Liedermacher zugeordnet, und die sangen deutsch, spielten Klampfe oder Klavier, waren manchmal schwer politisch (Dieter Süverkrüp, Franz-Joseph Degenhardt, Konstantin Wecker), manchmal schwer witzig (Insterburg & Co., Schobert und Black, Mike Krüger) und manchmal schlicht zu gut, um wirklich berühmt zu werden. Letzteres gilt zum Beispiel auch für Reinhard Meys ehemaligen Klassenkameraden am Französischen Gymnasium in Berlin, Ulrich Roski, der am Piano saß und skurrile Geschichten erzählte, Hannes Wader, der nach seinen Anfängen in der linken Szene zu einem der besten deutschen Folkloristen und Mundartsänger wurde, und für Stephan Sulke, der tatsächlich so etwas wie deutsche Chansons zustande brachte, tiefsinnige Balladen, groß orchestriert und doch vertraulich und charmant.

Der wohl bedeutendste deutschsprachige Sänger an der Nahtstelle zwischen Chanson, Schlager und Pop war jedoch ein Österreicher: Udo Jürgens war in den 1970ern ebenfalls schon ein Veteran. Als er 1966 mit »Merci, Chérie« beim Grand Prix Eurovision seinen Durchbruch geschafft hatte, war er bereits 31 Jahre alt gewesen. Dieser Erfolg wurde zum Startschuss für eine Hitserie, die bis in die 1980er Jahre anhielt. Mit Songs wie »Lieb Vaterland«, »Der Teufel hat den Schnaps gemacht«, »Griechischer Wein« und »Ein ehrenwertes Haus« demonstrierte Jürgens, dass man auch im Schlager gesellschaftlich relevante Themen ansprechen konnte, ohne dabei in platte Klischees und Gefühlsduselei zu versinken. Während seiner langen erfolgreichen Karriere – als einziger deutschsprachiger Sänger verkaufte er mehr als 100 Millionen Tonträger – erwies er sich als so vielseitig, dass er als Künstler weit über die engen Grenzen des Schlagers hinaus akzeptiert wurde.

Sie alle und noch einige mehr, die hier nicht genannt werden können, haben in den 1970er Jahren dafür gesorgt, dass der deutsche Pop allmählich seine Sprache entwickeln konnte und die »Schwachsinns-Lieder« dann doch noch ihr Ende fanden. Zum Ende des Jahrzehnts war die Zeit jedenfalls reif für eigenständigen Pop aus der Republik für die Republik. Die Jahre am Tropf der angloamerikanischen Popmusik waren vorüber.

Pop 73

14.01.
»Aloha from Hawaii«: Per Satellit wird ein Konzert von ELVIS PRESLEY aus dem Honolulu International Center weltweit in 40 Länder übertragen.

18.01.
Im Los Angeles Forum geben die ROLLING STONES ein Benefizkonzert zugunsten der Erdbebenopfer in Nicaragua. Die Einnahmen betragen 350 000 US-Dollar.

18.02.
Premiere: Zum ersten Mal geht in den USA die KING BISCUIT FLOWER HOUR auf Sendung, zu hören gibt es Konzertmitschnitte von BLOOD, SWEAT & TEARS, dem MAHAVISHNU ORCHESTRA und auch vom noch völlig unbekannten BRUCE SPRINGSTEEN.

01.03.
PINK FLOYD veröffentlichen ihr Erfolgsalbum THE DARK SIDE OF THE MOON.

03.03.
Im Tennessee Theatre in Nashville werden PHIL SPECTOR, GEORGE HARRISON, ERIC CLAPTON, BOB DYLAN, BILLY PRESTON, LEON RUSSELL, RAVI SHANKAR, RINGO STARR und KLAUS VOORMANN mit einem Grammy für das Album THE CONCERT FOR BANGLADESH ausgezeichnet.

05.03.
Beim Zusammenstoß zweier Verkehrsflugzeuge über der französischen Stadt Nantes stürzt eine DC-9 der spanischen Fluggesellschaft Iberia ab. Alle Insassen sterben, unter ihnen auch MICHAEL JEFFERY, der ehemalige Manager von JIMI HENDRIX . Seine Leiche wird nie gefunden, was zu neuen Varianten in den zahlreich kursierenden Verschwörungstheorien um Hendrix' Tod führen wird.

14.03.
Hochzeitsglocken in Guildford, England: STEPHEN STILLS heiratet die französische Chanson- und Popsängerin VÉRONIQUE SANSON.

02.04.
Das Blaue und das Rote Album der BEATLES werden veröffentlicht (bis heute gehören die beiden Hitkopplungen zu den erfolgreichsten Katalogalben der Plattengeschichte).

25.05.
Einstandshit: Das von RICHARD BRANSON gegründete Plattenlabel Virgin Records veröffentlicht mit MIKE OLDFIELDS TUBULAR BELLS sein erstes Album.

01.06.
Nach einem Sturz aus dem dritten Stock eines Londoner Apartment-Blocks bleibt ROBERT WYATT querschnittsgelähmt.

04.06.
Abschied: RONNIE LANE gibt sein letztes Konzert mit den Faces und will nun eine Solokarriere starten.

30.06.
Sänger IAN GILLAN verlässt DEEP PURPLE.

03.07.
Zum Entsetzen der Zuschauer im Londoner Hammersmith Odeon verkündet DAVID BOWIE das Ende von Ziggy Stardust.

04.07.
Bei einem Autounfall wird SLADE-Drummer DON POWELL lebensgefährlich verletzt, seine 20-jährige Freundin stirbt auf dem Beifahrersitz.

15.07.
Nach einem Konzert in Palmdale, Kalifornien, stirbt der Ex-BYRDS-Gitarrist CLARENCE WHITE, als er beim Beladen seines Vans von einem betrunkenen Autofahrer überfahren wird.

20.09.
Der Singer-Songwriter JIM CROCE (»Bad Bad Leroy Brown«) stirbt mit 30 Jahren bei einem Flugzeugabsturz im US-Bundesstaat Louisiana.

05.11.
PHIL KAUFMAN, Freund des am 19. September gestorbenen Countryrock-Pioniers GRAM PARSONS, stellt sich der Polizei und gibt an, dass er zusammen mit einem Kumpel Parsons' Leichnam auf dem Flughafen von Los Angeles geklaut und dann am Joshua Tree verbrannt hat.

20.11.
Beim Eröffnungskonzert der US-»Quadrophenia«-Tour von THE WHO in San Francisco bricht Drummer KEITH MOON bewusstlos zusammen. Die Band holt den 19-jährigen Zuschauer SCOT HALPIN auf die Bühne und spielt das Konzert mit ihm als Ersatzmann zu Ende.

03.12.
In New York City eröffnet der Music-Club CBGB.

31.12.
Die fünf größten Singlehits des Jahres sind »Angie« von den ROLLING STONES, »Tie a Yellow Ribbon 'Round the Old Oak Tree« von TONY ORLANDO & DAWN, »The Ballroom Blitz« von SWEET, »Crocodile Rock« von ELTON JOHN und »Killing Me Softly With His Song« von ROBERTA FLACK.

74

14. September 1974 Wer erschoss den Sheriff?

Karibisches Joint Venture: Roots, Reggae, Rastafari und ein Lied, das um die Welt ging

Keine besonderen Vorkommnisse. Das kann man getrost sagen von diesem 14. September 1974. Es sei denn, man interessiert sich für Fußball. Denn an diesem vierten Spieltag der Bundesliga-Saison 1974/75 geschieht im Bochumer Stadion Kurioses. In der Halbzeitpause lässt sich Norbert Nigbur, Keeper der Gastmannschaft Schalke 04, wegen einer Blessur behandeln. Als die zweite Spielhälfte angepfiffen wird, liegt er noch immer in den Katakomben des Stadions und lässt sich pflegen. Ausgewechselt wird er nicht, also gehen nur zehn Schalker zurück auf den Platz. Dass ihr Torwart fehlt, bemerken weder sie selbst noch Trainer Ivica Horvat. Auch der Schiedsrichter bekommt das nicht mit und pfeift an. Noch erstaunlicher: Selbst den Bochumern fällt nicht auf, dass die Schalker ohne Torwart spielen – nicht ein einziges Mal schießen sie auf das leere Gästetor. Erst fünf Minuten nach Anpfiff kehrt Nigbur wieder zurück zwischen die Pfosten. Aber auch er kann nicht verhindern, dass Jupp Kaczor in der 58. Minute den Treffer zum 2:1-Sieg der Hausherren erzielt.

Als durchaus besonderes Vorkommnis fand die Geschichte natürlich Eingang in den reichen Anekdotenschatz der Bundesliga – Weltgeschichte aber wurde an diesem spätsommerlichen Samstag nicht geschrieben. Und doch markiert das Datum ein Ereignis von kulturhistorischem Rang: Nach zwei vergeblichen Anläufen in den Wochen zuvor hat es der englische Stargitarrist Eric Clapton endlich geschafft: Sein Song »I Shot the Sheriff« löst Paul Ankas Edelschnulze »(You're) Having My Baby« auf Platz eins der Hot 100 der US-Billboard-Charts ab. Eigentlich nur eine ganz gewöhnliche Wachablösung an der Spitze einer Hitparade, wie sie so oft geschieht, diesmal allerdings mit Folgen – und das weniger für Clapton selbst, auch wenn ihm nun zum ersten Mal überhaupt ein Nr.-1-Hit in den USA gelungen ist. Nein, der Vorgang wird das Leben eines Mannes verändern, den Clapton noch nicht einmal kennt und der weder in den USA noch in England, sondern auf der Karibikinsel Jamaika zu Hause ist: Robert Nesta Marley, 29 Jahre alt, Sänger, Gitarrist, Songschreiber (und nicht zuletzt begeisterter Hobbyfußballer) aus Trenchtown, Kingston. Er hat das Lied geschrieben. Und er hat es schon ein Jahr zuvor selbst veröffentlicht. Zu hören ist das Original auf BURNIN', dem zweiten Album, das er zusammen mit seiner Band The Wailers für das englische Island-Label aufgenommen hat. Besonders viele Spuren hat das Werk im schnelllebigen Popgeschäft allerdings nicht hinterlassen, jedenfalls nicht bei den Plattenkäufern. In den USA schaffte das Album Platz 151 und die Single in Großbritannien mal gerade Platz 67.

Einen amerikanischen Sessionmusiker aber hat »I Shot the Sheriff« zutiefst beeindruckt. George Terry lebt im Sonnenstaat Florida. BURNIN' gehört in den ersten Wochen des Jahres 1974 zu den meistgespielten Alben auf seinem Plattenteller. Während der 23-jährige Gitarrist, der schon mit Neil Diamond und Sonny & Cher gearbeitet hat, in den Criteria Studios in Miami zu tun hat, erscheint dort prominenter Besuch: Eric Clapton beginnt mit den Aufnahmen zu seinem langerwarteten Comebackalbum. Der Superstar aus Übersee und der Nobody aus Miami laufen sich zufällig über den Weg, plaudern miteinander, jammen und freunden sich an. Wenig später ist George Terry festes Mitglied in Claptons Band. Er wird dort bis zum Ende des Jahrzehnts bleiben und zu einer der Schlüsselfiguren im musikalischen Umfeld des Engländers werden.

Die Geburt des Ska

Dass George Terry im Gegensatz zu seinem neuen Chef von Bob Marley und dessen Reggae bereits gehört hat, ist zwar nicht unbedingt ungewöhnlich für einen Musiker, dennoch stimmt, was Jamie Oldaker, damals Drummer in der Band von Clapton, in einem Interview sagte: »Man muss wissen, dass kaum jemand Bob Marley zu dieser Zeit kannte und der Reggae es noch nicht viel weiter als bis in den Süden von Miami geschafft hatte.«[1]

In der Tat, die Musik der kleinen, gute 500 Meilen südlich von Florida gelegenen Insel war zu Beginn der 1970er Jahre höchst exotisch und einem Massenpublikum allenfalls in Gestalt einiger Singlehits, etwa »007 (Shanty Town)« und »Israelites« von Desmond Dekker, zu Ohren gekommen. Man hatte den Musikstil mit dem sonderbar hüpfenden Rhythmus aber schnell als Novelty abgehakt und war zur Tagesordnung aus Pop, Rock und Soul zurückgekehrt.

Dabei hatte die Geschichte des Reggae im Grunde schon zwei Jahrzehnte vor der Begegnung von Eric Clapton mit George Terry begonnen. Es war die Zeit, als Elvis Presley daheim in Memphis noch Lastwagen fuhr, die US-Charts von Eddie Fisher und Patti Page beherrscht wurden und Europa damit beschäftigt war, die verheerenden Kriegsfolgen zu überwinden. Schon seit den 1940er Jahren war es üblich gewesen, die Straßen in den Ghettos von Kingston mit Hilfe von großen Lautsprechern zu beschallen, um auf diese Weise Werbung für den eigenen Laden zu machen. Die Bewohner der Stadt mochten das, schließlich besaßen die wenigsten von ihnen Plattenspieler oder Radiogeräte, und auf diese Weise konnten sie Musik hören.

Nach und nach wurde das Ganze zum Selbstzweck. Irgendwann stand nicht mehr die Werbung im Mittelpunkt sondern die soziale Komponente – der Spaß, die Musik, das Tanzen, das Trinken, die Party. Nach und nach wurden aus den Ladenfenster-Lautsprechern regelrechte Straßendiskotheken. Zwischen den nach heutigen Maßstäben eher mickrigen Boxentürmen stand nun ein Selector, der die aktuellsten und tanzbarsten Platten abspielte. Die sogenannten Sound Systems wurden in Downtown zum abendlichen Event, zu dem sich Hunderte von Besuchern einfanden.

Allerdings wurden diese Sound Systems zunächst lediglich dazu aufgestellt, um die Spielpausen zwischen den Bühnensets der gelegentlich aus Uptown angeheuerten Tanzbands mit Musik zu füllen. Die Bands waren damit einverstanden, und »das war ihr Ende«, wie Prince Buster, einer der erfolgreichsten Sound-System-Besitzer der frühen Jahre in Kingston, in einer BBC-Dokumentation grinsend feststellt.[2] Denn die Bands waren teuer und mussten verpflegt werden. Die Vorteile der Musik aus der Konserve lagen also auf der Hand. Bald waren die Bands von der Bildfläche verschwunden, die stattdessen nun von immer größeren Sound Systems beherrscht wurde. Spätestens Mitte der 1950er Jahre waren die Streetdances zum obligatorischen Wochenendvergnügen in downtown Kingston geworden. Jung und Alt, Kinder und Greise versammelten sich dort und feierten bis zum Morgengrauen. Wie Lloyd Bradley in seiner Chronik *Bass Culture. When Reggae was King* berichtet, war das Ganze für die Besucher »schwunghafter Partnerservice, Modeshow, Informationsbörse, Exerzierplatz für Straßenrowdies, politisches Forum und Handelszentrum«[3].

Folglich wurden die Sound Systems immer beliebter und entwickelten sich zum echten Wirtschaftsfaktor, kamen zu den größten Sound Systems doch durchaus mehrere tausend Besucher zusammen. Die Betreiber standen derweil untereinander im harten Konkurrenzkampf um das jeweilige Revier. Wer hatte die größten Lautsprecher (die man Houses of Joy nannte, also Freudenhäuser), wo gab es den besten Rum, wo war die Stimmung am ausgelassensten? Der musikalische Effekt dieses dauernden Konkurrenzkampfes wurde dabei zum Schlüssel für das jamaikanische Musikwunder, das sich in den folgenden Jahrzehnten entwickeln sollte: Die erfolgreichsten Sound Systems waren diejenigen, bei denen es die beliebtesten und exklusivsten Platten zu hören gab. Denn dabei war es nicht – wie zum Beispiel heute im Radio – der Fall, dass alle dieselben Platten abspielten. Im Gegenteil: Wenn der Selector eine Platte gefunden hatte, die den Leute besonders gut gefiel und die kein anderes

Sound System sonst besaß, dann achtete er auf diesen Schatz wie auf seinen Augapfel, denn solange er diesen Hitpfeil exklusiv im Köcher hatte, war das ein Alleinstellungsmerkmal seines Sound Systems und damit ein Erfolgsgarant. Um zu verhindern, dass die Konkurrenz den neuesten Renner identifizieren konnte, kratzte man gerne Namen und Titel vom Plattenlabel.

Dabei kam die Musik, die in den 1950er Jahren auf den Straßenpartys zu hören war, aus allen möglichen stilistischen Töpfen. Wichtig war: Man musste dazu tanzen können. Also bestand die übliche Sound-System-Mischung einerseits aus karibischer Folklore, also lokalen Calypso-Hits (Mento wurde als die Musik der Sklavenhalter aus Uptown verachtet), andererseits aber auch aus jeder Menge importiertem Jump 'n' Jive, Hot Jazz und Rhythm 'n' Blues aus den USA. Zu den beliebtesten Künstlern gehörten dabei Fats Domino, Louis Jordan, Wynonie Harris und zum Beispiel Joe Liggins & his Honeydrippers, nicht aber Stars wie Elvis Presley, Little Richard und Buddy Holly, die den Rock 'n' Roll ab Mitte der 1950er Jahre im weißen Mainstream etablierten. Der Grund: Bei den Sound Systems in Kingston war der weiße Rock 'n' Roll genauso verpönt wie die restliche Unterhaltungsmusik, die man jederzeit bei den aus den USA herübersendenden AM-Stationen, aber auch bei den jamaikanischen Radiosendern hören konnte. Bei Letzteren wurde ohnehin ausschließlich gespielt, was die weiße Kolonialmittelschicht aus Kingstons besseren Vierteln in Uptown für angemessen hielt, nicht aber die Musik, zu der man nächtelang tanzen konnte. Um die Platten von Rosemary Clooney und Perry Como, Elvis und Jerry Lee Lewis aber machten die Sound Systems einen großen Bogen, in ihrer Hörweite konnte es schließlich nicht laut, wild und exklusiv genug zugehen.

Zu Beginn der 1960er Jahre waren Duke Reid und Coxsone Dodd mit ihren Sound Systems die Zampanos auf den Partymeilen. Inzwischen hatte sich dort im Übrigen der Selector zum Deejay entwickelt: Vor allem Count Machouki und King Stitt, die beiden beliebtesten Plattenaufleger bei Dodds Downbeat Sound System, hatten sich angewöhnt, zwischen den Platten in ihrem Patois-Kauderwelsch ins Mikrophon zu toasten, auf diese Weise die Tänzer zu animieren und für Stimmung zu sorgen. Selectors, die diese Routine befolgten, durften sich Deejays nennen.

Dodd und Reid wurden nun zu Schlüsselfiguren. Beide Sound-System-Betreiber waren auf die naheliegende Idee gekommen, ihre für den Erfolg der Unternehmung so wichtigen Hitplatten nicht bei kostspieligen Ausflügen auf das amerikanische Festland zu besorgen, sondern sie gleich selbst zu produzieren. Also engagierten sie einige der in den Touristenhotels zahlreich vorhandenen Musiker und ließen sie die amerikanischen Originale exklusiv für ihr eigenes Sound System einspielen.

Der Trick an der Sache: Es ging nicht darum, Platten zu verkaufen, sondern eine Aufnahme zu besitzen, die kein Konkurrent hatte. Und deshalb ließ man von einer solchen Aufnahme auch nur genau eine Platte, eine sogenannte Dub Plate, pressen. Was die technische Seite betrifft: Natürlich richtete niemand ein schickes Tonstudio ein. Ein notdürftig schallisoliertes Hinterzimmer, ein Mikrophon, ein allenfalls zweispuriges Tonbandgerät und ein primitives Mischpult, vielleicht auch noch eine Hallspirale, reichten für den Anfang völlig aus. So hatte Duke Reid sein »Treasure Isle«-Studio im Obergeschoss seines Hauses auf der Bond Street eingerichtet. Im Erdgeschoss betrieb er seinen Schnapsladen, oben führte derweil Toningenieur Mr. Smitty das Regiment. Über einen zwischen seinen Rumflaschen aufgestellten Lautsprecher bekam Reid mit, was sich über ihm tat (später wurde die technische Ausstattung der Studios natürlich professioneller).

Dass man die Platten, wenn sie erst einmal bei den Sound Systems gelaufen waren und Publikum angelockt hatten, immer noch bestens an die Kundschaft verscherbeln konnte, hatte nicht nur Reid schnell herausgefunden. Er und Coxsone ließen ihre Aufnahmen zwei, drei Wochen oder gar erst Monate nach dem Stapellauf also auch in höheren Auflagen und mit ordnungsgemäßen Labels pressen. Das waren die Anfänge der jamaikanischen Plattenindustrie.

Sehr schnell zeigte sich nun, dass der Rhythm 'n' Blues, den jamaikanische Musiker einspielten, irgendwie anders klang. Sie betonten den Beat anders als die amerikanischen Kollegen und machten sich einen Spaß daraus, eine Eigenart ihrer einheimischen Musik einfließen zu lassen: In jenen Jahren war auf der Insel der Modetanz Two-Step populär, weshalb die Banjo- und Gitarrenspieler in den lokalen Jazz-Bands gerne die zwischen den Viertelnoten liegenden Achtel, also den Offbeat, betonten. Heraus kam dabei ein ganz eigener aufgekratzter Rhythmus, den es so nirgends sonst auf der Welt zu hören gab und den man bald Ska nannte.

Das erste Aufkommen des Ska zu Beginn des Jahrzehnts markiert die Geburtsstunde der originären jamaikanischen Popmusik. Und die erlebte dann auch gleich einen Boom, dessen Start sich aus gutem Grund an einem bestimmten Tag im Jahr 1962 festmachen lässt, nämlich dem 6. August. Es war der Tag, als Prinzessin Margaret, die Schwester von Queen Elizabeth II., nach Kingston gekommen war, um dort den Union Jack einzuholen, die erste Sitzung des nationalen Parlaments zu eröffnen und Jamaika damit in die Unabhängigkeit zu entlassen.

Derweil war draußen auf den Straßen das größte Volksfest seit Menschengedenken im Gang, es wurde gefeiert, getrunken, getanzt und geküsst. Die Unabhängigkeit verursachte auf der Insel ausgelassene Freude und eine Zukunftseuphorie, die gerade auch die unteren Bevölkerungsschichten erfasste. Natürlich schlug sich das in der Musik nieder. Die Ska-Hits in den frühen Sechzigern waren fast durch die Bank fröhliche, lebhafte und zuversichtliche Uptempo-Tanznummern.

Die kleine Musikszene von Kingston wuchs und wuchs, bei Duke Reid und Coxsone Dodd wurde nun rund um die Uhr gearbeitet. Marcia Griffiths, die 1970 als eine Hälfte von Bob & Marcia mit dem Nina-Simone-Cover »Young, Gifted and Black« einen der ersten Welthits des Reggae landen sollte, war damals in Coxsones Studio One als Backgroundsängerin beschäftigt: »Es war ein

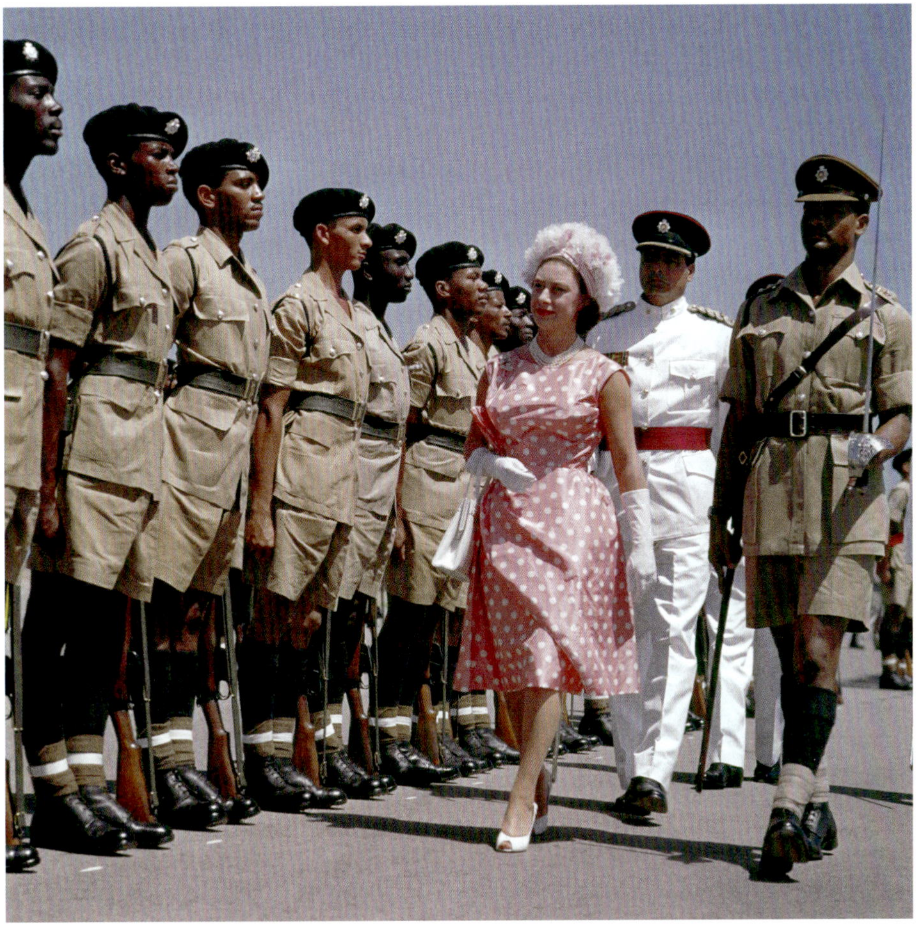

Hoher Besuch: Am 6. August 1962 kam Prinzessin Margaret im Auftrag von Queen Elizabeth II. nach Jamaika, um die Insel offiziell in die Unabhängigkeit zu entlassen.

richtiger 9-to-5-Job. Wir fingen morgens an und haben den ganzen Tag lang aufgenommen.«[4] Und Dodd war clever genug, eine feste Band für die Aufnahmearbeit zu engagieren. Einem Filmteam erzählte er im Jahr 2002:

> Wir machten immer Wochendeals, von Montag bis Freitag, sagen wir, von zehn Uhr morgens bis um fünf am Nachmittag. Die Bands machten das gerne, denn sonst hätten sie nur einen Job in einem Hotel bekommen, dort aber wurde schlechter bezahlt, und sie mussten die ganze Zeit Calypso spielen.[5]

Damit hatte Studio One eine Hausband (aus der später die erfolgreichen Skatalites wurden), genauso wie zum Beispiel auch das Stax-Label in Memphis und Motown in Detroit. Ein gleichbleibend guter und identifizierbarer Sound des Studio-One-Outputs war somit garantiert.

Zudem waren mittlerweile jede Menge Ghetto-Kids, die schon als Kinder die Sound Systems erlebt hatten, flügge geworden. Sie hatten die Musik im

Blut, sie wussten, dass damit Geld zu verdienen war, und sie waren ehrgeizig genug, es zu versuchen. Coxsone Dodd veranstaltete an jedem Sonntagvormittag in seinem neu erbauten Studio One in 13 Bentford Road Auditions, um neue Talente zu finden. Kurz vor Weihnachten 1963 tauchte dort ein 18-Jähriger mit zwei Kumpels auf, um vorzusingen.

Eine Coverversion mit Folgen

Zurück in den Frühling 1974 und in die Criteria Studios in Miami, Florida. George Terry erinnert sich: »Ich gab Eric die BURNIN'-Platte mit ›I Shot the Sheriff‹ drauf, und ich tat mein Bestes, um Werbung für diese Reggae-Musik zu machen. Ich sagte ihm, er solle einfach ein bisschen mitspielen und Spaß haben.«[6] Und den hat Clapton offensichtlich, jedenfalls landet eine über acht Minuten lange Version von »I Shot the Sheriff« auf dem Tonband. Und nicht nur George Terry ist begeistert, auch Produzent Tom Dowd. Nur Clapton nicht. Er findet, dass die Band und er selbst da keine Sternstunde erlebt haben. Terry: »Während unserer Sessions hab ich ihn auf den Reggae-Groove gebracht. Nur glaubt er bis zum heutigen Tag, dass wir dem Song nicht wirklich gerecht geworden sind.«[7] Clapton meint, dass die Aufnahme nicht gut genug ist, er möchte sie nicht auf das Album nehmen.

Zu dieser Zeit ist der 29-jährige Gitarrengott, der in den Sechzigern mit den Yardbirds, John Mayall, Cream und Blind Faith Weltruhm erlangte, in keiner guten Verfassung. Gute drei Jahre lang war er abgetaucht gewesen, hatte die Zeit fast ununterbrochen in seinem Anwesen Hurtwood Edge in der englischen Grafschaft Surrey verbracht und sich dort um nichts anderes gekümmert als um seinen Heroinkonsum, der inzwischen lebensgefährliche Dimensionen angenommen hatte. Nach LAYLA AND OTHER ASSORTED LOVE SONGS, dem Doppelalbum, das er 1970 mit Derek & The Dominos aufgenommen hatte, und dem Tod seines engen Freundes Jimi Hendrix hatte er die Gitarre kaum noch in die Hand genommen, und wer ihn zuletzt zu Gesicht bekam, unter anderem Musikerfreunde wie George Harrison und Pete Townshend, war schockiert und befürchtete das Schlimmste.

Natürlich hatte »Slowhand«, wie sie ihn seit Yardbirds-Tagen nennen, auch kaum noch mitgekriegt, was sich in der Musikszene tat. Erst als Townshend und Ron Wood von den Faces 1973 sein Comeback-Konzert im Londoner Rainbow Theatre arrangiert und ihn zu einem anschließenden Heroin-Entzug überredet hatten, waren Claptons Lebensgeister allmählich zurückgekehrt. Allerdings: »Mit Heroin hatte ich aufgehört, aber es folgte gleich die nächste Sucht. Man glaubte damals, dass Alkohol kein Problem sei, aber für mich war es viel gefährlicher als Heroin.«[8]

Erstaunlich genug, dass er unter diesen Umständen nun in Miami ein Album zustande bringt, das zu seinen besten überhaupt zählt. 461 OCEAN BOULEVARD, das seinen Titel der Adresse der Villa in Golden Beach verdankt, die

Clapton während der Aufnahmen in Miami bewohnt, konsolidiert den musikalischen Kurs, der dem Gitarristen seit dem Ende der Supergroups Cream und Blind Faith vorschwebt: einfache kompakte Songs ohne viel Brimborium und vor allem ohne lange Gitarrensoli, entspannt zwischen Blues, Folk und moderatem Rock pendelnd. Von Reggae war zwar nie die Rede gewesen, aber das, was Clapton und seine Band in den Criteria Studios nun aus Marleys rustikaler Vorlage »I Shot the Sheriff« machen, entspricht den erwähnten Vorgaben in jeglicher Beziehung. Claptons Version perlt angenehm locker, geschmeidig, geradezu elegant aus den Boxen, und vor allem präsentiert der Engländer den Songtext so unbeteiligt, als hätte er mit der dramatischen und aus der Ich-Perspektive erzählten Story des Songs nicht das Geringste zu tun (immerhin hat der Protagonist den Sheriff erschossen und ist nun auf der Flucht). Zum Vergleich höre man nur für einen kurzen Moment in das waidwunde Liebeslament von »Layla«: Als Clapton diesen für seine Angebetete Pattie Boyd-Harrison geschriebenen Song aufnahm, litt er jede einzelne Silbe. Jetzt aber croont er sich unaufgeregt durch die Strophen und lässt die Stimme nur gelegentlich kurz in emotionalere Gefilde aufsteigen. Den Rest erledigen seine Band und der weibliche Backgroundchor. Orgel, Klavier und Gitarre tupfen hier und da markante Seufzer in den Groove, die Sängerinnen Yvonne Elliman und Marcy Levy polieren den Chorus derweil mit plakativen Gospelphrasen. Im Vergleich klingt Marleys Original rauer, eckiger, archaischer und wilder. Und man darf davon ausgehen, dass Clapton zum Zeitpunkt der Aufnahme auch die Analogie nicht klar ist, die in der im Song erzählten Geschichte steckt: Mit dem Sheriff meint Marley natürlich nicht den Ordnungshüter im alten Westen, sondern die Obrigkeit in Jamaika, die Rude Boys wie Marley, Tosh und Livingston bei jeder sich bietenden Gelegenheit auf die Finger schlägt. Tatsächlich wird Clapton Marley erst Monate später persönlich danach fragen, was eigentlich hinter dem Song steckt.

Tom Dowd interessieren solche Feinheiten nicht, denn er weiß genau, welchen musikalischen Trumpf er da in den Händen hält. Er überredet Clapton, einen etwas über vierminütigen Edit des Songs auf das Album zu nehmen. Dass er das schafft, erstaunt kaum, bedenkt man Claptons Zustand. Jamie Oldaker: »Er war zu dieser Zeit sehr zerbrechlich, und ich bin nicht sicher, dass er immer mitbekam, was um ihn herum geschah.«[9] George Terry ergänzt: »Oft hatte er schon mittags eine ganze Flasche Cognac intus. Er schien sich umbringen zu wollen.«[10] Fast pleite war er auch, hatte er doch seit Blind-Faith- und Cream-Zeiten kaum etwas verdient, aber im großen Stil Drogen konsumiert.

Dabei steht er vor einem der größten Erfolge seiner Laufbahn: 461 OCEAN BOULEVARD wird im Juli 1974 veröffentlicht, erhält ausnahmslos gute Kritiken und verkauft bis zum Jahresende mehr als zwei Millionen Exemplare weltweit. Dazu klettert die Platte in den USA, Kanada und Dänemark auf Platz eins. Hauptverantwortlich für den Erfolg des Albums ist die ausgekoppelte Single »I Shot the Sheriff«. Am 14. September, dem Tag, als der VfL Bochum trotz seines 2:1-Siegs gegen Schalke 04 das leere Tor nicht trifft, hat Eric Clapton den ersten Nummer-eins-Hit in seiner Karriere geschafft.

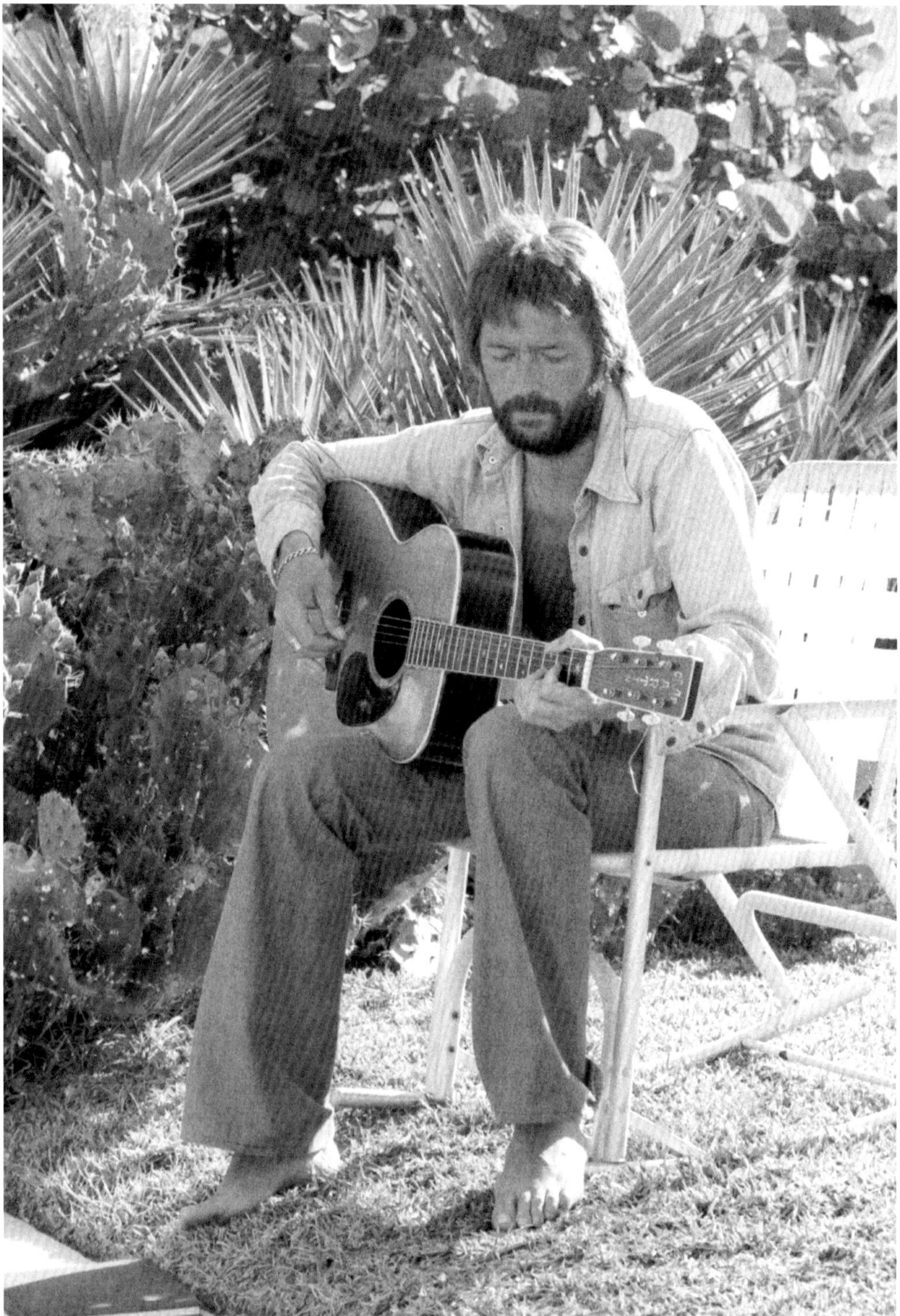

461 Ocean Boulevard, Golden Beach, Florida: Eric Clapton im April 1974 im Garten des Hauses nahe Miami, wo er während der Sessions zu seinem Comebackalbum lebte.

Von dem Moment an, als »I Shot the Sheriff« seinen Siegeszug in den internationalen Charts antrat, waren die Türen für den Reggae sperrangelweit geöffnet.

Die Geschichte von »I Shot the Sheriff« ist ein Lehrstück darüber, was der Faktor Macht im Popgeschäft bedeutet und was er bewirken kann. Zwar sorgte Claptons Hit tatsächlich dafür, dass ein weißes Massenpublikum auf Marley und seine Musik aufmerksam wurde. Das Ambivalente an dem Vorgang aber ist der Umstand, dass weder Clapton noch Produzent Tom Dowd auch nur das geringste Interesse daran hatten, einen coolen Musiktrend zu propagieren. Beiden ging es einzig darum, ein erfolgreiches Album zu produzieren, also einen Hit zu landen und möglichst viele Platten zu verkaufen. Ganz gleich, wer da als Zulieferer auftrat.

Bob Marleys Aufstieg

Elf Jahre zuvor hatten die Wailin' Wailers, wie sie sich da noch nannten, in Coxsone Dodds nach frischem Beton riechenden, gerade eröffneten Studio One gestanden, um dem Produzenten ihre Songs vorzusingen. Und der drahtige 18-Jährige, der ihr Boss zu sein schien, aber von Legendenstatus noch weiter entfernt war als Trenchtown von Hollywood, hatte bereits da gewusst, was er wollte.

Ein gutes Jahr war es her, da hatte der Produzent Leslie Kong, einer der rührigsten Macher in Kingstons Musikszene, die ersten Songs dieses Robert Nesta Marley aufgenommen. Das Geld dafür aber war er dem Jungen aus dem Ghetto schuldig geblieben. Marley, der zusammen mit seinen Kumpels Bunny Livingston und Peter McIntosh (später: Tosh) eine Gesangsgruppe bildete, war mutig und selbstbewusst. Vielleicht hatte er schon da gespürt, dass er sich nicht wie ein x-beliebiger Rude Boy behandeln lassen durfte, wenn er seiner Musik und seiner Idee von sich selbst gerecht werden wollte. Jedenfalls hatte er Kong die weitere Zusammenarbeit brüsk aufgekündigt. Dabei hatte Marley, wie sein Biograph Timothy White behauptet, mit dem Finger auf den Produzenten gezeigt und prophezeit, dass sie später gewiss einmal wieder zusammenarbeiten würden und Kong dann mehr Geld denn je daran verdienen, damit aber nicht die geringste Freude haben würde[11]. Marley sollte recht behalten.

Es ist nicht überliefert, ob Coxsone Dodd auf Anhieb das in den Wailers schlummernde Potential erkannte. Fest steht aber, dass er die vier Jungs und zwei Mädchen – neben Marley, Tosh und Livingston gehörten damals noch Junior Braitwhaite und die beiden Backgroundsängerinnen Beverly Kelso und Cherry Smith der Gruppe an – gleich unter Vertrag nahm. Ein paar Tage später wurden die ersten Songs aufgenommen, und die schlugen sich bei den Sound Systems achtbar. Der nächste Versuch, das von Bob Marley geschriebene »Simmer Down«, erwies sich dann als Volltreffer: Innerhalb kürzester Zeit wurden auf der Insel stattliche 70 000 Exemplare der Platte verkauft. Ein Anfang war gemacht.

Und die Wailers blieben dran. 70 Stücke, zumeist Selbstverfasstes im Ska-Stil, nahmen die bald zum Trio geschrumpften Marley, Tosh und Livingston bis 1966 für Dodd auf, darunter nicht wenige erfolgreiche Singles. Der Alltag war hart: viel Arbeit, wenig Dollars, kaum Auftrittsmöglichkeiten.

Marley, der in dieser Zeit in einem Hinterzimmer des Studio One hauste, war inzwischen mit Rita Anderson liiert, einer der für Dodd arbeitenden Sängerinnen. Im Februar 1966 wurde geheiratet. Einen Tag später schon brach der junge Ehemann in den US-Bundesstaat Delaware auf, wo seine Mutter mittlerweile lebte. Dort jobbte er in den folgenden Monaten für den Chemie-Riesen DuPont und am Fließband des Autobauers Chrysler, um Geld für seine Familie und seine Musik zu verdienen.

Als er im Oktober 1966 nach Jamaika zurückkehrte, hatte er einen Haufen neuer Songs im Gepäck und seine erste Auslandserfahrung hinter sich. Und zum ersten Mal hatte er das zunehmend von dem sich zuspitzenden Rassenkonflikt bestimmte gesellschaftliche Klima der USA inhaliert.

Wieder in Kingston, begann er sich mit dem Rastafarismus zu beschäftigen. Bei der Begründung dieser religiösen Lehre hatten die pan-afrikanischen Thesen von Marcus Garvey eine wesentliche Rolle gespielt. 1927 hatte er einen »kommenden schwarzen König aus Afrika« prophezeit. Und den sahen die Rastafari im damaligen äthiopischen Kaiser Haile Selassie I., den sie als auf die Erde zurückgekehrten Messias verehrten. Dereinst, so glaubten sie, würde er die ihrer afrikanischen Heimat beraubten Sklaven aus dem sündigen Babylon zurückführen. In Jamaika hatten die Rastas aber wenig zu lachen, man misstraute ihnen, sie galten als Outlaws, ihre verfilzten Dreadlocks als nicht gesellschaftsfähig und ihr regelmäßiger Genuss von Marihuana, »Ganja«, als verwerflich. Marley jedoch fühlte sich ihnen verbunden und drang nun immer tiefer ein in Garveys Lehren. Zu dieser Zeit begann er, seine Haare zu Dreadlocks wachsen zu lassen.

Auch in die Musikszene von Kingston war der Rastafarismus eingesickert, vor allem das Haus von Mortimer Planno war zum Treffpunkt geworden. Er galt als Oberhaupt der städtischen Rastagemeinde und genoss einen legendären Ruf. Zum einen war er schon 1961 in Afrika gewesen, wo er Haile Selassie persönlich getroffen hatte. Zum anderen aber war er am 21. April 1966 zum Helden geworden, als Selassie, »Löwe von Juda« und Messias der Rastas, zum Staatsbesuch auf dem Palisadoes Airport in Kingston gelandet war. Erschrocken über den enthusiastischen Empfang Tausender jubelnder Rastas, von denen Hunderte das Flugzeug auf dem Rollfeld umstellt hatten, hatte sich der Kaiser nicht auf die Gangway getraut. Erst als Planno kurzerhand in die Maschine eingedrungen war und Selassie persönlich von der Harmlosigkeit seiner Glaubensbrüder überzeugt hatte, war der Kaiser draußen erschienen und anschließend im Triumphzug in Kingston eingefahren.

Plannos Haus jedenfalls war nun das Zentrum des Rastafarismus in

Kingston. Alton Ellis, einer der Sänger von Studio One, erinnert sich: »Alle Musiker waren dort. Roland Alphonso, Jackie Mittoo, die Wailers. Herb [Ganya] rauchen, Musik machen und die Bibel lesen, das waren die drei Hauptdinge. Und den Lehren der Rastafaris zuhören.«[12] In Marleys Songs nahmen spirituelle Themen nun immer mehr Raum ein. Es war die Zeit, als sich der junge Songwriter zu einer Art jamaikanischem Bob Dylan zu mausern begann, der nicht nur den Ska seiner Insel in sich trug, sondern sich nach seinem ersten und einem inzwischen weiteren US-Aufenthalt längst auch in der geistigen Verwandtschaft der Black-Power-Bewegung und solcher Musiker wie Curtis Mayfield, Marvin Gaye und James Brown sah. Marley hatte seine Mission gefunden.

Ab 1968 veränderte sich auch die musikalische Situation. Aus dem fröhlichen, optimistischen Ska war, nicht zuletzt unter dem Eindruck der wirtschaftlichen Probleme in Jamaika, der Rocksteady geworden. Sein Tempo war deutlich gedrosselt, seine Rhythmen differenzierter und seine Themen vielfältiger geworden. Verstärkt orientierte sich Rocksteady am populären US-Soul, und eine neue Generation von Gesangsgruppen wie die Heptones, Melodians und die Paragons trat auf den Plan.

Coxsone Dodd, einst Ziehvater der Wailers, verlor zusehends das Interesse an seinen Schützlingen, die nun auch mit anderen zusammenarbeiteten, darunter Marleys altem Kontrahenten Leslie Kong. Doch mit dessen durchgestylten und zunehmend am internationalen Popmarkt orientierten Vorstellungen konnten sie nichts anfangen. Der Sound der Wailers war rau, ihre Texte zunehmend politisch und ihre Haltung immer rebellischer. Mochte Kong auch seine Hits landen, die Wailers hatten Größeres im Sinn.

Marley hatte inzwischen in dem afroamerikanischen Promoter und Agenten Danny Sims einen verlässlichen Gefährten gefunden, der nicht nur sein Management übernahm, sondern ihm auch half, seine künstlerische Position weiterzuentwickeln. Zu dieser Zeit trafen die Wailers auf einen weiteren Sonderling der Kingston-Szene, den 31-jährigen Lee Perry, einen launischen, eigenwilligen Burschen, der einige Jahre im Studio One und auch mit Leuten wie Prince Buster gearbeitet hatte. 1968 hatte er sein eigenes Plattenlabel Upsetter Records gegründet. Und was er draufhatte, hatte sich gezeigt, als seine ersten unabhängigen Produktionen, etwa »The Return of Django«, bei den Sound-System-Partys groß absahnten.

Die Wailers und Perry vereinten sich nun zum musikalischen Sprengkommando. Perrys Studioband The Upsetters verlangsamte den Rocksteady noch weiter und entwickelte neue Stilmittel wie riffbetont pulsierende Bassläufe, klatschende Snare-Schläge und das später für den Reggae so typische, gedämpft auf den Offbeat gehackte Zwei-Akkord-Muster der Gitarre. So entstanden karge, kraftvolle Grooves, die reichlich Platz ließen für Perrys aberwitzige Produktionsgimmicks. Während der langen, Ganja-verqualmten Sessions im Studio 17 an der North Parade wurde jene Musik geboren, die als Roots Reggae die Welt erobern sollte. Und die Wailers wurden zu dessen Bannerträgern. Bunny Livingston:

> Da war eine totale Disziplin und eine Verantwortung, die wir hatten. Wir konnten nicht anhalten und umkehren, auf keinen Fall. Das war das Militante, das die Wailers hatten. Auch wenn alles gegen uns sprach.[13]

Und Bob Marley beschrieb die Musik auf seine ganz eigene Art: »Die Musik trifft dich, aber du fühlst keinen Schmerz!«[14]

Unter Perrys Regie wurde aus der kommerziellen Gesangstruppe der Ska-Jahre eine disziplinierte Band mit Stil und Vision. Upsetters-Bassist Aston »Family Man« Barrett und sein Bruder Carlton (Drums) stiegen als Mitglieder fest ein. Bald waren frühe Klassiker wie »Soul Almighty«, »My Cup«, »Soul Rebel« und »Duppy Conqueror« entstanden.

Zu Beginn des neuen Jahrzehnts hatte sich der Ruf dieser ungewöhnlichen Gruppe aus Kingston herumgesprochen, auch in Londons großer karibischer Gemeinde. Im Januar 1973 veröffentlichte Johnny Nash Marleys Song »Stir it up« als Single und landete damit in England auf einem respektablen elften Platz. Die Wailers reisten nach Europa und spielten dort ein paar Clubgigs in Nashs Vorprogramm.

Dann aber platzte eine geplante gemeinsame Tournee, und Nash verschwand mitsamt seinem – und Marleys – Manager Sims in die Karibik. Die Wailers blieben mittellos und gestrandet im winterkalten London zurück. Die Rasta-Revolution der aufrechten drei aus Kingston schien bereits gescheitert, bevor sie überhaupt richtig begonnen hatte.

Die Rettung erschien dann schneller als erwartet. Chris Blackwell, der aus Jamaika stammende Chef des hippen Island-Labels, der seit jeher gute Verbindungen zu Kingstons Musikszene pflegte, roch das Potential des heruntergekommenen Trios. Er spürte, dass diese misstrauischen Burschen etwas zu bieten hatten. Und Blackwell war überzeugt, dass er ihre Musik einem weißen Rockpublikum nahebringen konnte. Er glaubte, dass es für den Reggae an der Zeit war, über das Single-Format hinauszuwachsen. Warum sollten die Wailers mit einem sorgfältig produzierten Album nicht ein künstlerisch anspruchsvolles Statement liefern können? Blackwell nahm die Gruppe unter Vertrag. »Sie waren unabhängige Typen. Ich wusste, dass wir nur zusammenarbeiten konnten, wenn ich ihnen Vertrauen entgegenbringe. Und so habe ich ihnen Geld gegeben, um eine Platte zu machen.«[15]

Ausgestattet mit einem ansehnlichen Vorschuss von 4000 englischen Pfund, jetteten die Wailers im Sommer 1972 zurück nach Jamaika und machten sich mit Feuereifer daran, ihr erstes internationales Album einzuspielen. Wie Bunny Livingston später in einem Interview berichtete, waren sie sich über Blackwells großen Vertrauensvorschuss sehr wohl im Klaren:

> Blackwell fragte sich natürlich, ob wir je mit dem Album zurückkommen würden. Es war für uns eine Herausforderung, ihm zu beweisen, dass wir dazu in der Lage waren. Wir mussten uns also konzentrieren, und so kam das Album in Rekordzeit zustande.[16]

Als Marley im Winter die fertigen Achtspur-Masterbänder bei Blackwell in London ablieferte, wussten aber beide, dass der entscheidende Schliff noch fehlte. Blackwell nahm die Sache in die Hand. Er holte den Keyboarder John »Rabbit« Bundrick und den Gitarristen Wayne Perkins und ließ sie Hand an das Material anlegen. Mit der erklärten Absicht, das archaische Gebräu der Wailers einem weißen Rockpublikum schmackhafter zu machen, fügten die beiden Texaner den knorrigen Arrangements ein paar kräftige Farbtupfer hinzu. Was zunächst gar nicht so einfach war, wie sich Perkins erinnert:

> Ich hocke da, höre zu und versuche es zu verstehen. Aber ich kann die Eins nicht finden, um meinen Arsch zu retten. Nichts! Es war komische Musik, die ich noch nie in meinem Leben gehört hatte. Es hatte nichts mit dem zu tun, was ich kannte. Weder mit R 'n' B noch mit Kirchenmusik, mit nichts! Das war Chinesisch.[17]

Am Ende aber hatte er die Eins gefunden und gemeinsam mit Bundrick CATCH A FIRE quasi weiß angemalt – eine Operation im Übrigen, mit der Marley durchaus einverstanden und bei der er sogar zugegen war. Jahre später berichtete Perkins, dass Bob nach einem Gitarren-Overdub des Texaners begeistert durchs Studio gehüpft war und dem verblüfften Gitarristen vor lauter Begeisterung einen riesigen Joint zur Belohnung angeboten hatte – den dieser dankend abgelehnt haben will.

Leslie Kong übrigens erlebte das nicht mehr. Zwar war er im Verlauf der 1960er Jahre zum erfolgreichsten Ska- und Rocksteady-Produzenten der Insel aufgestiegen, auf dessen Konto zum Beispiel die Hits von Desmond Dekker, Toots & The Maytals und The Melodians gingen. Dazu hatte er 1969/70 neue Aufnahmen mit den Wailers gemacht, die er 1971 unter dem Albumtitel THE BEST OF THE WAILERS herausbrachte. Eine Woche nach der Veröffentlichung aber war er mit erst 38 Jahren an einem Herzinfarkt gestorben. Viel Freude hatte er an dem verdienten Geld also nicht gehabt, genau wie Marley es einst prophezeit hatte.

Zurück zu CATCH A FIRE: Die Platte bekam ordentliche, teilweise gar enthusiastische Kritiken, kaufen aber wollte sie keiner. Blackwell hatte mit einer Goldauszeichnung im Veröffentlichungsjahr gerechnet, musste an dessen Ende aber feststellen, dass gerade mal 14 000 Exemplare verkauft worden waren. Und doch waren die Dinge ins Rollen gekommen, nicht zuletzt durch einen besonderen Coup, der entscheidend half, das Feld für die Wailers und den jamaikanischen Roots Reggae zu bestellen: Am 1. Mai 1973, das Album war gerade zwei Wochen auf dem Markt, hatte die Band einen Fernsehauftritt im *Old Grey Whistle Test*, dem TV-Forum, das den englischen Rock-Kids abseits der Charts interessante Neuentdeckungen präsentierte (es war der letzte TV-Auftritt von Marley, Livingston und Tosh zusammen in einer Band; nach den Aufnahmen zum zweiten Album, BURNIN', verließen Livingston und Tosh nacheinander die Gruppe, um Solokarrieren zu starten).

Island-Chef Blackwell wusste, dass er das Eisen schmieden musste, solange es heiß war. Also schickte er die Wailers gleich wieder ins Studio, um rechtzeitig neues Material in der Hinterhand zu haben. Im April 1973 entstand mit BURNIN' das zweite Album. Nachgebessert werden musste diesmal nichts, und ausgestattet war das Werk mit handverlesenen Reggae-Klassikern, darunter »Get up, Stand up« – und »I Shot the Sheriff«.

Two-Tone und Trilby an der Themse

Spätestens als Marley und die Seinen 1973 gleich zwei Tourneen in Großbritannien, eine im Frühling und eine im Spätherbst zur Veröffentlichung von BURNIN', absolviert hatten, war ihre Zeit gekommen. Jedenfalls in London, das für den Reggae und seine Kohorten nun als Einfallstor in den weißen Popmainstream fungierte. In den USA dagegen hatten sie zwar auch getourt, unter anderem im Vorprogramm eines gewissen Bruce Springsteen, den auch noch kein Mensch kannte, doch viel war dabei nicht herausgekommen. Marley, seine Band und den Reggae als solchen wollte dort bis auf weiteres niemand hören, weder das schwarze R-'n'-B- und Soul-Publikum noch die weiße Rockgemeinde.

Zunächst schien es allerdings auch in Großbritannien ein aussichtsloses Unterfangen zu sein, weißen Kids den Reggae unterzujubeln. *Old Grey Whistle Test*-Moderator Richard Williams: »Den damaligen Grad an Verachtung von Rockfans gegenüber dem Reggae kann man kaum übertreiben. In Großbritannien und in den USA, wenn dort überhaupt jemand davon wusste.«[18] Williams wusste, wovon er sprach, er hatte den Finger schließlich am Puls seines Publikums. Bei oberflächlicher Betrachtung der Lage gab es also keinen Anlass zu übertriebenem Optimismus. Rock in seinen verschiedenen Spielarten beherrschte den Mainstream wie nie zuvor: Wer brauchte da noch sperrige Rhythmen aus der Dritten Welt?

Viele brauchten sie, sehr viele. Vor allem in England. Dabei waren es längst nicht nur die farbigen Einwanderer, die sich in der karibischen Gemeinde der Themsestadt zusammenfanden, um Reggae zu hören. Und wie schon in Kingston, so hatten auch in London die Sound Systems damit zu tun. Aber nicht nur.

Begonnen hatte die Geschichte schon lange vorher, eigentlich mit dem Ende des Zweiten Weltkriegs. Nach 1945 stiegen die Einwandererzahlen aus der Karibik in England steil an. Die Gründe dafür lagen auf der Hand: England litt unter den Kriegsfolgen, und es standen nicht genug heimische Arbeitskräfte zur Verfügung, um den Wiederaufbau allein zu stemmen. Weshalb in den Kolonien um Einreisewillige geworben wurde. Die Perspektiven wurden in den schönsten Farben geschildert, und nicht zuletzt lockte die Aussicht, dass Mitglieder des Commonwealth einen privilegierten Rechtsstatus genossen, der auch den Anspruch auf die englische Staatsbürgerschaft umfasste. Besonders Jamaikaner nahmen das Angebot wahr. Aufgrund ihrer Sozialisation im kolonialen Schulsystem kannten sie die englische Kultur und beherrschten die Sprache. Sie waren sogar den Linksverkehr gewohnt. Man konnte also von einer problemlosen Integration ausgehen.

1962, als London Jamaika in die Unabhängigkeit entließ, waren offiziellen Schätzungen zufolge schon rund 300 000 Menschen aus der Karibik gekommen. Und jährlich kamen etwa 50 000 weitere hinzu. Die Dunkelziffer wird noch einmal deutlich darüber gelegen haben. Die Einwanderer veränderten die alte englische Vorkriegsgesellschaft nachhaltig und verwandelten sie in eine moderne Multikulti-Gesellschaft, in der sich heute wie selbstverständlich alle möglichen Nationalitäten tummeln. Auch wenn es dabei immer wieder zu heftigen fremdenfeindlichen Reaktionen gekommen war. So gehörten Schilder mit der Aufschrift »No blacks! No dogs! No irish!« an den Türen zu vermietender Wohnungen noch lange Zeit zur Tagesordnung.

Der Löwenanteil der karibischen Immigranten lebte in London, und etwa die Hälfte davon stammte aus Jamaika. Natürlich hatten diese Einwanderer ihre eigene Kultur mitgebracht, und so tauchten ab Mitte der 1950er Jahre auch die ersten Sound Systems in Londons Einwanderervierteln auf. Deren im Unterschied zu Kingston und angesichts des an der Themse wenig karibischen Wetters grundsätzlich überdachten Tanzveranstaltungen wurden immer beliebter. Der seit 1959 jährlich stattfindende Notting Hill Carnival und die Sound Systems in Notting Hill und Ladbroke Grove bildeten für ihre jamaikanische Kundschaft bald ein Stück Heimat, und die Betreiber der Musikanlagen, Leute wie Count Suckle und Duke Vin, knüpften schnell ihre Verbindungen zu den Kollegen in Kingston (wenn sie die nicht ohnehin schon hatten). Sie ließen sich ihre Platten von Coxsone Dodd, Duke Reid und anderen schicken und exportierten so in den frühen 1960er Jahren jamaikanische Musikkultur nach London. Vor allem waren das Ska-Platten.

Auf welche aus heutiger Sicht kaum noch vorstellbare Schwierigkeiten sie dabei stießen, schildert Jah Vigo, damals Selector bei Duke Vin:

> Der Mann, der die Verstärker für die ersten Londoner Sound Systems gebaut hat, [hatte] keine Ahnung von Sound Systems. Er war Afrikaner, ein Elektrotechniker mit eigenem Laden. Wir haben ihm gesagt, wie die Musik klingen soll, und in welcher Art von Räumen wir spielen wollten, und nach diesen Angaben hat er die Verstärker gebaut. Aber am Anfang hat er sich fast nicht mehr eingekriegt, so hat er gestaunt. Duke Vin sagte ihm, er will einen 200-Watt-Verstärker mit so viel Bass wie nur möglich, und der Afrikaner hat sich gedacht: ›Mein Gott, wo wollen die denn aufdrehen? Die bringen mir damit noch jemanden um!‹ Damals waren 200 Watt nämlich eine Menge Holz, von so was hatte der Mann noch nicht mal gehört. Wenn ich so daran zurückdenke, dann war's wohl das Beste, dass Vin zu einem Schwarzen gegangen ist, denn wenn man damit zu einem Hersteller gegangen wäre, die hätten einen vom Hof gejagt.[19]

Gewöhnliche Musiktruhen hatten zu dieser Zeit allenfalls zehn oder 20 Watt Leistung – insofern also klang das Zehnfache so abenteuerlich wie etwa auch die Forderungen nach lauteren Gitarrenverstärkern, mit denen zu dieser Zeit die ersten Halbwüchsigen einem Ladenbesitzer namens Jim Marshall nur wenige Meilen weiter westlich in Hanwell in den Ohren lagen. So oder so: Die modernen Zeiten würden laut werden.

Duke Vin und Count Suckle und alle jene, die folgen sollten, bekamen ihre Power (die Kids in Hanwell ebenfalls). Und so nahmen die Dinge ihren Lauf. Zwar gab es bis zur Mitte der 1960er Jahre noch kaum einen professionellen Import bzw. nur Blue Beat Records als einziges auf jamaikanische Musik spezialisiertes Plattenlabel in England. Erste Ska-Läden eröffneten dennoch, und deren Platten wurden verkauft, im Einzelfall sogar im fünfstelligen Bereich. Ihre Kunden waren nicht nur Exil-Jamaikaner, sondern bald auch die Vertreter einer jugendlichen Subkultur, mit der in diesem Zusammenhang kaum einer gerechnet hätte: Die Mods hatten einen Narren am Ska gefressen. Für ihre Housepartys übernahmen diese notorischen Soul- und R-'n'-B-Fans nicht nur jede Menge Ska-Hits, viele freundeten sich auch mit dem Rollenmodell des Rude Boy an, einer jugendlichen Subkultur aus Kingston, die dort im Dunstkreis der Sound Systems entstanden war und sich neben einem gelegentlichen Hang zur Randale auch durch ihren Style auszeichnete: scharf geschnittener Anzug, schmale Krawatte, Sonnenbrille, Porkpie- oder Trilby-Hut – ein Stil, der den modeversessenen Anhängern der englischen Mod-Szene auf Anhieb gefiel (die Rudy-Uniform sollte zum zeitlosen Outfit der englischen Mod- und Skaszene werden).

Der Edle Wilde

1964 landete der weiße jamaikanische Geschäftsmann Chris Blackwell mit der in London produzierten Ska-Single »My Boy Lollipop«, einer von der jungen Millie Small gesungenen Coverversion eines Fifties-DooWop-Hits, einen waschechten Millionenseller. Blackwell, der zu dieser Zeit auf seinem eigenen Label Island Records bereits Ska produzierte und importierte, hatte den Geistesblitz gehabt, diese Nummer mit ihrem immensen Pop-Potential an das Major-Label Fontana zu lizensieren. So standen ihm ein besserer Vertrieb und eine größere Marketing- und Promotion-Macht zur Verfügung. Das Ergebnis, mehr als zwei Millionen verkaufter Singles und Platz zwei im Königreich und auch in den US-Hot-100, gab ihm recht und überzeugte ihn von den kommerziellen Möglichkeiten der jamaikanischen Musik.

Jamaikanische Musiker wie Prince Buster, der bereits 1960 mit der Produktion von »Oh Carolina« von den Folkes Brothers den Ska-Boom auf der Karibikinsel mitgezündet hatte, tourten inzwischen regelmäßig durch einschlägige englische Clubs. Als dann 1967 das Trojan-Label gegründet worden war, das sich nun ausschließlich und systematisch um Produktion, Lizensierung und

Vermarktung von Ska und Rockstaedy kümmerte, war die nötige Verbindung zwischen Königreich und Karibik installiert. In der Folge schafften es Singles aus diesem Umfeld immer öfter in die Charts. Den Anfang machten 1967 Prince Buster mit »Al Capone«, Desmond Dekker & The Aces mit »007 (Shanty Town)« und Johnny Nash mit »Hold Me Tight«. Spätestens als dann Dekker und seine Aces 1969 mit »Israelites« als erste jamaikanische Künstler den Spitzenplatz der englischen Charts erreicht hatten, war Reggae in Großbritannien auch außerhalb der karibischen Gemeinde ein Begriff geworden – allerdings wie gesagt ein nicht unbedingt positiv besetzter. Denn insgesamt handelte es sich um Eintagsfliegen, deren Songs nichts weiter als musikalische Taschenspielertricks waren, die demzufolge eine geringe Halbwertzeit hatten und für nicht viel mehr taugten als ein im Wortsinne nettes Tänzchen zwischendurch. So jedenfalls empfand man das in Zeiten anspruchsvoller Rockbands, die sich kaum noch um das Single-, dafür aber umso mehr um das Album-Format kümmerten. Eine alberne Novelty-Nummer wie »Johnny Reggae« von den Piglets, die es 1971 auf Platz drei in England schaffte, war zudem auch nicht gerade dazu prädestiniert, solche Vorurteile zu widerlegen.

Nach einem kurzfristigen Reggae-Boom um die Jahrzehntwende mit Singlehits wie »Return of Django« (The Upsetters), »Young, Gifted and Black« (Bob & Marcia), »Black and White« (Greyhound), »Double Barrel« (Dave & Ansell Collins) und »Wonderful World, Beautiful People« (Jimmy Cliff) schien sich das Ganze ab etwa 1972 dann auch erledigt zu haben.

Just in diesem Jahr aber kam mit *The Harder They Come* ein Film in die Kinos, der dem Thema Reggae plötzlich eine gänzlich neue Tiefe und Glaubwürdigkeit verlieh. Die Geschichte des von Jimmy Cliff verkörperten Filmhelden Ivanhoe Martin, eines Landarbeiters, der in Kingston Karriere als Sänger machen will, letztlich aber im kriminellen Halbweltmilieu landet und erschossen wird, wurde zum Erfolg im Undergroundkino und erzählte in 90 Minuten mehr über die Welt, mit der sich die ernsthafteren Reggae-Künstler beschäftigten, als all die mit reichlich Streicher- und Choreinsatz nachträglich für den englischen Single-Markt überzuckerten Schlager es je vermocht hätten. Jimmy Cliff: »Der Film war gut, gut gemacht, weil er ehrlich und echt war. Er fing den Moment ein, die Zeit.«[20] Er zeigte die Welt der Sufferah in den Ghettos von Kingston rau und ungeschminkt, wobei die Parallelen zur Situation der Schwarzen in den USA unübersehbar waren. Und das war schließlich ein Thema, mit dem sich die internationale Rockgemeinde lange schon solidarisiert hatte. Dazu gab es ein Soundtrack-Album, das mit Songs wie »Many Rivers to Cross«, »You Can Get it if You Really Want«, »The Harder They Come« und »In Limbo« großartigen Reggae bot, ungesüßt, auf der Höhe der Zeit und mit Tiefgang. Unter denen, die *The Harder They Come* gesehen und seine Musik gehört hatten, waren jede Menge weiße Rock-Kids gewesen, ein Faktum, das entscheidend half, den Boden für Bob Marleys Roots-Reggae-Revolution zu bereiten.

Jeder einzelne dieser Punkte – die Geschichte des Reggae in der karibischen Gemeinde Londons, die Sound Systems, Blackwell und Island Records,

Trojan, Desmond Dekker und Jimmy Cliff in *The Harder They Come* – war wichtig, und sie zusammen erklären, warum der Reggae in England in den 1970er Jahren als erster aus der Dritten Welt importierter Musikstil seinen Durchbruch erleben konnte. Er war eben lange schon Teil der Londoner Subkultur gewesen. Das aber erklärt noch immer nicht den geradezu religiösen Eifer, mit dem Marley und seine Message von einem weißen Rockpublikum aufgenommen wurden. Zu tun hatte das ganz offensichtlich mit zwei Faktoren: Marleys überaus charismatischer Persönlichkeit und einem Mangel an politischen und spirituellen Identifikationsangeboten, unter denen das Rockpublikum jener Jahre litt. Woodstock, die Hippie-Jahre und San Francisco waren vorbei. Mitte der 1970er Jahre war die Rockkultur weit davon entfernt, attraktive Ideologien zu propagieren. Stattdessen befand sie sich auf dem besten Weg zur inhaltsleeren, dollarschweren, zynischen Freizeitindustrie. Den großen Rock-Acts ging es ganz offensichtlich nicht mehr um Revolution, sondern um Ruhm und Reichtum. Nicht umsonst sangen die Stones 1974 »It's Only Rock 'n' Roll ...« Selbst die schwarze Musik hatte ihren kämpferischen Ton aus den 1960er Jahren weitgehend verloren und befand sich auf dem Weg in die hedonistische Disco-Ära. Es fehlte an aufrechten Helden.

Keiner wusste das besser als Chris Blackwell. Entsprechend konsequent bearbeitete er seine Zielgruppe:

> Viele meinten, man braucht eine Single für das Radio, man solle mit Marley auf die schwarzen R-'n'-B-Charts in den USA zielen. Das war ihre Vorstellung vom Weg zum Erfolg. Ich sagte: Vergesst es, sie [die Schwarzen] sind dort an nichts weniger interessiert als an jamaikanischer Musik. Die weißen liberalen Kids aber sind an der [jamaikanischen] Kultur interessiert, daran, was die Texte zu sagen haben.[21]

Folglich ließ er auf dem Cover von BURNIN' die Songtexte abdrucken, womit er zunächst einmal die Botschaft aussandte, dass die Platte und ihr Schöpfer tatsächlich etwas zu sagen hatten: »Get up, stand up / Don't give up the fight!« Wer wissen wollte, um welchen Kampf es da ging, musste nur mitlesen. Oder zuhören. Wer dann auch noch mitsang, durfte sich den edlen Kämpfern zugehörig fühlen. So einfach war das.

Und niemand verkörperte das alte Klischee vom Edlen Wilden besser als der Mann, der diese Zeilen vorsang. Mit seiner dunklen Haut, seinen für weiße Rockhörer damals noch höchst exotischen Rastalocken, seiner karibischen Ghetto-Herkunft und seinen mysteriösen Rastafari-Botschaften war Bob Marley nichts weniger als ein Winnetou der 1970er. Er war die perfekte Identifikationsfigur für eine romantische und zivilisationskritische wenn nicht gar -müde Jugendgeneration, die zu spät gekommen war, um in Woodstock dabei gewesen zu sein, und zu früh, um sich ein paar Jahre später Sicherheitsnadeln in die Ohren zu stecken und Pogo zu tanzen.

Wobei allerdings kaum jemand verstand, was genau es mit dieser Rasta-

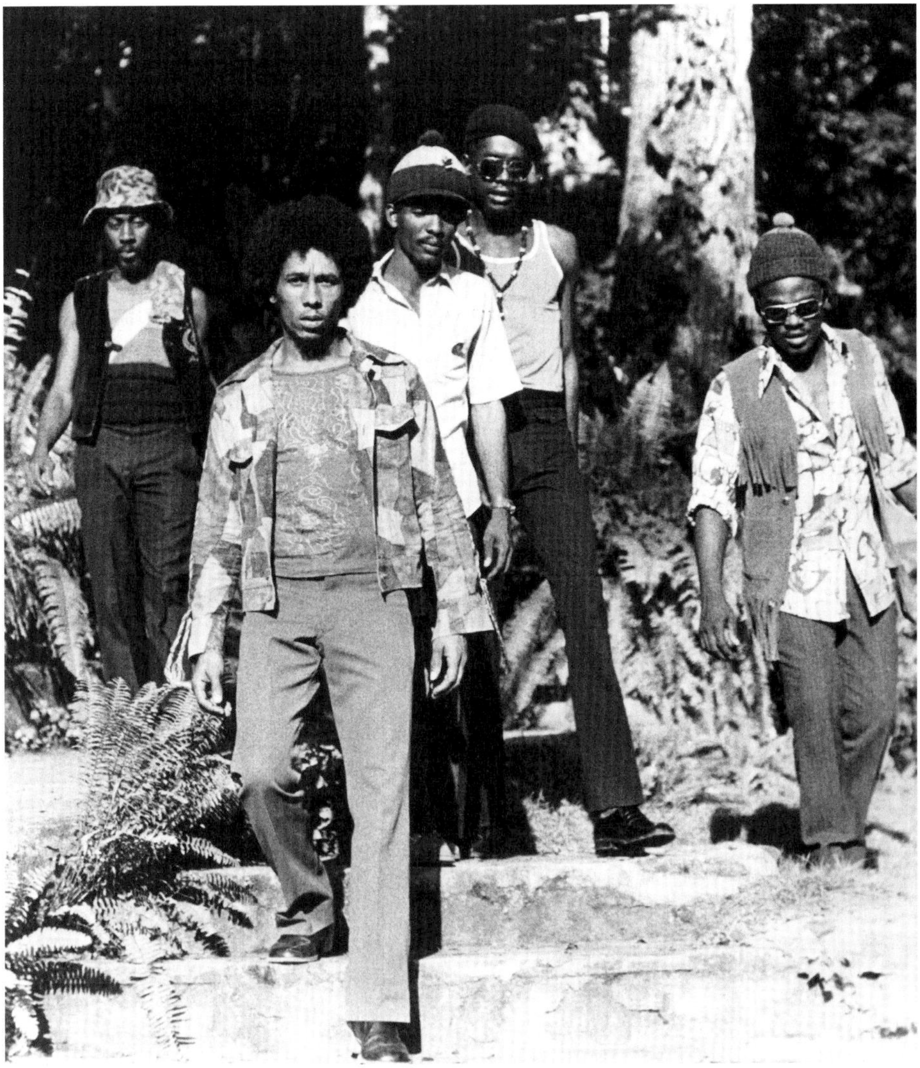

Karibischer Winnetou: Die Wailers 1973 mit Earl Lindo, Bob Marley, Carlton Barrett, Peter Tosh und Aston »Family Man« Barrett (v. l.)

Sache eigentlich auf sich hatte. Das aber hatte wiederum den Vorteil, dass sich in diese mysteriöse Religion, Ideologie, Philosophie oder was auch immer es war, alles Mögliche hineininterpretieren ließ, was aus der Perspektive eines durchschnittlichen westlichen Jugendlichen nobel und sinnvoll erschien: Naturalismus, Marihuana, Spiritualität, Konsumkritik und so weiter.

Marley passte all das hervorragend in den Kram. Der Mann, den sie »Tuff Gong« nannten, hatte eine Botschaft, und er wollte, dass sie gehört wird. Wenn er seine Musik dafür ein bisschen rocklastiger schminken musste: okay. Wenn er dafür weißen Branchenhäuptlingen die Hand schütteln musste: auch okay. Gleichmütig ließ er all das geschehen oder über sich ergehen, je nachdem, behielt seinen Jeans- und Rasta-Look bei und verstellte sich selbst kein bisschen. Marley blieb Marley, und seine Fans spürten das. Sie nahmen ihn wahr als einen

Heiligen, als Propheten und Messias für eine bessere Welt, frei von »mental slavery« (die er Jahre später im »Redemption Song« geißeln sollte), im Einklang mit den natürlichen Ressourcen und gefeit vor den verderblichen Versuchungen von Babylon.

Wie gesagt, der Trick war simpel: Wer ein guter Mensch sein wollte (und wer unter 30 wollte das in den 70ern nicht sein?), der musste ganz einfach Marley hören. So wies man sich als guter Mensch aus, jedenfalls als ein besserer, als wenn man sich zur sprunghaften Dekadenz von David Bowie oder dem sexistischen Hedonismus von Led Zeppelin bekannt hätte. Und: Die kräftigeren Bässe hatte Marleys Revolution sowieso, man konnte sie zwischen den Beinen spüren. Überdies hatte Reggae ein cooles Image, er fand statt im Underground und verstand sich als eine halbillegale Subkultur – im Gegensatz zum Rock-Mainstream, der das zwar gerne von sich behauptete, tatsächlich aber längst gezähmt war. Reggae stand für Widerstand und für Kampf. Oder wie Bob Marley selbst es einmal formulierte: »Wenn mich die Leute bekämpfen, ist es gut, denn dann überlege ich und mache einen Song daraus. So wehre ich mich – auf diese Weise erschieße ich die Sheriffs.«[22]

Der jamaikanische Faktor

Dann kam Clapton. Und sein Timing war nicht unpassend: Nur zwei Tage, bevor am 14. September 1974 mit »I Shot the Sheriff« der neue Spitzenreiter der US-Billboard-Charts vermeldet wurde, hatte das Militär in Äthiopien geputscht und Kaiser Haile Selassie I. abgesetzt. 44 Jahre lang hatte der Neguse Negest (»König der Könige«) uneingeschränkt über das afrikanische Land geherrscht. Ein Jahr später, am 27. August 1975, starb er unter ungeklärten Umständen im Alter von 83 Jahren im Arrest in Addis-Abeba. Selassies Leichnam wurde verscharrt, und bis heute gibt es Anhaltspunkte, die einen unnatürlichen, von Vertretern des damaligen sozialistischen Derg-Regimes herbeigeführten Tod des Monarchen nahelegen. Seinem gottgleichen Status bei den jamaikanischen Rastafaris schadete das nicht im Geringsten. Als Selassies Gebeine im Jahr 2000 in einer offiziellen Zeremonie, bei der auch Bob Marleys Witwe Rita anwesend war, endgültig beigesetzt wurden, bezweifelten viele Rastafaris, dass es sich bei den Knochen um die ihres Messias handelte. Manche streiten sogar bis heute ab, dass Selassie überhaupt 1975 gestorben ist.

Jedenfalls: Just als der Negus vom Thron gestiegen war, machte sich der Tuff Gong bereit, den seinen zu besteigen. »I Shot the Sheriff« wurde zum Welthit, und Bob Marley nahm sein nächstes Album auf. Es wurde sein vielleicht bestes. Entstanden war NATTY DREAD im Sommer 1974 in Kingston, und die großen Hits darauf waren »No Woman, No Cry«, »Lively up Yourself« und »Rebel Music«. Die Band hieß nun Bob Marley & The Wailers, und ihr Chef logierte mit Familie, Freunden und Glaubensbrüdern in einer prächtigen Kolonialvilla auf Kingstons Hope Road. Statt mit einem angegammelten Pickup-Truck kurvte er nun im PS-starken BMW (= Bob Marleys Wailers) durch die Straßen. Von den Großen aus Pop und Rock wurde er hofiert, dazu verfolgte die Boulevardpresse den neuen Messias der Jugendkultur auf Schritt und Tritt. Der aber folgte unbeirrt seinem Pfad. Bis zu seinem viel zu frühen Tod am 11. Mai 1981 infolge einer Krebserkrankung. Marley starb in Miami, Florida, nur ein paar Steinwürfe von den Criteria Studios entfernt, wo Eric Clapton sieben Jahre zuvor den Siegeszug des Reggae eingeleitet hatte. Dass mit diesem Siegeszug nicht nur der Aufstieg von Bob Marley verbunden war, sondern eines der größten Geschenke für die populäre Musik überhaupt, hatten weder Eric Clapton noch George Terry noch Bob Marley, Chris Blackwell oder Coxsone Dodd geahnt. Und schon gar nicht hätten sie sich vorstellen können, dass diese Musik im Jahr 2018 in das immaterielle Weltkulturerbe aufgenommen werden würde.

Im Verlauf der 1970er Jahre hatten sich im Windschatten von Bob Marley einige weitere großartige Roots-Reggae-Künstler durchgesetzt, zum Beispiel seine Ex-Kollegen Bunny Wailer (ehemals Livingston) und Peter Tosh, dazu Burning Spear, Toots & The Maytals, Dennis Brown und Max Romeo, später auch Black Uhuru. Außerdem kamen zum Ende des Jahrzehnts immer mehr großartige Roots-Reggae-Acts aus England, darunter Steel Pulse, Aswad, Linton Kwesi Johnson und UB40.

An den Mischpulten jamaikanischer Studios hat seinen Anfang genommen, was bis heute mit dem Begriff des Remix und damit mit einer der wichtigsten Grundlagen moderner Musikproduktion im Zusammenhang steht. In der Hochphase des Roots-Reggae entwickelte sich daraus ein eigenes Genre: Der Dub Reggae stellte Produzenten wie Mad Professor und Adrian Sherwood in den Mittelpunkt und brachte Acts wie die englische Gruppe Dub Syndicate hervor.

Bob Marley hatte sich nach seinem Durchbruch musikalisch im Großen und Ganzen auf seinen Rasta-infizierten Roots-Reggae beschränkt, ihn hier und da höchstens mal mit etwas Folk und Rock, später auch mit Popelementen wie Disco-Rhythmen und dergleichen aufgehübscht. Im Prinzip aber war er dort stehengeblieben, wo er zu Beginn des Jahrzehnts mit Lee Perry angekommen war. Als er schließlich starb, hatte sich Reggae längst weiterentwickelt. Inzwischen war er wieder schneller geworden, tanzbarer, hatte sich in der Disco ebenso umgesehen wie beim Punk und beim frühen Hip-Hop. Die neuen Stile hießen Dancehall und Ragga, und der Rastafarismus spielte in den 1980ern kaum noch eine Rolle. Reggae wurde immer internationaler und verästelte sich zum Ende des Jahrhunderts in jede Menge Substile. Eine der aktuelleren Entwicklungen, die wie auch der Jungle der 1990er Jahre auf den Einfluss der englischen Sound-System-Kultur zurückgeführt werden kann, ist der im Grenzgebiet von Hip-Hop und Electro beheimatete Grime, der sich in den Nullerjahren in England etablierte.

Das Personal der Sound Systems ging ebenfalls in das Portfolio der modernen Popmusik ein, vor allem natürlich in das des Hip-Hop, explizit in Gestalt des DJ, des MC und der Figur des Rappers. Wie wichtig Jamaikas Einfluss seit Bob Marleys Durchbruch für die weiße Popmusik geworden war, zeigte sich nicht nur daran, dass so unterschiedliche Bands wie The Police und The Clash den Reggae schon in den 70ern als eine ihrer wichtigsten Inspirationsquellen betrachteten, sondern auch daran, dass der gute alte Ska in der englischen Jugendkultur bis heute seinen festen Platz innehat. Fast jedenfalls scheint es so, wie es der englische Musiker, Autor und Regisseur Don Letts kürzlich in einem Interview formulierte: »Mittlerweile hat Jamaika Großbritannien kulturell kolonialisiert.«[23]

Pop 74

03.01.
Startschuss: Zusammen mit THE BAND geht BOB DYLAN zum ersten Mal seit 1966 wieder auf Tournee. Die 40 Konzerte umfassende Nordamerika-Tour beginnt im Chicago Stadium, Chicago, Illinois.

12.02.
Im New Yorker Greenwich Village, 15th West 4th Street, eröffnet der Club THE BOTTOM LINE mit einer Show von DR. JOHN.

18.02.
Ohne auch nur die geringste Werbung zu machen, verkaufen YES sämtliche Tickets für das erste ihrer zwei Gastspiele im New Yorker Madison Square Garden. Am selben Tag veröffentlichen die maskierten Glam-Rocker KISS ihr Debütalabum.

20.02.
Nach zehn Jahren Ehe beantragt CHER offiziell die Scheidung von SONNY BONO.

12.03.
Nach einer Auseinandersetzung mit einem Fotografen fliegen JOHN LENNON und HARRY NILSSON aus dem berühmten Troubadour-Club in Los Angeles.

30.03.
Premiere: Im New Yorker Performance Studio geben die RAMONES noch als Trio ihr erstes Konzert. Tatsächlich handelt es sich um ihren Proberaum, zugegen sind ein paar Freunde und Bekannte.

06.04.
Karrierestart: Im englischen Seebad Brighton gewinnt das schwedische Popquartett ABBA mit dem Song »Waterloo« den 19. Eurovision Song Contest.

16.04.
Die englische Newcomerband QUEEN gibt ihr erstes Konzert in den USA, wo sie in Denver, Colorado, die Show für die Kollegen von MOTT THE HOOPLE eröffnet.

25.04.
PAMELA MORRISON, die Witwe des 1971 verstorbenen Doors-Sängers JIM MORRISON, wird in ihrem Apartment in Hollywood tot aufgefunden. Vermutliche Todesursache ist eine Überdosis Heroin.

09.05.
Nach einem Konzert des noch unbekannten Sängers BRUCE SPRINGSTEEN im Harvard Square Theatre in Cambridge, Massachusetts, schreibt der Rockkritiker JON LANDAU in seiner Kritik den berühmten Satz: »Ich sah die Zukunft des Rock 'n' Roll, und ihr Name ist Bruce Springsteen.«

05.06.
In New York nimmt die Underground-Lyrikerin PATTI SMITH den durch JIMI HENDRIX bekannt gewordenen Song »Hey Joe« auf – »Hey Joe« / »Piss Factory« ist ihre erste Single und gibt den Startschuss für den US-Punkrock.

04.07.
Liebe ohne Ende: Der US-R-'n'-B-Sänger BARRY WHITE heiratet GLODEAN JAMES, Leadsängerin des von White produzierten LOVE UNLIMITED ORCHESTRA.

20.07.
In England geht das erste KNEBWORTH FESTIVAL über die Bühne. Headliner ist die Allman Brothers Band.

29.07.
Nach zwei ausverkauften Konzerten im Londoner Palladium stirbt »MAMA« CASS ELLIOTT, ehemalige Sängerin der MAMAS & PAPAS, in der Wohnung von Harry Nilsson an einer Herzattacke.

07.08.
PETER WOLF, Sänger der J. GEILS BAND, heiratet die Filmschauspielerin FAYE DUNAWAY.

15.09.
URIAH-HEEP-Bassist GARY THAIN wird bei einem Konzert im Moody Coliseum, Dallas, Texas, durch einen Stromschlag schwer verletzt.

05.10.
AC/DC treten in der Masonic Hall in Brighton-le-Sands, Australien, zum ersten Mal mit ihrem neuen Leadsänger BON SCOTT auf.

18.10.
AL GREEN erleidet schwere Verbrennungen, als ihm seine Freundin Mary Woodson eine Pfanne kochender Maisgrütze über den Rücken gießt, während er in der Badewanne sitzt. Motiv: Er hatte gesagt, dass er sie nicht heiraten wollte. Woodson erschoss sich wenige Augenblicke später.

12.12.
ROLLING-STONES-Gitarrist MICK TAYLOR gibt offiziell bekannt, dass er die Band verlassen wird, um in Zukunft an eigenen Projekten zu arbeiten.

31.12.
Das US-Singer-Songwriter-Paar STEVIE NICKS und LINDSEY BUCKINGHAM steigt fest bei der englischen Rockband FLEETWOOD MAC ein.

Interlude
Mitten auf der Straße

New York, Miami und ein walisisches Bauerndorf – oder: Wie drei Superstars den Mainstream fit für die Zukunft machten

Eric Clapton ist längst schon wieder abgereist. Inzwischen sind in Miami, Florida, einige Monate vergangen, und man schreibt den Januar 1975. An so ziemlich jedem Spätnachmittag in diesen Wochen, manchmal ist es auch schon früher Abend, sieht man eine Limousine den Julia Tuttle Causeway landeinwärts in Richtung Westen befahren. Die mehr als vier Meilen lange Straße verbindet Miami Beach über die Biscayne Bay hinweg mit dem Festland. Sobald der Wagen die breite Bucht überquert hat, wird er rechts abbiegen und noch ein paar Meilen in Richtung Norden fahren, bis er den kleinen Parkplatz vor dem Anwesen 1755 Northeast 149th Street erreicht hat. Jedes Mal, wenn das Auto über die beiden Brücken des Causeway fährt, hören die Insassen ein »chon-ka, chon-ka«, das entsteht, wenn die Reifen über die Nahtstellen der Asphaltplatten rollen.

Im Fond sitzt ein Ehepaar. Eines Tages, als sie wieder einmal über die Brücke rumpeln, schmunzelt die Frau, wendet sich an ihren Gatten und sagt: »Hey, hör mal auf dieses Geräusch! Es ist jeden Tag dasselbe, unser Fahrgespräch!« Leise und gedankenverloren beginnt er daraufhin zu singen: »It's just our drive talkin' …«

So jedenfalls erzählte David English, der ehemalige Präsident von RSO Records, die Geschichte[1]. Bei dem Ehepaar handelt es sich um Barry Gibb und seine Frau Linda. Die beiden befinden sich in Englishs Geschichte auf dem Weg in die Criteria Sound Studios. Den Tipp, es dort einmal zu versuchen, haben sie von Eric Clapton persönlich bekommen. Einen Karriereschub, wie ihn der Gitarrist dem Studio verdankt, können auch die drei Gibb-Brüder gut gebrauchen. Genau genommen ist es so: Wenn sie das nächste Album wieder an die Wand fahren wie die drei davor, dann war es das wohl, und die Bee Gees werden Geschichte sein.

Wie Barry Gibb in späteren Jahren immer wieder bestätigte, wurde das Geräusch der über die Brücke rollenden Reifen zur entscheidenden Inspiration für den Comeback-Hit der Bee Gees – und zum Startschuss für eine spektakuläre Neuerfindung von deren Musik: Der neue Gibb-Sound sollte den Mainstream-Pop der Zukunft prägen wie sonst nur weniges.

West Side Story & Rock 'n' Roll

Ein paar hundert Meilen nördlich von Miami, an der US-Ostküste, kann man in jenem Winter 1975 im Radio einen Song hören, den es noch gar nicht auf Schallplatte zu kaufen gibt. Es ist eine überwältigende Explosion der Gefühle, eine Tour de Force von kaum je zuvor in der Rockmusik gehörter Dringlichkeit und eine Reminiszenz an alles, was die amerikanische Popmusik je groß gemacht hat: der Rock 'n' Roll der 1950er Jahre von Elvis Presley, Little Richard, Chuck Berry und Buddy Holly; Phil Spectors Wall-of-Sound-Getöse, das dem Pop das Drama schenkte; Bob Dylan, der ihm Eloquenz beibrachte und mit einer einzigen Zeile die Seele der Zeit offenlegte; der schwarze Southern Soul mit seiner rauen Vitalität und der kunstfertige Blue-Eyed-Soul der Ostküste; nicht zuletzt die Träume und der Romantizismus der Hippiejahre und ihrer Rockhymnen. All das steckt in diesen viereinhalb Minuten, und dazu noch ein Schuss Gershwin, Tin Pan Alley und West Side Story. Wer diesen Exzess – anders kann man dieses Stück nicht nennen – hört, der muss hinterher erst einmal durchschnaufen. Und wenn er Rockmusik liebt, dann will er wissen, wer um Himmels willen dahintersteckt, wie die Platte heißt und ob es womöglich auf einem Album noch mehr davon zu kaufen gibt.

Gibt es nicht. Tatsächlich besitzen zu diesem Zeitpunkt lediglich fünf ausgesuchte Discjockeys von FM-Rocksendern in New York, Philadelphia, Boston, Cleveland und Ithaka ein Weißmuster der Platte. Bekommen haben sie es von einem jungen Manager, der es im Auftrag seines Klienten verschickt hat. Die beiden wollen wissen, ob die fertige Produktion halten kann, was sie sich von diesem Song versprechen. Es sieht ganz so aus: Die Hörer lieben die Nummer. Und sie fragen bei den Sendern, wann die Single und das dazugehörige Album erscheinen werden. Doch die Discjockeys wissen es nicht. Sie müssen eine Antwort schuldig bleiben und behelfen sich damit, Tracks aus den bislang stiefmütterlich behandelten ersten beiden Alben des Künstlers zu spielen. Den kennt da draußen noch kaum jemand – es sei denn, er oder sie hat den Mann und seine Band zufällig schon einmal bei einem ihrer grandiosen Konzerte erlebt.

Bis zum Spätsommer des nächsten Jahres wird es dauern, dann erst erscheint »Born to Run« auch offiziell, zusammen mit dem gleichnamigen Album. Zehn harte Lehrjahre hat Bruce Springsteen da bereits hinter sich. Er selbst, seine Songs und seine mächtige E Street Band sind nun reif für die ganz große Bühne.

Große Oper

Einen Tag, bevor »Born to Run« veröffentlicht wird, beginnen auf der anderen Seite des Atlantiks, zwischen dem Dorf Rockfield und dem Städtchen Monmouth in Wales, die Aufnahmen zu einem anderen Song. Tatort ist ein abgelegenes Tonstudio, das der englische Retro-Rocker Dave Edmunds betreibt. Was dort am 24. August 1975 beginnt und später in noch vier (!) weiteren Londoner Studios vollendet wird, soll Maßstäbe sprengen und auf seine Weise mindestens genauso monumental werden wie die Single von Bruce Springsteen: Der Song, dessen Aufnahme rund 45 000 Pfund verschlingt und nicht weniger als 180 Overdubs benötigt, wird als einzigartiges musikalisches Welttheater, als Wunderwerk des Pop in die Annalen eingehen und seine Schöpfer zu Legenden machen. Dabei scheint dieses Stück Musik alles mitzubringen, was ein Hit eben *nicht* gebrauchen kann: mindestens vier verschiedene Musikstile, leise Piano-Lyrik, a-capella-Chöre, wüsten Hardrock und nicht zuletzt eine satte Portion klassisches Operndrama. Ein verwegenes Sammelsurium also, das womöglich fasziniert, das sich aber ganz bestimmt nicht mitsingen lässt. Einmal abgesehen davon, dass kein Radiosender einen Song mit knappen sechs Minuten Spielzeit in sein Programm aufnehmen wird. Und doch wird es die im Oktober 1975 veröffentlichte Single ein paar Monate später in einem Dutzend Ländern in die Top Ten und in sechs davon sogar bis auf Platz eins geschafft haben.

Es muss also ein ganz besonderer Song sein. Dass er das ist, weiß niemand besser als sein Komponist. Nach drei Alben, die ihn und seine Band stetig vorwärtsgebracht haben, ist es nun an der Zeit für das vierte. Es soll der ganz große Wurf werden, man wird aufs Ganze gehen: Erlaubt ist, was gefällt, und Grenzen sind dazu da, eingerissen zu werden.

Der Komponist heißt, natürlich, Freddie Mercury. Er wird dafür sorgen, dass »Bohemian Rhapsody« all diesen Ansprüchen genügen wird. Und noch mehr. Schließlich, so formuliert es Queen-Gitarrist Brian May viele Jahre später: »Das war Freddies Baby. Das wird es immer sein. Es war sein Traum. Natürlich haben wir alle dazu beigetragen, aber er war der Kopf dahinter.«[2]

Am Ende wird der Song nicht nur doppelt so lang sein wie jede normale Single, er wird überdies sämtliche etablierten Standards ignorieren und noch nicht einmal über einen Refrain verfügen. Sicherheitshalber werden Queen die fertige Produktion einem befreundeten Discjockey in die Hand geben, der sie an einem Wochenende in seiner Diskothek testen soll. Die Reaktion wird alle Zweifel zerstreuen.

Der Rest der Geschichte ist bekannt: Am Ende waren Queen sogar den Menschen ein Begriff, die sich eigentlich kein bisschen für Musik interessierten – ein Phänomen, das für Musiker noch immer der sicherste Ausweis für die Zugehörigkeit zur erlesenen Kaste der Superstars ist.

Queens Weg war gekennzeichnet von auffälliger Folgerichtigkeit und Konsequenz. Spätestens als Gitarrist Brian May und Drummer Roger Taylor 1970 auf Freddie Mercury gestoßen waren und ein Jahr später der Bassist John Deacon das Quartett vervollständigte, stand fest: Diese vier wollten nach ganz oben, und auf dem Weg dorthin würden sie keine Gefangenen machen. Jeder von ihnen hatte nicht nur vom Kindesalter an Musik gemacht, jeder hatte auch, ähnlich wie die Mitglieder von Pink Floyd, bereits vor der Bandgründung eine akademische Berufsausbildung abgeschlossen. Mercury war Grafiker, May Physiker (der es später bis zum Doktor der Astrophysik bringen sollte), Deacon Elektrotechniker und Taylor Biologe. Disziplin und Zielstrebigkeit waren den jungen Männern also nicht fremd, und so begann die Geschichte der Gruppe dann auch erst einmal mit einer rund anderthalbjährigen Phase des intensiven Probens.

Queen gehörten zu einer neuen Generation von Bands. Natürlich waren sie, wie so viele andere auch, von den Beatles beeinflusst. Allerdings gab es einen entscheidenden Unterschied zu Musikerkollegen, die nur zwei, drei Jahre älter waren: Mercury, bei der Bandgründung mit 23 Jahren der Älteste, und seine Mitstreiter waren weniger von den frühen Beatles und deren Prä-Sgt-Pepper-Rock als von deren späterer, deutlich experimentellerer Phase geprägt worden. Alben wie MAGICAL MYSTERY TOUR und ABBEY ROAD und überhaupt der Psychedelic Rock der mittleren und späten 1960er waren zu Queens wichtigster Inspiration geworden. Umso eklektischer, vielseitiger und modernistischer war ihr Ansatz. Nicht umsonst hatte Brian May mit 1984, einer Vorläuferband von Queen, bereits als Support für Pink Floyd gespielt.

Ein weiteres Pfund, mit dem Queen wuchern konnten, waren neben ihren instrumentalen Fähigkeiten ihre Qualitäten als Sänger und Komponisten. Jeder einzelne Queen-Musiker steuerte eigene Songs zum Repertoire bei, und mit Mercury, May und Taylor verfügte die Band über drei Gesangsstimmen, die nicht nur klanglich perfekt miteinander harmonierten, sondern auch auf das aufwendigste und originellste miteinander arrangiert wurden. Last but not least waren Queen im Studio unerbittliche Perfektionisten. An einer einzelnen Songpassage feilten sie gerne mal einen ganzen Tag lang, auch wenn am Ende nur wenige Sekunden Musik auf dem Masterband landeten.

Queen ignorierten von Anfang an alles, was grenzenloser Kreativität hätte im Weg stehen können. Sie wussten, dass sie nur so und unter Einsatz aller denkbaren Technik in der Lage sein würden, einen gänzlich eigenen neuen Sound zu entwickeln. Von ihren Vorbildern hatten sie gelernt, das Studio ganz selbstverständlich als ein zusätzliches Instrument zu betrachten. Im Resultat war die Gruppe ein vierköpfiges Ganzes und ihr Sound vielschichtig, hypermodern und einzigartig.

Als die Band im Sommer 1973 ihr selbstbetiteltes Debütalbum vorlegte, geschah das zur Hochzeit des Glamrock. Queens Auftreten war vom ersten Moment an entsprechend glitzernd, pompös, aufschneiderisch und dabei dennoch von gelassener Autorität. Und: Auch wenn die Musik in ihrer verschwenderischen Klangpracht das vermuten ließ, so hatte doch, wie das Plattencover vermeldete, »niemand Synthesizer gespielt«. Gegen die leichtfüßige Musikalität von Queen wirkte das Gros der Konkurrenz wie ein Haufen armseliger Stümper. Die meisten Kritiker begriffen das auch, die wenigen Fehlurteile (der *Melody Maker* monierte einen »Mangel an Originalität«, und John Peel lobte die »ansprechenden Synthesizer«, die es gar nicht gab) gingen angesichts des restlichen Presselobs unter.

Zwar klang manches auf dem Debüt etwas zaghaft, und dem königlichen Profil fehlte es hier und da noch an Schärfe, trotzdem waren auf diesem Album bereits die Grundbestandteile des später typischen Queen-Sounds zu finden: Mercurys theatralischer Gesang, Mays kunstvolle Gitarrenarrangements, die schwelgerischen Backgroundchöre und die so geschmeidige wie kraftvolle Rhythmusgruppe. Ein Verkaufserfolg wurde QUEEN dennoch nicht.

Ganz anders QUEEN II: Die Platte brachte es ein Jahr später bereits auf Platz fünf der UK-Albumcharts. Dazu gelang der Gruppe mit »Seven Seas of Rhye« ein erster bescheidener Hiterfolg, die Single knackte so gerade die Top Ten und brachte Queen ihre Premiere bei *Top of the Pops* ein. Es ging aufwärts, und Album Nummer drei, SHEER HEART ATTACK, veröffentlicht schon ein halbes Jahr später im November 1974, bestätigte die Tendenz: Platz zwei für die Langspielplatte und auch für die ausgekoppelte Single »Killer Queen«.

Queen spielten in ihrer eigenen Liga. Sie waren zu intelligent, um sich aufs Glam- oder Hardrock-Fach zu beschränken, und sie waren zu Trash-verliebt und zu selbstironisch, um sich bei den kunstbeflissenen Kollegen der Prog-Abteilung einzureihen. Ohnedies hatten sie bereits, auch das eine Parallele zu Pink Floyd, eine beträchtliche Popsensibilität entwickelt. Von ihnen war einiges zu erwarten.

Die Erwartungen lösten sie ein – allerdings unter erschwerten Bedingungen: Nach dem dritten Album und dem ersten Hit waren Queen Ende 1974 erst einmal pleite. Ihr bisheriger Manager Norman Sheffield, Besitzer der Trident Studios, in denen die Band ihre ersten Demos aufgenommen hatte, war nicht in der Lage gewesen, die frühen Erfolge in klingende Münze umzusetzen. Zu Beginn des Jahres 1975 hatten die Musiker Probleme, ihre jungen Familien zu ernähren und die nötigen Investitionen in Equipment und Logistik zu stemmen. Zunächst stand ein Deal mit Led-Zeppelin-Manager Peter Grant und dessen Label Swan Song zur Debatte, letztlich aber entschied sich die Band für Elton Johns Manager John Reid, der den Job dann auch übernahm. Sein Plan war, wie Brian May später einmal erläuterte, so sinnvoll wie simpel: »Er sagte: Okay, ich kümmere mich um die Finanzen, und ihr Jungs geht ins Studio und macht das beste Album, das ihr je gemacht habt.«[3]

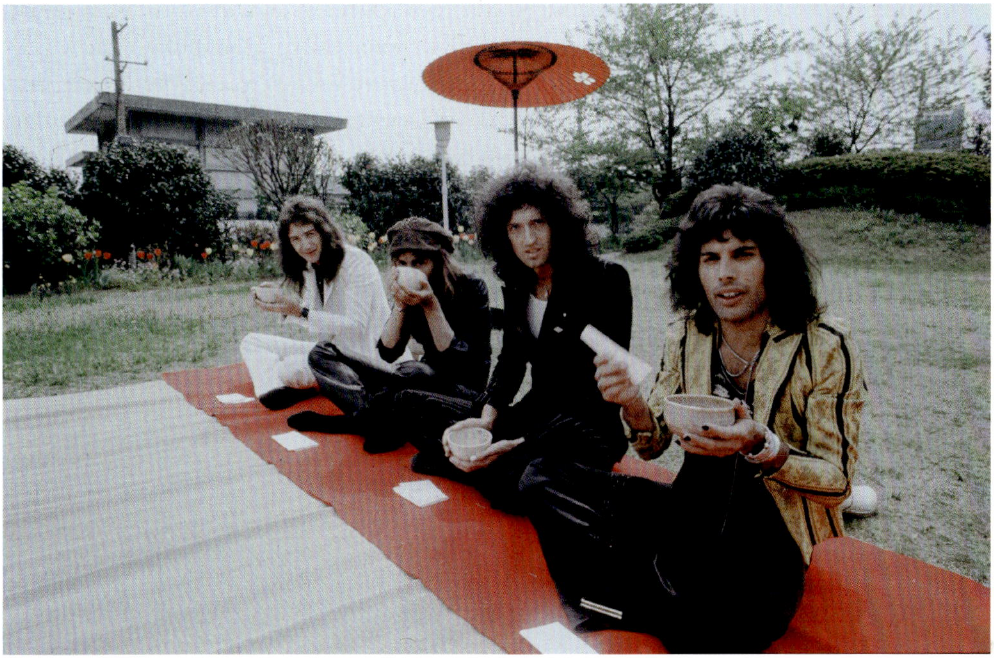

Königlicher Besuch: Die Queen-Musiker John Deacon, Roger Taylor, Brian May und Freddie Mercury bei einer Teepause auf ihrer ersten Japan-Tournee im April 1975.

Das Team, das in den walisischen Rockfield Studios A NIGHT AT THE OPERA in Angriff nahm, war bereits bewährt: Produzent Ray Thomas Baker und Toningenieur Mike Stone waren schon bei den Alben zuvor dabei gewesen. Und sie nahmen sich Zeit, auch für die Details. Allein an »Bohemian Rhapsody« wurde drei Wochen lang herumgeschraubt. Da waren zum Beispiel die aufwendigen Backgroundchöre, nicht nur dreistimmig gesetzt, sondern so kunstvoll gegeneinander geschichtet und miteinander verwoben, dass jedes Barbershop-Quartett vor Neid erblasst wäre. Oder die komplette Dixieland-Band, die Brian May für »Good Company« aus seiner »Red Special« hervorzauberte, wobei er jedes Instrument, also Klarinette, Posaune, Trompete und Banjos, allein mit den Gitarrensaiten simulierte und anschließend auf werweiß-wie-vielen Spuren zur vielköpfigen vermeintlichen Jazzkapelle zusammenführte.

Der Song zeigte, dass Queen ihre Musik nicht nur aus Rock, Pop und Glam schöpften, die Band hatte auch eine nostalgische Ader: Music Hall, billiger Varieté-Zauber, Oper, Kurorchester, auch New Orleans Jazz, all das schwang in ihrer Erzählung mit, jedoch nicht etwa als kalkulierter Effekt wie bei Nostalgie-Acts vom Schlage Mud oder Showaddywaddy, sondern als reizvolle emotionale Farbe ihrer überaus süffigen Rockvariante.

Ende September 1975 hatten Queen Aufnahme und Mix von »Bohemian Rhapsody« abgeschlossen. Der Song, dessen früheste Fragmente bis in das Jahr 1969 zurückreichten, war zur atemberaubenden Montage gegensätzlichster Elemente geworden und bot dennoch eine schlüssige Dramaturgie: Es begann mit elegischen Gesangsharmonien (»Is this the real life, is this just fantasy?«), gefolgt von einer dramatischen Klavierballade (»Mama, I just killed a man …«), die schließlich in ein kurzes, wenngleich mächtiges Gitarrensolo mündete. Bis dahin war eigentlich noch alles handelsübliche Rockmusik gewesen, vielleicht etwas exaltiert, aber dafür war Queen schließlich bekannt.

Dann jedoch, bei der Dreiminutenmarke, wurde das Geschehen kurz auf einen monoton vor sich hin hämmernden Klavierakkord reduziert.Und es folgte jener Part, der den Song berühmt machen sollte: eine aberwitzige Kombination aus Mercurys Gesangszeilen (»I see a little silhouetto of a man …«) und vierstimmig von der Band erwiderten a-capella-Phrasen, die lautmalerisch und sinnfrei aneinandergefügte Begriffe aus der italienischen Oper zitierten – Scaramouche, Fandango und Figaro; Magnifico, Beelzebub und Galileo waren auch noch dabei. Das Ganze entwickelte sich zu einer Art psychedelischer Opera buffa und explodierte schließlich in einen wilden Hardrock, der erst in der sechsten Minute des Stücks wieder in ruhige Gewässer zurückfand, um sich dann allmählich in zarte Klavierakkorde aufzulösen, die noch einmal die Eingangsharmonien zitierten. Mamma mia – so etwas hatte man noch nicht gehört.

Auch die Plattenfirma nicht. Als die Band »Bohemian Rhapsody« als erste Single veröffentlichen wollte, stieß sie dort natürlich auf Widerstand – man verlangte einen auf die Hälfte, also etwa drei Minuten, reduzierten Edit des Songs. Jac Holzman erinnert sich an einen Termin beim damaligen Chef von Elektra Records (der für die USA zuständigen Firma, in England veröffentlichten Queen bei EMI):

> Er sagte, halb scherzhaft: »Schau mal, was deine Band uns geschickt hat!« Es war diese Single. Er spielte die kompletten fünf Minuten und 55 Sekunden und fragte dann: »Was meinst du?« Ich antwortete: »Du hast ein Luxusproblem, geh und bring es raus!«[4]

So geschah es. Mit A NIGHT AT THE OPERA hatten Queen endgültig zu sich selbst gefunden. Roger Taylor: »Für uns war es eine Offenbarung und der Wendepunkt. Als wir damit und mit der Single herauskamen, war das wahrscheinlich das bedeutendste Album, das wir je gemacht haben.«[5]

A NIGHT AT THE OPERA und die Übersingle »Bohemian Rhapsody« etablierten Queen als eine der schillerndsten Stimmen im vielstimmigen Orchester des 70s-Pop und als einen Act, der musikalisch und in seiner extravaganten Präsentation eine ganz eigene Ästhetik geschaffen hatte. Die zeigte sich nicht nur in der so plüschig ausgestatteten Musik, sie zeigte sich naturgemäß vor allem auch auf der Bühne, wo die Kulissen immer pompöser und die Outfits immer ausgefallener wurden. Und sie zeigte sich in dem spektakulären Promofilm zu »Bohemian Rhapsody«, den die Band für die BBC gedreht hatte, nachdem sie aus Zeitgründen zu einer Sendung nicht hatte erscheinen können. Viele betrachten den spektakulär inszenierten Clip als den eigentlichen Beginn des Videozeitalters. Wer Queen bis zu diesem Zeitpunkt noch nicht live gesehen hatte, und das waren die meisten, der konnte sich in diesem Film auch vom außerordentlichen Charisma ihres Frontmanns überzeugen, der darin stolz wie ein Pfau über die Bühne paradierte.

Als sich das Jahr 1975 dem Ende zuneigte, waren Queen nicht mehr irgendeine Rockband. Sie waren nun Pop XXL, Rockbombast pur und, im Wortsinn, große Oper. Es waren die Jahre zwischen ausgehendem Glam und heraufdämmerndem Punk – keine Band passte besser in diese Zeit als Queen.

Eine schwere Geburt

Auf eine ganz andere Weise passte in diesem Jahr auch Bruce Springsteen in seine Zeit. Im Unterschied zu Queen lebte er in Amerika, genauer: im Hinterland der US-Ostküste. Er entstammte einer Arbeiterfamilie und war ein einfacher Junge, der weder viel gelernt noch gar eine Kunstschule besucht oder überhaupt irgendeine Berufsausbildung begonnen geschweige denn abgeschlossen hatte. Schon früh war er auf sich allein gestellt gewesen, ein zäher, cleverer Streuner, der die Gesetze der Straße kannte und sein Handwerk in der provinziellen Lokalszene des abgetakelten Seebades Asbury Park in New Jersey erlernt hatte.

Springsteen machte Musik, weil er es mit den Animals hielt. Die hatten einst gesungen: »We've gotta get out of this place!« Und das war es, was ihn umtrieb. Er wollte nicht so enden wie sein Vater, für den der Amerikanische Traum nur die hoffnungslosen Gelegenheitsjobs übrig gelassen hatte. Er wollte mit der Band und dem Publikum eine gute Zeit haben und sehen, wie weit er es mit der Musik bringen konnte. An Kunst war der junge Springsteen dabei kaum interessiert und an Glamour schon gar nicht. Ihm ging es um etwas anderes: Mit seinen Songs wollte er sich einen Reim auf das Dasein machen. Er hatte eine Menge Fragen, an das Leben als solches, aber auch an den Rock 'n' Roll, der, wie er glaubte, alles war, wofür es sich zu leben lohnte. So viele von seinen Idolen hatten für diesen Mythos gestanden, und doch wusste er nicht, was er im wirklichen Leben wert war. Springsteen suchte nach Antworten auf diese Fragen, und man hörte seinen Songs an, dass er manchmal darüber verzweifelte. In dieser Hinsicht war er wie all die anderen, die vor der Bühne standen – ziemlich romantisch und einigermaßen ratlos. Das war der Grund, weshalb sie ihm zuhörten. Und Springsteen strengte sich an mit seinen Songs, denn er wusste, dass sie diese Songs mit in ihre Leben nehmen würden.

1973 hatte er einen Plattenvertrag bei Columbia ergattert. Keinem Geringeren als dem legendären John Hammond sen. hatte er seine Lieder vorgespielt, einem Mann, der schon mit Jazz-Legende Benny Goodman gearbeitet und die »Empress of the Blues«, Bessie Smith, entdeckt hatte, lange bevor Springsteen geboren war. Er hatte den Test bestanden. Zwei Alben hatte er seitdem gemacht, GREETINGS FROM ASBURY PARK, NJ und THE WILD, THE INNO-

CENT & THE E STREET SHUFFLE. Doch beide waren spurlos an der Welt vorübergegangen. Okay, es hatte ein paar gute Kritiken gegeben, und die englischen Hollies wollten sein »4th of July, Asbury Park (Sandy)« covern. Seine Originale aber wollte kein Radio spielen, kein Hörer hören und kein Plattenkäufer kaufen. Noch hatten sie ihn bei Columbia nicht vor die Tür gesetzt, aber der 25-jährige Springsteen wusste nur zu gut, dass er noch genau einen Schuss im Magazin hatte. Sein bester Freund, der Gitarrist »Miami« Steve Van Zandt, fasste die damalige Lage später so zusammen: »Wäre diese Platte ein Flop geworden, hätte das wahrscheinlich das Ende unserer Plattenkarriere bedeutet.«[6]

Also wollte er jetzt die beste Platte aller Zeiten machen. Nichts weniger. Und angefangen hatte er damit bereits im Spätwinter 1974 in den 914 Sound Studios in Blauvelt, New York, auf der Jersey-Seite des Hudson. Die beiden ersten Songs, die er mit seiner E Street Band in Angriff nahm, waren »Jungleland« und »Born to Run« gewesen. Letzteren hatte er bereits im Herbst 1973 zu schreiben begonnen. Es sollte der Schlüsselsong für das Album werden: klar, kompakt und tief verwurzelt in der Tradition des alten Rock 'n' Roll, den Springsteen so liebte. Frei von nostalgischen Klischees, sollte es eine packende emotionale Reflexion über Amerika werden, das unter dem Trauma des Vietnamkriegs und der diversen Gewaltexzesse im Zusammenhang mit dem Rassenkonflikt, den zunehmenden wirtschaftlichen Problemen und dem moralischen Bankrott litt, der mit Watergate offenbar geworden war. Im Sommer 1973 übertrug das Fernsehen in den USA fast täglich die Sitzungen des Untersuchungsausschusses. Der Druck auf Präsident Nixon nahm kontinuierlich zu. Auch Springsteen ahnte, dass ein Amtsenthebungsverfahren, das sogenannte Impeachment, immer wahrscheinlicher wurde (Nixon trat am 9. August 1974 als erster Präsident in der Geschichte der USA von seinem Amt zurück und kam damit einem Amtsenthebungsverfahren zuvor).

»Born to Run« sollte auf die deprimierte Stimmung im Land reagieren, und die Figuren des Songs sollten Mut machen. Sie würden wissen, dass ihnen nichts als die Flucht nach vorn blieb, um ihren Platz und ihr kleines bisschen Glück zu finden: »Bis dahin bleibt uns bloß diese Straße, das ewige Jetzt, das für den Rock 'n' Roll Feuer und innerstes Mark ist … ›Tramps like us, baby we were born to run …‹«[7]

Monatelang hatte er an dem Songtext gefeilt, im März dann begannen die Aufnahmen. Ganze sechs Monate sollten vergehen, bis der Song endlich im Kasten war. Der erste Mix war daraufhin an wenige ausgesuchte Radiosender verschickt worden. Und natürlich gingen alle Beteiligten, unter ihnen auch Columbia-Chef Bruce Lundvall, der sich von der Nummer begeistert zeigte, davon aus, dass das restliche Album bald folgen würde. Eigentlich hätte Lundvalls positive Reaktion auf »Born to Run« auch Springsteens Nerven beruhigen sollen, denn offenbar glaubte man bei der Plattenfirma nach wie vor daran, dass der Mann aus Jersey den Durchbruch schaffen würde.

Das Gegenteil aber war der Fall. Statt in Ruhe weiterzuarbeiten und den einmal eingeschlagenen Weg zu verfolgen, wuchsen Springsteens Selbstzweifel, wurde er nur noch unsicherer. Der Grund war nachvollziehbar: Er wollte das perfekte Album machen, unbedingt, er wollte die Quadratur des Kreises. Für jeden Track kam er beinahe täglich mit neuen Ideen ins Studio, die er prompt am nächsten Tag wieder verwarf. Regelmäßig ließ er aufwendige Neuarrangements einspielen, die er dann in irgendeiner der folgenden Nächte entnervt wieder löschte.

Das Schlimmste aber: Das Studio war in einem lausigen Zustand. Andauernd ging dort irgendetwas kaputt, die Aufnahmen kamen kaum voran. Als Springsteens neuer Kumpel, der Journalist und Hobby-Produzent Jon Landau, der nach einem Konzert vom 9. Mai 1974 den berühmten Satz von der »Zukunft des Rock 'n' Roll« über den Sänger geschrieben hatte[8], im Winter 1975 zum ersten Mal bei den Sessions auftauchte, schlug er verständlicherweise die Hände über dem Kopf zusammen. Er tat das einzig Richtige und legte seinem Freund nahe, so schnell wie möglich in das renommierte Record Plant Studio in New York City zu wechseln. Und er überzeugte Springsteen in langen Gesprächen davon, dass weniger mehr ist:

> Jon hatte mir dabei geholfen, die Songs auf maximale Wirkung hin zu komprimieren. Er machte mir klar, dass länger nicht unbedingt besser war – kürzer auch nicht notwendigerweise, aber da hatte ich meine Lektion bereits verinnerlicht …[9]

Zwar ging es nun endlich voran, das Drama war damit allerdings noch nicht beendet. Am 20. Juli 1975 sollte die »Born to Run«-Tournee mit einem Konzert in Providence, Rhode Island, starten. Bis dahin musste das Album fertig sein. Tatsächlich war es das auch, freilich auf den allerletzten Drücker – Springsteen, Landau, Toningenieur Jimmy Iovine (der seine Karriere Mitte der 1970er Jahre als Toningenieur im New Yorker Record Plant begann und später zu einer der mächtigsten Figuren der amerikanischen Musikindustrie wurde), Manager Mike Appel und die komplette E Street Band hatten nach einer Nachtschicht noch bis in den Morgen im Record Plant gehockt, wo die einen endgültige Mischungen vornahmen und die anderen letzte Feinheiten des Bühnenprogramms probten. Als endlich alles erledigt war, warteten draußen die Vans mit laufendem Motor, um die Band zum drei Autostunden entfernten Auftrittsort zu bringen.

Fünf Tage später dann kommt Jimmy Iovine mit Testpressungen des fertig gemasterten Albums nach Kutztown, Pennsylvania, wo die E Street Band an diesem Tag in der Keystone Hall gastiert. Springsteen soll sein Okay für die Massenherstellung der Platte geben. Also hört er sich das Album an, an dem er fast zwei Jahre lang gearbeitet hat, gerechnet seit dem Tag im Herbst 1973, als er in seinem Haus in Longbranch, New Jersey, die erste Idee zu »Born to Run« hatte. Als die letzten Töne des finalen Songs »Jungleland« verklungen sind, steht er auf, nimmt die Platte wortlos von dem transportablen Plattenspieler, den er für die Tournee mitgenommen hat, geht hinaus und wirft sie in den Ho-

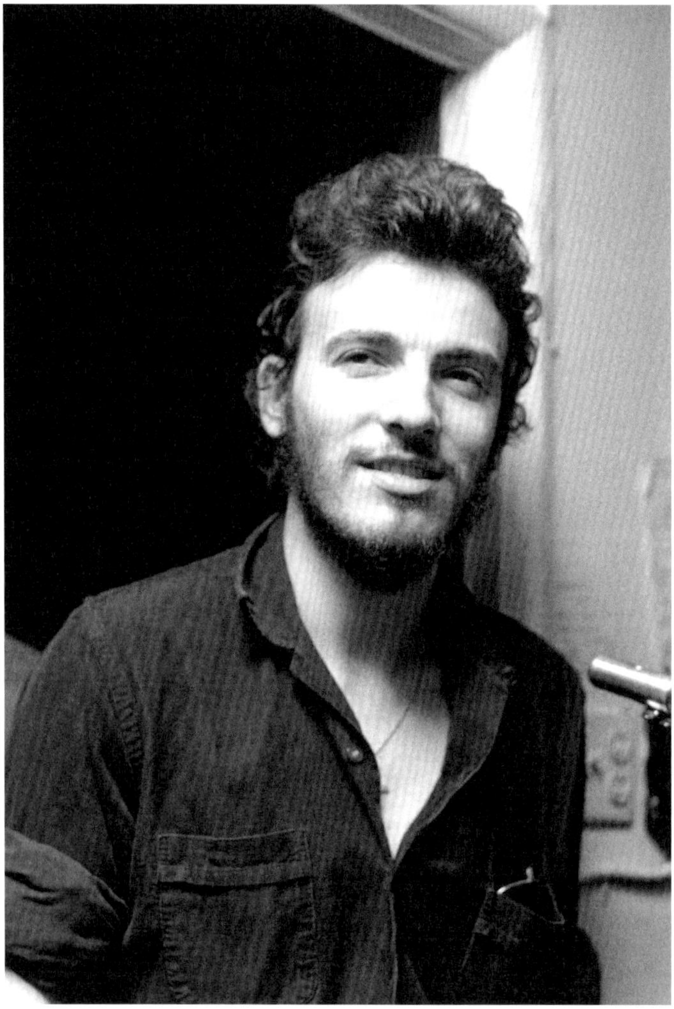

Schwere Geburt: Bruce Springsteen gelang mit dem Song »Born to Run« und dem gleichnamigen Album der Durchbruch in den USA.

telpool. Iovine und die E Street Band sind fassungslos und Springsteen außer sich – er hat genau hingehört und dabei doch nur all das wahrgenommen, was er nun lieber hätte anders machen wollen. Also verweigert er rundheraus seine Zustimmung zur Veröffentlichung. Alle Beteiligten sind nach dieser Produktion am Ende, und verständlicherweise fällt es Springsteen selbst am schwersten, sein Baby, das ihm so viel abverlangt hat, endlich loszulassen. Iovine: »Er hatte einfach nur eine miese Stereoanlage, und wir wussten alle nicht, was wir taten, weil wir einfach so erschöpft waren.«[10]

Glücklicherweise gelang es Iovine, Appel und Landau, den verunsicherten Künstler noch vor dem abendlichen Konzert zur Freigabe zu überreden. BORN TO RUN erschien am 25. August 1975, und es etablierte Springsteen praktisch über Nacht als einen der vielversprechendsten Rockschreiber seiner Generation.

Die Dramen würden weitergehen, und Krach würde es noch jede Menge geben. Das fing schon damit an, dass die Magazine *Time* und *Newsweek* den Newcomer im September gleichzeitig auf dem Cover abbildeten. Wie beispiellos der Vorgang damals war, ist heute kaum noch zu verstehen. Zu dieser Zeit fand Pop in der seriösen Presse praktisch nicht statt. Wenn überhaupt irgendwo etwas über Rockmusiker zu lesen war, dann auf der letzten Seite als maximal fünfzeilige Meldung, und das auch nur dann, wenn mal wieder ein Star gestorben war. Selbst die Klatschpresse, die sich eigentlich ausschließlich um Filmgrößen und gekrönte Häupter kümmerte, begann das Thema Popmusik und dessen Personal in Gestalt der internationalen Rockaristokratie erst allmählich zu entdecken. Nun also ein Rocker, noch dazu ein bis dahin völlig unbekannter, auf dem Cover von *Time* und *Newsweek*. Springsteen war peinlich berührt, gleichzeitig stolz und misstrauisch. Er wusste nur zu gut, dass ein solcher Hype nach hinten losgehen und seinen Gegenstand unter sich begraben konnte. Er wäre nicht das erste Opfer eines solchen Presse-Overkills gewesen. Schon nach seinem ersten Album hatte man ihn zum »neuen Dylan« erklärt, was ihn mindestens so sehr genervt hatte wie die vielen großformatigen Konzertankündigungen, auf denen immer wieder Landaus Bemerkung von der »Zukunft des Rock 'n' Roll« zitiert wurde.

Endgültig aber platzt ihm zwei Monate später am 18. November der Kragen. Es ist der Tag, als die E Street Band ihr erstes Konzert in Europa geben soll. Als Springsteen das Londoner Hammersmith Odeon betritt, wo David Bowie zwei Jahre zuvor Ziggy Stardust begraben hat, traut er seinen Augen nicht: Draußen prangt in Leuchtbuchstaben »Finally London is ready for Bruce Springsteen and the E Street Band!«, drinnen auf jeder freien Wandfläche Springsteen-Plakate und in der Halle auf jedem Sitz Werbeflyer.

Kurzerhand reißt er alles von den Wänden und wirft die Flyer eigenhändig weg. Er will nicht angepriesen werden wie ein Waschmittel, stattdessen will er in dem Land, das so viele seiner Helden hervorgebracht hat, beweisen, dass er selbst und seine Band etwas zu bieten haben: »Man sagt den Leuten nicht, was sie zu denken oder zu fühlen haben. Man macht sein Ding und lässt sie selbst entscheiden. Nur so habe ich es bis hierher geschafft …«[11]

Am Ende hatte BORN TO RUN seine Schuldigkeit getan: Es kletterte auf Platz drei in den US-Billboard-Charts, und vor allem hatte es dem Songwriter Springsteen seinen Themenkanon erschlossen, aus dem er für die nächsten Jahrzehnte schöpfen würde. Patti Scialfa, die seit bald 30 Jahren mit dem Sänger verheiratet ist und 1985 zur E Street Band stieß, brachte die besonderen Qualitäten dieses Albums einmal so auf den Punkt:

> BORN TO RUN trägt den Mythos des Rock 'n' Roll in sich. Den wahren Mythos, die klassischen Ideale dessen, was man unter Rock 'n' Roll versteht. Befreiung – Musik befreit. Sie hat die Macht, Menschen zu verändern. Man glaubt einfach an ein größeres Selbstbild.[12]

Tatsächlich fanden die Songs von BORN TO RUN einen Platz im Leben ihrer Hörer. Springsteens Rock 'n' Roll tat, was der beste Rock 'n' Roll schon immer getan hat: Er stiftete Identität, weckte Emotionen und bot Drama satt. Vor allem aber spendete er Trost und barg ein Versprechen – »together we could break this trap«.

Von Down Under in den Pop-Olymp

Von all dem bot die Musik der Bee Gees im Jahr 1975 – nichts. Aber sie war auf der Höhe der Zeit, einzigartig, elegant und erfolgreich, kurzum: beste musikalische Unterhaltung. Damit entsprach sie, endlich wieder, dem Qualitätsmaßstab, den ihre Schöpfer seit jeher angelegt hatten.

In Miami hatten Barry, Maurice und Robin Gibb ganze Arbeit geleistet und ihrem gut eingeführten, zuletzt aber weit hinter den Umsatzzielen zurückgebliebenen Familienbetrieb eine neue Zukunft verschafft. Die Bee Gees von MAIN COURSE, dem Album, das sie 1975 aufnahmen, hatten ihren Kurs wiedergefunden, hatten sich im unbarmherzigen Rennen um die Hits wieder dort positioniert, wo die Erfolgsaussichten die besten waren, also mitten auf der Straße oder, wie es im Englischen heißt, in the middle of the road. Dort war der Mainstream, und dort lag das Geld. Wer dort etwas reißen konnte, befand sich auf der Gewinnerstraße. Die Gebrüder Gibb hatten sich in Miami neu erfunden, mit den Bee Gees des Jahres 1972 hatten sie musikalisch nicht mehr allzu viel gemeinsam.

Begonnen hatte diese Neuerfindung auf dem Julia Tuttle Causeway mit dem »chon-ka, chon-ka«, das Linda Gibb »drive talking« genannt hatte. Barry Gibb hatte die Phrase vor sich hin gesummt und später nicht vergessen. Im Studio angekommen, hatte er dann zusammen mit Robin und Maurice aus der Idee einen neuen Song gebastelt. Aus »drive talking« wurde »Jive Talkin'« und aus dem »chon-ka, chon-ka« von der Brücke ein entspannter Philly-Funk, »exakt in der Geschwindigkeit von 35 Meilen pro Stunde«, wie Maurice Gibb später einmal angab. Eingespielt hatte den Track die Bee-Gees-Backing-Band, und das Ergebnis war ein Groove, der mindestens so tanzbar war wie die von den Disco-Turntables in Miami Beach.

Stolz spielten die Brüder den neuen Song nun ihrem Produzenten Arif Mardin vor. Die Reaktion war überraschend, der US-Amerikaner brach in Gelächter aus und fragte die verdutzten Musiker: »Wisst ihr eigentlich, was ›jive talking‹ bedeutet?« Sie wussten nicht. Mardin grinste: »Das ist ein schwarzer Slangausdruck für verarschen!« Mit »Jive« hatten die Gibbs den gleichnamigen Tanz gemeint und gesungen: »Jive talkin', you dance with your eyes«. Nun schrieb Barry die Zeile um, und fertig war ein neuer Chorus: »Jive talkin, you're telling me lies«.

Mardins Nase für Trends und seine Sensibilität für schwarze Musik kamen nicht von ungefähr. Der türkischstämmige Produzent, zu diesem Zeitpunkt 42 Jahre alt, hatte nicht nur eine beeindruckende Karriere als Manager hinter sich, sondern auch eine mindestens ebenso ehrfurchtgebietende als Musiker – er wusste nicht nur, wie man Platten verkauft, er wusste auch, wie man sie macht. In jungen Jahren schon hatte er als Arrangeur für Jazzbands gearbeitet und später am Berklee College of Music bei keinem Geringeren als Quincy Jones Komposition studiert. In den Sechzigern verantwortete er gemeinsam mit den Ertegun-Brüdern und dem Toningenieur Tom Dowd einige der wichtigsten Platten, die bei Atlantic Records erschienen waren, darunter die großen Alben von Aretha Franklin. Mardin war ein versierter Produzent, und er kannte sich im Grenzgebiet von schwarzer Musik und weißen Märkten besser aus als jeder andere. Zudem war er offen für neue Ideen. Seine Philosophie: »Ich bin kein Purist – ich nehme alles, was gut klingt.«[13]

Zum Beispiel den Synthesizer-Bass. Mardin hatte dafür gesorgt, dass für die Aufnahmesessions in den Criteria Studios auch ein neuer ARP 2600 Synthesizer zur Verfügung stand. Auf dem spielte nun der Bee-Gees-Keyboarder Blue Weaver die ursprünglich von Maurice Gibb aufgenommene Basslinie von »Jive Talkin'« neu ein, und es entstand ein zur damaligen Zeit absolut ungewöhnlicher Sound (lediglich Stevie Wonder hatte ihn schon einmal bei seinem 1972er Singlehit »Superstition« eingesetzt).

Es war der entscheidende Kunstgriff, der dem Song auf der Tanzfläche seine Durchschlagskraft verlieh. Bei einem anderen Stück, »Nights on Broadway«, ermunterte Mardin Barry Gibb, es im Schlussteil als Sänger mal eine Oktave höher, also mit der Kopfstimme, zu versuchen. Gibb wusste zunächst nicht recht, was er davon halten sollte, fand aber schnell Gefallen an der Idee. Der Klang bescherte dem Harmoniegesang der Gruppe eine ganz neue Dimension und funktionierte auch als Leadstimme. Mit ein wenig Hilfe von Mardin hatten die Bee Gees ihr berühmt-berüchtigtes Falsett erfunden – eine markante Konstante in ihrer neuen musikalischen Erfolgsformel. Barry Gibb war selbst erstaunt: »Es war ein neues Element unseres Gesangs, mit dem wir arbeiten konnten. Ich hab bis dahin nicht gewusst, dass ich das kann.«[14] Erstaunlich, dass Gibb von seinem Falsett nicht gewusst haben will – schließlich gab es im Popbetrieb der 1970er Jahre kaum eine versiertere weiße Gesangsgruppe. Ab sofort schrieben die Bee Gees ihre Songs auch und immer öfter für Barrys Kopfstimme.

Damit hatten sich die drei Engländer von der etwas antiquierten orchestralen Balladenfabrik zur hippen und slicken White-Soul-Hitschmiede gemausert. Sie waren am Ziel, das sie seit ihren Anfängen, die bis weit in ihre Kindheit zurückreichten, mit Talent und unbändigem Ehrgeiz angesteuert hatten. Barry: »Es ist immer um drei Brüder gegangen, die berühmt werden wollen.«[15]

Barry, geboren 1946, war drei Jahre älter als die Zwillinge Maurice und Robin. Viel Geld hatte es im Haus der Gibbs nicht gegeben, wohl aber, und das von Anfang an, jede Menge Musik. Wenn Vater Hugh nicht gerade als Leiter seiner eigenen Big Band unterwegs war, dann legte er zu Hause die Platten der großen Swing-Stars auf. Und Mutter Barbara, selbst eine ehemalige Bandsängerin,

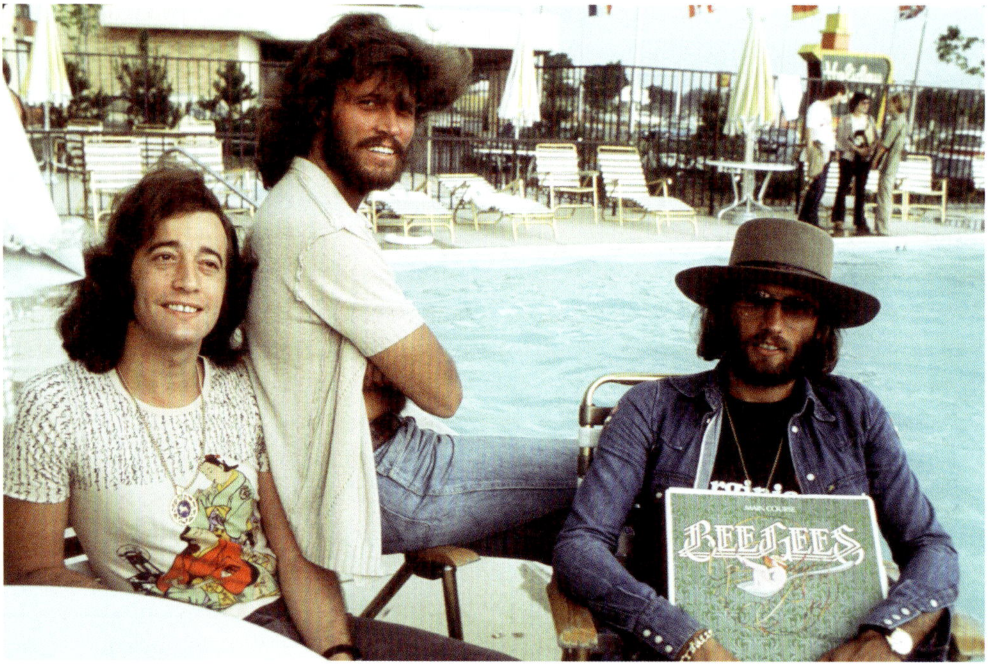

»Chon-ka, chon-ka«: 1975 produzierten Robin, Barry und Maurice Gibb (v. l.) in Miami das Album MAIN COURSE – und erfanden dabei ihre neue Erfolgsformel.

brachte ihren Jungs das Singen bei. Vorbilder gab es genug, die Palette reichte von den lange schon erfolgreichen Mills Brothers bis zu den Ende der 1950er Jahre gerade erst aufgetauchten Everly Brothers. Vom Vater bekamen Robin, Maurice und Barry den nötigen Schliff, er brachte ihnen alle Tricks bei, die er im Lauf seiner Profijahre gelernt hatte. Maurice: »Er sagte uns: Wenn ihr auf die Bühne geht, lächelt. Wenn ihr euch schlecht fühlt und auch so ausseht, dann wird sich das Publikum genauso fühlen. Er lehrte uns Professionalität.«[16]

1958, es war die Zeit der ersten Rock-'n'-Roll-Welle, waren die Verdienstmöglichkeiten für Hughie Gibbs Big Band so schlecht geworden, dass die Familie beschloss, ans andere Ende der Welt, nach Australien, auszuwandern. Die 1950er Jahre gingen zu Ende, und im Surferparadies Redcliffe bei Brisbane übernahm die nächste Gibb-Generation. Ausgestattet war sie mit Talent, solidem handwerklichen Können (die Brüder beherrschten diverse Instrumente) und dem Wissen, dass die schönste Kunst nichts wert ist, wenn sie sich nicht auch in klingender Münze niederschlägt. Also sangen die Jungs auf der Bühne nicht nur gefragte Folksongs und Tageshits, von Anfang an setzten sie dazu auch Elemente der Stand-up-Comedy ein. Erlaubt war alles, was Unterhaltung versprach – give the people what they want.

1963 unterzeichnete der Vater für seine Sprösslinge den ersten Plattenvertrag. Ein Jahr später sahen die Brüder die Beatles im Sydney Stadium – eine Offenbarung, denn die Liverpooler taten genau das, was die drei Brüder auch tun wollten: Sie schrieben Songs, machten Schallplatten und sangen für ein weltweites Publikum.

Eigene Songs und Schallplatten machten die Bee Gees nun ebenfalls. Der erste kleine Hit gelang 1966, noch in Australien, mit »Spicks and Specks«. Wenig später kehrte die Familie zurück in die englische Heimat, und jetzt ging alles ganz schnell. Maurice: »Alles, was wir [in Australien] aufnahmen, Bänder, Acetate, Platten, hatten wir auch an Brian Epstein gesendet.«[17] Tatsächlich bestellte Robert Stigwood, damals Angestellter des Beatles-Managers, die Bee Gees schon im Februar 1967 zu einer Audition ein. Zwei Monate später war »New York Mining Desaster 1941« erschienen und danach Hit auf Hit gefolgt: »To Love Somebody«, »Massachusetts«, »World« und so weiter. Am Ende ihres ersten Jahres in London waren aus den drei australischen Nobodys waschechte Popstars geworden, die auf Augenhöhe mit Idolen wie den Beatles verkehrten und Anerkennung für ihre Musik genossen. So meinte kein Geringerer als der fünfte Beatle, George Martin: »Ich kenne keine Gruppe, die auf so natürliche Weise miteinander Harmonie singen kann.«[18]

Plattenhits, umjubelte Tourneen, Fototermine, Interviews. Unter der von Goldenen Schallplatten versiegelten Oberfläche aber gärte es. Bis dahin war das Zusammengehörigkeitsgefühl der Brüder das Selbstverständlichste der Welt gewesen. Es gab nur eines, das diese Harmonie gefährden konnte: plötzlich keine Kinder mehr zu sein. Und das war nun geschehen. 1969 waren alle drei Bee Gees verheiratet, nahmen sich nun auch mal eine Auszeit von den anderen und hatten von der nächsten Platte mitunter andere Vorstellungen als die liebe Familie. Neben Drogen waren auch noch neue, darunter manch falsche Freunde im Spiel. Auch Stigwood konnte nicht verhindern, dass es schließlich kam, wie es kommen musste: Der Bruderzwist regierte, Robin versuchte sich solo, Maurice und Barry machten allein weiter.

Im Verlauf des Jahres 1970 aber fanden die entzweiten Brüder wieder zueinander. Zunächst schien das Comeback erfolgreich, »Lonely Days« und »How Can You Mend a Broken Heart« gelangten in die US-Charts, letzterer Song 1971 sogar bis auf Platz eins. Tatsächlich aber hatte sich in der kurzen Zeit vieles verändert: Die Sixties waren vorüber, Pop erwachsen und sein Publikum ein anderes geworden. Einschmeichelnde Singles und die unbeteiligte Pose des Entertainers allein reichten nicht mehr. Rock und Pop waren zur Stimme der Gegenkultur geworden, und die Musikpresse hatte das Bee-Gees-Œuvre längst als hohlen Kitsch gebrandmarkt. Ihr bis dahin untrügliches Gespür für den Markt, dessen Trends und sein Publikum hatten die Bee Gees verloren. Und sie hatten keinen Plan, wie sie ihre speziellen Talente ins aktuelle Geschehen einbringen konnten. Spätestens 1972 betrachtete man sie als Gesichter von gestern, und weitere Versuche, egal ob auf dem 45er- oder dem 33er-Format, gingen zuverlässig in die Hose respektive an den Charts vorbei. Die Popkarawane war weitergezogen. Ohne Barry, Robin und Maurice.

Dann kam Arif Mardin ins Spiel. Robert Stigwood hatte ihn ins Boot geholt, und dem erfahrenen Atlantic-Mann war es gelungen, die abgehalfterte Bruderschaft wieder für aktuelle Trends, vor allem für solche im Bereich der schwarzen Musik, zu interessieren. Das erste Album, das er mit ihnen produziert hatte, MR. NATURAL (1974), war noch ein Flop gewesen, aber hatte bereits angedeutet, dass sich die Musik der Bee Gees vernehmlich dem R 'n' B öffnete. Ein Jahr danach löste MAIN COURSE ein, was das Vorgängeralbum versprochen hatte.

Das Publikum staunte und kaufte, »Jive Talkin'« kletterte an die Spitze der US-Singlecharts, »Nights on Broadway« immerhin in die Top Ten. Und auch die Kritik staunte nicht schlecht über die vermeintlichen Balladen-Biedermänner. So schrieb Manfred Gillig in *Sounds*, dem bundesdeutschen Meinungsführer in Sachen Rockkultur:

> Mit »Nights on Broadway«, »Jive Talkin'« und »Wind of Change« geht die Post fröhlich ab in einem rollenden Discothekenknüller-Sound, wie man ihn von Barry, Maurice und Robin am allerwenigsten erwartet hätte – sehr gepflegt, sehr funky und fast gar nicht schmalzig.[19]

Die Bee Gees waren wieder da. Und sie hatten einen Plan, der sie schnurstracks zum *Saturday Night Fever*-Soundtrack führte. In schneeweißen Anzügen surften sie auf der Discowelle in Richtung Superstardom davon – mit unverschämt breitem Grinsen im Gesicht.

Entertainer, Prediger & Kunsthandwerker

Drei verschiedene Künstler, drei verschiedene Orte, drei verschiedene Geschichten – heraus kamen dabei drei grundverschiedene Songs. Jeder dieser Songs definierte Impulse, die der Musik der 1970er Jahre eine neue Richtung, eine neue Ästhetik und ein ganz neues Thema gaben. Zudem schuf ein jeder von ihnen ein Momentum, das einen prototypischen neuen Superstar im Mainstream installierte: Bruce Springsteen, Freddie Mercury mit seiner Band Queen und die drei Gibb-Brüder respektive die Bee Gees. Sie alle erlebten in diesem Jahr 1975 den entscheidenden Turnaround ihrer Karriere, der dazu führte, dass sie in den 1980er Jahren zu den umsatzstärksten Popstars überhaupt gehörten und dabei einen Bekanntheitsgrad entwickelten, der dem von Hollywoodstars gleichkam.

Queen gelang das mit der Single »Bohemian Rhapsody« und dem Album A NIGHT AT THE OPERA praktisch über Nacht. Sie hatten sich damit nicht nur selbst zur schillerndsten Rockband der Dekade gemacht, sie hatten auch gezeigt, dass Rock und Pop gleichzeitig berauschendes Kunsthandwerk und mit leichter Hand verabreichter Drei-Minuten-Trash sein, dass Genie, Exzess, Pomp und Boulevard in ein und derselben Note mitschwingen konnten. Kurz: Queen waren Pop XXL und Rock 'n' Roll galore. Und sie beherrschten beides, die Kurz- und die Langstrecke, verstanden sich auf attraktive Drei-Minuten-Singles ebenso wie auf hochklassige, homogene Albumproduktionen. Hinzu kam, dass sie dank der einzigartigen Performer-Qualitäten ihres Frontmanns

Freddie Mercury auf der Bühne eine Sensation waren. Als am 18. September 1976 rund 150 000 Menschen zu ihrem Konzert im Londoner Hyde Park zusammenkamen, waren die vier Musiker zu überlebensgroßen Rockgöttern geworden.

Die Fans liebten Queen. Und die Kritik hasste sie. Der Grund: Mercury, May, Deacon und Taylor boten polierte Oberfläche, ihr Hardrock war moderat, nie extrem und immer mit jeweils passenden Pop-Elementen geschmückt. Queen-Songs zeichneten sich durch eine gewisse Unverbindlichkeit aus, die man durchaus inhaltsleer nennen durfte. Beste Beispiele sind die Singles »We Will Rock You« und »We Are the Champions« – viel Lärm um eher simple Botschaften. Mercury wusste das sehr wohl und kokettierte gerne damit, bezeichnete er Queens Musik doch einmal als »Wegwerf-Pop«. Zweifellos waren die Briten exzellente Handwerker, aber eben auch das glatte Gegenteil etwa von Pink Floyd, deren Musik sich immer mit den ganz großen Themen auseinandersetzte. In der Mitte des Jahrzehnts war das die Entfremdung zwischen Künstler und Publikum – genau dieses Phänomen des 70s-Rock stimmte die Kritik gegenüber Queen so misstrauisch: Kaum eine Band zelebrierte so hingebungsvoll die Rock-Dekadenz wie die von Freddie Mercury, womit sie den Verlust der für die frühe Rockmusik so wichtigen Verbindung zum Publikum und die damit einhergehende Entfremdung in Kauf nahm. Queen waren Showbiz. Und sie wollten nie etwas anderes sein.

Auch für die Bee Gees, die sich in erster Linie als Entertainer betrachteten, hatte die Verbindung zum Publikum nie eine große Rolle gespielt. Oder besser: Sie hatte eine gänzlich andere Rolle gespielt. Ihnen war es kaum je um die spezielle Beziehung zu ihrem Publikum gegangen, die aus einem gemeinsamen Lebensgefühl herrührte. Für ihren Erfolg war es viel wichtiger, die Gefühlslage des Massenpublikums und aufkommende Trends in der Popmusik zu erspüren, um diese dann möglichst punktgenau zu bedienen – eine Strategie, die für die Bee Gees bis auf die »verlorenen« Jahre zu Beginn der 1970er immer funktioniert und der Gruppe auch jetzt eine solide Erfolgsgrundlage beschert hatte. Allerdings dauerte es noch gute zwei Jahre, bis der Kinoknüller *Saturday Night Fever* 1977 die Welt erobern und mit seiner in weiten Teilen von den Bee Gees stammenden Musik die Disco-Ära definieren würde. Mit »Jive Talkin'« und dem dazugehörigen Album MAIN COURSE hatten die Gebrüder Gibb die entscheidende Kurskorrektur vorgenommen, die sie zu den musikalischen Vollstreckern der weißen Discokultur machen sollte. Damit hatten sie getan, was weiße Künstler schon immer getan hatten: Sie hatten Trends der schwarzen Musik fit gemacht für den weißen Popmarkt. Allerdings hatten sie Philly Soul und Funk nicht nur imitiert, sondern mit ihrer blütenweißen Popsensibilität organisch verschmolzen. Die Folge waren garantierte Millionenumsätze. Spätestens seit der Hitserie, die mit »Jive Talkin'« begonnen hatte und danach Klassiker wie »Night Fever«, »You Should Be Dancing« und »Staying Alive« hervorbrachte, waren die Bee Gees zur perfektesten Hitmaschine ihrer Zunft aufgestiegen. Sie artikulierten das Lebensgefühl der breiten

Konsumentenmasse und einer neuen Freizeitgesellschaft: Die Gibbs tanzten mitten auf der Straße.

Natürlich fand die Kritik auch hier das Haar in der Suppe, so monierte Stephen Holden im *Rolling Stone*: »Bei aller Professionalität sind die Bee Gees nie etwas anderes als Imitatoren gewesen, ihre Alben waren schon immer mehr vom Sound als von der Substanz abhängig.«[20] Man könnte es auch freundlich ausdrücken: Zu sagen hatten die Bee Gees tatsächlich nicht viel, aber musste Pop immerzu etwas zu sagen haben? Braucht Pop überhaupt eine Message, die mehr als drei Minuten Spaß auf der Tanzfläche verspricht? Die Millionen Plattenkäufer und Discogänger jener Jahre gaben die Antwort. Die Gebrüder Gibb hatten die Haltung des professionellen Entertainments von Anfang an beherzigt, alles was darüber hinausging, war ihnen suspekt gewesen. Und damit waren sie vielleicht ehrlicher als so mancher sich politisch gebende Kollege – it's only disco music (but we like it). Freddie Mercury hätte das sofort unterschrieben.

Der Storyteller Bruce Springsteen dagegen lebte wie kaum ein anderer Protagonist des 70s-Rock von der geradezu symbiotischen Verbindung mit seinem Publikum. Seine Songs hätten in der Welt eines jeden einzelnen seiner Zuhörer spielen können. Gleichzeitig aber hatte Springsteen in den Jahren seines mühseligen Aufstiegs nicht nur ein strenges Arbeitsethos entwickelt, er hatte auch die klassische Position des Entertainers verinnerlicht. Er wusste, dass er da oben auf der Bühne etwas bieten musste. Nicht umsonst genossen seine mitunter mehr als vier Stunden andauernden Shows einen legendären Ruf.

Mit »Born to Run« und dem gleichnamigen Album hatte er 1975 den nationalen Durchbruch geschafft, zum gigantischen Poperfolg sollte sein mit Soul und Blues unterfütterter Rock aber erst Jahre später mit BORN IN THE U.S.A. werden. In diesem besonderen Moment 1975 aber, als die Rockmusik, wie nicht wenige meinten, selbstgefällig und behäbig zu werden drohte und Punk erst als vages Unbehagen vorhanden war, hatte »der Boss« mit »Born to Run« bewiesen, dass in der alten Idee des Rock 'n' Roll noch jede Menge Leben steckte und dass er ihr, so wie es Jon Landau prophezeit hatte, tatsächlich eine Zukunft geben konnte. Auf diese Weise war Springsteen zu einem der größten Hoffnungsträger eines musikalischen Formats geworden, das von charismatischen Persönlichkeiten lebte und seit Bob Dylans weitgehendem Rückzug aus der Öffentlichkeit händeringend nach neuen Stars suchte. Wie nebenbei hatte Springsteen mit BORN TO RUN und den nachfolgenden, zunehmend auf ein Massenpublikum zugeschnittenen Alben DARKNESS ON THE EDGE OF TOWN und THE RIVER ein ganz neues Genre definiert: den Heartland Rock, der in der Folge auch von Persönlichkeiten wie Tom Petty, Bob Seger und John Mellencamp geprägt und in den Mainstream getragen werden sollte.

Die drei hier vorgestellten Künstler bzw. Gruppen waren grundverschieden und repräsentierten jeder für sich einen bestimmten Stereotyp des Musikgeschäfts: den Entertainer, den Kunsthandwerker und den Prediger. Die Bee Gees waren die wendige, mit allen Wassern gewaschene Musik-Maschine, die

Stimmungen und Trends zuverlässig registrierte und in eine erfolgreiche Entertainment-Marke verwandelte. Queen hingegen waren hochgradig veranlagte Kunsthandwerker mit einzigartigem Charisma und Sinn für spektakuläre Inszenierungen, die konsequent auf schnellen Konsum setzten. Im Unterschied dazu gab Bruce Springsteen den sensiblen Chronisten, der die Befindlichkeiten des weißen Mittelstands sezierte, auf moralische Integrität setzte und das Medium der Rockmusik literarisch nutzte.

Alle drei, Bee Gees, Queen und Springsteen, reagierten auf ihre jeweilige Weise auf die veränderte Gegenwart und den Umstand, dass die 1970er Jahre drauf und dran waren, ihren Optimismus und ihre Zukunftsgläubigkeit gegen eine umfassende Zivilisationsskepsis einzutauschen. Ihre Musik entstand unter dem Eindruck der ersten weltweiten Ölkrise und der Erkenntnis, dass der westlichen Welt und besonders den USA, die wie kein anderes Land für Wirtschaftswachstum und Mobilität standen, zum ersten Mal bewusst wurde, dass die Ressourcen nicht unendlich reichten und das seit dem Zweiten Weltkrieg anhaltende Wirtschaftswachstum kein Naturgesetz war. Manchen schwante bereits, dass es mit den fetten Jahren bald vorbei sein würde. Die Krise der Stahlindustrie machte sich im Mittleren Westen der USA allmählich ebenso bemerkbar wie zum Beispiel in Norden Englands und hierzulande an Rhein, Ruhr und Saar, und hüben wie drüben fragten sich die Ersten, ob ihre Gesellschaft das Versprechen auf behagliches Bürgerglück noch einlösen konnte. Der Discobeat der Bee Gees und der süffige Poprock von Queen boten da die Flucht in den Rausch der Samstagnacht und ein bisschen emotionalen Pfeffer für jene, die sich auf die Luftgitarre verstanden. Und Springsteen stellte die existentiellen Fragen: Kommen wir hier lebend raus? Haben wir eine Chance, unser gelobtes Land zu finden? Gibt es die Liebe wirklich?

Aber weder Springsteen noch Queen oder die Bee Gees gehörten zu denen, die mit spektakulären neuen Ideen aufwarteten. Sie setzten keine Impulse für einen neuen Lifestyle, sie erfanden keinen neuen Musikstil, und schon gar nicht revolutionierten sie Produktions- und Kompositionstechniken oder -stile. Bei aller Aktualität schöpften sie vornehmlich aus der Vergangenheit und outeten sich als beinharte Traditionalisten. Auf diese Weise schufen sie ein Werk, das für Millionen von Menschen zugänglich und verständlich blieb. Dem Markt wiesen sie damit seinen Weg in die nächste Dekade: die 1980er, in denen Rock- und Popmusik zum weitgehend berechenbaren Konsumprodukt wurden.

75

17. Mai 1975
Von Predigern und Amazonen

Soul, Funk & Pop: Schwarze Musik, weiße Märkte, ein Schnappschuss und ein Besuch mit Folgen

»Wie ihr seht, habe ich hier mein Klavier aus Glas, und alle warten auf mein erstes Concerto!« Umständlich setzt sich der Mann auf die weiße Klavierbank, in gespielter Ahnungslosigkeit zunächst mit dem Rücken zur Tastatur. Dann dreht er sich um, erhebt sich wieder, blickt lächelnd in die Fernsehkamera und verkündet: »Nun, um ernst zu werden: Das«, er deutet auf den tatsächlich gläsernen Flügel, »steht hier speziell für einen sehr, sehr begabten jungen Mann, ein absolutes Genie als Musiker, Komponist und Sänger.«

Das Genie kommt zwar erst noch, aber schon jetzt dürfte jede Zuschauerin, die auch nur im Geringsten für die erotischen Reize des männlichen Geschlechts empfänglich ist, elektrisiert sein. Der da am Klavier steht, gurrt in den tiefsten Registern, sein samtiger Bariton verspricht Champagner und Satin Sheets. Er sieht blendend aus: gepflegter Afro, schlanke Figur, vorbildliche Körperspannung, silbergrauer Dreiteiler, passende Krawatte, Einstecktuch. Die Brille verleiht ihm noch eine Extraportion kultivierter Urbanität. Sexy und stylish, souverän und gelassen, eine schwarze Ausgabe von »Department S«-Dandy und Stil-Ikone Jason King alias Peter Wyngarde. Wir sehen Don Cornelius, 38, den zweifellos bedeutendsten Zeremonienmeister der schwarzen Musik.

Der Gast, den er an diesem 17. Mai 1975 in den A&M-Fernsehstudios in Los Angeles ankündigt, ist ebenfalls nicht irgendwer. Die Welt kennt ihn als den zu diesem Zeitpunkt erfolgreichsten Zampano des weißen Pop: Elton John. Der Engländer betritt die kleine Bühne, von links kommt er ins Bild – modischer

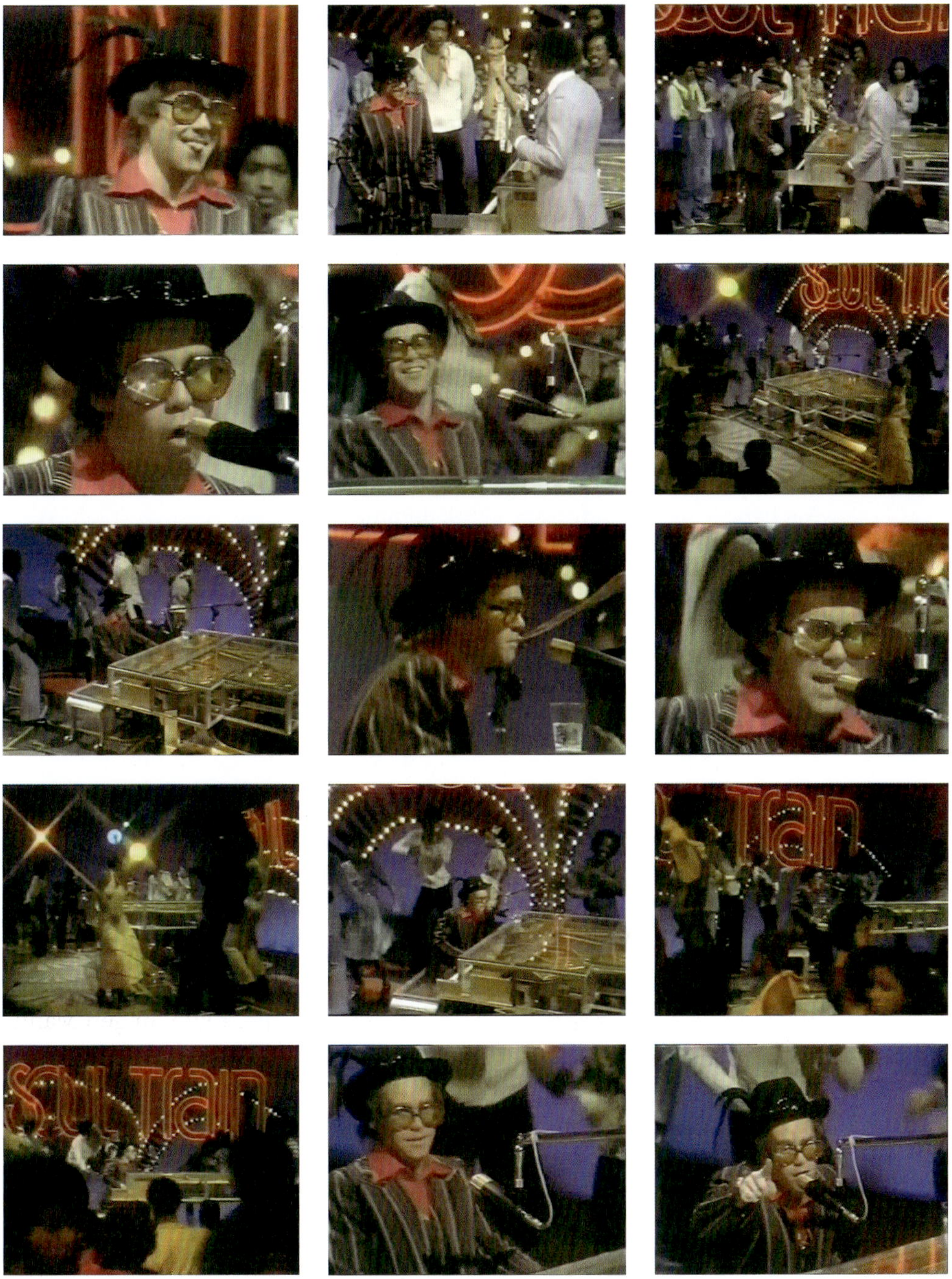

Fedora, Fasanenfeder und Fliegenbrille: Elton John bei seinem Gastspiel in der US-Fernsehshow *Soul Train*.

Anzug, schrilles Streifenmuster, Fedora mit Fasanenfeder, gelbe Fliegenbrille. Ein wenig linkisch schüttelt er Cornelius' Hand. Er ist einen guten Kopf kleiner als sein Gegenüber, stopft verlegen die Hände in die Hosentaschen, tritt nervös von einem Bein auf das andere. Hinter ihm applaudiert ein rundes Dutzend junger Afroamerikaner. So mancher vor der Mattscheibe wird sich erstaunt fragen, was ein weißer Popstar bei *Soul Train* verloren hat, dem wichtigsten Schaufenster der Black Music.

Während einer kurzen, von Cornelius moderierten Fragerunde will das Studiopublikum von John wissen, wo er seine »funky glasses« her hat, welche seiner Songs er selbst am liebsten mag und wie er seine musikalische Karriere begonnen hat. Der Star antwortet im charmanten Plauderton und ist dabei clever genug, auf Cornelius' Frage nach seiner extravaganten Garderobe (»Where did you get that suit, brother?«) als Bezugsadresse die Kaufhauskette Sears & Roebuck anzugeben, der Sponsor von *Soul Train*. Das Ambiente scheint Elton John ein wenig einzuschüchtern, was ihn nur noch sympathischer macht. Cornelius fragt, welchen Song er nun spielen wird, und der Sänger erklärt, dass es sich um eine Hommage an die Musik und den Soul von Philadelphia handele. Und auch, dass die Inspiration dazu von seiner engen Freundin, der Tennisspielerin Billie Jean King, stamme.

Sie habe schließlich für das »Philadelphia Freedom«-Team gespielt. Also habe er den Song mit seinem Texter Bernie Taupin geschrieben, weil die Stadt und das Tennis-Team so vielen Menschen Freude gebracht hätten. Das Publikum applaudiert, Cornelius bittet den Musiker an den Flügel, und der legt los. Ohne seine Band, gesungen wird zum Playback. Dafür aber erlebt man nun die »Soul Train Gang«, rund drei Dutzend Amateurtänzer, die weit mehr sind als nur das Studiopublikum. Sie sind die Seele des *Soul Train*. Neben dem Moderator und den hochkarätigen Musikern sind vor allem sie es, die der TV-Show Leben einhauchen, die sie zum Event machen, zum Lifestyle-Schaufenster und samstagnachmittäglichen Lagerfeuertreff der landesweiten Black Community. Rap-Star Snoop Dogg wird diesen Stellenwert von *Soul Train* Jahrzehnte später so zusammenfassen: »Ich denke, *Soul Train* hat die schwarze Gemeinde miteinander verbunden. Man wusste: Am Samstag saßen alle vor dem Fernseher, weil *Soul Train* lief.«[1]

Mit seiner Performance des Nr.-1-Hits »Philadelphia Freedom« und des anschließenden »Bennie & the Jets«, das bereits im Frühling des Vorjahres an der Spitze der US-Billboard-Charts gestanden hatte und die »Soul Train Gang« nun ganz besonders beeindruckt, erreicht Elton John im Handstreich das komplette schwarze Pop-Publikum der Vereinigten Staaten. Und dazu noch all jene weißen Zuschauer, für die *Soul Train* ebenso ein Pflichttermin ist.

Diese Begegnung zwischen schwarzer und weißer Popkultur im Mai 1975 im Fernsehstudio markiert einen besonderen Moment: Die Black Music hat ihren eigenen Mainstream etabliert, und der bildet nun einen kaum mehr zu ignorierenden Machtfaktor in der amerikanischen Unterhaltungsindustrie. Man befindet sich auf Augenhöhe. Mit der Pionierarbeit von Motown, Stax und Atlantic hatte die schwarze Musik bis zum Beginn der 1970er Jahre einen erklecklichen Anteil am Popmarkt erobert, und das war infolge der allgemeinen gesellschaftlichen Entwicklung geschehen. Mit dem wirtschaftlichen Aufschwung hatte sich nach dem Zweiten Weltkrieg aus dem zugewanderten afroamerikanischen Industrieproletariat in den Metropolen ein veritabler Mittelstand gebildet. Der hatte zwar nach wie vor unter Rassismus und Diskriminierung zu leiden, verfügte aber über deutlich gewachsenes Konsumpotential. Parallel zu dieser Entwicklung hatte die schwarze Musik das Vokabular des weißen Pop zu beherrschen gelernt. Ihre Akzeptanz beim weißen Publikum war in dem Maß gewachsen, in dem sie von den Stars des weißen Pop, also den Beatles und dem ganzen Rest, adaptiert worden war. Blues und Backbeat waren zum Rückgrat der modernen Rockmusik geworden. Folglich also spielte das weiße Radio längst auch farbige Künstler und schauten weiße Kids auch beim *Soul Train* rein. Elton John und wenige Monate später auch sein englischer Kollege David Bowie nutzten die Show deswegen bewusst als Eintrittskarte zu einem neuen, jenseits ihrer Rockhörerschaft angesiedelten Publikum, das ihnen ein beträchtliches Umsatzplus ermöglichte und das sie mit den Medien des weißen Pop so flächendeckend nie würden erreichen können.

Wer im *Soul Train* auftrat, bewies neben einer cleveren Vermarktungsstrategie naturgemäß auch Wertschätzung und Respekt gegenüber der schwarzen Musik. Für Künstler wie Elton John und David Bowie, die von Anfang an schwarzen Vorbildern nachgeeifert hatten, war das immer schon selbstverständlich gewesen. Weiße Geschäftsleute aber, die noch wenige Jahre zuvor schwarze Labels und Musiker nach Strich und Faden ausnehmen konnten, taten gut daran, sich schnell an die neuen Kräfteverhältnisse zu gewöhnen.

Der Bob Dylan des Soul

Dabei blieb das Ganze wie eh und je ein wechselseitiges Geben und Nehmen. Ein zu diesem Zeitpunkt lange schon ruhmreicher schwarzer Musiker wusste das nur zu gut. Er hatte seinem Soul einige der elegantesten Errungenschaften des weißen Pop einverleibt und ihm auf diese Weise größtmöglichen Erfolg beschert. Gleichzeitig war er dabei so authentisch geblieben, dass er als Stimme des schwarzen Amerika gelten konnte, auch und obwohl seine Alben von weißen Kids gekauft wurden und auf Platz eins der Popcharts landeten. Auf diese Weise hatte Marvin Gaye wie nur wenige andere zur Akzeptanz der schwarzen Musik und ihrer Anliegen beigetragen.

Vor allem hatte er das mit einem Album erreicht, das im Mai 1971 erschienen war: WHAT'S GOING ON war zum akkuraten Abbild der Zustände in den USA jener Jahre geworden, gerade weil sein Blickwinkel losgelöst war von politischer Agitation und der Militanz des Rassenkonflikts. Hier hatte ein kluger Beobachter Fragen gestellt, die er mit den Mitteln des Soul zu einem musikalischen Statement von einzigartiger Kraft gebündelt hatte. Wie zur selben Zeit Crosby, Stills, Nash & Young mit »Ohio«, war Gaye auf diese Weise zum Chronisten seiner Zeit geworden. Seine Motive waren persönlich und wohl deshalb so glaubhaft:

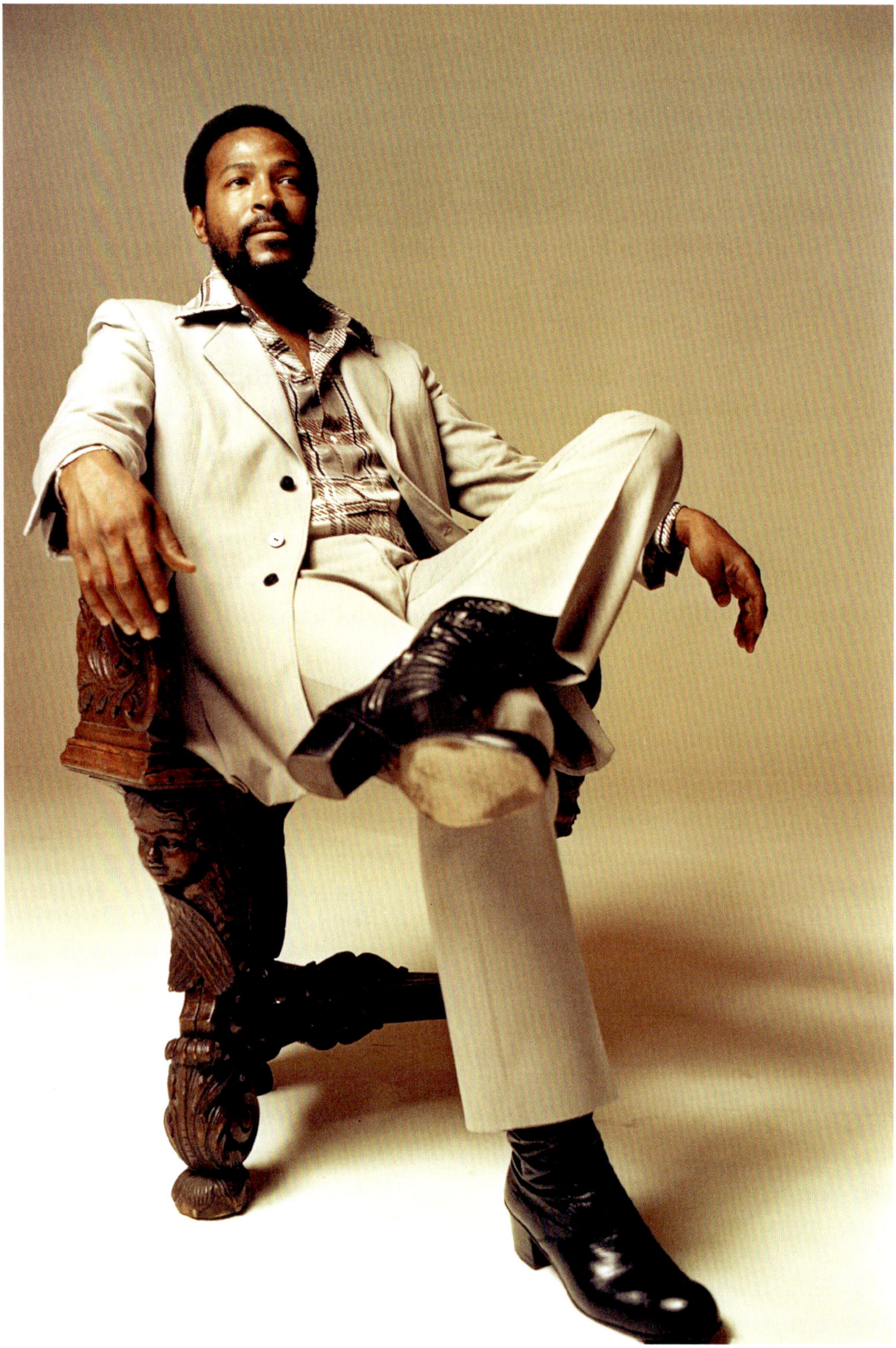

Der Bob Dylan von Motown: Mit WHAT'S GOING ON wurde Marvin Gaye zum wortgewaltigen Soulpoeten und Prediger, dessen Kanzel die Schallplatte war.

> Die gesellschaftlichen Tumulte, die Gewalttätigkeiten dieser Jahre passierten um mich herum. Auch in mir, wo meine eigenen Probleme mich innerlich verbrannten. Ich denke, es war um 1969 oder 1970, dass ich aufhörte, über meine erotischen Phantasien nachzudenken und stattdessen über den Krieg in Vietnam nachzudenken begann und über meinen Bruder, der mir über diese schrecklichen Kriegsgeschichten erzählte, schrieb und berichtete. Das nahm mich wirklich mit.[2]

Tatsächlich war Gayes Bruder Frank in Vietnam gewesen und zu dieser Zeit in die USA zurückgekehrt, wo er als Veteran nun versuchte, mit seinen Kriegstraumata klarzukommen. Laut Irene Gay, damals mit Frank verheiratet, saß er oft mit Marvin zusammen und redete mit ihm über seine Erlebnisse.

Der Songwriter Al Cleveland und Four-Tops-Mitglied Renaldo »Obie« Benson rannten also offene Türen ein, als sie ihm beim gemeinsamen Golfspiel einen Song anboten, den sie unter dem Eindruck des »Bloody Thursday« geschrieben hatten. An jenem »blutigen Donnerstag« hatte die Polizei im kalifornischen Berkeley im Mai 1969 eine Protestkundgebung von Studenten im People's Park niedergeknüppelt. Benson war während der Auseinandersetzungen mit den Four Tops im Tourbus vorbeigekommen und hatte daraufhin mit Al Cleveland den Song »What's Going on« geschrieben. Gaye übernahm das Stück, änderte einige Textzeilen und machte es zum Ausgangspunkt für sein neues Album: »Es brachte mich dazu, einen genauen Blick auf die Gesellschaft zu werfen. In dieser Zeit geschah etwas mit mir, und ich fühlte das Verlangen, Musik und Texte zu schreiben, die die Seelen der Menschen berühren.«[3] Damit erfand er den Künstler Marvin Gaye praktisch neu. Der strahlende Frauenschwarm von Motown war Geschichte, mit Vollbart und Dockermütze verwandelte sich Marvin Gaye nun in den Bob Dylan des Soul.

Abgesehen davon, dass »What's Going on«, das er alsbald in Detroits Motown-Studio aufnahm, thematisch nicht weiter von der bis dahin üblichen »Baby, Baby«-Lyrik des Labels hätte entfernt sein können, betrat der Song auch musikalisch Neuland. Statt eines straffen Dance-Beats prägte das Ganze ein federleichter, mit allerlei Rhythmusinstrumenten ausgepolsterter Funkgroove, dazu gab es ein jazzinfiziertes Saxophon und ein komplexes, geradezu sinfonisches Streicherarrangement. Dergleichen hatte man bei Motown noch nicht gehört. Prompt machten sich diverse Mitarbeiter des Labels im Marketingmeeting über die Platte lustig. Elgie Stover, der zwei Songs aus WHAT'S GOING ON mitgeschrieben hat, entlarvte mit scharfem Blick, wo die Plattenprofis der Schuh drückte: »Sie sagten, es sei nichts wert und schlecht, weil sie nichts hatten, womit sie es vergleichen konnten.« Der Daumen von Label-Boss Berry Gordy zeigte ebenfalls nach unten: Gaye wolle »etwas machen über die Brutalität der Polizei, den Vietnamkrieg, alles, was in dieser Gesellschaft schlecht war. Und ich hatte einfach große Angst, dass er sein Image ruiniert.« Motown lehnte eine Veröffentlichung rundheraus ab.

Gaye drohte daraufhin, keine weitere Note für Motown mehr aufzunehmen. Während Gordy noch grollte, wurde die Single im Januar 1971 hinter seinem Rücken dennoch ausgeliefert. Der Rest ist Geschichte: Der Song kletterte auf Platz eins in den R-'n'-B-Charts, auf Platz zwei in den Hot 100 und wurde Gayes bis dahin größter Erfolg.

Der Überraschungshit führte dazu, dass der Sänger grünes Licht erhielt, um ein ganzes Album nach diesem neuen Erfolgsrezept zu produzieren. In nur zehn Tagen entstand im März 1971 WHAT'S GOING ON. Laut Toningenieur Steve Smith hatte Gaye das Heft dabei fest in der Hand: »Marvin hatte die totale Kontrolle über die Produktion, er war ein Diktator. Er diktierte alles, er diktierte den Musikern, mir und den Sängern, was zu tun war. Und er wusste, was er wollte – es war nicht der typische Motown-Sound.«

Für Gordys Firma markierte WHAT'S GOING ON einen Meilenstein, denn die Platte erschloss dem Label endlich das Albumformat. Zum ersten Mal verwendete man für eine Langspielplatte ein Klappcover, und zum ersten Mal druckte man die vollständigen Lyrics ab. Dazu feierte Gaye hier seine Premiere als verantwortlicher Produzent, und erstmals wurden auf einer Motown-Veröffentlichung auch die Hausband The Funk Brothers sowie der Arrangeur David Van DePitte genannt. Bis dahin war die Firma eine schwarze Hitfabrik gewesen, wo der einzelne Musiker hinter den Gesichtern der Sängerinnen und Sänger nichts galt und künstlerische Ambitionen, die über das reine Entertainment hinausgingen, nicht vorgesehen waren. Jetzt aber war sie auch die Heimstatt eines wortgewaltigen Soulpoeten und Predigers, dessen Kanzel die Schallplatte war und der mit seinen Statements weit über den begrenzten Schallraum der Singlecharts hinaus Resonanz erzeugte.

Für Gaye war all das genau der Triumph, von dem er lange geträumt hatte. Der Weg dorthin war steinig gewesen. Unterschrieben hatte er bei Motown zehn Jahre zuvor, 1961, und eigentlich war es seitdem nicht schlecht gelaufen. Der blendend aussehende Junge mit dem gewinnenden Lächeln hatte nach ersten Erfolgen mit »I Heard it Through the Grapevine« 1968 seine erste Nummer eins gelandet und galt als umschwärmter »Prince of Motown«. Die Sängerinnen des Labels standen Schlange, um ein Duett mit ihm aufzunehmen, darunter Kim Weston (»It Takes Two«) und Mary Wells (»What's the Matter With You Baby«). Mit Tammi Terrell aber fand Gaye 1966 die ideale Partnerin. Die beiden harmonierten traumhaft und erreichten eine emotionale Tiefe, die erst definierte, was in Sachen Soul-Duett möglich war. Im Herbst 1967 aber, nachdem das Duo schon Meilensteine wie »Ain't No Mountain High Enough«, »Your Precious Love« und »Ain't Nothing But the Real Thing« gesetzt hatte, brach Terrell auf der Bühne in Gayes Armen zusammen. Wenig später wurde ein Hirntumor diagnostiziert, dem sie im März 1970 nach einer komplizierten Operation und nur einen Monat vor ihrem 25. Geburtstag erlag.

Die Tragödie brach Gaye das Herz, er verlor jegliche Motivation. Zumal sich in seinem Leben jede Menge Probleme aufgetürmt hatten. So war seine 1962 geschlossene Ehe mit Berry Gordys Schwester Anne, die 17 Jahre älter war als er selbst, nicht mehr zu retten. Hinzu kamen massiver Ärger mit der Steuerbehörde, ständige Auseinandersetzungen mit Motown über den künstlerischen Kurs und nicht zuletzt ein Kokain-Problem, das dem Sänger längst über den Kopf gewachsen war. Nicht zu vergessen die Abgründe, die Marvin Gaye seit Kindesbeinen zu schaffen machten und die seine Laufbahn als professioneller Sänger von Anfang an überschattet hatten: Der Vater Marvin Pentz Gay Sr., ein Prediger der Pentecostal Church (einer christlichen Pfingstbewegung), hatte seinem Sohn alle Liebe und Zuneigung vorenthalten und ihn schon bei kleinsten Verfehlungen windelweich geprügelt. Als sich der 18-jährige Filius 1957 für eine Karriere im weltlichen Showgeschäft entschied, hatte der Senior ihm Hölle und Verderbnis prophezeit. Selbst als Marvin Gaye längst schon ein Weltstar war, litt er noch unter seinem schlechten Gewissen, emotionaler Instabilität und einem überaus zerbrechlichen Selbstwertgefühl. Das Verhältnis zum Vater blieb angespannt. All dies hatte 1969 in einem Suizidversuch gegipfelt. Nun aber schien es, als habe sich der Sänger am eigenen Schopf aus dem Schlamassel gezogen. Offenbar konnte er nur in seiner Musik den Frieden finden, der ihm im Leben fehlte: »WHAT'S GOING ON war mein Meisterwerk, gemacht mit der Hilfe von Gott im Aufnahmestudio. Es war der einzige Ort, an dem ich die Mächte des Chaos kontrollieren konnte.«

Auch privat schien es aufwärtszugehen. 1973 fand der 34-Jährige in der gerade 17-jährigen Janis Hunter eine neue Liebe. Ihr widmete er sein 1973er Album LET'S GET IT ON, eine schwelgerische Ode an Sinnlichkeit, Sex und Eros, die WHAT'S GOING ON in ihrer emotionalen Kraft kaum nachstand und das Genre des zeitgenössischen Soul fast noch mehr prägte als sein Geniestreich von 1971.

Gayes Dämonen konnten diese Entwicklungen jedoch nicht vertreiben. Seine psychische Konsolidierung stand auf tönernen Füßen. Zum Ende der 1970er Jahre versank er in einer fatalen Spirale aus Depressionen, Drogenmissbrauch und Paranoia. Zwar gelang ihm nach einer längeren Auszeit im belgischen Ostende 1982 mit »Sexual Healing« und dem gleichnamigen Album noch einmal ein Welterfolg, der ihm eine Perspektive für das heraufdämmernde MTV-Zeitalter zu eröffnen schien. Am 1. April 1984 aber, einen Tag vor seinem 45. Geburtstag, kam es im elterlichen Anwesen in Los Angeles zur Katastrophe: In Folge eines Streits erschoss ihn sein Vater mit einer Waffe, die der Sohn ihm kurz zuvor geschenkt hatte. Nicht wenige interpretieren dieses tragische Ende als einen verkappten Suizid. Gaye hatte seinen Vater offenbar bis aufs Blut provoziert.

So tragisch die Geschichte des begabten Sängers endete, so unbestritten ist sein Einfluss auf die schwarze Musik seiner Zeit. Zu Recht landet WHAT'S GOING ON bei Umfragen bis heute immer wieder in den Top Ten der bedeutendsten Alben aller Zeiten. Selbst Berry Gordy hat das nachträglich anerkannt: »Es war wahrscheinlich die großartigste Arbeit, die Motown je herausgebracht hat.«[4] Eine mindestens ebenso gute Predigt wie die des Reverend Gay Sr. war die Platte allemal.

Elton John war nicht der erste weiße Musiker, der bei *Soul Train* auftrat. Zwei Monate vor ihm war dort bereits der Italo-Kanadier Gino Vanelli zu Gast gewesen. Aber ihn kannte kaum jemand außerhalb der R-'n'-B- und Soulszene von Montreal. John dagegen war im internationalen Popbetrieb der 1970er Jahre etwa so präsent wie Ed Sheeran in der Gegenwart. Im darauffolgenden Jahr dann trat die aus Oakland stammende, weitgehend weiße Funk-Formation Tower Of Power bei *Soul Train* auf.

Vorbehalte gegenüber weißen Musikern gab es also nicht, weder bei den *Soul Train*-Machern noch beim überwiegend schwarzen TV-Publikum der Sendung. An Elton Johns Auftritt war bereits deutlich geworden, dass sich im musikalischen Verhältnis zwischen Schwarz und Weiß die Perspektive gedreht hatte: Hatte Berry Gordy in den 1960er Jahren mit Motown noch versucht, seine Acts den Anforderungen eines weißen Popmarktes anzupassen und auf diese Weise dort Fuß zu fassen, so war es nun umgekehrt: Musiker wie Elton John und David Bowie versuchten den als cool und trendy empfundenen schwarzen Markt zu erobern. Wie Cornelius berichtet, kamen sie auf ihn zu, nicht umgekehrt:

> Wir haben das gar nicht angestrebt. Sie haben sich eines Tages an uns gewendet. Als Elton John *Soul Train* machen wollte, sagten wir: Prima! Es kam zustande, weil sie etwas an dem, was wir taten, bewunderten und als echte Freigeister der Meinung waren, dass es keinen Grund gab, das nicht zu tun.[5]

Dass Mitte der 1970er Jahre die Zeit für diesen Crossover reif war, lag nicht zuletzt an Don Cornelius selbst. Als er sich 1969 daranmachte, bei dem kleinen lokalen Sender WCIU in Chicago eine neuartige TV-Show zu entwickeln, hatte er dafür jede Menge gute Gründe:

> Eines der Probleme zu der Zeit, als wir mit *Soul Train* anfingen, war der Mangel an Möglichkeiten für schwarze Talente, sich im Fernsehen zu präsentieren. Ich rede von den 1960ern und den frühen 1970ern. Es war ein Medium, das Minderheiten nicht so berücksichtigte, wie es das hätte tun können, und das Minderheiten nicht positiv darstellte, im Gegenteil. Das ärgerte mich persönlich, und deshalb wollte ich ins Fernsehen. Ich wollte Schwarze als solche und auf eine positive Weise präsentieren.[6]

Tatsächlich gab es für schwarze Musik kein TV-Forum. Cornelius erkannte diese Lücke und die kulturelle Notwendigkeit, sie zu schließen. Geboren 1936 in Chicago, hatte er als junger Mann den Krieg in Korea erlebt und sich anschließend mit allerlei Jobs durchgeschlagen. Nachdem er Mitte der 1960er Jahre eine Ausbildung zum Journalisten absolviert hatte, beschäftigte er sich immer mehr

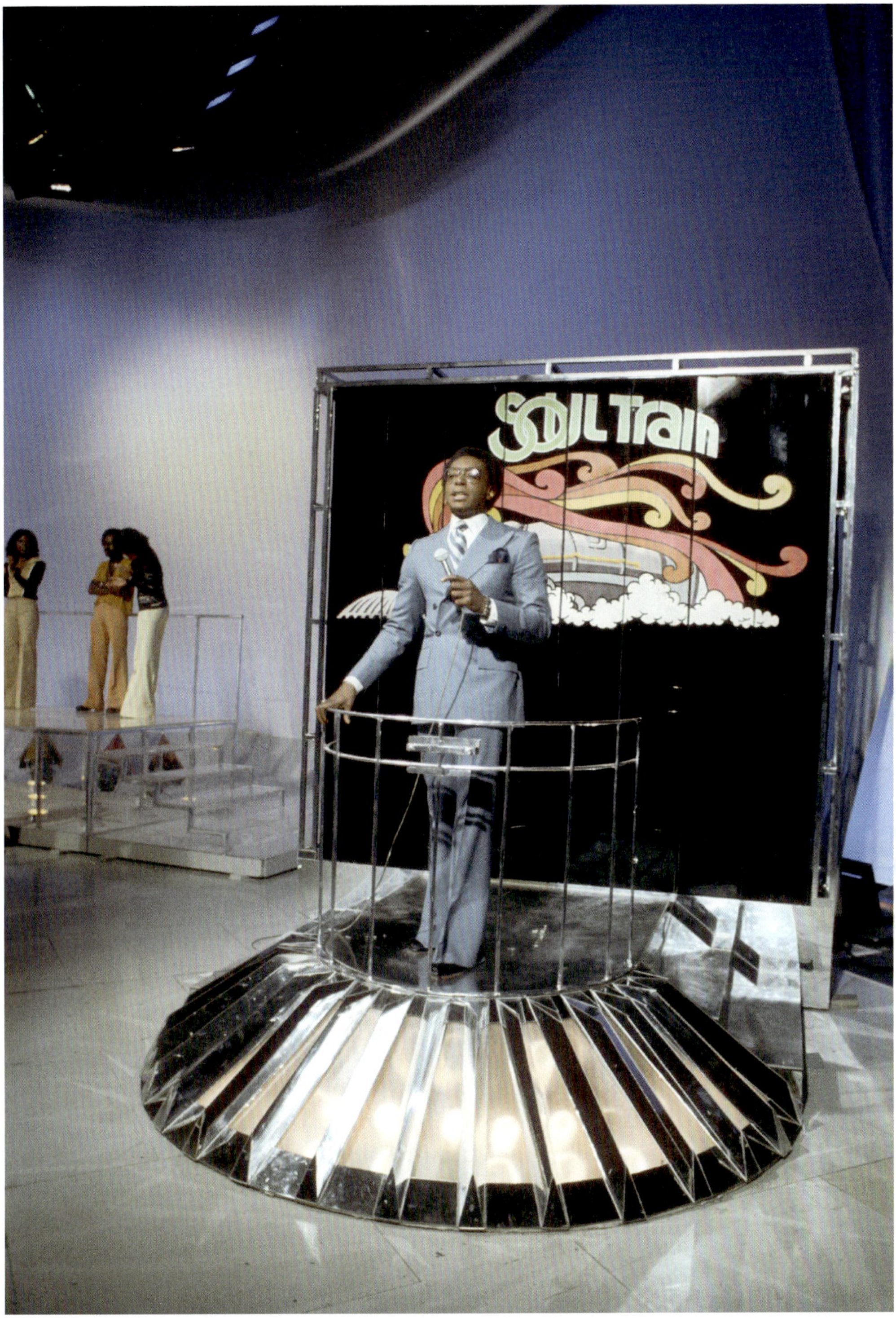

Love, Peace & Soul: Als Erfinder, Produzent und Moderator der legendären TV-Show *Soul Train* sorgte Don Cornelius maßgeblich für die Emanzipation der schwarzen Musik.

auch mit den Anliegen der Bürgerrechtsbewegung und der Situation der schwarzen Bevölkerung. In Chicago erlebte er die gewalttätigen Auseinandersetzungen der Jahre 1967/68 hautnah mit und erkannte, dass schwarze Jugendliche in den Medien ausnahmslos als Brandstifter und Kriminelle dargestellt wurden. Also sann er auf Abhilfe in Gestalt einer eigenen TV-Show.

Soul Train startete am 17. August 1970 bei Cornelius' Haussender WCIU, zunächst noch als tägliches Lokalprogramm. Der Erfolg in Chicago war auf Anhieb überwältigend. Also versuchte man, die Show an die landesweiten Sendesyndikate zu verkaufen. Die aber winkten zunächst einmal ab, lediglich sieben Städte – Atlanta, Birmingham, Detroit, Houston, Los Angeles, Cleveland und Philadelphia – bissen an. Am 2. Oktober 1971 ging *Soul Train* zum ersten Mal überregional auf Sendung, als erster Act flimmerten Honey Cone mit »Want Ads« über die Mattscheibe, gefolgt von Eddie Kendricks und Gladys Knight & The Pips. Bis zum Ende der ersten Sendestaffel im Herbst 1972 standen bereits weitere 18 Sender an, um die Show zu lizensieren. Don Cornelius: »Als es losging, war es praktisch über Nacht angesagt. Jeder Schwarze in der Stadt wusste innerhalb von Minuten von dieser Show. Nicht etwa, weil es so eine wunderbare Show war, sondern deshalb, weil es *ihre* Show war.«[7]

1972 zog die Produktion um nach Hollywood, und Cornelius nahm viele seiner Acts aus Chicago mit, darunter die Staple Singers, B. B. King, Curtis Mayfield und die O'Jays. Auch Berry Gordy verpflanzte sein Motown-Label von Detroit nach Los Angeles. Damit war die Black Music plötzlich massiv präsent in der Welthauptstadt des Entertainments, die zudem gerade dabei war, auch den Titel der bedeutendsten Popmetropole von London zu übernehmen. Die Adresse der A&M-Studios, 1416 La Brea Avenue / Ecke Sunset Boulevard, wo *Soul Train* an jedem Samstag der Woche über die Bühne ging, bildete nun das Epizentrum des schwarzen Pop.

Soul Train setzte vom ersten Moment an Maßstäbe in der schwarzen Kultur, neben der Musik auch in Mode, Stil und Tanz. Ohne Ausnahme waren hier sämtliche Künstler zu Gast, die in der Black Music eine Rolle spielten. Und noch einige andere. Mit letztlich 35 Jahren Laufzeit – die Sendung feierte am 25. März 2006 mit Auftritten der R&B-Sängerin Goapele und ihres Kollegen Lorenzo Owens Abschied – wurde *Soul Train* zur langlebigsten Syndicated TV-Show der amerikanischen Geschichte. Mehr als die nackten Zahlen aber sagt über die Bedeutung der Show das eine oder andere Statement aus. Zum Beispiel Aretha Franklin. Als Cornelius sie vor der Kamera fragte, ob sie die Show auch privat hin und wieder mal anschaue, antwortete sie geradezu entrüstet: »Nicht nur hin und wieder mal, ich guck mir das an jedem einzelnen Samstag an!«[8] Die Sängerin war sich klar darüber, was eine Einladung in die Show bedeutete: »Wenn du einen Auftritt bei *Soul Train* hattest, warst du fein raus. Denn jeder im Land würde deine Performance sehen, weil jeder im Land *Soul Train* anschaute.«[9]

Geschossen wurde das Foto am 1. Oktober 1970 auf der Rainier Avenue in Renton, Washington, einem Vorort von Seattle, und keine der drei Personen, die darauf abgebildet sind, ist je im *Soul Train* aufgetreten. Dabei sind zwei von ihnen berühmte afroamerikanische Musiker. Zu sehen sind ein Mann und zwei Frauen. Eine der beiden Frauen hat sich bei ihm untergehakt. In der freien Hand hält sie ein weißes Taschentuch, das sie gerade zum Gesicht zu führen scheint. Sie trägt eine Sonnenbrille und einen schwarzen Kapuzenschal. Ihr Blick ist auf den Boden gerichtet. Der Mann trägt einen kurzen Afro, dunkle Jacke, nietengeschmückten Ledergürtel, Halskette und Halstuch. Mit abwesendem Blick fixiert er einen Punkt irgendwo in der Ferne. Auf Tuchfühlung mit dem Paar sieht man eine weitere Frau. Auch sie trägt einen Afro, und auch sie scheint in der erhobenen Hand etwas zu halten, womöglich ein geknülltes Taschentuch. Ihr Blick ist gequält und ebenfalls zu Boden gerichtet. Das Trio bildet eine Phalanx, jeder scheint mit seinen Gedanken beschäftigt.

Die drei gehören zu den prominentesten Figuren der New Yorker Szene, und hier, am anderen, dem nordwestlichen Ende der Vereinigten Staaten, sind sie im Begriff, einen mindestens genauso berühmten Musiker zu Grabe zu tragen. Fast zwei Wochen zuvor, am 18. September, ist in London Jimi Hendrix gestorben, nun wird der größte Gitarrist seiner Generation in seiner Heimatstadt Seattle beigesetzt, und Miles Davis, seine geschiedene Ehefrau Betty Davis und deren enge Freundin Devon Wilson, ein bekanntes Model und zeitweise die Geliebte von Hendrix, sind gemeinsam auf dem Weg zum Beisetzungsgottesdienst in der Dunlap Baptist Church. Eigentlich ist das Foto nur der Schnappschuss eines Pressefotografen. Und doch zeigt es mehr als den Augenblick: Gegenwart, Vergangenheit und Zukunft der schwarzen Musik, ihre Wurzeln und ihren Chic. Es demonstriert »Black Power«. Und es offenbart nicht zuletzt auch das Geheimnis der großen Kraft der schwarzen Musikkultur.

Der Reihe nach: Die Gegenwart der schwarzen Musik sind Miles und Betty Davis, auch wenn Betty Davis ein in der Öffentlichkeit noch vollkommen unbeschriebenes Blatt ist und der Jazztrompeter Miles Davis, der seine Karriere bereits in den mittleren 1940er Jahren und zur Hochzeit des Bebop begonnen hat, den meisten wie eine Figur von gestern erscheinen mag. Denn der Jazz als neben dem Blues bedeutendster afroamerikanischer Beitrag zur Kultur der Vereinigten Staaten ist als Musikstil, so scheint es, ein Auslaufmodell. Seit die Beatles 1964 weltweit das Regiment übernommen haben, ist er zur Nischenmusik geworden. Miles Davis als Galionsfigur des noch in den 1950er Jahren so erfolgreichen Cool Jazz hat seine großen Tage offensichtlich hinter sich. Dass der Veteran seit zwei Jahren und dem Album FILLES DE KILIMANJARO auf neuen und abenteuerlichen musikalischen Pfaden unterwegs ist, wissen nur Eingeweihte. Die Jazzikone knüpft Verbindungen zur Rockmusik. Zu den jungen Musikern, mit denen er nun arbeitet, zählt die nahezu komplette zukünftige Elite des 70s-Fusionjazz: die Pianisten Herbie Hancock, Chick Corea und Joe

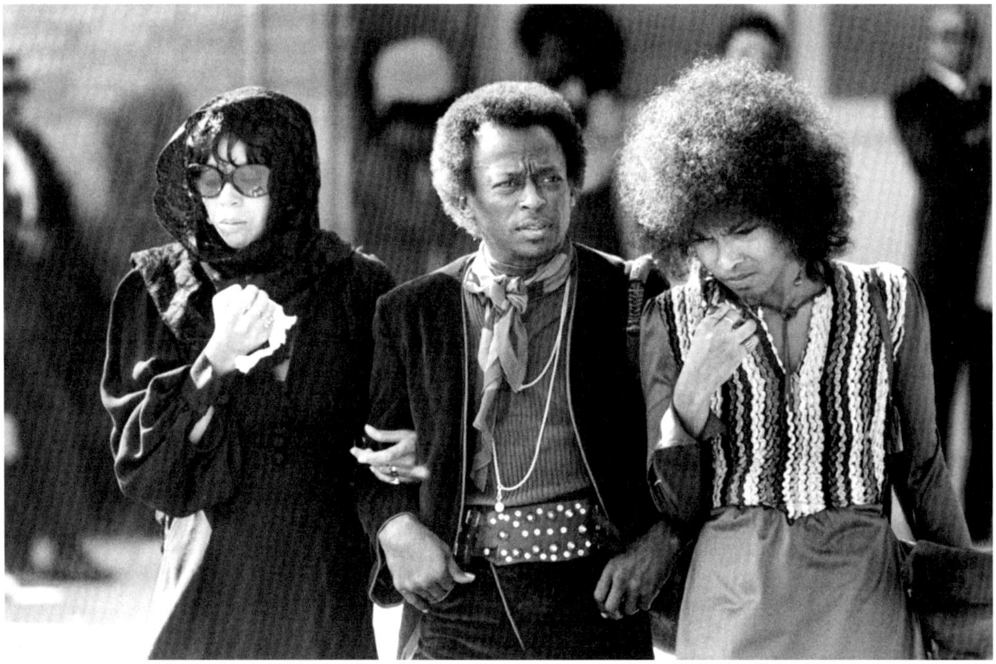

Prominente Trauergemeinde: Funk-Pionierin Betty Davis, Ex-Ehemann Miles und Model Devon Wilson (v. l.) bei der Beisetzung von Jimi Hendrix am 1. Oktober 1970 in Seattle.

Zawinul, die Schlagzeuger Billy Cobham und Jack DeJohnette, Gitarrist John McLaughlin sowie der Bassist Dave Holland. Seitdem hat Davis mit IN A SILENT WAY und BITCHES BREW zwei der bedeutendsten Alben seiner Karriere herausgebracht.

Abgebildet ist auf dem Cover von FILLES DE KILIMANJARO das Gesicht der Frau, die diesen Kurswechsel entscheidend mitanstieß: Betty Davis. Kurz zuvor noch hatte sie Mabry geheißen. Geboren 1945 in Durham, einer Kleinstadt mitten in der Pampa von North Carolina, und aufgewachsen in einem Nest namens Reidsville, machte sie sich schon als 16-Jährige auf nach New York. Für die Provinz war sie nicht geschaffen, also entschied sie sich für den Big Apple, und dort schrieb sie sich am Fashion Institute of Technology ein. Als eines der ersten schwarzen Models erhielt sie einen Vertrag bei der angesagten Wilhelmina Modelling Agency und war dann auch bald in Modemagazinen wie Seventeen, Ebony und Glamour zu sehen.

Ihre eigentliche Liebe aber galt seit jeher der Musik. Und in diesem Bereich war sie radikal anders aufgestellt als 99 Prozent ihrer Altersgenossinnen: Auf der Farm ihrer Großmutter hatte sie von Kindesbeinen an die Pioniere des alten Blues gehört. Männer wie Howlin' Wolf, Muddy Waters, Lightnin' Hopkins, Jimmy Reed und John Lee Hooker wurden zu ihren Helden. Besonders liebte sie an deren archaischer Musik die raue, ungeschminkte Emotionalität.

In den Folkclubs von Greenwich Village gehörte das junge Mädchen zu den Stammgästen. Und sie begann erste eigene Songs zu schreiben. 1964 veröffentlichte Mabry bei Columbia Records eine erste Single, »Get Ready for Betty«, ein etwas hüftsteifer Versuch in Sachen Girl-Group-Pop. Und ein Flop. Es folgte ein Song namens »Uptown (In Harlem)«, den die R-'n'-B-/Funk-Pioniere The Chambers Brothers 1967 für ihr Erfolgsalbum THE TIME HAS COME aufnahmen.

Nach einiger Zeit kannte Mabry fast jeden Musiker in der Stadt und hatte sogar einen eigenen kleinen Club, »The Cellar«. Zusammen mit dem befreundeten Soulsänger Lou Courtney nahm sie 1967 die Tanznummer »The Cellar« auf – zwar auch ein Flop, aber diesmal alles andere als hüftsteif. Und im August 1967 dann besuchte sie, womöglich auf Veranlassung des Trompeters Hugh Masekela, mit dem sie liiert gewesen war, das Village Gate auf der Bleeker Street, um sich ein Konzert von Miles Davis anzusehen: »Für seinen Jazz habe ich mich nicht interessiert, aber als ich seine Schuhe sah, war ich hin und weg. Und das habe ich ihm ohne Umschweife gesagt.«[10] Es war nicht nur der Anfang einer Liebesbeziehung zwischen Davis und Mabry, es war auch der Beginn eines folgenreichen Austausches, der dem späteren Gatten ganz neue Perspektiven eröffnete. Betty Davis machte ihren Ehemann mit der Rockmusik und deren Helden, Leuten also wie Jimi Hendrix, Cream und Sly & The Family Stone, vertraut. Und sie zeigte ihm, dass es eine direkte Verbindung von Davis' Musik nicht nur zu Jazzlegenden wie Charlie Parker und Louis Armstrong, sondern auch eine vielleicht weniger offensichtliche, aber umso spirituellere zu Robert Johnson, Ray Charles und deren Enkeln gab. Die Folge waren Davis' einsetzende Neuorientierung und seine allmähliche Öffnung gegenüber dem Rock. Er selbst schreibt dazu in seiner Autobiographie: »Betty hatte großen Einfluss auf mein privates und musikalisches Leben. Sie brachte mich mit der Musik von Jimi Hendrix – auch mit ihm persönlich – und anderen schwarzen Rockmusikern zusammen; sie kannte Sly Stone und all diese Jungs.«[11] Davis wiederum machte sie mit dem Werk von Komponisten wie Igor Stravinski und Sergei Rachmaninow bekannt. Dazu ließ er seine Ehefrau am Schatz der Erfahrungen teilhaben, die er in einem von Weißen dominierten Business gesammelt hatte, und gab ihr das Selbstbewusstsein, an ihr musikalisches Talent zu glauben, das er längst erkannt hatte: »Wenn Betty heute singen würde, wäre sie so was wie Madonna, oder ein weiblicher Prince. Genau da stand sie, als sie zu singen anfing – als Betty Davis. Sie war eben ihrer Zeit voraus.«[12] Auch wenn die Ehe der beiden 1969, nach nur einem Jahr und nachdem Davis seiner Frau eine Affäre mit Hendrix unterstellt hatte, wieder geschieden wurde, so bedeutete diese Begegnung in beider Leben einen folgenreichen Einschnitt.

Durch ihren Einfluss auf den 19 Jahre älteren Miles Davis symbolisiert Betty Davis auf dem Foto aus Seattle die Gegenwart der schwarzen Musik. Noch mehr aber steht sie für deren Zukunft. Denn mit ihren 25 Jahren begann sie ja gerade erst ihre Laufbahn als Musikerin. 1973 veröffentlichte sie bei Sunshine Records mit ihrem selbstbetitelten Debütalbum den ersten Teil einer Trilogie, die wie ein Hurrikan durch die sowieso schon quicklebendige Funkszene jener Jahre fegen sollte. Die dynamische Newcomerin, die Miles Davis als »zu jung und stürmisch für meine Vorstellungen von einer Frau«[13] empfand, hatte inzwischen eine hochkarätige Band um sich geschart und Songs geschrieben, die wie das Manifest einer sexbesessenen Superamazone auf LSD klangen: Ihr Funk war härter und schmutziger als der von Sly Stone, ihr Gesang aggressiver und versauter als der von Janis Joplin, und das Gesamtpaket wirkte wie ein – der Ausdruck sei an dieser Stelle gestattet – feministischer Tritt ins Gemächt all derer, die dieses Naturereignis von einer Performerin auch nur an irgendetwas zu hindern versuchten. Das Magazin *Penthouse* bemerkte 1976 über sie: »Betty Davis zum ersten Mal zu hören ist wie ein Erwachsenenfilm, wenn man Walt Disney erwartet.«[14] Wobei sie zu ihrer Zeit, als Frauen in der Bundesrepublik noch den Ehemann um Erlaubnis bitten mussten, wenn sie einen Arbeitsvertrag unterschreiben wollten, weniger ein konkretes Rollenmodell darstellte, als dass sie, nicht zuletzt dank ihrer futuristischen Outfits, eine atemberaubende Utopie von Weiblichkeit verkörperte. Damit passte sie bestens in die noch ganz unter dem Eindruck der ersten Mondlandung stehenden frühen 1970er Jahre. Wenn »Black Power« je eine adäquate musikalische Stimme gefunden hatte, dann hier und jetzt und mit diesem Album. Und mit den beiden, die Davis folgen ließ, THEY SAY I'M DIFFERENT (1974) und NASTY GAL (1975). Kurzum: Wer Betty Davis gehört hatte, der konnte Miles Davis' Schwierigkeiten verstehen.

Die Afro-Frisuren und der coole Post-Hippie-Chic, die auf dem erwähnten Foto zu sehen sind, strahlten Stolz und Selbstbewusstsein aus. Diese drei Protagonisten fühlten sich dem »Black Power«-Movement zugehörig, nach den Kämpfen der 1960er Jahre blickten sie selbstgewiss und entschlossen in die Zukunft. Nicht nur Betty und Miles Davis standen mit ihrer Kunst für eine selbstbewusste urbane Afrokultur, auch die zweite auf dem Bild zu sehende Frau tat das – allerdings eher für deren dunkle Seite: Devon Wilson stammte aus Milwaukee und hatte ihre Laufbahn als Teenager-Prostituierte in Las Vegas und als Sexarbeiterin in einem New Yorker Playboy-Club begonnen. Sie gehörte zu den Mädchen, die gerne Geschichten erzählten, so wollte sie mit allerlei Rock-Promis geschlafen haben, darunter Brian Jones, Eric Clapton, Duane Allman, Quincy Jones und Mick Jagger. Mit Jimi Hendrix hatte sie tatsächlich eine Langzeit-on-and-off-Affäre, und es ist überliefert, dass sie bei den Aufnahmen zu seinem Song »Dolly Dagger« nicht nur in Hendrix' Electric Lady Studio anwesend war, sondern der Gitarrist den Song auch über sie geschrieben hatte. Jedenfalls gehörte Wilson, der eine heimliche Mitgliedschaft in der militanten Black Panther Party und ein Hang zum Okkultismus nachgesagt wurde, zu den schillerndsten Figuren in der New Yorker Szene jener Jahre. Zusammen mit Betty Davis repräsentierte sie einen neuen Frauentyp, der es weniger auf adrettes Benehmen anlegte und sich stattdessen nahm, was er haben wollte – Black Women Power. Wilsons Leben endete unter mysteriösen Umständen, als sie im Februar 1971, nur fünf Monate nach Hendrix' Beerdigung, mit einer Heroinnadel im Arm aus dem achten Stock des berüchtigten Chelsea Hotels fiel.

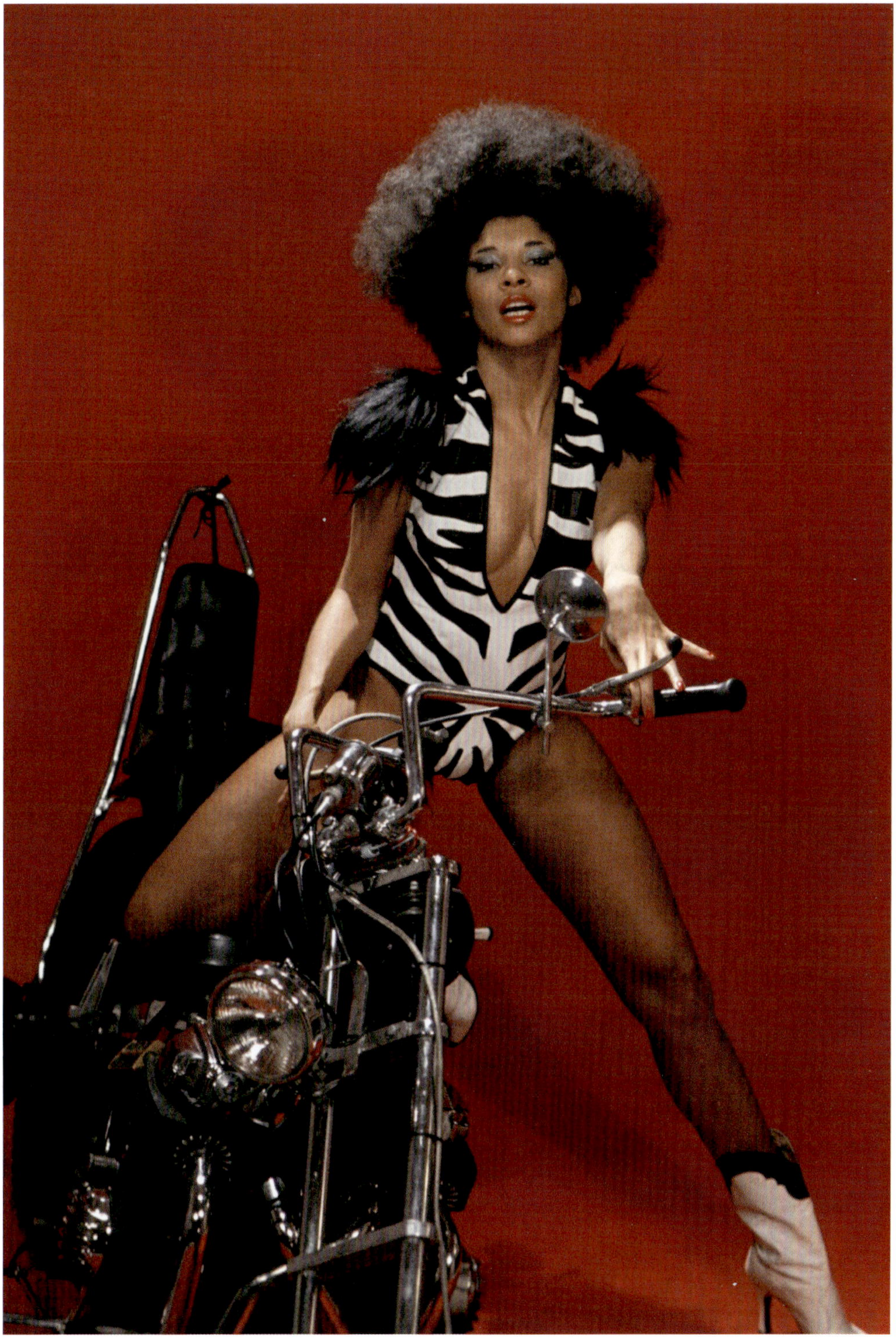

»Wie ein Erwachsenenfilm, wenn man Walt Disney erwartet«: Die Funk-Pionierin Betty Davis verkörperte in den 70ern eine Utopie selbstbewusster Weiblichkeit.

Und noch etwas zeigte die enge Verbindung zwischen den drei Personen auf dem Foto: den unsichtbaren Strom, der die schwarze Musik in ihren unterschiedlichen Ausprägungen speiste und ihre Protagonisten über Stil-, Genre- und Altersgrenzen hinweg miteinander verband. Betty Davis' Funk hatte denselben emanzipatorischen Subtext, den Miles Davis' Trompete schon 20 Jahre vor Hendrix' Tod, zu Zeiten von BIRTH OF THE COOL, und das Kornett von Buddy Bolden, jenem afroamerikanischen Musiker, der als Schlüsselfigur für die Entstehung des Jazz gilt, ein halbes Jahrhundert davor gehabt hatten. Und Devon Wilsons stolzer Marsch in den Abgrund war geboren aus demselben trotzigen Selbstbehauptungs- und Selbstermächtigungswillen, der Betty Davis gegen alle Widerstände und männlichen Hierarchien des Musikgeschäfts ihre eigene kompromisslose Hardfunk-Formel entwickeln ließ. Alle drei hatten 300 Jahre Sklaverei in den Knochen, und alle drei hatten den Blues.

Betty Davis war im Grunde eine schwarze *Kill Bill*-Braut, die jemand in eine Zeitmaschine gesteckt hatte. Und ob sie gerne bei Don Cornelius und seinem *Soul Train* aufgetreten wäre, lässt sich kaum mehr beantworten. Denn Anfang der 1980er Jahre, nach drei erfolglosen Alben und einer aus nie ganz geklärten Gründen unveröffentlichten letzten Platte, verschwand sie von der Bildfläche und ging dorthin zurück, wo sie einst hergekommen war, nach North Carolina.

Dem US-Filmemacher Phil Cox gelang es, die in der Anonymität verschwundene Sängerin für seine Filmbiographie *Betty Davis – They Say I'm Different!* (2018) ausfindig zu machen und mit ihr zu sprechen. In dem behutsam geführten Interview gibt sie die Gründe für ihren Rückzug zu Protokoll:

> Ich hatte alles in diese Alben hineingelegt. Aber die Türen schlossen sich immer mehr. Weiße Männer sagten mir, ich solle mich verändern. Betty, verändere dein Aussehen, deinen Sound, deine Musik! Ich sollte mich anpassen, sonst gäbe es keinen Vertrag und kein Geld.[15]

Sie war ihrer Zeit so weit voraus gewesen, dass sie auch in den späten 70ern noch allein gegen alle stand. Und so sehr sie auf der Bühne das »nasty gal« gegeben hatte, so sehr steckte hinter dieser Fassade eine verletzliche Seele. Fred Mills, Keyboarder und musikalischer Direktor von Davis' Begleitband Funk House, fasst es kurz und bündig zusammen: »Sie hatte es satt.«[16]

In ihrer aktiven Zeit war Davis berüchtigt für unorthodoxes Auftreten und eigenwillige Karriereentscheidungen. Ein Vertragsangebot von Motown schlug sie aus, weil sie – nicht zu Unrecht – befürchtete, dass man sie dort zu stromlinienförmig vermarkten und ihre künstlerische Unabhängigkeit beschneiden würde. In ihren Songtexten wurde sie gerne so explizit, dass die Verbannung ihrer Platten bei wichtigen Radiosendern geradezu vorprogrammiert war. Ihre Bühnenperformance war so offensiv sexuell, dass es nicht selten zu Boykottaufrufen kam, etwa von lokalen Radiosendern anlässlich geplanter Konzertauftritte. Und vermutlich hätte Don Cornelius ihren Auftritt bei *Soul*

Train wohl ohnehin nicht befürwortet. Schließlich war er im Grunde seines Herzens ein konservativer Showman, der wenig Verständnis für die kontroversen und provozierenden Elemente der Black Music im Allgemeinen und die des Funk im Besonderen hatte. Die ersten Hip-Hop-Acts, die in den frühen 1980er Jahren bei *Soul Train* auftauchten, sollten das noch zu spüren bekommen. Nicht umsonst hat ihn ein Beobachter einmal den »Berry Gordy des Fernsehens« genannt. Auch wenn der Begriff Soul, so wie die Slogans »Black is beautiful!« und »I am somebody!«, seit den späten 1960er Jahren zum Synonym für den Kampf der Schwarzen um gesellschaftliche Identität und Anerkennung geworden war. Unter ihren Afro-Frisuren repräsentierten Betty Davis und Don Cornelius Yin und Yang derselben Sache: Black Power.

Black Power zwischen Markt und Macht

Die Gründe für Betty Davis' mangelnden Markterfolg liegen auf der Hand: Das kleine, dem Woodstock-Organisator Michael Lang gehörende Label Just Sunshine verfügte nicht über die nötige Marktmacht; außerdem war ihre Musik bei aller handwerklichen Qualität so spröde und rau, dass sie es im Radio sowieso schwer gehabt hätte; zu guter Letzt war Davis eine eckige und unberechenbare Persönlichkeit, die kaum für die üblichen Vermarktungsschablonen, zum Beispiel die des sexy Soul-Kätzchens, taugte. Vor Frauen wie ihr hatten die meisten Jungs ohnehin Angst. So blieb ihr nur die Rolle des Kultstars und der Vorreiterin für eine Generation von starken Frauen, die das Business erst in den folgenden Jahren und Jahrzehnten erobern sollten.

Insofern mag es als Widerspruch erscheinen, dass *Soul Train* einerseits als tonangebend galt und andererseits eine für das Selbstbewusstsein der schwarzen Gemeinde so wichtige und obendrein künstlerisch innovative Künstlerin wie Betty Davis nicht protegierte. Möglichkeiten hätte es gegeben. Allein ihre Musiker, Leute aus der Band von Sly Stone, von Santana und Tower of Power, hätten jederzeit Verbindungen zu Cornelius knüpfen können. Zudem war Davis' Bühnenpräsenz zweifellos fernsehtauglich (was man von ihrer sexuell provokanten Performance nicht unbedingt sagen konnte).

Soul Train als einziges, umfassendstes sowie nach eigenem Verständnis und dem der Medien coolstes Leitmedium für schwarze Kultur hatte indes andere Interessen als widerborstigen jungen Frauen zu Ruhm, Respekt und Reichtum zu verhelfen. Cornelius' Ziel: Er wollte kommerziell erfolgreiches Entertainment produzieren. Und er wollte eine Black Community präsentieren, die ganz im Geiste Martin Luther Kings und eben auch Berry Gordys das Ideal einer schwarzen Mittelklasse-Existenz darstellte. Das erklärt sich aus seiner Biographie ebenso wie aus der modischen und auf saubere Unterhaltung bedachten Inszenierung der Show.

Und doch funktionierte das Ganze in gewisser Weise auch als Indikator für gesellschaftliche Veränderung, womöglich mit Taktgeber-Funktion. So wie Motown in den 1960er Jahren durch seinen immensen Erfolg die allmähliche Akzeptanz einer urbanen schwarzen Mittelklasse mitgefördert hatte, und sei es nur durch die suggestive Wirkung seines »Wir sind weißer als die Weißen«-Narrativs, so transportierte *Soul Train* in den 1970er Jahren ein neues gesellschaftliches Image der afroamerikanischen Bevölkerung: cool, souverän, lebensfroh, kreativ und vor allem friedlich. Also der perfekte Gegenentwurf zum Bild des aggressiven, kriminellen, mit Drogenbeschaffung und umstürzlerischen Ideen befassten Afroamerikaners, das von den landesweiten weißen Nachrichtensendungen über die Straßenkämpfe der 1967/68er-Riots geprägt worden war. Figuren wie die Black-Panther-Aktivisten Stokely Carmichael, Huey Newton und Angela Davis wurden in der Berichterstattung dämonisiert. In der Mitte der 1970er Jahre, als *Soul Train* wöchentlich fünf Millionen Zuschauer und mehr vor dem Bildschirm versammelte, befand sich die schwarze Popkultur in ihrem Zenit: TV-Serien wie *The Jeffersons* und *Good Times* feierten Mainstream-Erfolge, Blaxploitation-Movies wie *Shaft* und *Foxy Brown* füllten die Kinos, der Philly Soul mit Hitlieferanten von Barry White bis zu den O'Jays dominierte die Charts, und Bell Bottom Jeans mit Plateaustiefeln beherrschten das Straßenbild. Black war cool. *Soul Train* erfüllte nichts weniger als die alte Hoffnung von Nina Simone, die 1969 gesungen hatte: »Oh what a lovely precious dream to be young, gifted and black!«

Don Cornelius spielte dabei eine Schlüsselrolle. Er war nicht nur der Master of Ceremony. Als Moderator, Autor, Produzent und Inhaber der eigenen Produktionsfirma, die sich auch um die vielfältige Vermarktung von *Soul Train* kümmerte, wurde er zum Rollenmodell für alle schwarzen Entrepreneure, die ihm im Popgeschäft folgen sollten. Männer wie Puff Daddy und Jay-Z wären ohne Cornelius' Pioniertaten kaum denkbar. Und damit war Mr. Soul Train tatsächlich so etwas wie ein Berry Gordy der 1970er Jahre. Was im Übrigen nicht hieß, dass er sich nicht als Teil der »Black Power«-Bewegung verstanden hätte. Ein Radikaler aber war er so wenig wie das von seiner Sendung beförderte Image konfrontativ war.

Dance to the Music

Eine ebenso wichtige Rolle wie Cornelius und seine elegante Erscheinung spielten für das Bild der Afroamerikaner in der Öffentlichkeit die Tänzer von *Soul Train*. Schon in den Anfangstagen der Show in Chicago hatten sie das Studiopublikum gestellt, und wenn Cornelius davon sprach, dass *Soul Train* die TV-Show der schwarzen Bevölkerung war, dann hatten sie entscheidenden Anteil. Durch die Bank waren sie Amateure. Für ihren Auftritt machten sie sich schick wie für den samstäglichen Gang in die Disco. So bildeten sie das exakte Abbild der schwarzen City Kids – auch wenn unter ihnen Asiaten und Latinos anzutreffen waren. In der Show waren sie weit mehr als Staffage, denn um sie herum entwickelten sich Rituale, die einen wesentlichen Teil der *Soul Train*-Magie kreierten.

Zum einen war da die obligatorische Fragerunde. In jeder Sendung dirigierte Cornelius ein kurzes Intermezzo, bei dem vier oder fünf der ungezwungen um Moderator und Musiker versammelten *Soul Train*-Tänzer dem Gast ihre Fragen stellen konnten. Zwar war das meistens inhaltlich wenig ergiebig, aber darum ging es nicht. Wichtiger war der Subtext der Veranstaltung: Der Star ist nahbar, er gehört zu uns, und wir sind alle eine große – schwarze – Familie.

Noch wichtiger aber war ein weiteres Ritual, die sogenannte »Soul Train Line«. Dabei stellten sich rechts und links der Kamera zwei Reihen gegenüber auf, links die Damen, rechts die Herren. Und dann tanzten nacheinander die einzelnen Pärchen von hinten zwischen den flankierenden Reihen hindurch nach vorne, wobei sie ihre möglichst originellen, gelegentlich spektakulären Tanzschritte vorführten. Es war der Moment, in dem das Land, soweit es jung war und tanzen wollte, vor dem Fernseher versuchte, sich die neuesten Moves abzuschauen, um sie dann abends in der Disco vorzuführen – die mitunter schrillen Outfits der Show natürlich ebenso.

Die *Soul Train*-Tänzer brachten im Lauf der Jahre ihre eigenen Berühmtheiten hervor. Neben Tyrone Proctor, einem hochaufgeschossenen schlanken Afroamerikaner, der mit seinem ästhetischen Stil zu einer der frühen Ikonen der Gay Culture wurde, waren dies Fred »Rerun« Berry, Cheryl Song, Don Campbell, Rosie Perez, Jeffrey Daniel und Jody Watley. Die beiden Letztgenannten brachten es gar zu Popruhm: Auf Cornelius' Betreiben hin bildeten sie 1977 mit dem Sänger Gary Mumford zusammen die Soul- und Discoband Shalamar. Vorausgegangen war dem die Hitsingle »Uptown Festival«, die der für *Soul Train* tätige Booking-Agent Dick Griffey mit Studiomusikern produziert hatte. Als die Platte erfolgreich wurde, entschied man sich, dem Projekt Gesichter zu geben, und verpflichtete mit Daniel und Watley die beliebtesten Tänzer der TV-Show. Jody Watley startete in den 1980er Jahren darüber hinaus eine erfolgreiche Solokarriere.

Doch *Soul Train* nahm nicht nur Einfluss auf die Musik, die das schwarze Amerika hörte, die Mode, die es trug, und die Tänze, die es tanzte. Die Sendung nahm auch Einfluss auf die Märkte. Noch in Chicago hatte Cornelius einen Sponsorendeal mit Johnson abgeschlossen, einer Firma, die sich um Kosmetikprodukte für Schwarze kümmerte, etwa das speziell für natürliches Kraushaar entwickelte Afro-Sheen-Haarspray. Das Interessante daran: Damals gab es im US-Fernsehen noch keine direkt an die schwarze Bevölkerung gerichtete Konsumwerbung. Auf diese Weise emanzipierte *Soul Train* mit seiner rasch wachsenden landesweiten Popularität die junge schwarze Bevölkerung auch gesellschaftlich. Schließlich gehörte der kapitalistischen US-Gesellschaft nach eigenem Verständnis nur der an, der ihre Güter konsumierte. Im Windschatten von *Soul Train* rückte nun zum ersten Mal auch ein jugendliches schwarzes Publikum als Zielgruppe in den Fokus der Konsumindustrie.

Es war so, wie es der amerikanische Musiker und Autor Greg Tate im Zusammenhang mit Don Cornelius einmal formulierte:

> Der Umstand, dass jemand in der Lage war, an jedem Samstag ein komplett schwarzes Publikum zu komplett schwarzer Musik tanzen zu lassen, markierte einen ernsthaften Paradigmenwechsel in der amerikanischen Massenunterhaltung.[17]

Die singende Schokotorte

Dieser Paradigmenwechsel galt natürlich auch für die Musik, Black war auch auf Schallplatte angesagt. Elton Johns »Bennie & the Jets« präsentierte schwere Funk-Rhythmen, »Philadelphia Freedom« feierte den schwarzen Philly Soul, und David Bowies *Soul Train*-Songs »Fame« und »Golden Years« verwendeten nicht nur Elemente aus R 'n' B und Soul, sie stellten auch die neueste Inkarnation des blassen Engländers vor, den ebenso dekadenten wie eleganten weißen Soulfürsten, aus dem nun der Thin White Duke werden sollte.

Aufgenommen hatte Bowie sein Album YOUNG AMERICANS (1974), mit dem er sich dem Soul zuwandte, in den Sigma Sound Studios in Philadelphia. Einen besseren Ort hätte er für sein musikalisches Vorhaben nicht finden können, denn das Studio gehörte Kenny Gamble und Leon Huff, ihres Zeichens Inhaber der Plattenfirma Philadelphia International Records und Vordenker des Mitte der 1970er Jahre allgegenwärtigen Philly Soul. Die beiden kannten sich seit Jugendtagen, als sie gemeinsam in einer DooWop-Gruppe namens The Romeos (zu dieser Zeit gab es in jeder größeren Stadt mindestens eine Truppe mit diesem Namen) gesungen hatten. Als professionelles Team waren sie dann erst in den mittleren 1960er Jahren zusammengekommen. 1967 war ihnen mit »Expressway to Your Heart« für die Soul Survivors ein erster kleiner Hit gelungen, im Anschluss hatten sie unter anderem für Atlantic in New York gearbeitet. Ihre Lehr- und Wanderjahre waren vorbei, als sie 1970 die richtige Idee zum richtigen Zeitpunkt hatten: Sie schlugen CBS-Chef Clive Davis vor, nach dem Motown-Vorbild ein eigenes Soul-Label in Philadelphia aufzubauen, für das Davis' Firma den Vertrieb übernehmen sollte. Philadelphia International ging kurz darauf ins Rennen. Der Plan ging auf, und das Projekt wurde zur Erfolgsgeschichte, die sich vor der von Berry Gordy und Motown nicht verstecken musste.

Gamble und Huff sammelten einen festen Musikerstamm um sich und entwickelten nun mit lokalen Acts einen eigenen Produktionsstil. Sie nahmen den alten Motown-Soul, peppten ihn mit härteren Funkelementen rhythmisch auf und kontrastierten das Ganze mit üppigen, einschmeichelnden Streicherarrangements. Zugute kam ihnen dabei, dass sich die Studiotechnologie seit Motowns Glanzzeiten rasend schnell weiterentwickelt hatte, 16 Aufnahmespuren waren inzwischen Standard. Die Popmusik der frühen 1970er Jahre klang erheblich dynamischer, transparenter und, wenn man so will, größer als die der Sixties.

Dass es dem Philly Soul dennoch nicht an emotionaler Kraft mangelte, verdankte er dem gospelgeschulten Vortrag seiner Sänger und Sängerinnen. Nach ihnen mussten Gamble und Huff nicht lange suchen, damals wimmelte es in Metropolen mit großem schwarzem Bevölkerungsanteil von technisch versierten Nachwuchstalenten (der erste *Rocky*-Film, der in Philadelphia spielt und zu dieser Zeit entstand, zeigt das anschaulich).

Die Gamble/Huff-Formel schlug ein. Philadelphia International landete einen Hit nach dem anderen, darunter »Back Stabbers« und »Love Train« von den O'Jays, »If You Don't Know Me By Now« von Harold Melvin & The Blue Notes, Billy Pauls »Me and Mrs. Jones« und »TSOP« von MFSB, um nur einige der bekanntesten zu nennen.

Hinter letzterem Song übrigens verbarg sich der vielleicht einzige Fehler, der Don Cornelius je unterlaufen ist: Gestartet war der *Soul Train* mit »Hot Potato (Piping Hot)« als Erkennungsmelodie, einem Instrumental des Saxophonisten King Curtis. Bald darauf war Cornelius Kenny Gamble und Leon Huff begegnet. Er beauftragte sie mit einer neuen Intromelodie für seine Sendung, und heraus kam dabei »Soul Train«, ein im typischen Stil des Philadelphia-International-Hauses gehaltenes Instrumental, das lediglich im Refrain eine kurze Gesangsphrase enthielt. So weit, so gut.

Allerdings fielen die Zuschauerreaktionen auf den Track so begeistert aus, dass Gamble/Huff das Stück prompt als Single veröffentlichen wollten. Cornelius aber befürchtete, dass durch einen landesweiten Hit mit dem Titel seiner Sendung deren Image verwässert und seine Eigentumsrechte an der Marke beschädigt werden könnten. Also bat er die Produzenten, auf eine Veröffentlichung zu verzichten. Die brachten den Song zwar trotzdem heraus, änderten aber die Titelzeile. Das Ergebnis war »TSOP« von MFSB. Der Songtitel stand für »The Sound of Philadelphia«, und hinter dem Interpretenkürzel verbargen sich Mothers, Fathers, Sisters, Brothers, die Hausband der Sigma Sound Studios. Im April 1974 erreichte der Track Platz eins der US-Charts, und Cornelius hatte die einmalige Chance verpasst, seine Sendung mit einem quasi geschenkten Nr.-1-Hit bis in den letzten Winkel der westlichen Welt bekannt zu machen. Ein Malheur, mit dem der Moderator allerdings leben konnte, *Soul Train* war beim schwarzen Publikum ohnedies das Maß der Dinge.

In die Philly-Soul-Kerbe schlugen alsbald natürlich noch jede Menge weitere schwarze Musiker. Unter ihnen war ein Mann, den man nicht nur im übertragenen Sinn als Schwergewicht der Black Music der 1970er Jahre bezeichnen darf: Barry Eugene Carter, geboren 1944 in Galveston/Texas. Aufgewachsen war er im ruppigen South Central Los Angeles, und zunächst hatte es keineswegs danach ausgesehen, dass aus ihm einmal ein schwerreicher Musiker werden würde. Im Gegenteil, der junge Mr. Carter betätigte sich in seiner Hood als Kleinkrimineller, und mit 16 schien sein Schicksal bereits besiegelt: Bei einer Auseinandersetzung verfeindeter Gangs, an der auch er beteiligt war, kam sein jüngerer Bruder Darryl um, und wenig später wanderte er für einige Monate in den Jugendknast, weil er Autoreifen im Wert von 30 000 Dollar geklaut hatte. Dort aber fand die überraschende Bekehrung statt. Sein Idol Elvis Presley, so berichtete Carter später selbst, soll ihn mit seinem Song »It's Now or Never« auf den rechten Weg zurückbeordert haben.

Wie dem auch sei: Anfang der 1960er Jahre, inzwischen nannte er sich Barry White, begann er in diversen Gruppen zu singen und ergatterte Mitte des Jahrzehnts einen Job als A&R-Mann beim Label Del-Fi-Records. Sieben lange Jahre sollten folgen, in denen White sein Handwerk erlernen, Erfahrungen sammeln und seine Hitnase trainieren konnte. 1972 dann zog er das große Los in Gestalt einer dreiköpfigen weiblichen Gesangsgruppe, die den berühmten Supremes nacheifern wollte. White gab ihnen den vielversprechenden Namen Love Unlimited, verliebte sich in eine der Ladys, Glodean James, heiratete sie bald darauf und fabrizierte mit dem Trio schließlich seinen ersten richtigen Hit, »Walking in the Rain With the One I Love«. Das Ganze erhielt auch bei *Soul Train* sein Gütesiegel, und White hatte seine erste Million Platten verkauft.

Von nun an ging es für ihn, seine drei Schützlinge und sein 40-köpfiges Love Unlimited Orchestra steil bergauf. Bald brachte der Maestro auch Platten unter eigenem Namen heraus: »I'm Gonna Love You Just a Little More Baby«, »Can't Get Enough of Your Love«, »Babe, You're the First, the Last, My Everything«, ein Volltreffer folgte auf den nächsten, und jeder davon pries die Liebe. 1974 folgte noch das, wie könnte es anders sein, »Love's Theme«, und spätestens da war Barry White mit seinem einschmeichelnden, in fluffigste Orchesterarrangements gebetteten Bariton der König der Schlafzimmer. Auch der weißen. Ein humorbegabter Kritiker schrieb einmal über ihn: »Wenn eine Schokoladencremetorte singen könnte, würde sie klingen wie Barry White.«

Es ist ein Leichtes, sich über White und seinen Ausstoß von exzessiven XXL-Schnulzen lustig zu machen, Fakt aber ist: Der Mann hat in seiner Laufbahn über 100 Millionen Schallplatten verkauft, nur sechs afroamerikanische Künstler haben das in der Geschichte der Schallplatte toppen können, nämlich Michael Jackson (350 Mio.), Mariah Carey (200), Whitney Houston (200), Kanye West (140), Jay-Z (125) und Lil' Wayne (110). Und er hat mit seiner Musik den bereits erwähnten Crossover zum weißen Markt so erfolgreich vollzogen wie niemand sonst. Natürlich war er Stammgast bei Don Cornelius, denn dem lag Whites entspannt-kalifornisches Love-Entertainment verständlicherweise näher als Betty Davis' rüdes Ostküsten-Gezeter, zumal er ja selbst inzwischen in Hollywood residierte und auch privat mit dem Schmusesänger verkehrte. So hatten die Whites Cornelius und Gattin vor einem *Soul Train*-Auftritt im Mai 1975 (eine Woche nach Elton Johns Performance) zum privaten Essen eingeladen, was Cornelius in der Sendung zu der Bemerkung veranlasste, dass er nun wisse, warum der beleibte Maestro »ein so großer« sei. Der Sänger war überdies Dauergast in den Talkshows der weißen TV-Hosts, und er geisterte später sogar durch einzelne *Simpsons*-Folgen. Barry White war ein gesamtamerikanischer Kulturschatz, ein Soul-Doyen dies- und jenseits der Rassenschranken. Und: Sein Philly Soul kam den weißen Hörgewohnheiten so weit entgegen, dass er zu einem der wichtigsten Wegbereiter für die bald alles dominierende Disco-Mode wurde.

Veteranen mit Zukunft

Was war in der Zwischenzeit eigentlich aus Berry Gordy, Motown und all den Helden des 60s-Soul geworden? Es gab sie noch. Jedenfalls jene, die sich wie der bereits erwähnte Marvin Gaye angepasst hatten.

Und es gab neue. Die bei weitem erfolgreichsten von ihnen waren die aus Gary, Indiana, stammenden Jackson Five, eine aus fünf Brüdern bestehende Familienband. Ihr Star war Nesthäkchen Michael, und ihre Hits waren zunächst mal nicht viel mehr als sauber gearbeitete, dabei aber höchst infektiöse Tagesschlager wie »ABC«, »I'll Be There« und »I Want You Back«. Das Kapital der Jacksons bestand aus eiserner Disziplin, unbedingter Professionalität und einem guten Näschen für das, was auf dem Markt gerade funktionierte – beste alte Motown-Tugenden also. Wirklich etwas zu sagen hatten sie freilich nicht, schon gar nicht zu den Ereignissen, die das Land seit den Rassenunruhen des Jahres 1967 so aufgewühlt hatten. Damit aber waren die Jacksons in den 1970ern im Grunde schon ein Anachronismus, als sie gerade erst losgelegt hatten. Folglich ging es ab Mitte des Jahrzehnts auch stetig bergab. Es war die Zeit, in der sich das inzwischen flügge gewordene Jahrhunderttalent Michael Jackson vom Familienverbund abzunabeln begann und sich anschickte, die schwarze Musik, beginnend mit seinem grandiosen 1979er Album OFF THE WALL, quasi im Alleingang und mit ein wenig Hilfe von Jazz-Veteran Quincy Jones fit zu machen für das nächste Jahrzehnt.

Wenn es um 1970 herum bei Motown zwei Männer gab, die Zukunft verkörperten, dann waren dies der Produzent, Arrangeur und Komponist Norman Whitfield und der ehemalige Kinderstar Stevie Wonder. Letzterer, geboren 1950 und von Geburt an blind, war bereits als Elfjähriger zu Motown gekommen und hatte dort mit Welthits wie »Fingertips Pt. 2« und »Uptight« eine glanzvolle Karriere als Kinderstar hingelegt. Nachdem er sich zum Ende der 1960er Jahre, ähnlich wie Michael Jackson eine knappe Dekade später, von seinen Motown-Fesseln gelöst und kreativ auf eigene Beine gestellt hatte, begann er die schwarze Musik nachhaltig zu verändern. Stilistisch war er ungemein vielseitig, sein Spektrum reichte von Blues und Funk bis hin zu Tin Pan Alley und Broadway.

Und er war ein hochbegabter Songwriter, der sich ebenso gut darauf verstand, fröhliche Popsongs aus dem Ärmel zu schütteln, wie auch darauf, komplexe gesellschaftliche Entwicklungen zu kommentieren und sich sogar in die geheimnisvolle Welt der Pflanzen einzufühlen. Letzteres bewies er 1979 mit dem Filmsoundtrack STEVIE WONDER'S JOURNEY THROUGH »THE SECRET

LIFE OF PLANTS«. Seine Alben der 1970er Jahre, darunter Meilensteine wie TALKING BOOK, INNERVISIONS und SONGS IN THE KEY OF LIFE, gehören zum Besten, was die Black Music jener Dekade hervorgebracht hat. Mit seinem innovativen Gebrauch der frühen Synthesizer modernisierte er zudem die Klangpalette des Soul und rückte sie auf diese Weise näher an die Ästhetik der weißen Rockmusik heran. Und wie auch Marvin Gaye gebührt Stevie Wonder das Verdienst, die schwarze Musik albumtauglich gemacht zu haben.

Der Dritte, der das für sich in Anspruch nehmen durfte, war Norman Whitfield. Geboren 1941 in New York, hatte er schon seit Beginn der 1960er zum Macherstab von Motown gehört und unter anderem mit Marvin Gaye gearbeitet. Seit 1966 produzierte er die Temptations. Bis 1973 landete die Paarung 13 Top-Ten-Singles, drei davon schafften es bis auf Platz eins, dazu gelangen Whitfield mit seinen Kompositionen »I Heard it Through the Grapevine« für Marvin Gaye und »War« für Edwin Starr weitere Nr.-1-Hits. Zum Wechsel in das neue Jahrzehnt war er der unangefochtene König Midas des Hauses Motown: Was er berührte, wurde zu Gold. Und als solcher konnte er es sich auch erlauben, den eigentlich von Gordy streng überwachten konservativen musikalischen Kurs der Firma eigenmächtig zu korrigieren. Mit den Temptations drängte er nun in eine ganz neue, von der weißen Rockmusik beeinflusste Richtung.

Whitfield setzte neue Sounds wie die Wah-Wah-Gitarre und das Clavinet ein, verwendete härtere Funkrhythmen und sprengte mit Tracks wie »Runaway Child, Running Wild« und »Friendship Train« das bis dahin obligatorische Drei-Minuten-Singleformat. Seine Arrangements wurden immer komplexer, und die Songs, die er zusammen mit seinem Partner Barrett Strong schrieb, beschäftigten sich, und auch das war neu für Motown, explizit mit der Lebenswirklichkeit der Schwarzen, mit den Anliegen des Civil Rights Movement und mit dem Vietnamkrieg. Als Produzent und Arrangeur konstruierte Whitfield das Genre des Psychedelic Soul.

Seinen kreativen Höhepunkt erreichte er mit den Temptations-Alben ALL DIRECTIONS von 1972 und MASTERPIECE ein Jahr danach, deren Glanzlichter die jeweils über mehr als zehn Minuten Spielzeit mäandernden Soul-Sinfonien »Papa Was a Rolling Stone« und »Masterpiece« bildeten. Beide Stücke wurden zusammengehalten von je einem pulsierenden Bassriff und einer kontinuierlich präsenten Rhythmusgruppe. Darüber aber türmten sich abwechselnd auf- und abschwellende Streicherschichten, verfremdete E-Piano-Passagen, markante Gitarrenlicks und kunstvoll verschachtelte Gesangssätze. Kein LSD-getriebenes Hippie-Hirn hätte sich das besser ausdenken können, im Unterschied zu manchem Rockstück aber gerieten Whitfields Kreationen nie in Gefahr, im Ungefähren zu versanden. Im Gegenteil: Sie überzeugten mit kluger Dramaturgie, Effizienz und Ökonomie.

Nach MASTERPIECE war Whitfields Konzept allerdings ausgereizt. Danach variierte er die Formel noch eine Weile, konnte aber keine weiteren Impulse mehr setzen. Das galt auch für die Temptations, denn die alten Mo-

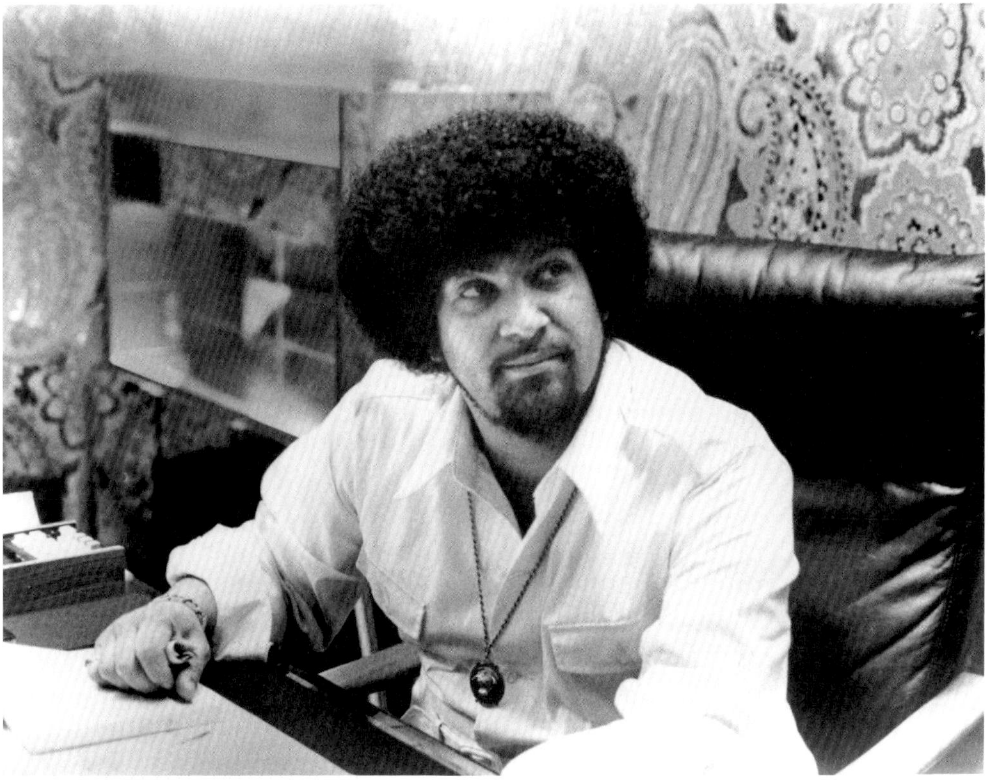

Motown-Zampano: Norman Whitfield wurde durch seine Arbeit mit den Temptations (»Papa Was a Rolling Stone«) zu einem der einflussreichsten Produzenten seiner Zeit.

town-Giganten waren inzwischen zu Backgroundsängern auf ihren eigenen Alben geschrumpft und bekamen nach der Trennung von Whitfield 1974 die Kurve nicht mehr.

Whitfields größter Triumph war der Tag, an dem er 1973 mit »Papa Was a Rolling Stone« in Nashville, Tennessee, den ersten Grammy für Motown überhaupt einheimste. Ein anderer Song, »Freddie's Dead«, hätte den Temptations-Track bei der Wahl zum besten R-'n'-B-Song beinahe ausgestochen. Er stammte von einem Mann, der schon in den 1960ern mit seiner Gruppe zur musikalischen Stimme der Bürgerrechtsbewegung geworden war und nun als Solist zu ganz großer Form auflief: Curtis Mayfield. Der 1942 in Chicago geborene Multiinstrumentalist, Komponist, Sänger und Produzent war da bereits seit anderthalb Jahrzehnten im Geschäft. Bekannt geworden war er mit seiner Gesangsgruppe The Impressions, die in den 1960ern einige Klassiker zum großen Soulbook beigesteuert hatte. Vor allem »People Get Ready« und »Keep On Pushing« hatten sich zu Hymnen der Bürgerrechtsbewegung gemausert. 1970 hatte sich Mayfield von den Impressions getrennt, um es solo zu versuchen. Er wollte sich musikalisch weiterentwickeln und pointierter mit der Lage der Schwarzen beschäftigen. Und er wusste, dass er politisch werden musste, wenn er die Menschen erreichen wollte, denn ob diese Menschen das wollten oder nicht: Die

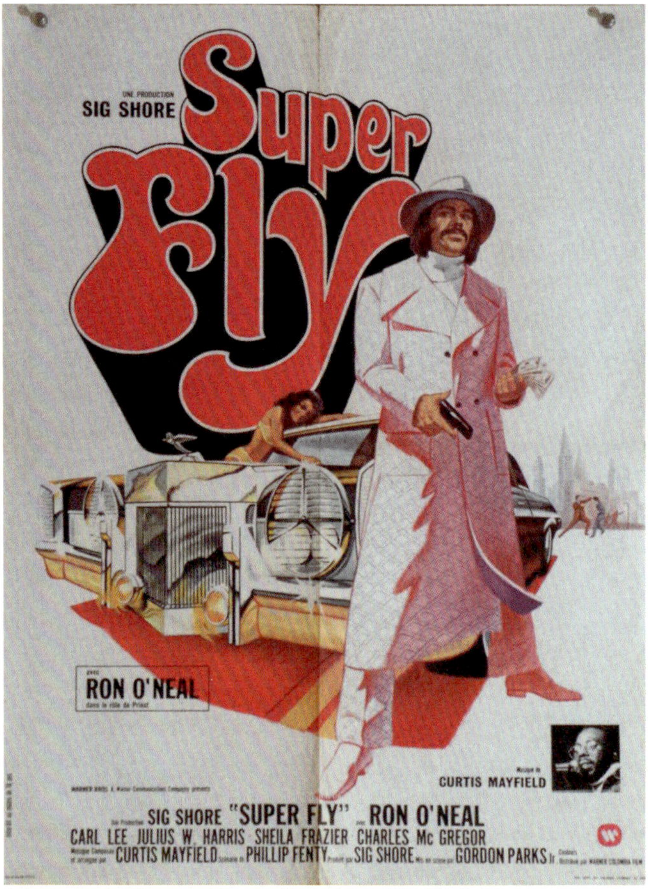

Pimps, Gambler, Hustler & Dealer: Mit dem Soundtrack zum Blaxploitation-Movie *Super Fly* lieferte Curtis Mayfield 1972 einen Meilenstein des 70s-Soul.

Politik hatte sich längst in ihrem Leben eingenistet. Jeder konnte das sehen, der in Harlem, auf Chicagos Southside oder in Watts, L.A., die Nase vor die Tür hielt. Überall wurde geraubt, geschossen, verhaftet und verprügelt. Jeder hatte Angst und duckte sich weg.

Für Mayfield, der sensibel genug war, seine bitteren Milieustudien mit einem Schimmer der Hoffnung aufzupolieren, wurde diese Zeit zur inspiriertesten und produktivsten seiner Karriere. Allein zwischen September 1970 und Oktober 1971 brachte er drei Soloalben heraus, darunter das superbe *ROOTS*, dessen politische Eloquenz und musikalische Eleganz den *Rolling Stone* jubeln ließ: »… klingt wie die Fortsetzung von WHAT'S GOING ON, die Marvin Gaye nie aufgenommen hat.«[18]

Nur kurze Zeit später war Mayfield der Auftrag für einen Soundtrack ins Haus geflattert. Der Film sollte *Super Fly* heißen und gehörte zum aufblühenden Blaxploitation-Genre. Mayfield verkniff sich auf dem Soundtrack-Album die vordergründige Illustrierung der kruden Story und ihrer Protagonisten, die sich aus den damals in Harlem üblichen Pimps, Gamblern, Hustlern und Dealern rekrutierte, und nutzte die Gelegenheit stattdessen zu weit tiefergehenden Ghetto-Reflexionen. Songs wie »Freddie's Dead«, der Titeltrack und »Pusherman« stellten mehr und brennendere Fragen als der Film selbst. Musikalisch erwies sich Mayfield dabei als Meister der subtilen Orchestrierungen, der funky Rhythmen und nicht zuletzt der wie schleichendes Gift wirkenden Melodien. Das Publikum goutierte all das und machte SUPER FLY zum Millionenseller. Mayfield, der, wie Stuart Cosgrove in seiner lesenswerten Abhandlung *Harlem 69. The Future of Soul*[19] ausführt, ein widersprüchlicher und schwieriger Charakter war, zählt zu den wichtigsten Figuren der Black Music in den 1970er Jahren und sorgte wie auch Gaye, Whitfield und Wonder dafür, dass der Soul auf Albumlänge konkurrenzfähig wurde.

Liebe, Frieden und Soul

Noch jede Menge mehr passierte in der schwarzen Musik der 1970er Jahre. Zum Beispiel waren da Sly Stone, der schon in den späten Sechzigern wichtige Impulse gesetzt und James Browns Funk auch einem Rockpublikum schmackhaft gemacht hatte, und George Clinton, der mit Parliament und Funkadelic den P-Funk erfand und damit maßgeblich den Weg für den Hip-Hop bereitete. Nicht zu vergessen »Black Moses« Isaac Hayes, der hinter den Kulissen einer der wichtigsten Architekten des alten Southern Soul gewesen war, bevor er zunächst 1969 mit dem wegweisenden HOT BUTTERED SOUL und dann 1971 mit dem brillanten »Theme From Shaft«, der Titelmelodie des Kultfilms um den gleichnamigen schwarzen Detektiv, Marksteine des frühen orchestralen Funk setzte.

Allzu viel schien in Memphis ansonsten in den frühen 70ern nicht mehr los zu sein. Das Stax-Label war verkauft und, bis auf Hayes' Veröffentlichungen, bedeutungslos geworden, ebenso die Hitschmiede von Muscle Shoals, in der zwar immer noch musiziert wurde, allerdings nun vermehrt von weißen Rockbands. Lediglich ein gewisser Willie Mitchell, der schon mindestens so lange im Geschäft war wie die Stax-Leute, jedoch nie so recht auf einen grünen Zweig gekommen war, hatte 1969 doch noch seinen Goldesel gefunden. Die Platten, die der junge Al Green unter Mitchells Produktionsfittichen auf Hi Records veröffentlichte, wurden zu den erfolgreichsten, die überhaupt je aus dem schwarzen Süden der USA gekommen waren. In den frühen 70ern bildete Green so etwas wie das Bindeglied zwischen dem Gestern und dem Heute des Soul. Er entstammte der Tradition der rauen Southern-Soul- und Gospel-Schule und vermittelte mit Schlafzimmerballaden wie »Let's Stay Together« und »Tired of Being Alone« gleichzeitig die urbane Eleganz des Philly Soul. Bis zu seinem Rückzug aus dem weltlichen Musikgeschäft – zum Ende des Jahrzehnts wurde er Prediger in seiner eigenen »Church of the full Gospel Tabernacle« – elektrisierte er mit seinem einzigartigen Gesang ein Massenpublikum. Auch Don Cornelius, den legendären *Soul Train*-Moderator, der Greens dortigen

Auftritt einmal als »eine der großartigsten Erfahrungen meines Lebens«[20] bezeichnete.

Wie immer aber hatte Don Cornelius auch nach Greens Performance gelassen und ein wenig geziert das Mikro ans Kinn geführt und zum Abschied entspannt in die Kamera gebrummt: »You can bet your last money, it's all gonna be a stone gas, honey! As always in parting I wish you LOVE, PEACE and …« Die versammelte »Soul Train Gang« hatte daraufhin lauthals skandiert: »SOUL!« Alle schwarzen Musiker hätten da zugestimmt. Bis auf Betty Davis vielleicht.

Pop 75

24.01.
Der Jazz-Pianist KEITH JARRETT gibt in der Kölner Oper ein Konzert mit Klavierimprovisationen, das als Doppelalbum THE KÖLN CONCERT zur bestverkauften Jazz-Soloplatte aller Zeiten wird.

13.02.
Premiere: Der Kinofilm *Slade in Flame*, der die Geschichte der englischen Glamrockband SLADE erzählt, hat im Londoner Metropol Theater Premiere.

02.03.
In Los Angeles geraten PAUL und LINDA MCCARTNEY in eine Routine-Verkehrskontrolle, bei der die Polizisten in Lindas Handtasche eine erhebliche Menge Marihuana finden; die Beatle-Gattin wird verhaftet.

26.03.
Noch eine Filmpremiere: In London ist zum ersten Mal die Leinwandversion der THE-WHO-Rockoper *Tommy* mit ROGER DALTREY in der Hauptrolle zu sehen.

07.04.
Abschiedsvorstellung: In Paris steht RITCHIE BLACKMORE zum letzten Mal mit DEEP PURPLE auf der Bühne. Kurz darauf wird er seine neue Band RAINBOW gründen.

15.04.
Während einer Englandtournee verursacht der Equipment-Truck der amerikanischen Punk-/New-Wave-Band TELEVISION einen schweren Unfall, bei dem der Fahrer ums Leben kommt.

24.04.
Suizid: PETE HAM, Sänger, Gitarrist und Songschreiber der walisischen Rockband BADFINGER (»Day After Day«, »Baby Blue«) wird erhängt in seiner Garage aufgefunden.

01.05.
Eine etwas andere Pressekonferenz veranstalten die ROLLING STONES, als sie mit einem Lastwagen über New Yorks 5th Avenue fahren und dabei auf dessen Ladefläche ein Free Concert geben, um ihre anstehende US-Tournee bekanntzugeben. Es ist das erste Mal, dass RON WOOD öffentlich mit der Band spielt.

20.06.
Die TALKING HEADS treten zum ersten Mal in New Yorks CBGB-Club auf.

23.06.
ALICE COOPER fällt bei einem Konzert in Vancouver, Kanada, von der Bühne und bricht sich sechs Rippen.

29.06.
Im Santa Monica Hospital in Los Angeles wird der Tod des US-Singer-Songwriters TIM BUCKLEY wegen einer »akuten Heroinvergiftung« festgestellt. Buckleys Sohn Jeff wird in den 1990ern Karriere machen und 1997 unter ungeklärten Umständen im Mississippi ertrinken.

30.06.
Hochzeit: Popsängerin CHER und Keyboarder GREGG ALLMAN schließen in einer Hotelsuite in Las Vegas den Bund fürs Leben.

04.08.

Auf der griechischen Ferieninsel Rhodos werden LED-ZEPPELIN-Sänger ROBERT PLANT und seine Ehefrau Maureen bei einem Autounfall schwer verletzt.

23.08.

GENESIS-Sänger PETER GABRIEL gibt bekannt, dass er die Band verlassen wird, um eine Solokarriere zu starten.

29.09.

Der 41-jährige JACKIE WILSON erleidet bei einem Konzert in Cherry Hill, New Jersey, einen massiven Herzinfarkt, als er gerade seinen Hit »Lonely Teardrops« singt. Von den Folgen wird er sich nicht mehr erholen, bis er 1984 stirbt.

27.10.

Der Rocksänger BRUCE SPRINGSTEEN wird in derselben Woche auf den Titelblättern der Nachrichtenmagazine *Newsweek* und *Time* abgebildet.

30.10.

Im War Memorial Auditorium in Plymouth, Massachusetts, startet Bob Dylan seine »Rolling Thunder Revue«.

06.11.

In der Londoner St. Martin's School of Art geben die SEX PISTOLS ihr erstes Konzert.

18.12.

Bei einer Pressekonferenz in London geben die FACES offiziell ihre Trennung bekannt. Leadsänger ROD STEWART wird sich weiter auf seine Solokarriere konzentrieren, und Gitarrist RON WOOD fest bei den Rolling Stones einsteigen, deren Gitarrist KEITH RICHARDS an diesem Tag seinen 32. Geburtstag feiert.

25.12.

Am 1. Weihnachtstag gründet der Bassist STEVE HARRIS die Band IRON MAIDEN, die Inspiration für den Bandnamen liefert Alexandre Dumas' Roman *Der Mann mit der eisernen Maske*.

76

4. Juni 1976 Brandstifter in der Free Trade Hall

Rotzrock und Zickenkrieg: Als Punk aufmuckte und dann doch von zwei Micks besiegt wurde

Es waren ja gerade mal fünfzig Leute da, mehr bestimmt nicht. Jedenfalls, wenn man den Schätzungen derer glauben darf, deren Anwesenheit verbürgt ist und die nicht nur behaupten, dabei gewesen zu sein. Ziemlich exklusiv also für einen Anlass, den der *New Musical Express* einmal »das bedeutendste Musikereignis aller Zeiten« genannt hat.

Aber der Reihe nach: Es ist ein Freitag im Frühling, der 4. Juni 1976. Wir befinden uns in Manchester, wo der Frühling schon immer grau ist. So grau wie der Sommer, der Herbst und der Winter sowieso. Es geht der Stadt nicht gut. Von der prosperierenden Industriemetropole, die einst als das stählerne Herz von Englands Norden galt, ist schon lange nichts mehr übrig. Die Stahl- und die Textilindustrie, früher einmal Garanten von Wohlstand, Wachstum und Vollbeschäftigung, gibt es praktisch nicht mehr. Die Menschen wandern ab, ganze Stadtviertel verwahrlosen, Verfall, wohin man blickt.

Und schön ist es hier ohnehin nicht. Im Zweiten Weltkrieg hat sich Hitlers Luftwaffe am Rüstungsstandort Manchester abgearbeitet wie sonst nur an London, die alte Bausubstanz ist weitgehend verschwunden und nach dem Krieg durch hastig hochgezogene Mietskasernen ersetzt worden. Wer hier lebt, hat wenig Zukunft, Manchester scheint eine sterbende Stadt zu sein. Selbst die ruhmreichen Fußballclubs Manchester United und Manchester City führen ein Dasein als graue Mäuse der First Division, ManU ist sogar gerade erst wieder aus der zweiten Liga aufgestiegen. Der alte Glanz ist dahin. Da mag eine Rede-

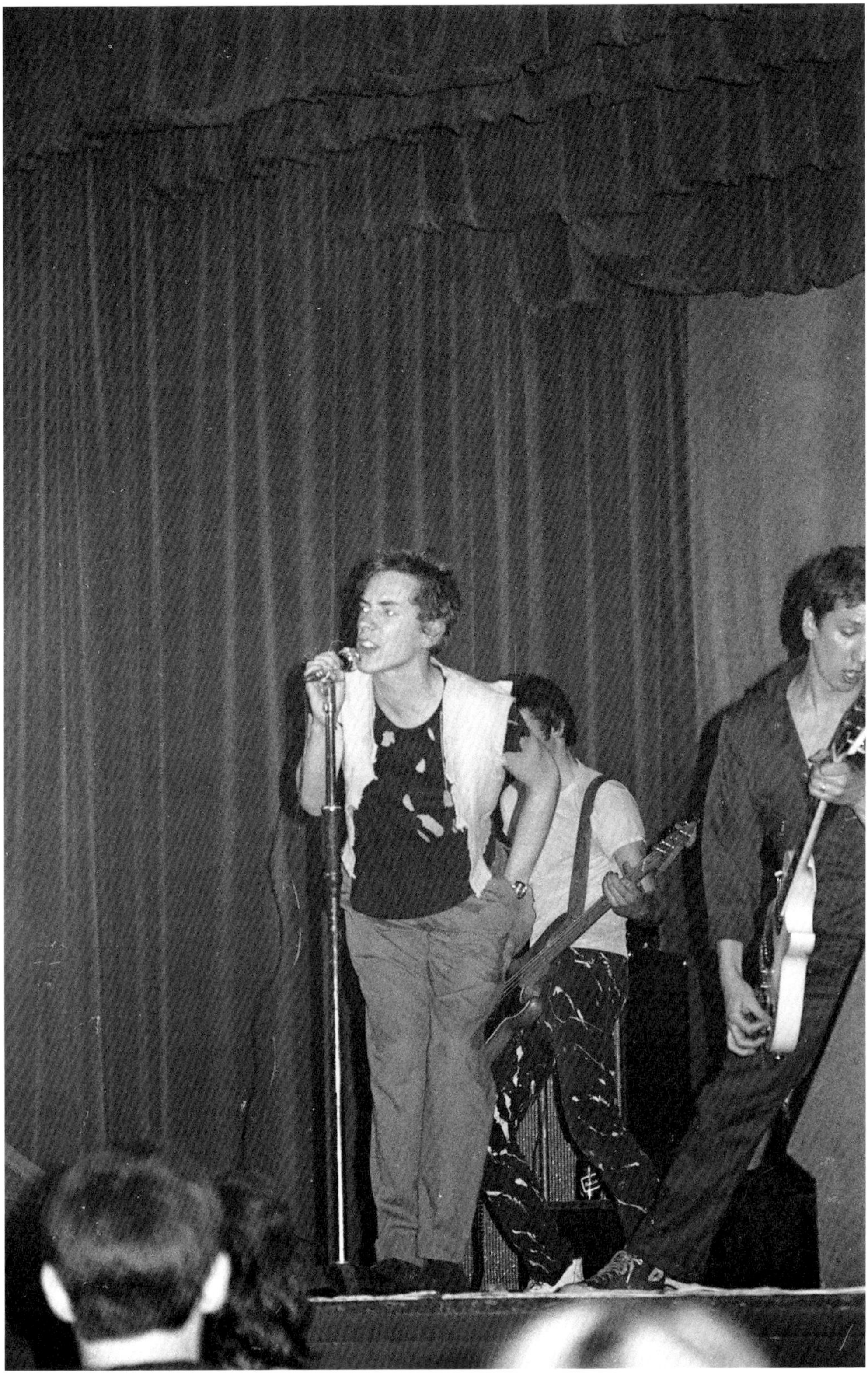

Anarchie im kleinsten Kreis: Die noch gänzlich unbekannten Sex Pistols beim legendären »Gig that changed the World« in Manchesters Lesser Free Trade Hall.

wendung aus dem Viktorianischen Zeitalter wie Hohn erscheinen, die damals, als die Stadt noch Schrittmacher der Industrialisierung war, auf ihre Vorreiterrolle anspielte: »Was Manchester heute macht, macht morgen die ganze Welt.« Erstaunlicherweise aber stimmt das in diesem Jahr 1976 wie selten zuvor, freilich in einem ganz anderen Sinn, als es hundert Jahre zuvor gemeint war.

Die Ecke Peter Street / Southmill Street wird beherrscht von einem der ältesten Gebäude der Innenstadt, der Free Trade Hall, erbaut in den 50er Jahren des 19. Jahrhunderts. Auch sie war nach den verheerenden Bombardements der Luftwaffe, dem sogenannten »Christmas Blitz« im Dezember 1940, weitgehend zerstört. Nur die klassizistische Fassade, die dem Gebäude die Grandezza eines italienischen Palazzos verleiht, war stehengeblieben. Die Bewohner haben ihre Halle wiederaufgebaut, und längst ist die Free Trade Hall wie früher schon der wichtigste Veranstaltungsort in der Stadt. Gelegentlich schauen prominente Bands aus dem Rockzirkus vorbei, Bowie, die Stones, Pink Floyd und viele von denen, die privat längst in luxuriösen Anwesen auf der Countryside rund um London residieren. Legendär wurde das Konzert, das Bob Dylan hier am 17. Mai 1966 gab: Ein empörter Zuschauer hatte ihn »Judas!« geschimpft, weil er meinte, dass der Sänger mit der lärmenden elektrischen Gitarre seine Folkwurzeln verraten habe.

Fast auf den Tag zehn Jahre später wird hier wieder Geschichte geschrieben, allerdings nicht in der eigentlichen Free Trade Hall, sondern in der im Obergeschoss des Gebäudes untergebrachten erheblich kleineren Lesser Free Trade Hall. Ein paar dilettantisch hergestellte Plakate und Flyer, die man hier und da in der City und in den Kneipen findet, weisen auf die Veranstaltung hin: »Sex Pistols« steht da in fetten Lettern oben drauf, und auf dem Foto, das die Band zeigen soll, kann man so gut wie gar nichts erkennen, so schlecht ist die billige Fotokopie. 50 Pennys soll der Eintritt kosten.

Die Straße ist an diesem Abend leer, nur vereinzelt verschwinden ein paar Kids im Eingang der Halle. Von dem »Gig that changed the World«[1], zu dem das Konzert noch Jahrzehnte später verklärt werden wird, ist draußen allenfalls ein dumpfes Grollen zu hören.

Also die Treppe rauf in die Lesser Free Trade Hall. Ein paar Langhaarige hocken dort in den leeren Stuhlreihen, in der einen Hand eine Bierflasche, in

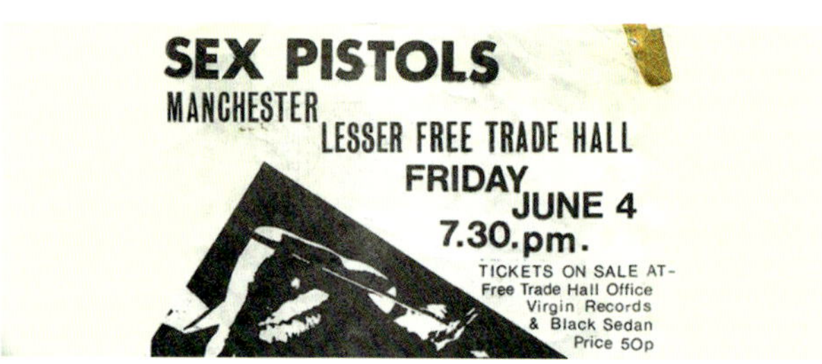

Historischer Flyer – neben Termin und Ort des Sex-Pistols-Gastspiels am 4. Juni 1976 in Manchester ist auch der Eintrittspreis vermerkt: 50 Pence.

der anderen eine Zigarette. Wenige sind nach vorn gegangen, zur Bühne, wo vor einem altmodischen Vorhang und zwischen Stapeln klobiger Lautsprecherkisten vier abgerissene Jünglinge herumspringen und auf ihre Instrumente eindreschen. Die Stimmung da oben ist hyperaktiv, der Sänger fixiert das Häuflein vor der Bühne mit giftigem Blick. Die Gesichter da unten wirken eher abwartend, verwundert, ein wenig verunsichert auch. Hier und da Gelächter. Die Band spielt einigermaßen ordentlich, der Sound ist scheußlich, und der Sänger erbarmungswürdig.

So ungefähr jedenfalls lassen sich die Beschreibungen der Augenzeugen zusammenfassen, stellvertretend hier die von Peter Hook, der später mit Joy Division und New Order berühmt werden sollte:

> Johnny Rotten hatte seinen ganz eigenen Stil zu singen. Jeder dachte, dass sie schrecklich waren. Und das lag an dem Typ, der den Sound machte […]. Wenn man sich heute das Bootleg anhört, dann spielten sie tatsächlich ganz gut. Paul Cook und Glen Matlock waren schließlich eine etablierte Rhythmusgruppe, und Steve Jones konnte wirklich Gitarre spielen. Es war halt sehr aggressiv, und das war es, was die Leute antörnte.[2]

Vor allem aber war es die simple Botschaft, die Frontmann Johnny Rotten und seine Band verbreiteten: Scheiß auf Perfektion, gib Gas, sei du selbst und hab Spaß! Viele von den wenigen, die an diesem Abend in dem kleinen Saal über der Free Trade Hall Zeuge dieses ersten Auftritts der noch unbekannten Sex Pistols in Manchester wurden, ließen sich das nicht zweimal sagen.

Die Titanic sinkt

Auch wenn der Pistols-Gig an jenem 4. Juni jeden Einzelnen, der ihn sah, nachhaltig beeindruckte und manchen gar verstörte, so war die Gruppe zu diesem Zeitpunkt im Vereinigten Königreich des Pop ein noch völlig unbeschriebenes Blatt. Die Albumcharts jener Woche geben Aufschluss über den damaligen Stand der Dinge: an der Spitze ABBA, dahinter John Denver, Cliff Richard, die Rolling Stones und Diana Ross, dazwischen diverse Hitsampler. In den Singlecharts »Silly Love Songs«, gesungen von einem ehemaligen Beatle samt Gattin und Begleitkapelle.

Zwei Wochen später erschien in der damals führenden englischen Popgazette, dem *New Musical Express*, ein Artikel von Mick Farren. Unter der unheilvollen Überschrift »Titanic sails at dawn«, einer Textzeile aus Bob Dylans »Desolation Row«, verglich er den Popbetrieb mit den Zuständen auf dem 1912 gesunkenen Ozeanriesen, nannte ihn verächtlich »Big-Time-, Rock-Pop-, Tax-Exile-, Jet-Set-Showbusiness«[3] und machte zweierlei deutlich: Erstens ging es so nicht weiter, und zweitens müsse was passieren. Farren legte den Finger in die Wunde und nannte Namen: Millionen-Dollar-Acts wie die Stones, Pink

Floyd, Genesis und Fleetwood Mac hatten, so schrieb er, kaum noch etwas gemein mit denen, die ihre Musik kaufen sollten, den Arbeitern, Lehrlingen, Schülern, Studenten, all den Kids, die da draußen tagtäglich versuchten, ihren Weg in eine ungewisse Zukunft zu finden und dabei, wenn es denn ging, noch ein bisschen Freude zu finden. Beinahe prophetisch hatte Farren seine Streitschrift mit den Zeilen enden lassen: »Die Wiedervereinigung der Beatles würde den Rock ’n’ Roll nicht retten – vier Kids, die in einem schmutzigen Kellerloch für ihre Altersgenossen spielen, aber könnten das. Und hier, werter Leser, kommst du ins Spiel!«[4]

Gemeint waren damit auch die paar Dutzend Neugierige, die in der Free Trade Hall gewesen waren. Ob Farren von dem Konzert wusste oder nicht, Fakt bleibt: Mit seinem Essay hatte er den Nerv einer neuen Generation von Jugendlichen getroffen, die von Hippies, Progrock und viertelstündigen Gitarrensoli die Nase voll hatten und Glam für einen Witz von gestern hielten. Viele Rockhörer fragten sich, was aus der Rockpower geworden war, die England mehr als zehn Jahre zuvor zum Mittelpunkt des Popuniversums gemacht hatte. »You Really Got Me«, »(I Can’t Get No) Satisfaction«, »Wild Thing« und »My Generation«, all das war lange her. Hendrix, Jones, Joplin, Morrison, alle tot. John Lennon war Hausmann und Bob Dylan seit BLONDE ON BLONDE offenbar vor allem damit beschäftigt, irgendwie damit klarzukommen, dass er Bob Dylan war, worüber er von Jahr zu Jahr wunderlicher wurde. Zum Ende der Dekade würde er gar zu den Wiedergeborenen Christen konvertieren … The Who? Ein Schatten ihrer selbst. Die Kinks? Machten Schlaumeier-Rockopern. Led Zeppelin fabrizierten selbstgefälligen Cock-Rock und Fleetwood Mac ebenso selbstgefälligen Cocktail-Rock. Dazu gab es das Electric Light Orchestra, das klang, als würde sich »I Am the Walrus« seit dem Summer of Love in der Auslaufrille drehen. Und sonst? Boston, Supertramp, Barclay James Harvest. Und Cat Stevens las inzwischen im Koran.

Doch nicht alle sahen die Dinge so düster. Jahr für Jahr pilgerte schließlich ein wachsendes Heer von Rockfans zu den großen Festivals, etwa nach Reading, wo 1976 Manfred Mann, Rory Gallagher, Ted Nugent, Black Oak Arkansas und AC/DC vor mehr als 100 000 Zuschauern auftraten. Oder zum Knebworth Festival, wo im selben Jahr rund 120 000 Besucher Lynyrd Skynyrd, die Rolling Stones, 10CC und Hot Tuna erlebten.

Bei diesem Publikum aber handelte es sich überwiegend um eins, das mit den Stars des Frühsiebziger-Rock erwachsen geworden war, darunter viele Studenten. Die Kids dagegen warteten auf aufregendere Neuigkeiten. Die regierenden Hitparadengrößen Bay City Rollers, Sailor, Leo Sayer und Harpo aber gehörten definitiv nicht dazu. Bolan und Bowie waren langweilig geworden, der eine war weg vom Fenster, der andere machte in Kunst. Und ein einzelner Iggy Pop war zu wenig.

Die Lage schien deprimierend. Ein kleines bisschen Wahrheit, ein paar böse Gitarrenakkorde, irgendwo ein Großmaul mit Format? Fehlanzeige. Nicht einmal fröhlich-melancholisches Zwei-Minuten-Gerassel, wie es die Small

Faces geliefert hatten, die mehr Gefühl für die englische Seele bewiesen hatten als sämtliche Pink-Floyd-Alben zusammen.

Hilfe war jedoch auf dem Weg. In einigen Kneipen und Clubs waren Gruppen aufgetaucht, die sich der alten Tugenden besannen, die schnörkellos und bodenständig rockten. Brinsley Schwarz zum Beispiel. Eggs Over Easy und Bees Make Honey, die 101ers und Chilli Willi and the Red Hot Peppers. Andere nannten sich Ducks Deluxe, Kursaal Flyers und Eddie & The Hot Rods. Neu war ihre Musik nicht, sie begnügte sich mit Chuck-Berry-Riffs, ein bisschen Stax & Motown und gelegentlicher Country-Schlagseite. Strophe, Refrain, fertig. In den Clubs servierten diese Bands ihr Repertoire mit entschiedenem Enthusiasmus und kultivierter Musikalität. Ihr gemeinsames Kennzeichen war dabei ihre fast trotzige Ablehnung des Starkults, mit dem sich die etablierten Kollegen umgaben. Pubrock wollte nicht mehr sein als ein bisschen Samstagabend-Spaß. Und das war er – die richtige Musik zum Pint und dabei ein solides Ausbildungslager für Dutzende von jungen Musikern. Bald würden sie entweder selbst erfolgreiche Bands gründen, hinter Frontleuten wie Elvis Costello oder Graham Parker für die Begleitung sorgen oder Solokarrieren starten. Sie alle lernten in der Ära des Pubrock von etwa 1972 bis 1976 ihr Handwerk. Dabei schafften es die wenigsten mit ihren Platten ins große Rampenlicht, ihre Domäne blieben, wie der Name schon sagt, die Pubs, wo die Bühnen klein, das Publikum ruppig und die Zapfhähne in unmittelbarer Reichweite waren.

Eine Ausnahme in Sachen Plattenerfolg bildeten Dr. Feelgood. Neben den entspannten Brinsleys waren sie die ungekrönten Könige der Pubszene, und sie wurden zum Verbindungsstück zwischen dem rauen Britblues der 1960er Jahre und der aufkommenden Punk- und New-Wave-Moderne. 1974 erhielten sie ihren Plattenvertrag und machten gleich Nägel mit Köpfen: DOWN BY THE JETTY wurde in Mono eingespielt und bestand, so berichtet die Legende, ausschließlich aus First Takes. Die Doktoren-Gang von der Kanalinsel Canvey Island verfügte über echte Typen wie den etwas grobschlächtig und verschlagen wirkenden Shouter Lee Brilleaux und den nervös-neurotischen Wilko Johnson mit seiner Klappmesser-Gitarre. Und sie brachte die Schlagkraft der Straße auf die Bühne. Ihr Blues war hart und direkt, er federte in den Knien, jederzeit bereit zuzuschlagen. Dr. Feelgood waren das gute Gewissen der britischen Rockseele, Rufer in der Wüste und Propheten des Sturms, der sich zusammenbraute.

Die besten der Pubrocker waren schnell, zackig und voller Energie – innovativ aber waren die wenigsten von ihnen. Mussten sie auch nicht. Immer schon war es im Rock 'n' Roll schließlich um Energie gegangen. Und um Aggressivität. Neben Dr. Feelgood standen dafür Eddie & The Hot Rods, deren Gitarrist Dave Higgs zuvor mit Lee Brilleaux in einer Band gespielt hatte. Die Hot Rods hatten 1975 auf Empfehlung von Roxy-Music-Saxophonist Andy Mackay einen Plattenvertrag bei Island Records bekommen, und wie die Feelgoods rüttelten sie nun lautstark an der etablierten Ordnung. Beide waren aufregende Livebands, nur: Bands, über die man sich aufregte, waren sie nicht. Die aber sollten nun kommen.

Eine Bewegung formiert sich

Dass neben Energie und Aggressivität im Popgeschäft vor allem auch Provokation eine unverzichtbare Rolle spielte, wusste 1975 in London niemand besser als Malcolm Robert Andrew McLaren. Der 29-Jährige hatte eine Antenne für die explosive Stimmung jener Zeit:

> Als die Siebzigerjahre begannen, lautete die Philosophie, dass man nichts auf die Beine stellen könne, ohne eine Menge Geld zu haben. […] Ich glaube, das war die Ursache für die ganze Wut – einfach die Wut auf Geld, darauf, dass die Kultur kommerzialisiert worden war, dass sie nicht mehr uns gehörte und alle verzweifelt versuchten, sie zurückzukriegen. Dies war eine Generation, die genau das versuchte.[5]

Er würde sich das zunutze machen. Zusammen mit seiner Ehefrau, der Modedesignerin Vivienne Westwood, betrieb McLaren seit 1972 eine Boutique in der Londoner Kings Road. Während seines Studiums hatte er die Ideen der französischen Situationisten kennengelernt, deren anarchistische Politikkonzepte im Zusammenhang mit den Mai-Unruhen in Paris im Frühling 1968 eine wichtige Rolle gespielt hatten. 1974 hatte sich McLaren aufgemacht nach New York, wo er intensiven Anschauungsunterricht darüber erhielt, wie subversive Jugendkultur funktionierte und wie sie sich wirksam artikulieren konnte. Eine Weile hatte er sich dort in den angesagten Clubs herumgetrieben, die embryonale Punkszene beobachtet, Leute kennengelernt und wie erwähnt sogar noch ein paar Wochen lang versucht, als Manager die in Auflösung begriffenen New York Dolls zu retten. Als er dann 1975 nach London zurückkehrte, war er wild entschlossen, entweder den ganz großen Coup zu landen oder aber das Spielfeld nach einem grandiosen Schuss in den Ofen als geschlagener Mann zu verlassen.

Also nannte McLaren seinen Laden nun »Sex«, stellte das Sortiment auf Lederslips und Bondage-Accessoires um und entwarf T-Shirts mit Botschaft, etwa mit Listen cooler und uncooler Leute. Zu Ersteren zählte er Iggy Pop und den frühvollendeten Rock 'n' Roller Eddie Cochran, zu Letzteren dagegen Emerson, Lake & Palmer, Mick Jagger und Bryan Ferry von Roxy Music. Ein anderes T-Shirt zeigte zwei Cowboys ohne Hose, deren stattliche Penisse sich fast berührten. Bald geschah Erstaunliches:

> Immer mehr junge Leute kamen in den Laden, nicht notwendigerweise, um Leder-Zeug oder Peitschen zu kaufen, sondern weil sie die verdammten T-Shirts haben wollten. Nach einer Weile hatte ich eine gewaltige Armee von diesen Kids. Wie ich herausfand, waren es Fans, die sich von David Bowie und Roxy Music im Stich gelassen fühlten. Sie suchten nun nach etwas Eigenem. Und einige von ihnen wollten eine Band gründen.[6]

Der Rest ergab sich im Herbst 1975 praktisch von selbst: McLaren rekrutierte aus seiner jugendlichen Armee eine Band, und als ein dürrer rothaariger 19-Jähriger namens John Lydon in den Laden stolperte, der sich mit einem »I hate Pink Floyd«-T-Shirt als besonders geeignet auswies, bekam er vom Fleck weg den Job als Frontmann. Zuvor hatte er, wie Jon Savage in seiner Punk-Chronik *England's dreaming*[7] berichtet, ein Vorsingen absolviert. Dabei hatte er sich vor der Jukebox des Ladens aufgebaut und mit Hilfe eines Duschkopfes als Mikrophonersatz eine eigenwillige Performance zu Alice Coopers »I'm Eighteen« geliefert, bei der sich alle Anwesenden vor Lachen am Boden gekrümmt haben sollen. Es war die Geburtsstunde der Sex Pistols.

Lydon, der sich alsbald Johnny Rotten nannte, und seine Kumpane Steve Jones (20, Gitarre), Paul Cook (19, Drums) und Glen Matlock (19, Bass) – verloren nicht viel Zeit mit Proben und feierten schon am 6. November in der Londoner St. Martin's School of Art ihre Livepremiere. Eigentlich waren sie nur ein paar ganz gewöhnliche Vorstadtbengel, die handelsüblichen Rock spielten, so wie Hunderte anderer zu dieser Zeit auch, und das bei weitem nicht so gut wie die Feelgoods oder die Hot Rods. Und doch hatten sie etwas, das all diese Bands nicht hatten: einen komplett Verrückten als Sänger. Rotten war ein spindeldürres Männlein in schrillbunten Hosen und durchlöchertem T-Shirt, das er mit Sicherheitsnadeln verziert hatte. Im ersten Moment wirkte er wild und gefährlich. Wenn man aber etwas genauer hinsah, entdeckte man hinter seinem zornigen Gezeter und dem manischen Blick eine zutiefst verletzte Seele, so verloren wie ein Dickens'sches Waisenkind. Er weckte Mutterinstinkte.

Mit den Sex Pistols und ihren ersten Auftritten im Winter 1976 hatte die noch namenlose neue Bewegung plötzlich ein Gesicht, einen Sound und einen Look. Dabei ging es nur am Rande um Musik, es war, wie der nie um einen plakativen Spruch verlegene Johnny Rotten in einem frühen Interview verkündete: »We're not into music, we're into chaos!« Treffender ließ sich das nicht sagen. Auf der Bühne waren die Sex Pistols ein unberechenbares Spektakel, kurz, heftig und nichts für Weicheier. Es wurde gespuckt, gepöbelt, gerempelt, gerotzt und gegrölt. Die Musik war wie ein Schlag ins Gesicht. Alle hatten ihren Spaß, und das Bier floss in Strömen.

Die Sache sprach sich herum. Die Musikpresse brachte erste Notizen über das neueste Londoner Rockphänomen und machte die Pistols so auch über die Grenzen der Stadt hinaus bekannt. Etwa in Manchester und bei zwei Studenten des Bolton Institute of Technology: Peter Campbell McNeish (20) und Howard Andrew Trafford (23). Am 20. Februar 1975 machten sich die beiden in einem geliehenen Auto auf den Weg nach London, um sich die sagenhafte Band einmal aus der Nähe anzuschauen. Wie Trafford später berichtete: »Es war das Wochenende, das unser Leben veränderte.«[8]

Die Jungs aus Manchester besuchten zwei Gigs der Pistols: den am Freitag in einem College in High Wycombe und den am Samstag in Welvyn Garden City. Nach dem Konzert schlug Trafford Malcolm McLaren vor, ein Gastspiel der Pistols in Manchester zu arrangieren. Und der war so begeistert wie seine

Band, die bis dahin über den Großraum London noch nicht hinausgekommen war. Nach einigem Hin und Her stand fest: Am 4. Juni würden Rotten & Co. in der Lesser Free Trade Hall auftreten. McNeish und Trafford gründeten in der Zwischenzeit selbst eine Band, die Buzzcocks, und nannten sich fortan Pete Shelley und Howard Devoto. Nachdem die Pistols nicht nur bei den beiden Buzzcocks-Gründern, sondern auch bei den weiteren Besuchern der Lesser Free Trade Hall bleibenden Eindruck hinterlassen hatten, wurde ein weiteres Pistols-Gastspiel an gleicher Stelle für den 20. Juli anberaumt.

Auch wenn dieser erste und auch der zweite Gig nicht gleich die ganze Welt veränderten, so gelten sie doch zu Recht als Initialzündung für den englischen Punk. Zu den Besuchern der beiden Shows, die auch als Geburtsstunde der Manchester-Szene in die Geschichte eingingen, gehörten Bernard Sumner und Peter Hook. Sie gründeten kurz darauf zusammen mit Ian Curtis Joy Division. Mark E. Smith wurde später berühmt als Kopf von The Fall, und Steven Morrissey machte The Smiths zur wohl bedeutendsten englischen Indieband der 1980er Jahre.

Inzwischen hatte es zwei weitere Konzerte gegeben, die Englands Musikszene aufmischen sollten – und beide fanden am 4. Juli statt: Das eine ging im Londoner Roundhouse über die Bühne, das andere in einem Pub namens Black Swan in Sheffield.

Eine Höhle in der Bowery

> Ich verliebte mich in diesen Ort, als ich ihn zum ersten Mal betrat. Neon-Reklameschilder, die von der Decke hingen, und überall der Geruch von Zigaretten, Bier, Desinfektionsmitteln und Schlimmerem. Der Autor Charles Shaar Murray hat mal gemutmaßt, dass das Personal dort an jedem Abend, bevor geöffnet wurde, an die Wände pinkelte, um für die Kundschaft eine Extraportion ›Atmosphäre‹ zu schaffen. Ich fühlte mich dort aufgehoben und zu Hause. Zur Rechten die lange schmale Theke, links ein Podest mit Tischen und Stühlen. Geradeaus, vor der Wand, die Bühne.[9]

Was die US-Musikerin und Produzentin Genya Ravan hier beschreibt, ist die wichtigste Brutstätte des US-Punk, das CBGB in New York City, 315 Bowery, mitten in einer der damals verwahrlosesten Ecken Manhattans gelegen.

Seit 1973 existierte der Laden, und sein Besitzer Hilly Krystal, ein vollbärtiger Hüne mit Baumwollhemd und Latzhose, wollte dort ursprünglich Countrymusik präsentieren. Daher auch der Name, die Buchstaben »CBGB« stehen für »Country«, »Bluegrass«, »Blues« und das klein angefügte »& OMFUG« für »& other Music for uplifting Gormandizers«. Statt Country und Bluegrass bekamen die »anspruchsvollen Schlemmer« ab 1974 allerdings andere Musik vorgesetzt. »Punk« nannte man das Ganze da noch nicht, der Begriff sollte sich erst zwei Jahre später durchsetzen, und die Gruppen, die diese Musik spielten, waren in Krystals Sprachgebrauch »street bands«. Gemein war ihnen allen, dass sie sich an denselben Leitfiguren orientierten: Zum einen standen die Kultstars der 1960er Jahre Pate, Leute wie Jim Morrison, Bob Dylan und Brian Jones; zum anderen aber fühlten sich die jungen New Yorker Musiker dem Geist von Velvet Underground, Nico und Andy Warhol sowie dem Beispiel der New York Dolls und der am Hudson River sehr präsenten Lärmfraktion aus Detroit, bestehend aus MC5, den Stooges und Iggy Pop, verpflichtet.

Wie man es nannte, war letztlich egal, Hauptsache, der Energielevel stimmte. Neu und originell sollten die Bands sein, die im CBGB auftraten, wie Krystal verlangte. Sie sollten ihm ein Stammpublikum bescheren und so dafür sorgen, dass der Umsatz an diesem verlorenen Ort einigermaßen stimmte.

Zu den ersten dieser Street Bands, die dort mit ihrem selbstgeschriebenen Repertoire auftraten, gehörten Television. Ihre Premiere auf der stufig angelegten Bühne des CBGB feierten sie im März 1974, und schnell erspielten sie sich eine treue Gefolgschaft. Television bestanden aus den Schulfreunden Richard Hell und Tom Verlaine, dem Gitarristen Richard Lloyd sowie dem Drummer Billy Ficca. Um sie herum versammelten sich in den folgenden Monaten einige der für den weiteren Lauf der Dinge entscheidenden Protagonisten. So beeindruckte Hell im Laufe dieses Jahres 1975 ganz besonders auch den zu dieser Zeit in der CBGB-Szene verkehrenden Malcolm McLaren:

> Ich fand Richard Hell einfach unglaublich. Er war nicht einfach nur jemand, der einen roten Vinylanzug, orange geschminkte Lippen und hochhackige Schuhe trug. Nein, er war ein total kaputter, destruktiver und abgerissener Typ, der aussah, als wäre er einem Abwasserkanal entstiegen. Er war ein wunderbarer, gelangweilter, heruntergekommener, verängstigter, schmutziger Typ in einem zerfetzten T-Shirt. Es war keine Frage, dass ich all das mit nach London nehmen würde. Ich hatte mich durch ihn inspirieren lassen und wollte seinen Look kopieren und all das in etwas mehr Britisches umwandeln.[10]

Was McLaren bekanntlich gelang.

Hell indes stieg schon im Mai 1975 bei Television aus und gründete im Anschluss zusammen mit den Ex-New-York-Dolls Jerry Nolan und Johnny Thunders die Heartbreakers. Auch dort hielt er es nicht lange aus, Ende 1976 hatte er bereits eine neue Band, in der er nun der unbestrittene Boss war: Richard Hell & The Voidoids brachten 1977 BLANK GENERATION heraus, das nicht zuletzt durch den Titeltrack, den Hell schon bei Television gespielt hatte, zum programmatischen Klassiker des frühen Punk wurde. Ersetzt wurde Hell bei Television durch den Bassisten Fred Smith (nicht zu verwechseln mit dem ehemaligen MC5-Gitarristen Fred »Sonic« Smith), der zuvor eine andere junge New Yorker Band namens Blondie verlassen hatte. Television-Sänger Verlaine schrieb derweil Gedichte mit der Sängerin einer anderen Gruppe, mit der er sich den Job als Hausband des CBGB im Winter 1975 teilte, nämlich Patti Smith.

Weitere Bands, die in jenen Monaten dort regelmäßig spielten, waren Suicide, The Fast, Wayne/Jayne County, Mink DeVille, Blondie und The Shirts. Bei Hilly Krystal herrschte ein ständiges Kommen und Gehen. Man kannte sich in der kleinen Szene, probierte alles Mögliche aus und pflückte sich vom Personalkarussell, was gerade passend erschien.

Die wohl einzige Band aber, die weder Besetzungswechsel zu verzeichnen noch stilistische Experimente nötig hatte, stand am 16. August 1974 zum ersten Mal auf der CBGB-Bühne, und zwar, wie die Legende berichtet, unter den Augen von Lou Reed: die Ramones. Bis zu ihrer letzten CBGB-Show am 10. April 1979 sollten es noch 88 weitere Konzerte werden. Und die zeichneten sich vor allem dadurch aus, dass sie spätestens nach einer halben Stunde wieder vorbei waren. Das hinderte die Band nicht daran, jeweils über ein Dutzend Songs zu spielen. In der Regel bauten sich Gitarrist Johnny Ramone, Bassist Dee Dee Ramone und Sänger Joey Ramone breitbeinig in einer Reihe auf, wobei die Instrumente etwa in Kniehöhe hingen, dann zählte Dee Dee ein, »1–2–3–4«, und los ging's, in halsbrecherischem Tempo, ohne Soloeinlagen oder komplizierte Arrangement-Tricks. Johnny Ramone kam dabei ausschließlich mit Dur-Akkorden und maschinengewehrschnell geschlagenen Downstroke-Achteln der Schlaghand aus – ein Stil, den Legionen von Punk- und Metalgitarristen von ihm übernehmen sollten. Dazu ratterte die Rhythmusgruppe mit Tommy und Dee Dee Ramone wie eine Metallpresse auf Speed. Der baumlange und spindeldürre Joey Ramone leierte derweil gelangweilt seinen Text herunter, versteckte den Blick hinter dichtem Schwarzhaar und John-Lennon-Sonnenbrille, stakste wie ein Storch umher und trat zwischendurch Löcher in die Luft. Nach zwei Minuten war der Spuk bzw. ein Song vorbei, und der nächste begann. Das Konzept der Ramones war simpel, wirkungsvoll und von vornherein perfekt: purer Rock 'n' Roll, schnell, voll auf die Zwölf und die Verstärker bis zum Anschlag aufgedreht.

Von Anfang an wusste das Quartett, wie wichtig ein überzeugendes Image war. Die vier sahen aus, als hätte jemand die frühen Beatles in eine Zeitmaschine gesteckt und dabei ordentlich zerrupft. Das uniforme Ramones-Outfit bestand aus Sixties-Topfschnitt, zerrissenen Jeans, Sneakers, schmutzigen T-Shirts und schwarzen Biker-Lederjacken. Im Grunde waren sie die Comicausgabe einer Rockband. Der amerikanische Journalist, Szene-Chronist und Mitgründer des legendären Musikmagazins *Punk*, Legs McNeil, sah die Ramones bei ihrem ersten Konzert im CBGB: »Vier wirklich total heruntergekommene Typen in schwarzen Lederjacken. Man hätte denken können, gerade wäre die Gestapo hereinmarschiert. Diese Typen waren ganz offensichtlich keine Hippies.«[11] Denen wäre beim Anblick der Band vor Schreck der Joint aus der Mund gefallen.

Die Ramones stammten aus dem situierten Mittelklasse-Stadtteil Forest Hills in Queens, waren natürlich keine Brüder bzw. trugen im wirklichen Leben verschiedene Namen. Als es losging, war jeder einzelne von ihnen in seinen mittleren Zwanzigern angekommen und hatte schon anderweitige musikalische Erfahrungen gemacht. Drummer Tommy betrieb mit Monte A. Melnick, dem späteren Tourmanager der Band, ein kleines Proben- und Aufnahmestudio namens Performance Center, und dort ließen sich die Ramones im März 1974 erstmals öffentlich hören. Blondie-Gitarrist Chris Stein verschaffte ihnen dann den Kontakt zum CBGB, und die Saga nahm ihren Anfang.

Als erste CBGB-Band (wenn man von Patti Smith absieht) bekamen die Ramones im Februar 1976 einen Major-Plattendeal bei Sire Records. Ihr Albumdebüt nahmen sie dann so schnell auf, wie sie ihre Songs auf der Bühne hinter sich brachten. Im März wurden in den Plaza-Studios in kurzer Zeit 14 Tracks mit knapp 29 Minuten Spielzeit aufgenommen, das ikonographische Coverfoto wurde von *Punk*-Fotografin Roberta Bayley auf einem Spielplatz nur einen Steinwurf vom CBGB entfernt geschossen, und schon im April stand RAMONES in den Läden. Bescheidene 6200 Dollar hatte das Werk gekostet, und ein Singlehit war nicht dabei. Dafür aber bot das Album gleich ein halbes Dutzend Punkrockhymnen für die Ewigkeit, darunter »Judy is a Punk«, »I Wanna Be Your Boyfriend«, »Now I Wanna Sniff Some Glue« und natürlich »Blitzkrieg Bop«, dessen Bubblegum-Wurzeln Joey Ramone dem US-Journalisten David Fricke wie folgt erläuterte: »Wir mochten die Bay City Rollers wirklich. Ihr Song ›Saturday Night‹ hatte einen tollen Sprechchor, und so einen Sprechchor wollten wir auch haben: ›Hey! Ho! Let's go!‹ ›Blitzkrieg Bop‹ war unser ›Saturday Night‹.«[12] Tatsächlich verstanden sich die Ramones mit ihrer Vorliebe für 60s-Garagenrock, Surf, DooWop und Girl-Group-Pop als – wildgewordene – Bubblegum-Rock 'n' Roller.

Als das Debüt der Band auf dem Markt war, äußerte sich die Kritik zwar begeistert, auf Platz 111 der Billboard-Charts war allerdings Feierabend für die Newcomer. Hits sollten die Ramones nie einfahren, sie würden eine Kultband bleiben. Das Radio spielte sie nicht, und auch bei MTV hatten sie später kaum etwas zu melden. Ihr eigentliches Wirkungsfeld war die Bühne. Wenig später, im brütend heißen Sommer 1976, sollten sie das auf ihrem ersten Kurztrip in die Alte Welt unter Beweis stellen.

Televisions Weg ins Plattengeschäft verlief dagegen weniger glatt. Zwar hatte die Band schon früh für Aufmerksamkeit in den Chefetagen der Labels gesorgt, bei den Auditions für diverse Firmen hatte man sich jedoch nicht einigen können, vor allem weil Tom Verlaine stur darauf bestanden hatte, das Debüt seiner Truppe selbst zu produzieren. Richard Lloyd berichtet von einem vergeblichen Vorspieltermin bei Atlantic Records in der 51st Street:

> Es war mitten im Winter. Eine ziemlich seltsame Situation, es gab einen Blizzard, und als wir ins Studio kamen, lief da gerade eine Mixing Session; es war Keith Richards, der für das neue Stones-Album BLACK AND BLUE »Crazy Mama« mischte. Also hatte der Toningenieur keine Zeit, für uns irgendetwas vorzubereiten. Später dann hörte ich vom Badezimmer aus, wie Atlantic-Präsident Ahmet Ertegun auf dem Flur zu Produzent Jerry

Wexler sagte: »Jerry, ich kann diese Band nicht unter Vertrag nehmen, ihre Musik ist nicht von dieser Welt.« Und ich dachte: Wow, welch ein Kompliment![13]

Erst im August 1976 fand sich mit Elektra Records eine Firma, die für die außerirdische Musik von Television genügend übrig hatte, um ein Vertragsangebot zu unterbreiten. Die Band unterschrieb, und *MARQUEE MOON* erschien im Februar 1977. Kommerziell allerdings war die Platte nur mäßig erfolgreich, dafür entwickelte sie sich zu einem der einflussreichsten Alben, die jemals in New York aufgenommen wurden. Television waren exzellente Songschreiber und überaus kompetente Musiker. In ihren Songs gingen sie weit über den eng gesteckten Punk-Rahmen hinaus, überzeugten mit subtil verzahnten Gitarren und stilistischen Anleihen sogar beim Jazz. Ihre generell freigeistige Attitüde nahm den Post-Punk in beinahe jeder Hinsicht zu einem Zeitpunkt vorweg, als Punk noch gar nicht richtig begonnen hatte. Was der Band indes nicht wirklich weiterhalf: Nach einem weiteren wenig erfolgreichen Versuch, ADVENTURE aus dem Jahr 1978, lösten sich Television auf.

Blond und Schwarz

Zugetragen hat sich die Begebenheit etwa zu Beginn des Jahres 1975, und schlaglichtartig beleuchtet sie das Verhältnis zwischen den beiden Alpha-Frauen der New Yorker Punkszene. Geschildert wird sie von Blondie-Sängerin Debbie Harry:

> Patti und ich haben uns viel miteinander unterhalten. Wir gingen nicht besonders freundlich miteinander um – vor allem nicht, wenn sie auf einmal bei den Proben von Blondie auftauchte. Patti platzte ohne Ankündigung plötzlich herein – Clem Burke war gerade zum Vorspielen da – und sagte: »Hey, du bist ja wirklich umwerfend gut. Wie heißt du?« Ich sagte: »Patti, *ich* arbeite mit diesem Mann.« Sie sagte nur: »Oh.« Statt sich zu entschuldigen, tat sie so, als wäre nichts gewesen.[14]

Vielleicht herrschte zwischen ihnen nicht unbedingt ein Zickenkrieg, auf jeden Fall aber begegneten sich die zwei Sängerinnen mit einer gehörigen Portion Respekt und Misstrauen. Beide waren sehr verschieden, beide verfügten über Charisma, und beide versuchten sich in derselben ruppigen und höchst überschaubaren New Yorker Kunst- und Alternativszene der mittleren 1970er Jahre durchzusetzen. Dabei hätte ihr Weg dorthin nicht unterschiedlicher gewesen sein können.

Patti Smith, geboren einen Tag vor Silvester 1946 in Chicago, war aufgewachsen in einem südlichen Vorort von Philadelphia. In den 1950ern hatte sie eine ganz normale Kindheit erlebt, vielleicht war sie ein bisschen häufiger als

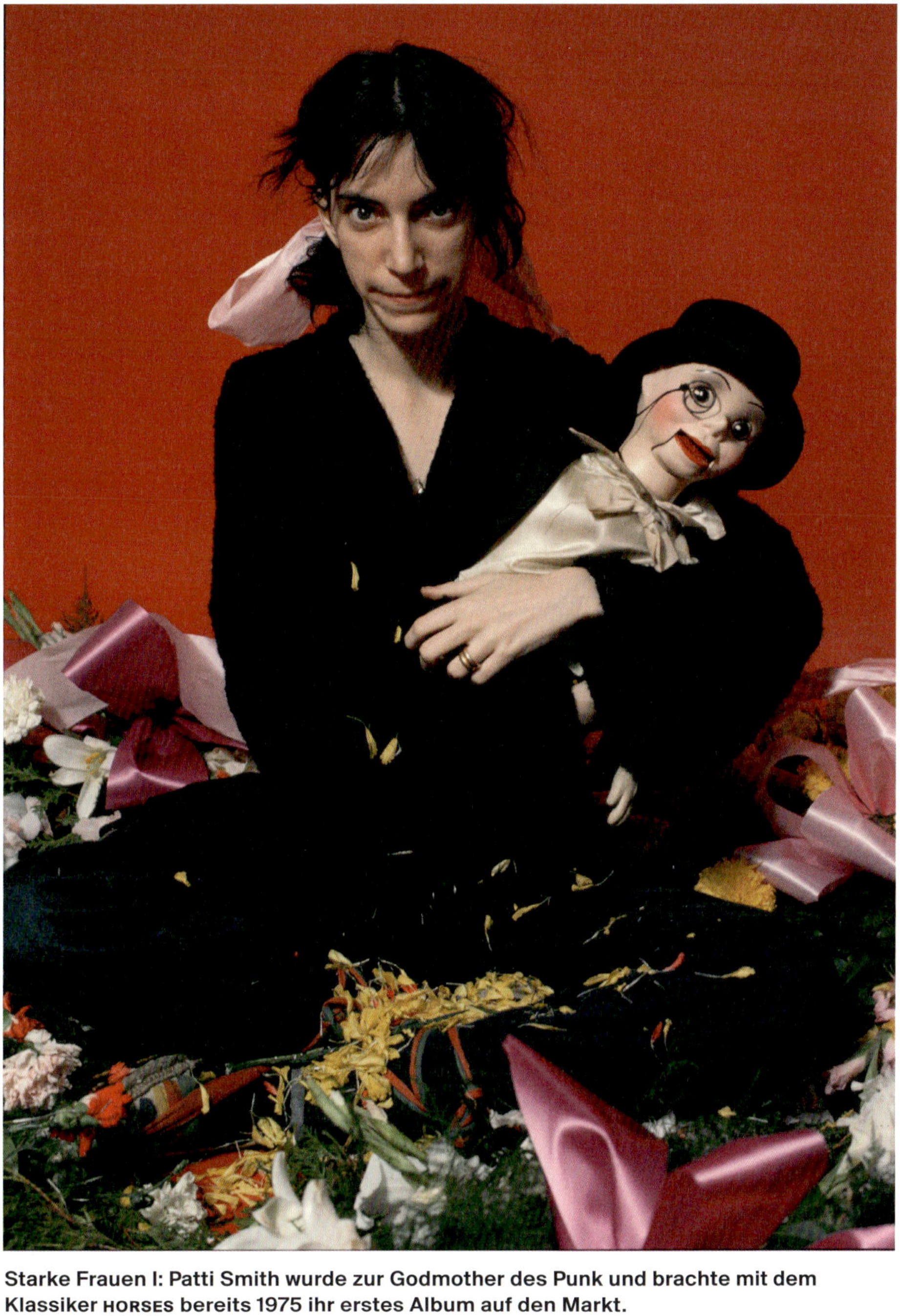

Starke Frauen I: Patti Smith wurde zur Godmother des Punk und brachte mit dem Klassiker HORSES bereits 1975 ihr erstes Album auf den Markt.

andere krank, vielleicht auch ein bisschen sturer als die meisten Mädchen in ihrem Alter gewesen. Auf jeden Fall aber entwickelte sie sich zum Bücherwurm. Besonders hübsch war sie auch nicht. Mit 14 Jahren maß sie bereits 1,75 m und wog dabei gerade 45 Kilogramm, eine Bohnenstange, die in der Schule keinen leichten Stand hatte. Sie begann zu zeichnen, Gedichte zu schreiben und sich in ein romantisches Künstlerdasein hineinzuträumen. Der französische Dichter Arthur Rimbaud war ihr Idol, sie betrachtete ihn als Bruder, als ihren »Erzengel«[15]. Mit 19 dann eine ungeplante Schwangerschaft, das im April 1967 zur Welt gekommene Kind wurde zur Adoption freigegeben. Im Sommer dieses Jahres brach sie auf in ein neues Leben, ließ den Provinzmief und den schlechtbezahlten Job in einer Schulbuchdruckerei hinter sich und stieg auf Nimmerwiedersehen in den Bus nach New York. Sie wollte Künstlerin werden. Kaum in der großen Stadt angekommen, traf sie auf einen Tramp, in den sie sich rettungslos verliebte: Robert Mapplethorpe. Er war nur wenige Wochen älter als sie und wurde ihr Gefährte, ihr Mentor, ihr Kumpan, ihr Partner-in-crime. Jahrelang schlugen sich die beiden nun durch, hausten in Bruchbuden, lebten von der Hand in den Mund und träumten von einer ruhmreichen Künstlerexistenz, er als Fotograf, sie als Poetin. Spätestens als das Paar ins Hotel Chelsea eingezogen war und regelmäßig in der Szenebar Max's Kansas City auftauchte, wo neben der gesammelten Warhol-Mafia auch allerlei Pop-Prominenz verkehrte, zählte es zur New Yorker Boheme. Geld verdienten die beiden nicht, aber sie arbeiteten mit Hochdruck daran, ihre Träume zu verwirklichen. Smith hielt erste Lesungen und fand dabei in dem Gitarristen und Gelegenheitsjournalisten Lenny Kaye einen Seelenverwandten. Zusammen bauten die beiden ab etwa 1973 rund um Smiths Poeme und ihre starke Bühnenpräsenz eine Rockband auf. Bald absolvierten sie die ersten Auftritte im CBGB.

Debbie Harry wurde mitten im Sommer 1945 in Miami, Florida, geboren. Früh jedoch verschlug es sie aus dem Sonnenstaat in den Speckgürtel von New York. Und das hatte mit einer Sollbruchstelle in ihrem Leben zu tun, die sie noch für ihr restliches Leben beschäftigen sollte: Eigentlich hieß sie nämlich Angela Trimble und war die Tochter einer Konzertpianistin. Die aber hatte das Kind schon im Alter von drei Monaten zur Adoption freigegeben. So landete das Mädchen bei Richard und Catherine Harry, die einen Geschenkeshop in Hawthorne, New Jersey, betrieben. Sie gaben Angela einen neuen Namen: Deborah Ann Harry. In ihrer Autobiographie beschreibt sie ihren holprigen Start ins Leben eher lakonisch, eine Schlüsselpassage aber lautet:

> Die Welt war kein sicherer Ort. Ich musste die Augen offen halten. […] Die Trennung von meiner leiblichen Mutter nach drei Monaten und der Wechsel in ein völlig anderes Umfeld [haben] eine unerklärliche Angst tief in den Kern meines Wesens gepflanzt.[16]

Harry lernte sich durchzuschlagen. In der Schule kam sie klar, und als Teenager begann sie sich wie alle anderen Mädchen für Mode zu interessieren. Beständig aber war da dieses Gefühl, nirgendwo so richtig dazuzugehören. Sie träumte von einem Leben als Künstlerin und Bohemien jenseits eines rechtschaffenen Kleinbürgerdaseins. 1963 schloss sie die Highschool ab und studierte erst einmal zwei Jahre lang Kunst. Mit 20 Jahren zog sie nach New York, Flowerpower, LSD und Love & Peace waren die Gebote der Stunde. Harry tauchte ein in das Szeneleben des Big Apple, sah die Shows von Velvet Underground, strolchte

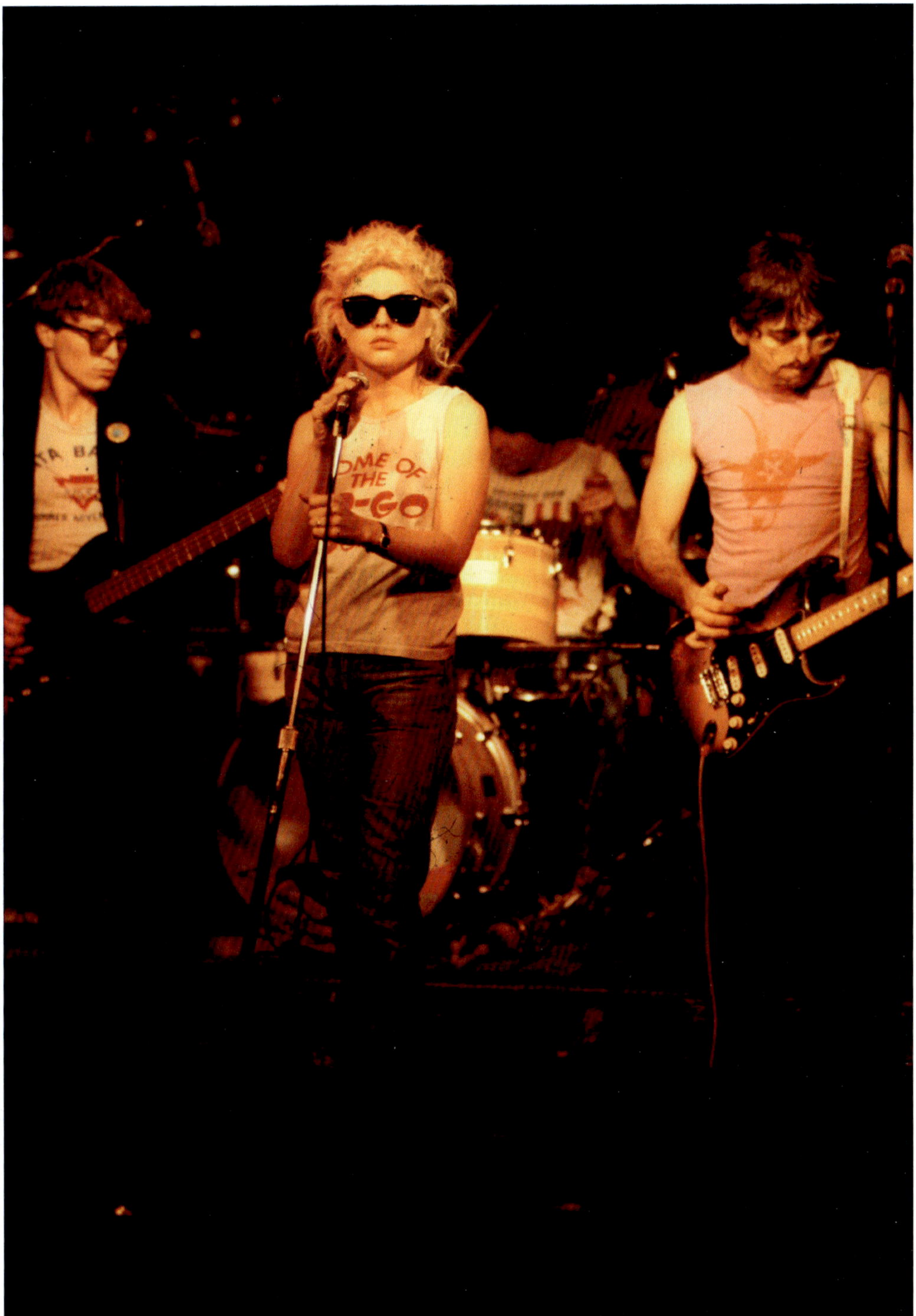

Starke Frauen II: Debbie Harry startete mit Blondie bereits 1974, veröffentlichte das erste Album 1976 und schaffte zwei Jahre später mit »Denis« den Durchbruch.

durch die Folkläden in Greenwich Village und erkundete die Jazzszene der Lower East Side. Sie war auffällig hübsch, ständig wollten sie Leute fotografieren. Ein paar Mal geriet sie fast unter die Räder, trieb sich mit zwielichtigen Gestalten herum, nahm Drogen und ließ sich gar beim Sex filmen. Aber sie blieb wachsam und tat, was sie schon in frühester Kindheit gelernt hatte: die Augen offen halten. Immer wieder kam sie davon. Und sie entdeckte ihre Stimme.

1968 heuerte sie als Backgroundsängerin bei den Psychedelic-Folkies The Wind & The Willows an. Deren Album floppte, die Band gab auf, und Harry ließ sich weiter treiben. Mal verdingte sie sich als Go-Go-Tänzerin in einer Diskothek, eine Weile arbeitete sie als Bunny im Playboy-Club. Zwischendurch kellnerte sie, zuletzt im Szenetreff Max's Kansas City. 1973 schloss sie sich dem weiblichen Gesangstrio The Stilettos an, das kurz darauf einen Gitarristen verpflichtete. Der hieß Chris Stein und wurde Harrys Lover, Lebenspartner und musikalischer Direktor für die nächsten 13 Jahre. Als die Stilettos 1974 zerbrachen, gründete das Paar eine neue Band, Angel and the Snake. Next Stop: das CBGB, wo aus der Gruppe mit der inzwischen blondierten Sängerin Blondie wurde.

1975 waren Debbie Harry und Patti Smith zu den auffälligsten Frauen im Dunstkreis des Rockclubs auf der Bowery geworden. Die eine, Smith, erwies sich als Kratzbürste, rau und herausfordernd, die nur für ihre Kunst lebte – sie gab die zornige Jeanne d'Arc des Rock; die andere, Harry, dagegen inszenierte sich wie eine Mischung aus Barbie und Domina, mal vulgär und mit sündigem Schmollmund, dann wieder herrisch und unnahbar. Ganz bewusst überzeichnete sie ihren Auftritt wie einen schrillen Comicstrip. Die eine deklamierte ihre Litaneien mit heiligem Ernst, die andere zelebrierte Sex und Sinnlichkeit. Smith war kompromisslos und bissig, Harry pragmatisch und geschmeidig. Eine war Rock 'n' Roll, die andere Glam 'n' Punk. Und beide kannten die Straße. Sie waren starke Frauen und nahmen sich, jede auf ihre Art, was sie haben wollten, ganz gleich, ob es sich dabei um Karrierechancen oder um Sex handelte. In einer Männerwelt verschafften sie sich maximalen Respekt und machten klar, dass man(n) sich mit ihnen tunlichst nicht anlegen sollte – ein Novum in der Rockkultur jener Jahre, wo für Mädchen als höchstes Karriereziel das Dasein als Model plus anschließende Ehe mit einem reichen Rockstar vorgesehen war.

In ihrer Autobiographie macht Debbie Harry dazu einige aufschlussreiche Anmerkungen, etwa zu ihrer Stellung als einzige Frau in der Band und den daraus resultierenden Reibereien mit Keyboarder Jimmy Destri:

> Ich wollte Musik machen, und es war mir scheißegal, wenn ich dafür Mitglied eines Männerclubs sein musste. [...] Jimmy war ein zäher Brocken, ein echter Macho aus Brooklyn, der mit Frauen alles andere als zimperlich umsprang. Wenn Jimmy mit mir sprach, starrte er mir oft auf die Brüste. Hallo? Das war natürlich ärgerlich, lästig, demütigend, aber manchmal fühlte sich der kranke Punk in mir auch geschmeichelt. Hey, ich sehe, wie

> du mir auf die Titten starrst, weil du mir nicht in die Augen blicken kannst. [...] Normalerweise kann ich diese sexuelle Respektlosigkeit umkehren und für meine Zwecke nutzen.[17]

Frauen, natürlich auch berühmte, hatte es im Unterhaltungsgeschäft schon immer gegeben, aber nur die wenigsten hatten sich eine relativ autonome Position erkämpfen können. Beispiele dafür finden sich interessanterweise zunächst im als hinterwäldlerisch gebrandmarkten Country-Genre, wo die früh verstorbene Patsy Cline (»Crazy«) schon in den 1950er Jahren nicht alles mit sich machen ließ. Die wohl erfolgreichste und emanzipierteste Frau im Showbusiness der 1960er Jahre aber war Clines Zögling Loretta Lynn. Die »Coal Miner's Daughter« schrieb ihre Songs selbst, nahm dabei mitunter geradezu feministische Positionen ein und landete eine beeindruckende Serie von Singlehits. Der Erfolg verschaffte ihr eine weitgehende Unabhängigkeit, die sie nicht nur innerhalb der Musikbranche nutzte. Als wohl erste Frau im Unterhaltungsgeschäft vermarktete sie ihren Popruhm auch auf anderen Gebieten. So veranstaltete sie auf ihrem Anwesen in Tennessee Motorradrennen, betrieb Hotels, Western Stores, Restaurants und ein Museum in eigener Sache. 1980 verfilmte Michael Apted ihr Leben unter dem Titel *Coal Miner's Daughter*, und Sissy Spacek wurde für ihre Darstellung der Sängerin später mit einem Oscar ausgezeichnet. Auch Dolly Parton, die ihre Laufbahn gleichfalls als Countrysängerin begann, agierte als eine der ersten Frauen im US-Showbiz hinter den Kulissen weitgehend selbstbestimmt. Schon früh investierte sie ihr Geld in diverse erfolgreiche Freizeitparks, die im US-Bundesstaat Tennessee unter dem Label »Dollywood« bekannt wurden.

In der Rockszene dagegen mussten die wenigen erfolgreichen Frauen, darunter Janis Joplin, Grace Slick, Tina Turner, Suzi Quatro und Aretha Franklin, bis weit in die 1970er Jahre hinein mit männlich dominierten Strukturen zurechtkommen, in denen sie Karriereentscheidungen in den seltensten Fällen unabhängig und eigenverantwortlich treffen konnten. Wenn es überhaupt eine Ausnahme in diesem Zusammenhang gegeben hatte, dann war das Joni Mitchell.

Erst allmählich begannen sich die Verhältnisse nun zu ändern, und das geschah parallel zur gesellschaftlichen Entwicklung und unter dem Einfluss des erstarkenden Feminismus. Mit dem Aufstieg des Punk war die Zeit für Frauen wie Patti Smith und Debbie Harry endlich reif geworden. Dennoch galt auch für sie: Die Entscheidungsträger im Business waren Männer, und gegen die musste man sich durchsetzen. Auch weibliche Produzenten gab es so gut wie keine, mit Ausnahme der ehemaligen Ten-Wheel-Drive-Sängerin Genya Ravan, die einst in der ersten weiblichen Rockband, die ihre Instrumente selbst spielte, nämlich bei Goldie & Gingerbreads, angefangen hatte. Rein weibliche Bands gab es auch in den 70ern noch kaum, Fanny und die Runaways (mit Joan Jett und Lita Ford), beide Bands aus Los Angeles, bildeten hier die großen Ausnahmen. Im großen Heer der Musiker fanden sich nur sehr vereinzelt Instrumentalistinnen. Die Bassistin Tina Weymouth von den Talking Heads, die ab 1975 zu den Hausbands des CBGB gehörten, war neben Suzi Quatro eine der ersten von ihnen. Mit dem Aufkommen des Punk sollten sich nun auch mehr Frauen als Instrumentalistinnen ins Rampenlicht trauen, darunter die englischen Slits. Ein gewisser Dilettantismus, der in diesem Genre zum künstlerischen Prinzip erhoben wurde, erleichterte ihnen den Einstieg. Und wie Chrissie Hynde später einmal anmerkte: »Das Schöne am Punk war, dass sexuelle Diskriminierung in dieser Szene nicht existierte.« Im restlichen Showbiz aber gab es diese Diskriminierung sehr wohl, eine alte Branchenweisheit illustriert das treffend: Männer singen grundsätzlich davon, was sie alles mit den Frauen anstellen werden, wenn sie sie erst einmal haben. Frauen dagegen singen grundsätzlich davon, was die Männer alles mit ihnen gemacht haben. Debbie Harry und Patti Smith aber sangen nun davon, was *sie* tun würden. Wobei sie den Machismo-Spieß nicht einfach nur umdrehten, sondern ihre weibliche Sensibilität und Weltsicht in die Popästhetik einbrachten. Damit stießen sie Türen auf für viele, die ihnen folgen sollten. Ohne diese beiden New Yorker Punk-Ikonen keine Madonna, keine Cyndi Lauper, keine Annie Lennox, keine Melissa Etheridge.

Ab Mitte der 1970er Jahre führten die Karrierewege von Patti Smith und Deborah Harry steil nach oben. Dabei war Smith ja eigentlich nur auf Umwegen in eine Band geraten. Erst nach und nach hatten sich ihre von Lenny Kaye auf der Gitarre begleiteten Lesungen zu Rockkonzerten entwickelt. Im Frühling 1974 hatte Smith zum ersten Mal das CBGB besucht, dort Television gesehen und deren Sänger Tom Verlaine kennengelernt. Kurz darauf hatte sie Richard Hell seinen kupferroten Danelectro-Bass für 40 Dollar abgekauft. Kaye zeigte Smith, wie man darauf ein E spielte, sie probierte es und zitierte eine Gedichtzeile, die sie geschrieben hatte: »Jesus died for somebody's sins but not mine.« Kaye spielte dazu auf der Gitarre die klassische Akkordfolge E-D-A, und schon nahm der Song Gestalt an, der Patti Smith berühmt machen sollte: eine Coverversion des alten Them-Klassikers »Gloria«. Am 5. Juni 1974 dann waren Kaye, Smith, der inzwischen zu dem Duo hinzugestoßene Pianist Richard Sohl und Tom Verlaine, mit dem die Sängerin damals eine Affäre hatte, in das Electric Lady Studio gegangen, um den Hendrix-Klassiker »Hey Joe« aufzunehmen. Und noch einen weiteren Song, wie Smith berichtet:

> Nachdem wir »Hey Joe« aufgenommen hatten, hatten wir noch fünfzehn Minuten übrig. Ich entschied, es mit »Piss Factory« zu versuchen. »Piss Factory« war für mich damals so was wie meine persönliche Hymne: Sie erzählte, wie ich vor dem trostlosen Dasein einer Fließbandarbeiterin nach New York geflohen war. Genau um Mitternacht hatten wir unsere Aufnahme im Kasten.[18]

Zur Überraschung aller Beteiligten wurde »Piss Factory«, die B-Seite der Single, erheblich populärer als »Hey Joe«. Smith kam nun auf den Geschmack.

Sie verpflichtete mit Ivan Krahl einen zweiten Gitarristen und dazu den Drummer Jay Dee Daugherty. Sehr bald gehörten die Auftritte der Patti Smith Group zu den Highlights auf der CBGB-Bühne. Zwar hatte die frischgebackene Rock-'n'-Roll-Frontfrau lange gebraucht, um in der Musik ihr eigentliches Medium zu finden. Jetzt aber witterte sie ihre Chance. Und sie lieferte. Charles Shaar Murray schrieb damals im *New Musical Express*: »Zweifellos die fesselndste Performance, die ich von einer weißen Band seit meinem letzten Besuch bei The Who gesehen habe.«

Im März 1975 unterbreitete Clive Davis von Arista Records Patti Smith ein Vertragsangebot. Als im November 1975 ihr Debütalbum HORSES erschien, wurde sie praktisch über Nacht zur Hohepriesterin des New Yorker Punk. Auf RADIO ETHIOPIA von 1977 und EASTER von 1978 sollte sie ihren anfänglich musikalisch noch sehr rauen Kurs kommerzialisieren und so auch auf dem internationalen Rockmarkt Fuß fassen. Der von Bruce Springsteen und Patti Smith gemeinsam verfasste Welthit »Because the Night« wurde dabei zur Eintrittskarte in die Liga der Rock-Superstars. Als Figur im Portfolio der Popkultur war Patti Smith neu: In ihren Songs verband sie den rebellischen Geist des ursprünglichen Rock 'n' Roll mit poetischem Intellekt, in ihrer Musik kombinierte sie Punk, Rock und Free Jazz, und als androgyne Bühnenkünstlerin etablierte sie ein neues selbstbewusstes Frauenbild, das Generationen inspirierte und ermutigte (das Plattencover von EASTER zeigt sie mit unrasierter Achselhöhle, für Amerikaner damals völlig indiskutabel, um das wenigste zu sagen).

Zu Superstars wurden auch Blondie. Allerdings brauchten sie eine Weile. Erst im Verlauf des Jahres 1976 erhielten sie als letzte der großen CBGB-Bands – nach Television, Patti Smith und den Ramones – beim Indielabel Private Stock Records einen Plattenvertrag. Das selbstbetitelte Debüt erschien im Dezember 1976 und ging zunächst einmal sang- und klanglos unter.

Erst im Sommer des folgenden Jahres kamen die Dinge ins Rollen. Das englische Chrysalis-Label kaufte die Band aus ihrem alten Vertrag heraus und veröffentlichte BLONDIE im Oktober 1977 noch einmal neu. Dabei wurde die für das Repertoire und den Bühnenset der Band wenig repräsentative Single-B-Seite »In the Flesh« (A-Seite war das lebhafte »X-Offender«) zum Überraschungshit in Australien. Das noch im selben Jahr veröffentlichte zweite Album PLASTIC LETTERS erregte mit den Auskopplungen »Denis« und »(I'm Always Touched by Your) Presence, Dear« in der englischen Punkszene große Aufmerksamkeit. Blondies Formel funktionierte: aufgedrehter Garagenrock mit 60's-Referenzen, schrille Kirmesorgel, hyperaktive Rhythmusgruppe, infektiöse Poprefrains, all dies glasiert mit Harrys keineswegs unschuldigem Lolita-Charme.

Den endgültigen Schritt zum Weltruhm und auch den noch ausstehenden Durchbruch auf dem US-Markt markierte dann die Entscheidung, mit Mike Chapman eine Hälfte der englischen Hitfabrik Chinn/Chapman (Sweet, Suzi Quatro, etc.) als Produzenten für das dritte Album PARALLEL LINES von 1978 ins Boot zu holen. Der Mann wusste, wie man Hits macht. Mit Hilfe eines

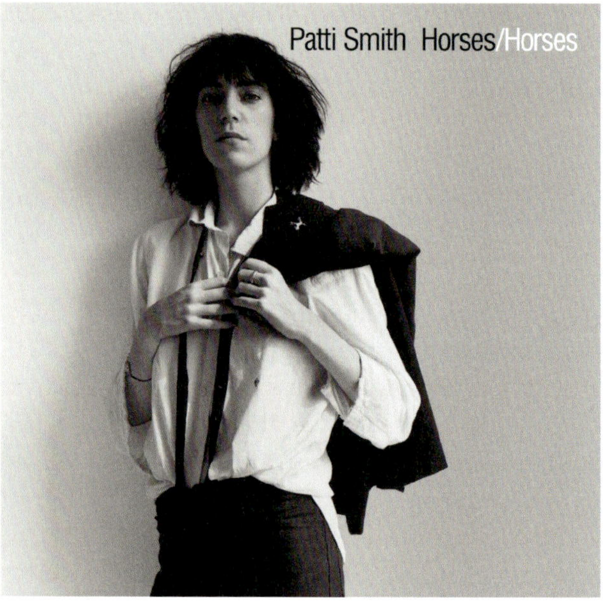

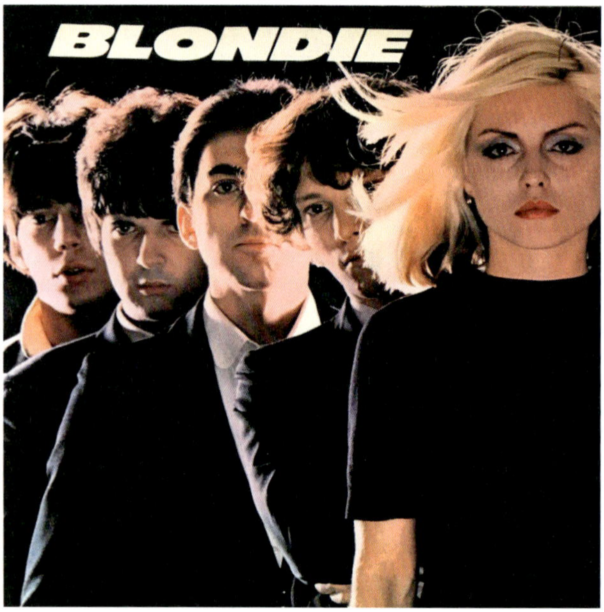

Jeanne d'Arc des Rock und Marilyn des Punk: Schon auf ihren Debütalben inszenierten Patti Smith und Debbie Harry ihre jeweils ikonographischen Images.

Elektrobeats veredelte Chapman »Heart of Glass«, einen der ältesten Songs im Liverepertoire der Band, zum radiogängigen Ohrwurm. Chris Stein und Debbie Harry hatten die Nummer schon 1975 geschrieben, im Studio aber hatte die Band trotz Experimenten mit Funk- und Reggae-Arrangements den richtigen Dreh noch nicht gefunden (eine frühe Demoversion des Songs ist auf BLONDIE – THE PLATINUM COLLECTION von 1994 unter dem Titel »Once I Had a Love« zu finden). Chris Stein: »Zu der Zeit, als wir den Song für PARALLEL

LINES aufnahmen, standen wir alle sehr auf Kraftwerk und wollten es elektronisch haben. Wir dachten dabei gar nicht so sehr an Disco, eher an das europäische Elektronik-Element.«[19] Chapman verstand und tat, was zu tun war – Platz eins in acht Ländern, darunter die USA, Großbritannien und die Bundesrepublik, war der Lohn für den Kunstgriff.

Wobei Blondie tatsächlich die einzige Band im Umfeld der Punkszene waren, die sich einen solchen Seitensprung ins Disco-Lager erlauben konnte. Und das lag vor allem an Debbie Harry selbst. Zwar entstammten Blondie dem rauen New Yorker Punk-Humus der mittleren 70er und verstanden sich als Band, letztlich aber war Debbie Harry ihr Gesicht – eine Punk-Marilyn, eine Superblondine des Pop. Und als solche stand sie für sich selbst, ihr Image war der Schlüssel für den Aufstieg der Gruppe. Als Blondie den Schritt von Undergroundstars zum Pop-Phänomen geschafft hatten, war die Band in gewisser Weise auserzählt und damit überflüssig geworden. Debbie Harry wusste das nur zu gut. Letztlich war die Kunstfigur Blondie Teil einer bewussten Strategie, mit der sie die stereotypen Erwartungen an ihre Weiblichkeit scheinbar bereitwillig bediente, sie letztlich aber unterlief, sie ironisierte und kühl dazu benutzte, ihren persönlichen Aufstieg zu Ruhm und Reichtum zu bewerkstelligen. Und zwar zu *ihren* Bedingungen (auch wenn das die Plattenfirma nicht daran hinderte, sie immer wieder als Sex-Symbol zu vermarkten). Insofern hätte sie ein musikalisches Korsett auf Dauer nur gestört. Spätestens zeigte sich das in den 1980er Jahren, als Debbie Harry ihre ersten Soloalben machte, verstärkt mit aktuellen Poptrends flirtete, nebenbei eine Schauspielkarriere anstrebte und Blondie sich erst einmal auflösten. Dem musikalischen Konzept des Punk hatte sie sich nie verpflichtet gefühlt. Wohl aber dessen freiem Geist. In ihrer Autobiographie bekennt sie: »Ich bin immer noch ein New Yorker Punk.«[20]

Der große Aufbruch

Zurück nach England und in den Sommer 1976: Am 4. Juli, als die Amerikaner den 200. Geburtstag ihrer Unabhängigkeitserklärung feiern, erlebt auch London eine Geburtsstunde. Und als Geburtshelfer fungieren dabei passenderweise vier US-Amerikaner: Joey, Johnny, Dee Dee und Tommy Ramone.

Wenige Wochen zuvor haben die Ramones mit ihrem Debütalbum den musikalischen Standard für die neue Bewegung gesetzt. Nun unterbrechen sie ihre Dauerpräsenz im New Yorker CBGB für ein verlängertes Wochenende und einen Kurztrip in die Alte Welt.

Wie ein gigantischer Kochtopf thront das Roundhouse, ein ehemaliger Lokschuppen in der nördlichen Londoner Innenstadt, zwischen Eisenbahnlinie und Chalk Farm Road und nicht weit entfernt vom berühmten Camden Market. Gespielt haben hier schon sämtliche Größen der britischen Rockszene, nun also diese umstrittenen New Yorker Newcomer (der *New Musical Express* lästerte: »Eher ein Witz als eine Rockband!«). Es wird ein denkwürdiger Abend.

Auf die ahnungslosen Londoner Kids wirkt der ultraschnelle, von allem Schnickschnack befreite Ramones-Rock, als hätte ihnen jemand ins Gesicht gespuckt. Nach einer halben Stunde verlassen die Zeugen des Spektakels das Roundhouse wie paralysiert und verschwinden in die Nacht. Auch die vier Musiker staunen. Zu ihrer Überraschung scheinen die Engländer ihren Punk auf Anhieb zu mögen. Nach seiner Rückkehr nach New York, so berichtet *Punk*-Gründer Legs McNeil, kann Joey Ramone den Erfolg der Band in England noch immer nicht fassen: »Joey sagte immerzu: ›Legs, du wirst es kaum glauben! Du wirst es kaum glauben! Sie stehen drauf!‹«[21]

Die Roundhouse-Show wird zum Kickstart des englischen Punk, die Bewegung explodiert nun. Die Sex Pistols, inzwischen einigermaßen bühnenfest, ziehen kreuz und quer über die Insel und hinterlassen eine breite Spur der Verwüstung. Zum Beispiel im Black Swan, Sheffield. Dort treten sie am selben Tag auf wie die Ramones in London. Den Anheizer für Johnny Rotten und seine Gang machen dabei vier Jungs, die an jenem Abend zum ersten Mal unter dem Bandnamen The Clash auftreten.

Deren Sänger und Gitarrist nennt sich Joe Strummer, ein 23-jähriger Diplomatensohn, geboren in der Türkei. In der Pubrockband The 101ers hat er bereits erste Erfahrungen gesammelt. Nach einem Pistols-Konzert entscheidet er sich spontan zum Ausstieg bei den 101ers, um eine eigene Punkband zu gründen. Der zweite Gitarrist, Mick Jones, 21, Arbeiterjunge aus Brixton, kommt vom Hardrock. Zusammen bilden die beiden ein Team, das musikalische Kompetenz mit einem scharfen Blick für die politischen und sozialen Realitäten des Landes verbindet. Als The Clash ein knappes Jahr später ihr erstes Album veröffentlichen, werden sie längst schon als Meinungsführer der Bewegung betrachtet.

Nur zwei Tage danach bekommen die Sex Pistols ihr nächstes Baby: Im 100 Club, dem Wohnzimmer der Londoner Punkszene, begrüßen sie im Vorprogramm ihres Gigs ein paar Novizen, die sich The Damned nennen. Sie stammen aus demselben Brutkasten wie Clash-Mann Mick Jones, nämlich von der Band London SS. Deren 18-jähriger Ex-Drummer Chris Millar heißt nun Rat Scabies, und er hat von London SS das gerade 15-jährige Gitarrentalent Brian James mitgebracht. Zusammen mit Ray Burns (22) bilden die beiden nun den Kern von The Damned. Burns legt sich den Namen »Captain Sensible« zu und wird in den nächsten Jahren zu einer der einflussreichsten Figuren des englischen Pop. The Damned ernten im Übrigen ewigen Ruhm, weil sie als erste UK-Punkband eine Platte veröffentlichen: Noch im Herbst 1976 erscheint ihre Single »New Rose«.

Keine zwei Wochen später: Wieder bestreitet eine Band das Pistols-Vorprogramm, die sich bald als eine der besten erweisen wird. Am 20. Juli stehen Pete Shelley (21) und Howard Devoto (21) zum ersten Mal auf einer Bühne. Wenige Wochen zuvor haben die beiden den Auftritt der Sex Pistols in Manchesters Lesser Free Trade Hall organisiert. Nun steht das zweite Konzert auf dem Plan, und sie haben mit ihrer eigenen, gerade erst gegründeten Band genug ge-

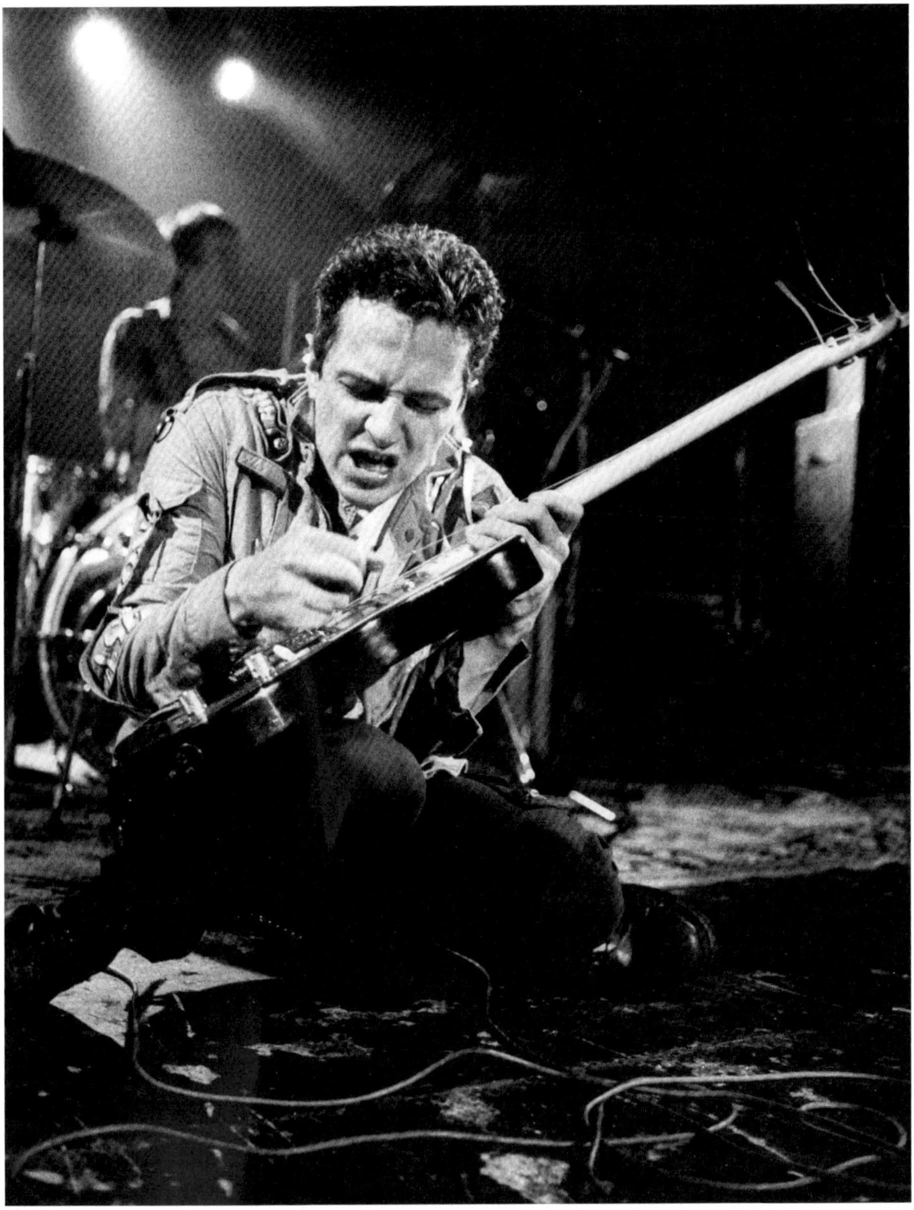

Diplomatensohn mit Pubrock-Erfahrung: Mit Mick Jones wird Joe Strummer zu Herz und Hirn von The Clash und zum Vordenker des UK-Punk.

probt, um sich als Support der Londoner auf die Bühne zu trauen. Es wird nicht lange dauern, bis sich die Buzzcocks als eine der kreativsten, talentiertesten und raffiniertesten Bands der gesamten Szene entpuppen.

Allein der Juli 1976 fördert drei der neben den Sex Pistols wichtigsten Vertreter des Britpunk zutage: The Clash, Buzzcocks und The Damned. Und noch ein paar mehr Talente warten bereits in den Startblöcken. Zum Beispiel der gerade mal 18 Jahre alte Paul Weller aus Woking in der Grafschaft Surrey. Zusammen mit den Schulkumpels Bruce Foxton (20) und Rick Butler (20) hat er ein

Jahr zuvor The Jam gegründet, mit denen er nun durch die Clubs in und um London zieht. Sicherheitsnadeln und zerrissene T-Shirts sind ihre Sache allerdings nicht. Stattdessen pflegt das Trio ein gemeinsames Faible für smarte Mod-Klamotten, und Wellers kompakte Powersongs offenbaren eine enge Verwandtschaft zu den Sixties, The Who, Kinks und Motown lassen grüßen. Das ist zwar kein Punk, funktioniert aber bei den Kids dank der überwältigenden Bühnenpower von The Jam genauso gut. Im Februar 1977 wird Vater John Weller für seinen noch nicht volljährigen Sohn einen Plattenvertrag unterschreiben. Es ist der Startschuss für eine furiose Karriere, die neben sieben makellosen Alben Hitklassiker im Dutzend, darunter u. a. »In the City«, »The Eton Rifles«, »Going Underground«, »Town Called Malice«, bringen wird. Bis zu ihrer Auflösung im Oktober 1982 bleiben The Jam die in England erfolgreichste und beliebteste Band der ersten Punk-Welle.

Der große Schwindel

Am Ende dieses Sommers, es ist der 20. September 1976, kommt es zur ersten großen Heerschau: Beim »The 100 Club Punk Festival« tritt an zwei Tagen mit Subway Sect, The Clash, Sex Pistols, Stinky Toys, The Damned, Vibrators und Buzzcocks alles auf, was in der Szene Rang und Namen hat. Wie spontan und aus dem Moment heraus die Dinge geschehen, zeigt sich an Siouxsie & The Banshees, die bei diesem Festival ihren ersten Gig absolvieren. Gegründet wird die Band erst zwei Tage zuvor von Siouxsie Sioux (19) und Steven Severin (20), zwei Pistols-Fans der ersten Stunde, die sich für diesen Auftritt mit einem weiteren Punk zusammentun, dem 19-jährigen John Simon Richie, der an diesem Tag am Schlagzeug sitzt und wenig später unter seinem Punknamen Sid Vicious berühmt wird. Da kein Repertoire vorhanden ist, unterhält die Band das Publikum im 100 Club mit einer 20-minütigen Improvisation über das Vaterunser. Dass Siouxsie & The Banshees in den folgenden Jahren zu einer der bedeutendsten New-Wave-Bands werden sollen, ahnen sie an diesem Abend wohl nicht einmal selbst.

Melody Maker und *New Musical Express* berichten mit großen Storys. Punk ist jetzt das Ding der Stunde, in den kommenden Monaten wird er nicht nur kommerziell Fahrt aufnehmen, er wird das Land mit einer aberwitzigen Abfolge von Sensationen, Skandalen, Katastrophen und großartigen Schallplatten unterhalten. Beispielhaft für die rasende Entwicklung seien hier die Schlüsselmomente der irrlichternden Pistols-Karriere genannt:

- Am 9. Oktober 1976 Plattenvertrag mit EMI, 40 000 Pfund Vorschuss.
- Am 19. November erste Single »Anarchy in the UK«.
- Am 1. Dezember der berühmt-berüchtigte »Grundy Show Incident«, als sich die Band in der Live-TV-Show *Today* von Thames Television danebenbenimmt und Steve Jones den Moderator Bill Grundy einen »dirty fucker« nennt.

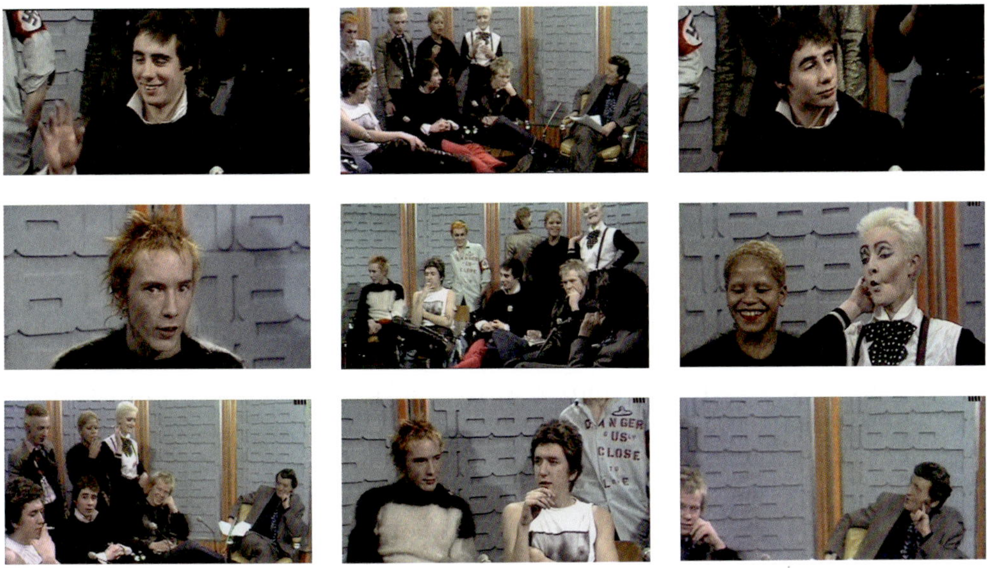

»The Grundy Show Incident«: Sex Pistols und Anhang am 1. Dezember 1976 während des Skandal-Interviews bei Thames Television.

- Anfang Januar 1977 entlässt EMI die Band aus dem Vertrag.
- Am 28. Februar 1977 wird Bassist Glen Matlock durch Sid Vicious ersetzt.
- Nach dem Rauswurf bei EMI wird am 9. März ein Vertrag mit A&M unterzeichnet, der nur eine Woche später von der Firma gecancelt wird.
- Am 12. Mai signt Virgin die Band, am 18. Juni steht die zweite Single »God Save the Queen« auf Platz eins.
- Am 1. Juli erscheint die dritte Single, das von Richard Hells »Blank Generation« inspirierte »Pretty Vacant«.
- Am 15. Oktober kommt mit »Holidays in the Sun« die vierte Single.
- Am 28. Oktober, fast zwei Jahre nach John Lydons Vorsingen in McLarens »Sex«-Shop, steht endlich das Debütalbum, NEVER MIND THE BOLLOCKS, HERE'S THE SEX PISTOLS, im Laden.

Die Sex Pistols sind da schon so gut wie tot: Am Ende einer chaotischen US-Tour verlässt Johnny Rotten die Gruppe am 14. Januar 1978 nach einem Konzert im Winterland Ballroom in San Francisco.

Der »Great Rock 'n' Roll Swindle«, wie Malcolm McLaren das kurze, heftige Punk-Gewitter in Julien Temples gleichnamigem Dokumentarfilm von 1980 nennen wird, ist durchschaut und vorbei. Alle haben sich amüsiert, und einige haben sich goldene, manche sogar diamantbesetzte Sicherheitsnadeln verdient. Ein paar neue Namen waren noch hinzugekommen, darunter die irischen Boomtown Rats mit dem jungen Bob Geldof und die zornigen Stiff Little Fingers aus Belfast. Der Rest waren klingende Kassen und wohlfeile Werbeslogans, spätestens Ende 1977 war Punk im Mainstream angekommen – und damit safe.

Irritationen hatte Punk trotzdem hinterlassen. Vor allem natürlich beim Establishment. Nachdem die Sex Pistols ihren Job als öffentliche Brandstifter im Herbst 76 angetreten und in der Folge sehr gewissenhaft ausgeführt hatten, war das Königreich in erhebliche Wallung geraten. Die Boulevardpresse vermeldete jeden Fauxpas der Pistols mit fetten Schlagzeilen, die öffentlichen Kommentatoren in Radio und Fernsehen zeigten sich empört, und im Januar 77 weigerten sich gar die Mitarbeiter des EMI-Presswerks, die neueste Single der Band zu produzieren. Den Vogel schoss die Ladenkette Woolworth ab, als sie in der Juniwoche, als »God Save the Queen« Platz eins der Single-Hitliste erreichte, auf ihrem wöchentlichen Chartplakat die erste Zeile kurzerhand durchstrich: Man versuchte so zu tun, als gäbe es die Sex Pistols nicht.

Aber es gab sie, und es gab diesen Song. Dabei beging die darin besungene Queen Elisabeth II. in diesen Wochen ihr 25-jähriges Thronjubiläum, mit allem im Königreich üblichen Prunk, versteht sich. Das Empire feierte sich selbst, und Störgeräusche aus dem Punk-Lager waren da alles andere als willkommen. Man hörte weg. Der Historiker David Cannadine merkte an, das Silberjubiläum sei »ein Ausdruck nationalen und imperialen Niedergangs und der Versuch, mit großem Pomp zu beweisen, dass es diesen Niedergang nicht gab. Und dass das, selbst wenn es ihn gegeben hätte, keine Rolle spiele«[22].

Außerhalb des Buckingham-Palastes wusste man es besser. Die britische Politik hielt dennoch trotzig am alten Glanz und dessen kolonialer Ordnung fest. Margaret Thatcher, die neue Chefin der Konservativen Partei, machte keinen Hehl aus ihrer Unterstützung des südafrikanischen Apartheidregimes und ließ wissen, dass sie den soeben nach einem brutalen Polizeiverhör gestorbenen Anti-Apartheid-Aktivisten Steven Biko ebenso für einen »Kommunisten und Terroristen«[23] hielt wie die bereits inhaftierten Nelson Mandela und Walter Sisulu.

In der farbigen Gemeinde von Londons Stadtteil Notting Hill kam es im Sommer 1976 infolge des Aufstandes im südafrikanischen Soweto zu gewalttätigen Auseinandersetzungen. Viele Punkbands, allen voran The Clash, bezogen Stellung, und die nun gegründete »Rock against Racism«-Initiative sorgte mit ihren Aktionen für eine breite Solidarisierung der britischen Jugend gegen Rassismus.

Grundsätzlich war die politische Position der Jugendkultur in den 1970er Jahren links. Insofern wundert es nicht, dass sich viele Beobachter, die auch der Undergroundkultur wohlwollend begegneten, daran rieben, dass diverse Punkbands offenbar gerne mit Nazi-Symbolen wie dem Hakenkreuz kokettierten. Die Sex Pistols waren sogar so weit gegangen, einen Song mit dem Titel »Belsen Was a Gas« (deutsch etwa »Belsen war ein Spaß« – eine Anspielung auf das KZ Bergen-Belsen) zu veröffentlichen. Und selbst David Bowie und Eric Clapton hatten zwischenzeitlich mit öffentlichen Bemerkungen irritiert, die sich als faschistische Positionen interpretieren ließen (beide allerdings haben dies später zurückgenommen, Bowie entschuldigte sich mit übermäßigem Kokainkonsum, Claptons Hirn war nach eigener Aussage alkoholvernebelt). Ihre Statements und die einiger anderer Rockmusiker, die in eine ähnliche Kerbe schlugen, hatten die »Rock against Racism«-Macher jedenfalls dazu veranlasst, im Herbst 1976 erste Konzerte unter diesem Banner zu veranstalten.

Wie wenig die meisten Punks wirklich über den Faschismus wussten, darüber gibt eine Anekdote Aufschluss, von der Genya Ravan berichtet. 1977 lernte sie die New Yorker Punkband The Dead Boys kennen, deren Debütalbum YOUNG, LOUD & SNOTTY sie 1977 produzierte:

> Als wir das Equipment ins Electric Lady Studio brachten, sah ich, dass die Jungs überall Hakenkreuze auf die Flightcases gesprüht hatten. Ich bin fast durchgedreht und hab ihnen die Leviten gelesen: Jungs, ihr macht diese Hakenkreuze weg oder die Plattenproduktion endet genau hier! Wisst ihr nicht, dass euer Manager [Hilly Krystal] Jude, eure Produzentin Jüdin und der Besitzer dieses Studios, der uns für einen Freundschaftspreis hier arbeiten lässt, ebenfalls Jude ist? Einer von den Dead Boys sagte: »Ich weiß gar nicht, wofür dieses Hakenkreuz steht.« Ich hab's ihm erklärt. Und ihnen auch erzählt, dass man dem Studiobesitzer damals seine Auschwitz-Nummer auf den Arm tätowiert hat – ich musste ihnen erklären, was Auschwitz war – und dass ich meine Brüder und meine Verwandten in Polen durch diese Nazi-Arschlöcher verloren habe.

Zu Beginn der Aufnahmesessions waren die Hakenkreuze weg. Dass neben den Kindereien solcher Jungs wie der Dead Boys auch einige rechte Gruppierungen in der englischen Skinhead-Szene ihr Nazisüppchen auf der Punkwelle zu kochen versuchten, blieb im Gesamtbild eine Randerscheinung.

Im Übrigen hatte Punk dies- und jenseits des Atlantiks sehr unterschiedliche Quellen. Anders als in Großbritannien, wo die schwierige politische, wirtschaftliche und gesellschaftliche Situation in jedem Punksong als Subtext mitschwang, hatte die Bewegung in den USA kaum politische Intentionen. Während die englischen Punkmusiker zumeist im unteren Mittelstand und der Arbeiterschicht verwurzelt waren, bildeten CBGB-Künstler wie Blondie, Patti Smith und Television eine großstädtische Boheme, die, auch wenn sie wie Smith zunächst von der Hand in den Mund lebte, wenig an Politik interessiert war und einen zutiefst romantischen Kunstbegriff pflegte. Tom Verlaine, David Byrne und Richard Hell lasen coole Bücher, der Rocker Jim Carroll schrieb sogar welche. Lediglich die Ramones, die Dead Boys und die Heartbreakers sparten sich den intellektuellen Überbau und rockten aus dem Bauch drauflos, wobei ihre Musik in ihrer radikalen Reduktion sehr wohl etwas Künstlerisches hatte. Als Rebellen fühlten sich alle. Smith: »Ich weiß, dass wir am Anfang nicht besonders gut waren, aber wir fühlten uns wie menschliche Wecker: Aufwachen! Aufwachen!« Es ging um Aufrichtigkeit, Menschlichkeit und letztlich – auch wenn Leute wie Smith mit deren Lebensstil nichts am Hut hatten – um die alten Hippie-Ideale Love, Peace und Entgrenzung im Drogenkonsum.

Die gesellschaftliche Situation in den USA erschien trotz zunehmender wirtschaftlicher Probleme im Mittleren Westen, Watergate- und Vietnam-Trauma stabiler als in den Jahren der großen Rassenunruhen zum Ende der 1960er Jahre. Patti Smith & Co. hatten ihre kantige Musik im CBGB von vornherein für ein gesellschaftliches Randpublikum gemacht, für Biker, Kunststudenten, Dropouts, Schwule und Prostituierte. Ihre Kunst entsprang einer abgeschotteten großstädtischen Subkultur, die sich per definitionem als außerhalb der Gesellschaft stehend betrachtete. Um Popruhm war es dabei zunächst nicht im Geringsten gegangen. Der intellektuelle Punk der Ostküste war zudem ein rein weißes Phänomen, Schwarze waren im CBGB kaum je aufgetaucht. Wenn dieser Punk mit Blondies Lolita-Trash und Patti Smiths »Because the Night« nun plötzlich Popqualitäten entfaltete, dann wurde das vor allem dort wahrgenommen, wo der Pop nach wie vor zu Hause war, also in den weißen Vorstädten mit ihren Einfamilienhaussiedlungen und von einem Heer gesitteter Highschool-Kids.

In Großbritannien war das anders. Im Gegensatz zum US-Punk bedeutete Punk in London, Manchester und all den anderen englischen Städten ein zorniges und lautes »No!« Die Haltung dahinter bestand aus Frust, Zorn, Resignation und Zynismus. Das Mittel der Wahl hieß Provokation. »No Future!« war schließlich kein frommer Wunsch, sondern der trotzige Slogan einer Jugend, die sich vergessen und aussortiert fühlte.

Was Punk allerdings in London wie in New York in gleichem Maße propagierte, das war der Do-it-yourself-Gedanke, der dem Pop auf seinem Weg zum Millionenbusiness abhandengekommen war. Eine Idee, die, kombiniert mit einer neuen provokativen Ästhetik, musikalisch wie auch in Mode, Design und Kommunikationsmedien beide Bewegungen dies- und jenseits des Atlantiks verband. Und wenn es dabei einen gemeinsamen musikalischen Nenner gab, dann war es die Musik der Ramones, vielleicht gerade deshalb, weil die Gruppe den Schritt in den Mainstream nie wirklich schaffte und eine Kultband blieb.

»No Elvis, Beatles or the Rolling Stones«, so hatten es The Clash in ihrem Song »1977« gefordert. Die Beatles gab es ohnehin schon lange nicht mehr, und Elvis hatte sich noch im selben Jahr, am 16. August 1977, von diesem Planeten verabschiedet. Aber keine der weiteren Bands, die dem Feindbild von Joe Strummer entsprachen, egal ob Yes, Pink Floyd oder Genesis, löste sich auf. Die etablierten Musikkräfte saßen die Punk-Explosion stoisch aus. Die wenigsten allerdings reagierten so abgebrüht wie Mick Jagger und die Rolling Stones, die dem Punk kurzerhand den Stinkefinger zeigten und 1978 mit SOME GIRLS ihr aggressivstes und vitalstes Album seit Jahren vorlegten. Ein anderer Mick allerdings machte sich nun daran, den Punk mitsamt seiner ganzen wüsten Umstürzlerei zu neutralisieren.

Als die Ramones im Sommer 1976 in England damit beschäftigt waren, London anzuzünden, saß in New York, nur ein paar Blocks entfernt vom CBGB,

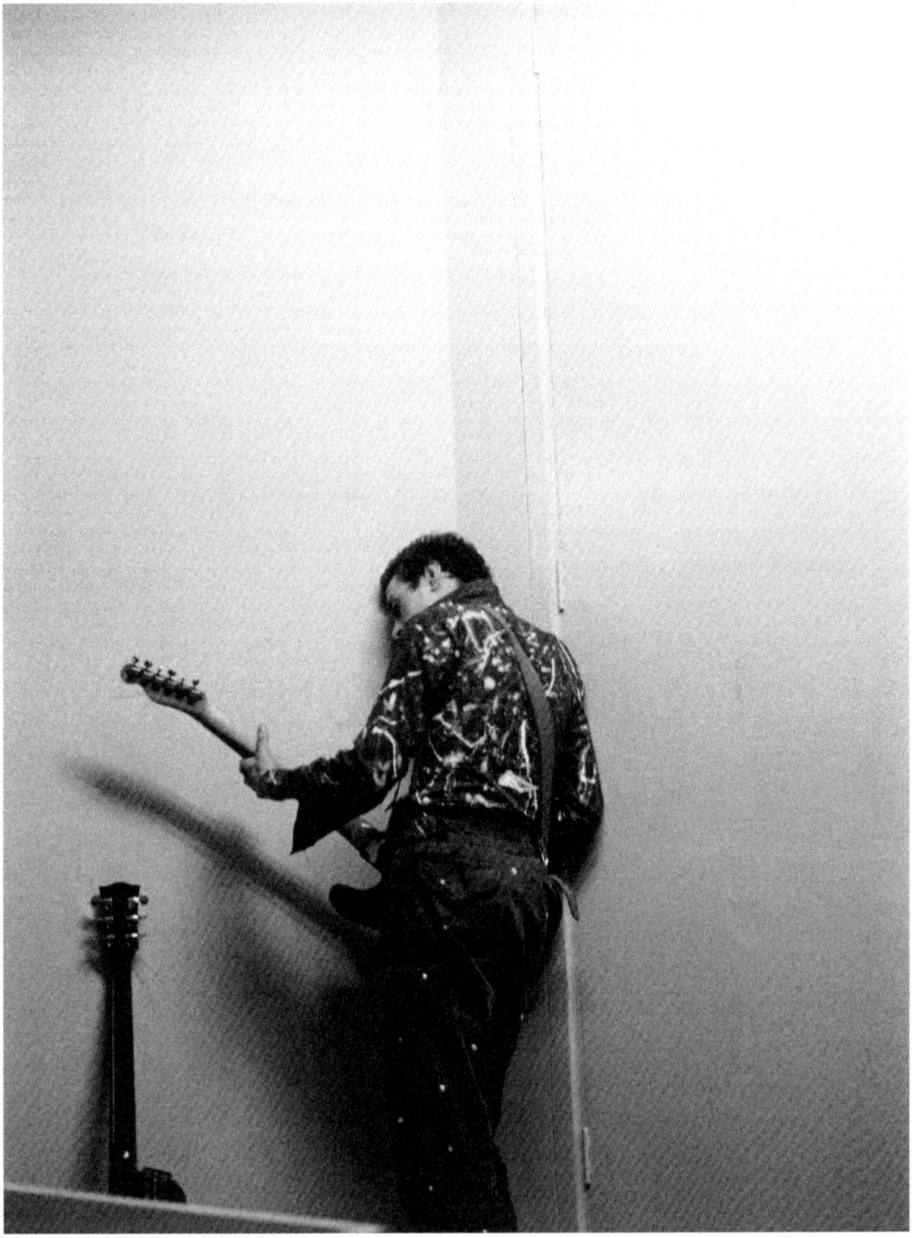

Stiller Moment: Joe Strummer am 5. November 1976 hinter der Bühne des Londoner Royal College of Art, kurz bevor The Clash auf die Bühne gingen.

ein englischer Musiker am Telefon und rief diverse Kollegen an. Der Mann war Gitarrist, hatte schon bei allen möglichen Adressen sein Können unter Beweis gestellt und war bereits älter als 30, über das gewöhnliche Alter eines Popstars also hinaus.

Es sollte eine paar Wochen dauern, bis er gefunden hatte, was er suchte, darunter einen Trommler, einen Bassisten, einen Keyboarder, vor allem aber einen Sänger. Die Sache erwies sich als nicht ganz einfach. Eine erste Besetzung passte, wie der gut vernetzte Englishman in New York glaubte, zwischenmenschlich nicht recht zusammen, und einige Wunschkandidaten, darunter der angesehene Studiobassist und Beatles-Intimus Klaus Voormann, hatten abgesagt. Bei verschiedenen Sessions im Laufe des Jahres kristallisierte sich dann aber doch noch eine Gruppe miteinander harmonierender Musiker heraus. Zu ihnen gehörten der US-Keyboarder Al Greenwood, der Gitarrist/Keyboarder Ian McDonald, Drummer Dennis Elliott, beide aus England, und der New Yorker Bassist Ed Gagliardi. Fehlte noch ein Sänger. Da fiel unserem Mann ein Kandidat namens Lou Gramm ein, der ihm einmal ein Album seiner Band Black Sheep in die Hand gedrückt hatte. Die Stimme hatte gefallen. Also rief er ihn an, ließ ihn vorsingen – und die neue Band war komplett. Weil sie aus drei Engländern und drei Amerikanern, aus der Sicht beider Fraktionen also zur Hälfte aus Ausländern, bestand, nannte der Gitarrist, sein Name war Mick Jones, die Gruppe Foreigner.

Das Sextett machte sich umgehend an die Arbeit – und die sah international chartstauglichen Rock vor: solide, kompakt, nicht zu hart, mit starken Melodien, modern und radiofreundlich produziert. Vom ersten Moment an wollten Foreigner und das Atlantic-Label, das gierig angebissen hatte, möglichst schnell möglichst viele Dollars verdienen. Es war gutes altes Showgeschäft, das auf die größtmögliche Kundschaft zielte: weiße Kids, die sich weder in eine Spelunke wie das CBGB verirren noch für die politischen Songtexte von The Clash interessieren und stattdessen lieber am Samstag mit Daddys Chevy zum Tanzen in die gepflegten Vorstadtdiscos cruisen würden. »Feels Like the First Time« und »Cold as Ice« vom ersten Foreigner-Album wurden 1977 monströse Hits im FM-Radio. Die Welt der Charts war wieder in Ordnung. Mick Jones hatte gewonnen.

Pop 76

05.01.
Der ehemalige BEATLES-Tourmanager MAL EVANS (40) wird in Los Angeles von Polizisten erschossen, nachdem er sich geweigert hatte, eine Waffe abzugeben, von der sich später herausstellte, dass es sich nur um ein Luftgewehr handelte.

06.01.
PETER FRAMPTON, zuvor Gitarrist bei THE HERD und HUMBLE PIE, veröffentlicht sein Livealbum FRAMPTON COMES ALIVE!

24.02.
Als erstes Album in der Geschichte der Schallplatte wird THEIR GREATEST HITS (1971–1975) von den EAGLES für mehr als eine Million verkaufter Exemplare mit dem neuen Platin-Preis ausgezeichnet.

07.03.
Der britische Pianist und Sänger ELTON JOHN hält als Wachsfigur Einzug bei Madame Tussaud's in London.

25.03.
Phyllis Major, Ehefrau des kalifornischen Singer-Songwriters JACKSON BROWNE und Mutter des gemeinsamen Sohnes Ethan Zane, bringt sich mit Schlaftabletten um.

03.04.
Die englische Popgruppe BROTHERHOOD OF MAN gewinnt den Eurovision Song Contest in Den Haag mit dem Song »Save Your Kisses for Me«, der bis heute bestverkauften Eurovisons-Gewinnersingle aller Zeiten.

24.04.
LORNE MICHAELS, Produzent der TV-Show *Saturday Night Live*, bietet den BEATLES im Scherz 3000 Dollar, wenn sie für seine Show wieder zusammenkommen. PAUL MCCARTNEY und JOHN LENNON sitzen in diesem Moment zufällig ein paar Blocks entfernt in Lennons Apartment im New Yorker Dakota Building, sehen die Sendung und erwägen kurz, zum Spaß tatsächlich dort hinzugehen, sind dann aber doch, wie Lennon später erzählt, »zu müde«.

29.05.
Während einer US-Tournee klettert BRUCE SPRINGSTEEN in Memphis, Tennessee, auf die Begrenzungsmauer von ELVIS PRESLEYS Anwesen Graceland, um den King zu sehen. Sicherheitsleute führen ihn ab.

04.06.
Tara, das zweieinhalb Monate alte Baby von KEITH RICHARDS und ANITA PALLENBERG, stirbt durch plötzlichen Atemstillstand. Der ROLLING-STONES-Gitarrist erfährt davon, als sich die Band in Paris im Rahmen einer Europatournee auf ihre Show im Les Abattoirs vorbereitet.

18.06.
ABBA führen ihre neue Single »Dancing Queen« am Vorabend der Hochzeit von König Carl XVI. Gustav und seiner deutschen Braut Silvia Sommerlath bei einer Gala in der schwedischen National-Oper in Stockholm zum ersten Mal auf.

07.07.
Trotz strömenden Regens besuchen rund 50 000 Fans ein Konzert der kalifornischen Band JEFFERSON STARSHIP im New Yorker Central Park.

27.07.
TINA TURNER reicht die Scheidung von ihrem Ehemann IKE TURNER ein.

25.08.
Die US-Band BOSTON veröffentlicht ihr erstes Album und landet damit einen der größten Überraschungserfolge der Dekade.

01.09.
LOU ADLER, Chef der Plattenfirma Ode Records, wird entführt und nur acht Stunden später nach Übergabe eines Lösegeldes in Höhe von 25 000 Dollar unverletzt wieder freigelassen. Wenig später werden die mutmaßlichen Täter festgenommen.

18.09.
QUEEN geben im Londoner Hyde Park vor 150 000 Fans ihr bis dahin größtes Konzert.

25.09.
In Dublin gründen vier junge Musiker eine Band, die sie zunächst Feedback, später dann U2 nennen.

25.11.
THE BAND feiern ihren Abschied mit einem großen Konzert im Winterland in San Francisco, zu dem sie prominente Gäste wie BOB DYLAN, ERIC CLAPTON, NEIL YOUNG, RINGO STARR, MUDDY WATERS und andere einladen. MARTIN SCORSESE dreht über die Show den Dokumentarfilm *The Last Waltz*.

03.12.
Beim Cover-Shooting für das PINK-FLOYD-Album ANIMALS in der Londoner Battersea Station macht sich ein gasgefüllter Ballon in Gestalt eines Schweins selbständig, fliegt davon und gefährdet den belebten Luftraum über der Themsestadt.

03.12.
Unbekannte dringen in Kingston, Jamaika, in BOB MARLEYS Anwesen ein und eröffnen das Feuer. Mehrere Menschen, darunter auch der Sänger, werden verletzt.

77

26. April 1977 Ein Schimmel im Freudenhaus

Sex & Drugs & Disco: Als ein altes Theater zum Nabel der Welt wurde und eine junge Sängerin so tat als ob

Es ist einer dieser Abende, von denen sie noch Jahrzehnte später schwärmen werden. Auch wenn die Prinzessin auf dem weißen Pferd gar nicht dabei war. Aber immerhin, so ist es überliefert, entledigten sich einige Damen ihrer Oberteile an diesem Abend bereits draußen auf der 54th Street, und einige Herren, die nicht an sich halten konnten, entblößten, was öffentlich besser hätte verborgen bleiben sollen. Niemand fand etwas dabei, und eine bessere Einstimmung auf den weiteren Verlauf des Abends hätte sich keiner vorstellen können. Spaß wollten sie haben, deshalb waren sie hergekommen. Und weiß Gott, im New York jener Jahre verstanden sie zu feiern wie sonst nirgendwo.

26. April 1977, mitten in der Woche, ein Dienstagabend. Ein 29-jähriger Immobilienunternehmer mit halb schottischen, halb deutschen Wurzeln sitzt in einem Restaurant in Manhattan. Gemeinsam mit seiner frisch angetrauten Ehefrau hat er dort ein paar Freunde zum Dinner getroffen. Das Essen war gut, die Stimmung ist gelöst. Beim Plaudern erinnert sich die Gruppe daran, dass an diesem Abend doch dieser neue Club eröffnen soll. Man ist eingeladen. Also los. Wenig später stehen sie vor der Tür der Nummer 254, West 54th Street, einer engen Straßenschlucht zwischen Broadway und 8th Avenue. Allerdings: Sie sind allein, der Eingang ist verschlossen. Ein paar Minuten müssen sie noch warten, bis sie mit den inzwischen auftauchenden weiteren Premierengästen eintreten dürfen.

Zunächst betreten sie eine große, zu beiden Seiten hin verspiegelte Eingangshalle. An der Decke riesige, festlich funkelnde und von Lasern bestrahlte Kronleuchter, die ihr Licht kreuz und quer durch den Raum werfen. Ein freundlicher Herr nimmt die Gruppe in Empfang und kassiert erst einmal pro Nase 15 Dollar Eintrittsgeld. Weiter geht es in den Hauptsaal, und der überwältigt sämtliche Sinne: Stroboskopblitze, Discokugel-Glitter und bewegliche Paneele mit aufmontiertem Blaulicht. All das blinkt und lichtert im Rhythmus des unerbittlich pulsierenden Beats der Musik – eine atemberaubende Lichtanlage, die das Geschehen in tausend Farben taucht. Die nun immer zahlreicheren Gäste drängen sich vorbei am plätschernden Wasserfall in den Barbereich, wo sie sich mit Cocktails und Sonstigem versorgen. Bald trauen sich die Ersten auf die Tanzfläche.

Noch aber ist nicht allzu viel los in diesem bunten Paralleluniversum, nur wenige Meter entfernt von der grauen Tristesse der Straße, die in dieser Gegend in direkter Nachbarschaft nur ein Parkhaus und ein Pornokino zu bieten hat. Jetzt liegt der Club, der zum berühmtesten von allen werden soll, dem Ehepaar Ivana und Donald Trump fast noch jungfräulich zu Füßen. Zusammen mit ihren Freunden werden die beiden nun eine der rauschendsten Ballnächte erleben, die in der Chronik des Big Apple verzeichnet sind.

Die Trumps gehören zu den Gästen jener Eröffnungsnacht des Studio 54, und sie befinden sich in prominenter Gesellschaft: Von den rund tausend eingeladenen VIPs sind, so wird Carmen D'Alyssio, Promotion-Chefin des Hauses, später vermuten, etwa 600 erschienen, darunter die Sängerin Cher, die Schauspielerinnen Margaux Hemingway, Brooke Shields, Liza Minelli und Liz Taylor, der Modeschöpfer Halston, Schriftsteller Truman Capote und Pop-Art-Papst Andy Warhol. Alles in allem ein Querschnitt durch die mondäne Schickeria der Stadt. Und die restlichen 2000 Menschen, die sich durch die Premierennacht des Studio 54 tummeln werden, sind ausnahmslos schön, interessant, extravagant, reich oder ganz einfach ebenfalls prominent. Viele indes kommen trotz Einladung gar nicht erst hinein, so groß wird der Andrang im Laufe der Nacht. Und keiner der Wartenden ahnt, dass die Einlasskontrolle bald als die härteste der Welt berüchtigt sein wird. Frank Sinatra und Warren Beatty sollen entnervt aufgegeben haben und wieder verschwunden sein. Wer würde nicht hier sein wollen? Die allermeisten wollen. Es sind so viele, dass sich gegen Mitternacht auf der Straße eine veritable Menschenmenge gebildet hat. Einer der Anstehenden, passenderweise Arzt, spendiert, so wird berichtet, großzügig Quaaludes aus einer mitgebrachten Plastikflasche. Das euphorisierende Mittel entfaltet seine Wirkung – und die aphrodisiert auch noch: Prompt lassen die ersten Ladies ihren Busen blitzen, und einige Gentlemen öffnen die Hosen.

So jedenfalls erzählt der britisch-amerikanische Journalist Anthony Haden-Guest die Geschichte 40 Jahre später im US-Online-Magazin *The Daily Beast*[1]. Immerhin war er seinerzeit vor Ort. Ob ihn die Erinnerung heute trügt oder nicht, muss hier nicht geklärt werden. Die Eindrücke, die er noch von jener Nacht hat, sprechen für sich. Und Fakt ist schließlich: Was da auf dem Trottoir der West 54th Street geschah, war nur das, im Wortsinne, Vorspiel zum

Sodom & Gomorrha, das drinnen stattfinden und für das diese neue Diskothek im Herzen Manhattans sehr bald berühmt sein sollte.

Steve Rubell und Ian Schrager hatten in den Wochen und Monaten zuvor an der 54sten Straße das internationale Symbol der Discokultur geschaffen. Fortan sollte Disco die Popkultur in allen ihren Schichten durchwirken. Sie sollte dem klassischen Kernthema der Popmusik, dem Tanzvergnügen, wieder zu seinem Recht verhelfen, und sie sollte ihm einen ebenso exklusiven wie bedarfsgerechten neuen Rahmen geben. Der neue Lifestyle transformierte die kollektivistische Ideologie der Hippies und der Rockmusik in ein individualistisches Hedonismus-Konzept, das in Gestalt der Clubkultur bis heute gültige Maßstäbe für unsere Freizeitgestaltung setzt. Und Disco würde einen Musikstil schaffen, der weißen Pop, schwarzen Soul & Funk und frische Ideen aus der elektronischen Musik zu einem ganz neuen Hybriden kombinierte, der bis in unsere Tage hinein als Rückgrat der populären Musik und des im neuen Millennium dominierenden Electropop fungiert. Die Tage des Rock 'n' Roll waren gezählt. Jetzt herrschte Disco.

Formeln für die Samstagnacht

Als Steve Rubell und Ian Schrager im Winter 1977 bis über beide Ohren in den Planungen für ihren neuen Disco-Club stecken, hat ein verdienter Veteran der amerikanischen Popmusik allen Grund zur Freude. In diesen Wochen genießt er den späten Höhepunkt einer Karriere, die ihn mit Fug und Recht als Mitglied des vornehmsten Black-Music-Adels ausweist. In wenigen Wochen wird Johnnie Taylor seinen 42. Geburtstag feiern, mehr als die Hälfte seines Lebens hat er im professionellen Musikgeschäft hinter sich gebracht. Angefangen hat er schon in den mittleren 1950er Jahren als Gospelsänger, später dann ersetzte er seinen Freund Sam Cooke bei den Soul Stirrers, bevor er in den 1960ern bei Stax Records in Memphis anheuerte. Koryphäen wie Isaac Hayes, David Porter und Don Davis hatten ihm Hits auf den Leib geschrieben, darunter »Who's Making Love«. Nun hat »The Philosopher of Soul«, wie er genannt wird, bei Columbia Records unterschrieben und mit 40 Jahren seinen fettesten Hit gelandet – ausgerechnet im Disco-Fach. Johnnie Taylor erzählt die Geschichte so: »Don Davis brachte mir ›Disco Lady‹, eine der besten Platten, die ich je gemacht habe. Er sagte: ›Mann, ich hab einen echten Smash Hit für dich!‹ Und ich sagte: ›Ach, das sagst du jedes Mal!‹«[2] Als der Song fertig aufgenommen und gemischt war, meldete Taylor allerdings, wie Davis später berichtet, größte Bedenken an:

> Er konnte nicht verstehen, wie wir einen solchen Mix veröffentlichen konnten. Ich hab mir den Track dann noch mal angehört, ihn angerufen und ihm gesagt, dass er da was Falsches gehört haben musste, für meine Ohren war der Mix großartig. Wir fanden dann heraus, dass er die Geschwindigkeit von seinem Plattenspieler falsch eingestellt hatte.[3]

Schon wenige Tage nach der Veröffentlichung zeichnet sich ab, dass die Single ein Erfolg wird. Also schickt Columbia-Präsident Bruce Lundvall Johnnie Taylor ein paar Kisten Dom-Perignon-Champagner, um den sich anbahnenden Hit zu feiern. Taylor: »Ich hab ein Bad darin genommen, es macht die Haut so zart!«[4]

»Disco Lady« klettert im April 1976 auf Platz eins der US-Single-Charts und verkauft sich zweieinhalb Millionen Mal.

Der Song wurde der erste, der die neu geschaffene Platin-Auszeichnung für mehr als zwei Millionen verkaufte Singles erhielt. Dabei war »Disco Lady« bei Licht betrachtet eigentlich keine Disco-Musik. Der Song, bei dessen Aufnahme fast die komplette Parliament/Funkadelic-Band von George Clinton, darunter auch Bassist Bootsy Collins, mitgespielt hatte, wurzelte in solidem, schwerem Funk-Grund und wäre ebenso gut als spätes Stax-Juwel durchgegangen. Aber: Die Aufnahme war ein wenig anders arrangiert und abgemischt worden. Der prägnante Bass und das unverhohlen auf die Tanzfläche schielende Schlagzeug waren im Klangbild dominanter vertreten, und der ansteckende, mit einem weiblichen Chor aufgemotzte Singalong-Refrain war während der etwas mehr als vier Minuten Spielzeit dauerpräsent. »Disco Lady« wurde ein massiver Disco-Hit, und das Stück steht exemplarisch für den Mechanismus, mit dem die amerikanische Unterhaltungsindustrie seit jeher betrieben wird: Wenn etwas funktioniert, dann wird es penetriert. Nachdem man Taylors Stax-Sound beim neuen Arbeitgeber Columbia erst einmal entsprechend der gerade aktuellen Mode aufgefrischt und damit prompt einen Monsterhit gelandet hatte, versuchte man, den alten Fahrensmann danach immer wieder in Richtung Disco zu drängen, um erneut einen ähnlichen Erfolg zu landen. Was natürlich nicht klappte.

Die Geschichte von Taylor und »Disco Lady« illustriert allerdings auch ein discotypisches Phänomen: Selbst wenn sich manche Sängerinnen und Sänger als klassische Eintagsfliegen entpuppten, die nach einem Zufallstreffer wieder in der Versenkung verschwanden, so handelte es sich bei den meisten von denen, die in diesem Genre Hits landeten, doch um bereits erfahrene Profis, die ihre Laufbahn lange vorher schon in Soul oder Gospel begonnen hatten. Prominente Beispiele sind Thelma Houston (»Don't Leave Me This Way«), Van McCoy (»The Hustle«), Rose Royce (»Car Wash«) und The Tramps (»Disco Inferno«). Die wenigen Künstler, die es schafften, innerhalb des Disco-Genres anhaltende Karrieren zu starten, etwa Donna Summer, Gloria Gaynor und Grace Jones, blieben Ausnahmen. Das hatte gute Gründe: Anders als etwa Rock, Punk oder das Singer-Songwriter-Genre war Disco eine Produzenten-Musik. In musikalischer und klanglicher Hinsicht sowie nicht zuletzt auch in seinem inhaltlichen Anliegen – »Celebrate!«, wie Kool & The Gang 1980 sangen – war Disco zweckgebunden und eng definiert, um nicht zu sagen: formelhaft. Allzu viele künstlerische Variationsmöglichkeiten schien dieses Format nicht zu bieten, was dem Musikstil folgerichtig den Vorwurf einbrachte, über die immer gleichen Versatzstücke und oberflächliches Kommerzdenken nicht hinauszukommen. Der Vorwurf kam vor allem aus dem Lager der Rockmusik, wo das Album-Format als das Maß der künstlerisch anspruchsvollen Dinge galt. Disco dagegen präsentierte sich in erster Linie auf Singles. So dozierte etwa der deutsche Medienwissenschaftler und ausgewiesene Rockfan Werner Faulstich über den Bee-Gees-Song »Night Fever«:

> Im wimmernden Falsett und überzogenen Soul-Vibrato werden nichtssagende Texte im Gestus von Pseudo-Gemeinschaft vorgetragen, die ganz auf hirnlose Körperzuckungen reduziert ist. Der Song bietet einen abstraktifizierten Traum von vorpubertärer Gefühlsekstase im angeblichen ›Fieber der Nacht‹ von Samstag auf Sonntag.[5]

Natürlich sind solche Vorwürfe unsinnig, denn sie ignorieren, dass jeder Musikstil seine eigenen Formeln, Qualitätsparameter und damit auch besonderen Produktionsmethoden entwickelt. So betrachteten vor allem europäische Disco-Produzenten die für Projekte wie Boney M., Silver Convention, Love & Kisses, Baccara und Arabesque angeheuerten Sängerinnen und Sänger weniger als eigenständige Künstlerpersönlichkeiten denn als austauschbare Vokal-Dienstleister und Frontline-Performer. Dasselbe gilt natürlich auch für ein reines Casting-Projekt wie Village People (»YMCA«, »In the Navy«). Anders verhielt es sich mit einigen Gruppen, die große Erfolge feierten, dauerhaft im Geschäft blieben und bis heute zuerst einmal unter Disco sortiert werden, zum Beispiel Earth, Wind & Fire, KC & The Sunshine Band oder auch Chic. Letztlich kamen sie alle aus dem Funk und waren gestandene Bands, die ihr Repertoire den Bedürfnissen des Marktes, in diesem Fall der Discomode, anpassten. Genau das hatten auch Johnnie Taylor und die bereits erwähnten Bee Gees unter der Anleitung von Produzent Arif Mardin mit »Jive Talkin'« getan.

Die größten Disco-Erfolge waren entscheidend nicht nur von den jeweiligen Interpreten, sondern oft genug von deren Produzenten geprägt worden – ein Prinzip, das bei Motown und Philadelphia International Records bereits etabliert worden war. So hielt sich Disco gerne an das bewährte Handwerkszeug, das von Koryphäen wie zum Beispiel Gamble & Huff und Norman Whitfield entwickelt worden war. Für eine amtliche Disco-Produktion galten im Übrigen folgende Grundregeln:

1. Die Tempi bewegten sich ausschließlich im Bereich von etwa 100 bis 130 bpm (Beats per Minute).

2. Die Rhythmusgruppe betonte mit der Bassdrum jede Viertelnote (»four-on-the-floor«). Zusätzlich wurden reichlich Percussion-Instrumente, synkopierte Bassläufe, Loops, Synthesizer-Riffs, -Arpeggios und nicht zuletzt synthetische Drumsounds verwendet.

3. Der Sound war »groß«, das heißt, die Instrumentierung war aufwendig, bot neben der Rhythmusgruppe auch Keyboards, üppig arrangierte Streicher- und Bläsersätze. Gitarren beschränkten sich dabei im Wesentlichen auf die Rhythmusarbeit.

4. Die Sängerinnen und Sänger waren zumeist gospelgeschult und wurden grundsätzlich von Backgroundchören unterstützt.

5. Die Songs wurden getragen von klaren, melodischen Refrains, die gerne hymnisch angelegt waren und möglichst ins Ohr gehen sollten.

6. Die Aufnahme wurde nach Möglichkeit nachträglich durch verschiedenste Effektgeräte, Pitching (Veränderung der Abspielgeschwindigkeit) und Verstärkung etwa der tiefen Frequenzen manipuliert, um dem Track die größtmögliche klangliche Durchschlagskraft mitzugeben.

Im Ergebnis wurde aus all dem ein eindrucksvoller Wall-of-Sound, der auf den entsprechend ausgelegten Musikanlagen der Großdiskotheken seine volle Power entfalten konnte. Im Verlauf der Disco-Ära wurden freilich auch minimalistische Konzepte populär. So setzte etwa der Munich Sound seine Impulse mit reduziertem, fast rein elektronischem Instrumentarium. In diesem Zusammenhang nahmen auch Kraftwerk starken Einfluss auf die Discoszene. Bernard Edwards und Nile Rodgers von Chic (»Le Freak«) dagegen setzten auf eine vom Funk kommende Ästhetik, deren transparentere Arrangements ihre Kraft aus der Reduktion der Mittel und so gewonnener Klarheit bezogen.

Bis etwa 1977 war Disco noch ein Underground-Phänomen, das zwar einige große Hits abgeworfen hatte, zum Beispiel »Rock Your Baby« von George McCrae, »Rock the Boat« von der Hues Corporation und »Lady Marmalade« von Labelle, das in den Charts aber nur eine Farbe von vielen gewesen war. Nach dem weltweiten Erfolg des Kinofilms *Saturday Night Fever*, den Bee-Gees-Hits »You Should Be Dancing«, »Night Fever« und »Stayin' Alive« sowie natürlich Donna Summers epochalen Singles »Love to Love You, Baby« und »I Feel Love« wurde Disco jedoch zum Lifestyle-Phänomen und damit zum beherrschenden Faktor auch in den Charts. Zumal nun fast wie auf ein geheimes Kommando hin auch alle möglichen weißen Pop- und Rock-Acts Discosongs herausbrachten. Zu ihnen gehörten Rod Stewart (»Do You Think I'm Sexy«), die Rolling Stones (»Miss You«) und Kiss (»I Was Made for Lovin' You«).

Der Sündenpfuhl

Als das Studio 54 an jenem legendären Abend seine Pforten erstmals öffnete, war Disco als Musikstil jedenfalls in aller Ohren. Und mit der so partytauglichen Musik hatte sich längst auch ein hedonistischer Lifestyle etabliert, der sich um gleich mehrere Dimensionen von der Kifferromantik der 1960er Jahre entfernt hatte und einem inzwischen ungleich hemmungsloseren Umgang mit Sex und Drogen Rechnung trug. Zu sehen war das Abend für Abend im Studio 54. Praktisch aus dem Stand war der Club zu einer einmaligen Kombination aus Koks-Tempel, Disco-Kathedrale und, nun ja, Bums-Bude geworden.

Vielleicht lässt sich das Phänomen am besten anhand der Geschichte des Gebäudes in West Manhattan erklären, in dem das Studio 54 untergebracht war. Denn dort hatte im Grunde schon immer das stattgefunden, was in Sachen Entertainment und Lifestyle am besten in die jeweilige Zeit passte, auch wenn die Macher dabei zunächst kein glückliches Händchen bewiesen hatten. Eröffnet wurde das Theatergebäude 1927 mit einer Produktion der Oper *La Bohème* von Giacomo Puccini. Erfolg war der Sache nicht beschieden, schon nach drei Wochen fiel der letzte Vorhang. In den folgenden 13 Jahren gaben sich verschiedene Betreiber die Türklinke in die Hand, 1940 gab der letzte auf, seitdem moderte das Gebäude vor sich hin.

1943 dann übernahm die CBS. Sie machte Schluss mit dem Theater und nutzte das Haus zunächst für das neue Massenmedium Nummer eins, den Rundfunk, seit den 1950er Jahren dann auch für Fernsehproduktionen, darunter die Erfolgs-Spielshow *What's my Line?* und die Soap-Serie *Love of Life*. 1976 schließlich verlegte CBS seine TV-Aktivitäten in das benachbarte Ed-Sullivan-Theater und gab den Standort 254 West 54th St. auf.

Im folgenden Winter übernahmen die beiden Jungunternehmer Steve Rubell und Ian Schrager das leerstehende Theater. Ihre Idee passte perfekt zu Gebäude und Zeitgeist: Die ehrwürdige Spielstätte sollte zum Tanzsaal umfunktioniert, die alte Bühne zur Tanzfläche werden. Die Darsteller, die einst für Theater, Radio und Fernsehen dort gestanden hatten, waren Vergangenheit, die neuen Darsteller sollten nun, so wie seit Jahren schon in Don Cornelius' *Soul Train*, die Tänzer selbst sein. Die Tanzfläche war also die neue Theaterbühne, und die Tänzer wurden zu den Stars der Nacht. Das Publikum selbst bildete das Herz der neuen Entertainmentkultur.

400 000 Dollar steckten Rubell und Schrager in den maroden Bau, sechs Wochen dauerten die Umbauarbeiten. Für die Sound- und Lichtanlage sowie das innenarchitektonische Design sorgten angesagte Spezialisten aus der New Yorker Musical- und Theaterszene. Für die Tanzfläche wurden unterschiedlich illuminierte Environments entwickelt mit dem Effekt, dass die Tanzfläche nicht, wie bis dahin üblich, im Dunklen lag, sondern hell erleuchtet wurde – wenn die Tänzer der Blickfang des neuen Tanztempels sein sollten, musste man sie schließlich sehen können. Glitter- und Konfettikanonen gehörten ebenso zur Ausstattung wie eine Soundanlage, die das Beste darstellte, was damals auf dem Markt zu haben war.

Eine so große Diskothek hatte es in Manhattan bis dahin nicht gegeben. Rubell und Schrager kleckerten nicht, sie klotzten, denn sie wussten, dass sie ein beträchtliches Risiko eingingen und Neuland betraten. Ihre unternehmerische Philosophie war denkbar einfach: Wer Geld machen will, muss zunächst mal welches in die Hand nehmen. Das Ganze konnte nur ein Erfolg werden, wenn es gelingen würde, das Beste vom Besten zu bieten, einen umfassenden Hype zu kreieren, aus dem Stand die richtige Publikumsmischung zu finden und dafür zu sorgen, dass auch die Hautevolee von Anfang an zum Stammpublikum gehörte. Carmen D'Alyssio, einer der profiliertesten und bestvernetzten Party-Profis der Stadt, übernahm die Promotion, und ihr Adressbuch wurde zum Schlüssel des Studio-54-Erfolgs.

Eine entscheidende Rolle spielte dabei der 2. Mai 1977. Es war der 32. Geburtstag von Bianca Jagger. Obwohl normalerweise montags alle Etablissements in Manhattan geschlossen waren, richtete das Studio 54 für die Gattin des Rolling-Stones-Sängers eine Geburtstagsparty aus. Und die hatte es in sich. Nicht nur, weil sie die Gästeliste des Eröffnungsabends eine knappe Woche zuvor locker toppte, sondern auch, weil sich Rubell und Schrager nicht lumpen ließen und auffuhren, was die Partykultur hergab. Höhepunkt der legendären Sause: der Augenblick, als Mrs. Jagger, hoch zu Ross und angetan mit sündhaft teurer roter Chiffon-Robe von Halston, auf einem von einem unbekleideten Knecht geführten Schimmel auf der Tanzfläche erschien. Dazu regnete es Hunderte von weißen Luftballons von der Decke herab. Das Foto ging um die Welt, und das Studio 54 wurde über Nacht zum angesagtesten Hot Spot in New York. Von jetzt an würde der Laden 33 Monate lang, bis zu seiner Schließung im Februar 1980, in jeder einzelnen Nacht aus allen Nähten platzen.

Schon bald nach der Eröffnung war das Studio 54 berühmt und berüchtigt für zwei Alleinstellungsmerkmale: die rigorose Einlasspolitik, die Clubchef Steve Rubell zusammen mit seinem Obertürsteher Mark Beneke praktizierte. Dabei gingen sie mitunter rücksichtslos vor, rissen Pärchen auseinander, ließen die eine rein und den anderen nicht, ohne dass irgendjemand die Gründe nachvollziehen konnte. Beneke: »Lass es mich so sagen: Man musste irgendetwas zum Gesamtbild beitragen, einen bestimmten Look, eine frische Farbe, vielleicht strahlte jemand eine besondere Energie aus oder war einfach berühmt.«[6] Einzige Regel: »Keine Juden und keine Brücken- oder Tunnel-Leute«, womit die Bewohner der New Yorker Stadtteile gemeint waren, die Manhattan nur über eine Brücke oder durch einen Tunnel erreichen konnten.

Ganz New York jedenfalls wollte dabei sein, und viele schafften es nie, an der berühmten Samtkordel vorbeizukommen, die draußen vor der Tür den Eingang zum Disco-Nirvana versperrte. Wie streng und dennoch unberechenbar diese Einlasskontrolle war, davon berichtet eine Anekdote, der zufolge zwei Damen dem Beispiel der legendären Lady Godiva folgten und also nackt auf einem Pferd zum Studio 54 ritten. Der Türsteher soll sie abgewiesen, das Pferd aber hineingelassen haben[7], wo es sich zu Filmstars wie Catherine Deneuve und Sylvester Stallone, Popstars wie Diana Ross, Grace Jones, Michael Jackson und Debbie Harry, Bobybuilder Arnold Schwarzenegger, Herzchirurg Christiaan Barnard und dem unvermeidlichen Andy Warhol mitsamt Entourage gesellte.

Der Pop-Art-Papst übrigens kannte das Gebäude schon seit den 1960er Jahren – damals waren dort neben der CBS-Fernsehproduktion auch die Firma Scepter Records und ihr kleines Tonstudio untergebracht, wo Warhols damalige Schützlinge Velvet Underground elf Jahre zuvor, im April 1966, ihr legendäres Debütalbum aufgenommen hatten. Zum weiteren Studio-54-Inventar zählten Drag Queens, jede Menge schwule Weiße mit Schnauzbart, schöne Frauen, schöne Männer, Irre in sonderbaren Verkleidungen à la Roaring Twenties oder Star Wars, Pierrots und SM-Lederknaben. Haut gab es satt zu sehen.

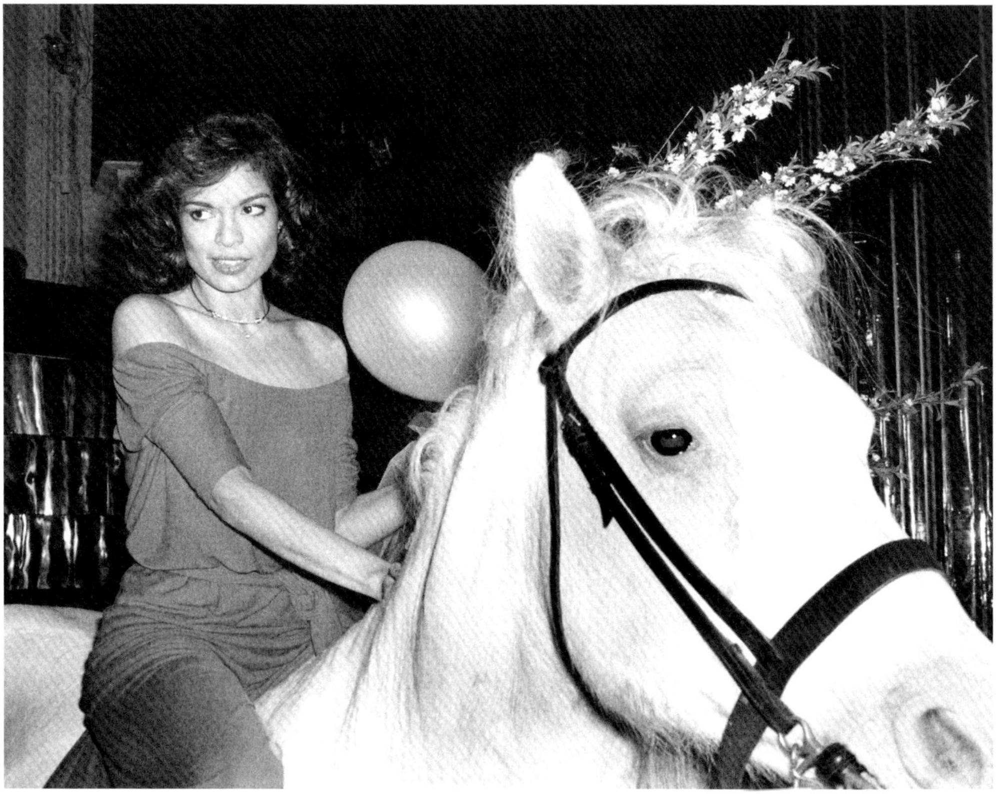

Hoch zu Ross und in Champagnerlaune: Am 2. Mai 1977 feierte Mick Jaggers Gattin Bianca ihren Geburtstag auf dem Rücken eines Schimmels im New Yorker Studio 54.

Womit wir zum zweiten Alleinstellungsmerkmal kommen: dem vollkommenen Mangel von Regeln innerhalb des Clubs. Sex, Drogen und der allgegenwärtige Disco-Beat bestimmten das Dasein im Club. Kokain und alle möglichen Aufputschmittel gehörten zur Grundausstattung fast eines jeden Gastes. Es war die Zeit, als Aids noch unbekannt war und Kokain als Party- und Ego-Booster (»It makes you smart and sexy!«) galt, dessen Gefahren man entweder nicht kannte oder geflissentlich ignorierte. Die Spuren des weißen Pulvers ließen sich, so berichtete die Presse, bis in das Weiße Haus zurückverfolgen, sowohl in die Administration von Jimmy Carter wie auch später in das Wahlkampfteam von Ronald Reagan.

Und dann war da noch der Sex. Je später der Abend, desto hemmungsloser wurde er praktiziert. Zum Beispiel im sogenannten VIP-Keller, wohin Promis gerne abtauchten, um abseits des ordinären Publikums besondere Freuden aller Art zu genießen. Steven Gaines, Autor des Schlüsselromans *The Club*, berichtete, dass unter den Barkeepern dort Ejakulationswettbewerbe stattfanden, bei denen derjenige von Clubboss Rubell nach Barbados eingeladen wurde, der am weitesten spritzen konnte. Das gewöhnliche Volk verlustierte sich derweil oben auf den Galerien, wo man bei flüchtigem Sex den Blick hinab auf das fellinieske Szenario genießen konnte. Die Galerien wurden später mit schwarzem

Gummi ausgekleidet, damit sich die Rückstände des enthemmten Amüsements am nächsten Tag leichter entfernen ließen. Truman Capote, einer der Stammgäste des Studios, stellte seinerzeit fest: »Es ist der Nachtclub der Zukunft. Hier gibt es keine Schranken, weder in sexueller noch in ästhetischer Hinsicht.«[8] Lange her. Und die so gelobte Zukunft sollte schneller vorbei sein, als alle Beteiligten in der Hochzeit des Studio 54 ahnen konnten: Steuerschulden brachen dem Projekt das Genick, die Betreiber gingen direkt vom Gerichtssaal ohne Umweg für dreieinhalb Jahre ins Gefängnis. Das Herz der Musik aber, der ewige Disco-Beat, »four on the floor«, überlebte die Zukunft und schlägt unbeirrt bis heute.

Eine Kultur entsteht

Ein spezifischer Musikstil wie Disco kommt nicht aus heiterem Himmel über die Welt. Er entwickelt sich aus bereits vorhandenen Stilen und passt diese an seine eigenen Bedürfnisse an. Und: Er entsteht aus einer Subkultur heraus, ist authentischer Ausdruck und Artikulationsmedium einer Szene. Letztlich entstand Disco quasi aus der Konkursmasse der Hippie-Bewegung, ihrer Ideologie, ihrer gemeinschaftlichen Rituale, Happenings und Gatherings. Die Hippie-Ära der späten 1960er Jahre hatte mit ihrem »Love & Peace«-Slogan nicht nur eine aktualisierte Version des alten Prinzips der Französischen Revolution von »Freiheit, Gleichheit und Brüderlichkeit« propagiert, sie gebar aus diesem Geist auch den modernen Feminismus und das Gay-Movement. Vor allem Letzteres hatte sich seitdem in den urbanen Schutzräumen des Undergrounds zu einer neuen Subkultur entwickelt, die sich nun in entsprechenden Nightclubs, Discos und Gay Spots niederschlug. Die schwule Szene expandierte seit Ende der 1960er Jahre, und New York wurde dabei zum neben San Francisco größten und bedeutendsten Zentrum der Gay Community.

Die große Bevölkerungsgruppe der Farbigen, Latinos, Asiaten, Schwulen und Lesben hatte es im öffentlichen Raum alles andere als leicht. In einem gesellschaftlichen Klima, das in den frühen 1970er Jahren gerade in Metropolen wie New York, Detroit und Chicago von den bitteren Gewaltexzessen der vorangegangenen Jahre, den Enttäuschungen der Generation Woodstock und zunehmender Kriminalität geprägt war, wurden ihre Mitglieder oft genug von Gangs und Polizei gleichermaßen drangsaliert. Natürlich vor allem, wenn sie nachts ausgehen und sich vergnügen wollten. Folglich waren Zufluchtsorte gefragt, in denen sich eine neue Partykultur unbehelligt entwickeln konnte.

An dieser Stelle der Geschichte trat in New York ein junger Mann namens David Mancuso auf den Plan. Er wurde zur Schlüsselfigur bei der Geburt der Discokultur. Geboren 1944 und zeitweise aufgewachsen in einem Kinderheim, hatte er die Sixties als bekennender Timothy-Leary-Jünger, eifriger LSD-Konsument und Hippie-Aktivist erlebt. Seine musikalischen Vorlieben umfassten so ziemlich die gesamte Breite des Spektrums, von Klassik und Jazz bis hin zu den psychedelischen Experimenten der neuen Rockmusik. Am Valentinstag 1970 veranstaltete Mancuso in seiner Behausung, dem später legendären »Loft« in 647 Broadway, seine erste halbprivate Party. Das passende und bis heute legendäre Motto: »Love saves the day«. Mancusos sogenannte »Loft-Partys« wurden dank ihrer exklusiven Atmosphäre und ihrer anspruchsvollen, nach allen Seiten hin offenen Musikauswahl immer beliebter. Außerdem gab es weder den damals bei öffentlichen Tanzveranstaltungen üblichen Dresscode noch einen Türsteher.

Es konnte also jeder kommen, ganz gleich wie er oder sie aussah. Wichtig war zudem, dass es wegen nicht vorhandener Ausschanklizenz zwar keinen Alkohol gab, dafür aber Gratissäfte gereicht wurden und LSD zur Verfügung stand.

Mancuso ging es um die Musik und das Tanzen, alle sollten sich wohl fühlen, jeder durfte eigene Platten mitbringen, sich Titel wünschen, und jeder Song wurde, wie Mancuso erklärte, »aus Respekt vor den Künstlern« bis zum letzten Ton ausgespielt. Und das auf einer der besten Soundanlagen, die damals in New York zu hören waren, inklusive der neuen Klipschhorn-Lautsprecher und weiterer Modifikationen, die Mancuso mit befreundeten Spezialisten entwickelte (die Parallelen zur jamaikanischen Sound-System-Kultur sind augenfällig).

Bei den »Loft-Partys« wurde die Musik als solche gefeiert, und vor allem in der New Yorker LGBTQ-Szene der frühen 70er stellten sie bald das attraktivste Angebot dar. Nicht zuletzt auch weil sich dort ein Gemeinschaftsgefühl entwickeln konnte, das Selbstwertgefühl und -bewusstsein dieser im restlichen gesellschaftlichen Raum diskriminierten Minderheiten stärkte und zu einer der prägenden Ideen des Disco-Movements wurde.

Gleichzeitig aber förderte Mancuso durch seinen Umgang mit der Musik ein weiteres zentrales Anliegen der Tanzkultur: Ekstase, Entgrenzung und die damit verbundene Loslösung von Zeit und Raum. Mancuso war der womöglich erste weiße Discjockey, der auf Tonbänder spezielle, dramaturgisch durchkonzipierte Playlists aufnahm und dabei versuchte, die einzelnen Tracks mit Hilfe der damals zur Verfügung stehenden primitiven technischen Mittel zu manipulieren, also Übergänge und Tempi anzugleichen, um so ein homogeneres Musikerlebnis zu gewährleisten. Er entwickelte auf diese Weise nicht nur die Musik weiter, er revolutionierte auch ihre Präsentation. Bis dahin waren Discjockeys nicht viel mehr als Plattenaufleger gewesen, die hin und wieder zwischendurch einen Titel ansagten. Mit Mancuso aber wurde die Rolle des DJs komplexer, er griff nun kreativ in die Musik selbst ein und veränderte sie, um ihre Wirkung für sein tanzendes Publikum zu optimieren. Zur Hilfe kam ihm dabei ein weiterer Pionier.

Tom Moulton, geboren 1940 in der Nähe von Albany, New York, hatte als Model gearbeitet, als er um die Jahrzehntwende auf die Idee kam, mehrere Stücke mit Hilfe von Schere und Klebeband zu langen Tonbändern zusammenzu-

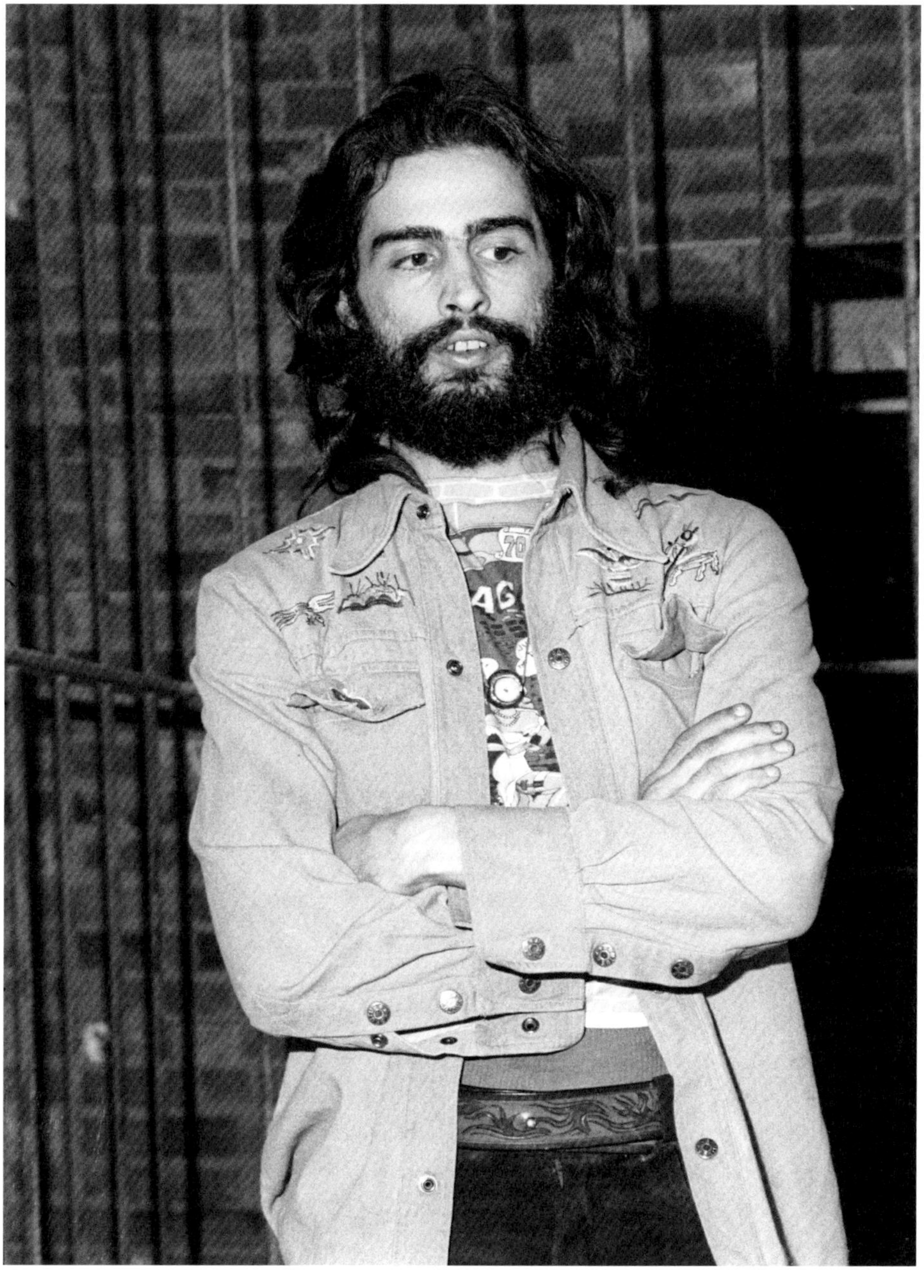

Der erste Zeremonienmeister: David Mancuso legte mit seinen legendären »Loft-Parties« die Grundlagen für die New Yorker Discokultur.

stellen, die man bei Tanzveranstaltungen am Stück abspielen konnte. Sehr bald begann Moulton, bei diesen Montagen auch Instrumental-Backings zu verwenden, die er sich von den Plattenlabels zur Verfügung stellen ließ. Zudem ließ er seine Masterbänder auf 12-Zoll-Singles pressen, die mit 45 Umdrehungen pro Minute abgespielt wurden, Platz für etwa 15 Minuten Musik pro Seite boten und nicht zuletzt durch die breiter gepresste Rille einen deutlich erweiterten Dynamikumfang erlaubten. So gehen auf Moultons und Mancusos Konto die ersten primitiven Remixe in der Geschichte der Schallplatte, die Erfindung der Maxi-Single und die Figur des Discjockeys als MC, also des Zeremonienmeisters des nächtlichen Tanzevents – drei der wichtigsten Elemente der sich nun allmählich konstituierenden Discokultur.

Natürlich waren es nicht allein Mancuso und Moulton, die Dinge vorantrieben. Nach und nach tauchten weitere Partyveranstalter und Discjockeys auf, unter ihnen Nicky Siano und Richie Kaczor, die später zu den ersten Haus-DJs im Studio 54 gehörten. Nicht zu vergessen: Frankie Knuckles, einer der bedeutendsten DJ-Pioniere, der 1977 in Chicago das Warehouse eröffnete. Und mit The Gallery und The Continental Baths (einem Badehaus, das vornehmlich von Schwulen frequentiert wurde) existierten bald auch erste echte Disco-Clubs.

Was die Musik selbst betrifft, so hatte es natürlich schon jede Menge Tanzbares aus den bewährten Quellen gegeben, von Motown, Stax und aus dem Umfeld des Philadelphia Soul. Neben Tageshits wie »Love Train« von den O'Jays und »TSOP« von MFSB landeten auf den Plattentellern von Mancuso & Co James Browns Funk und die ausufernden Produktionen von Norman Whitfield für die Temptations, The Undisputed Truth und Gladys Knight. Dazu aber auch Exotisches wie zum Beispiel »Soul Makossa« von Manu Dibango, »Jungle Fever« von den Chakachas oder auch »Burundi Black« von Burundi Steiphenson Black.

Made in Germany

Sogar der bundesrepublikanische Softrocker Peter Maffay spielte in der Geschichte der Discomusik eine Rolle, wenn auch eine sehr zufällige. Tatsächlich stammte Maffays erster Hit, die Edelschnulze »Du« von 1970, aus der Feder von Peter Orloff und Michael Kunze. Letzterer zeichnete überdies als Produzent für Maffays erste beiden Alben verantwortlich, OMEN (1973) betreute er dann gemeinsam mit Giorgio Moroder. Zu diesem Zeitpunkt hatte Kunze, geboren in Prag und studierter Jurist, gerade seinen 30. Geburtstag gefeiert. Er war da bereits einer der wichtigsten Macher hinter den Kulissen des deutschen Schlagergeschäfts. Der in München lebende Produzent und Texter, zu dessen Kundschaft Größen wie Daliah Lavi, Michael Schanze und Udo Jürgens gehörten, war beständig auf der Suche nach interessanten Ideen und vielversprechenden Talenten. 1974 traf er auf den ungarischen Komponisten und Keyboarder Sylvester Levay, der als einer der Ersten in der Bundesrepublik mit analogen Synthesizern experimentiert und 1971 das progressive Jazzrockalbum VITA NOVA herausgebracht hatte. Kunze und Levay taten sich zusammen, und eine der ersten Kompositionen, die der Ungar dem Deutschen vorlegte, nannte sich »Save Me«. Kunze gefiel, was er hörte, und so bat er seinen Partner, das Ganze mit einem Streicherarrangement zu versehen. Als nach einer vierstündigen Session und unter Hinzunahme eines Backgroundchors ein Demo aufgenommen war, wussten die beiden, dass sie da etwas Besonderes in der Hand hatten.

Das gerade erst von Ralph Siegel gegründete Jupiter-Label zeigte sich interessiert, Levay und Kunze brauchten also einen Namen für ihr Projekt. Sessiondrummer Keith Forsey schlug daraufhin vor, Levays Spitznamen »Silver« zu verwenden, und schon waren Silver Convention geboren. Im Sommer 1975 wurde »Save Me« zum europäischen Diskothekenhit, und die beiden begannen mit der Produktion eines Silver-Convention-Albums. Einer der zur Aufnahme vorgesehenen Songs basierte auf einem markanten Bassriff, das Levay seit geraumer Zeit durch den Kopf gegeistert war. Kunze hatte sich dazu die Textzeile »run, rabbit, run« einfallen lassen, die Levay allerdings nicht gefiel: »Ich hab erst mal nichts gesagt, weil ich ihn nicht kritisieren wollte. Am nächsten Morgen aber muss jemand da oben meine Bitte gehört haben. Bei AFN hörte ich einen Titel namens ›Run Rabbit‹.« Es war nur eine halbe Stunde, bevor die Mädchen zum Singen ins Studio kommen sollten. Ich war happy und sagte Michael, dass ich gerade ein Stück mit diesem Titel im Radio gehört hatte. 30 Sekunden später kam er mit der neuen Textzeile ›fly, robin, fly‹.«[9]

Was Levay da im Radio gehört hatte, war vermutlich der amerikanische Titel »Run Rabbit Run« von 1939, der in der Interpretation von Flanagan and Allen im Zweiten Weltkrieg populär geworden war, zumal die Sänger den Songtext gerne in »Run, Adolf, run« änderten. Der Rest der Geschichte ist jedenfalls bekannt: »Fly, Robin, Fly« von Silver Convention (mit den nachträglich für die ursprünglichen Studiosängerinnen gecasteten Ramona Wulf, Penny McLean und Linda G. Thompson) stieg am 11. Oktober 1975 auf Platz 87 der US Hot 100 ein und kletterte unaufhaltsam nach oben, bis es in der letzten Novemberwoche auf dem ersten Platz notiert wurde. Damit war Silver Convention der erste deutsche Act, der in den USA eine Nummer eins in den Billboard Charts schaffte. Augenblicklich beeinflussten der eigenwillige Song und auch das restliche Album SAVE ME die Disco-Produktionen in Übersee. Silver Convention bestach mit klaren Grooves, ätherischen Streichersätzen, Ohrwurmmelodien und einem auffälligen Sinn für Raum, Zeit und Ökonomie in den Arrangements. Speziell »Fly, Robin, Fly« klang im Vergleich zu den oftmals überladenen Produktionen der Philly-Schule faszinierend kühl und elegant. Nach einem zweiten Welthit, »Get up and Boogie« (Nr. 2 in den USA) hatten Silver Convention ihr Pulver allerdings verschossen.

Ebenfalls in München tüftelten zur selben Zeit Kunzes alter Freund Giorgio Moroder und der englische Songwriter Pete Bellotte an einem Rezept, das ähnlich einschlagen sollte wie das von Kunze/Levay. Der Clou an ihrem Song war jedoch nicht so sehr die Klangkulisse, obwohl auch die hypermodern, tanztauglich und von kühler Strenge geprägt war. Das eigentlich Sensationelle an ihrer Aufnahme waren die Sängerin und ihre Performance.

Geboren wurde Donna Summer an Silvester 1948 als drittes von sieben Kindern eines Metzgers in Boston, Massachusetts. Im Kirchenchor durchlief sie die klassische Schule des Gospelgesangs, und nach kurzzeitigem Flirt mit der

Bluesrockszene der 1960er Jahre war sie, ungewöhnlich genug für eine junge amerikanische Sängerin, einem Angebot ins ferne Germany gefolgt, wo sie sich in München dem Ensemble des Hippie-Musicals *Hair* anschloss. Die Produktion, die für ein halbes Dutzend deutscher Unterhaltungskünstler, darunter Su Kramer, Reiner Schöne und Jutta Weinhold, zum Sprungbrett in erfolgreiche Gesangskarrieren wurde, brachte auch Summer vorwärts, und nach diversen weiteren Projekten lief sie 1973 dem Produzententeam Giorgio Moroder und Pete Bellotte über den Weg.

Das Trio produzierte alsbald ein erstes Summer-Album, LADY OF THE NIGHT, das allerdings noch kaum andeutete, wohin der Zug bald fahren sollte. 1974 aber gelang Summer ihr erster echter Hit, der sie dann auch gleich weltberühmt machte. »Love to Love You« (noch ohne »Baby«) war ursprünglich als gewöhnlicher Popsong mit dreieinhalb Minuten Spielzeit angelegt worden – freilich mit einer gewagten Gesangsperformance, bei der Summer kieksend und stöhnend einen Geschlechtsakt simulierte. Die Single brachte es in den Niederlanden zu moderatem Erfolg. Moroder hatte zwischenzeitlich ein Band des Songs an Neil Bogart, den Chef der involvierten US-Plattenfirma Casablanca Records, geschickt, und der war so begeistert von Summers erotischer Performance, dass er Moroder vorschlug, von dem Track eine längere und für Discos geeignete Version herzustellen. Moroder und Bellotte taten, wie ihnen geheißen, und Summer kam noch einmal ins Studio, um zusätzliche Vokalspuren aufzunehmen. Der Legende zufolge soll die Sängerin, der die expliziten Lyrics ein wenig peinlich waren, die später berühmte Stöhnorgie bei heruntergedimmtem Studiolicht und auf dem Boden liegend aufgenommen haben, wobei sie sich vorstellte, als Schauspielerin in die Rolle einer Marylin Monroe in Ekstase zu schlüpfen.

Die letztlich knapp 17 Minuten lange Aufnahme, jetzt mit dem Titel »Love to Love You, Baby« und veröffentlicht im November 1975, schlug in den Discos, ganz besonders in den amerikanischen, ein wie die sprichwörtliche Bombe. Das Ganze war von konstruktionstechnischer Strenge, und dennoch langweilten der träge und stoisch pulsierende Beat und die schwüle, mit Wah-Wah-Gitarren, Klaviertupfern und dezenter Synthesizer-Lyrik unterlegte Blaxploitation-Atmosphäre auch über die lange Strecke nicht eine Sekunde.

In den US-Charts erreichte »Love to Love You, Baby« im Winter lediglich Platz zwei, die Spitzenposition verteidigte Singer-Songwriter Paul Simon mit »50 Ways to Leave Your Lover«. Viel wichtiger als der Charterfolg aber war die Rolle, die Summers Track in den Clubs und damit bei der Konstituierung der Discokultur spielte. Nicht zuletzt half er entscheidend dabei, die 12-Zoll-Maxisingle zu etablieren.

»Love to Love You, Baby« war allerdings erst die Ouvertüre zu dem epochalen Beitrag, den Giorgio Moroder, Pete Bellotte und Donna Summer zwei Jahre später leisten sollten. Dem fünften Studioalbum von Donna Summer, I REMEMBER YESTERDAY, lag das Konzept zugrunde, mit den einzelnen Songs diverse Stile der Popmusik aus den letzten Jahrzehnten zu reflektieren. Folge-

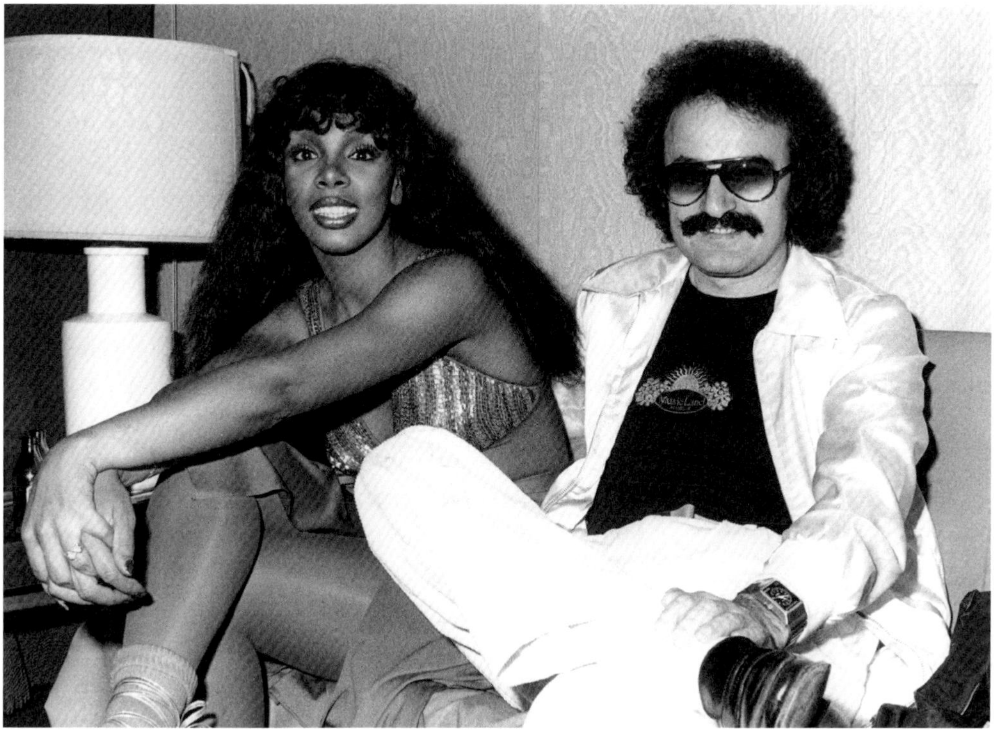

I feel Love: Die US-Sängerin Donna Summer, »Queen of Disco«, und ihr Produzent Giorgio Moroder revolutionierten Mitte der 1970er Jahre von München aus die Clubmusic.

richtig sollte den Abschluss des Reigens nach Ausflügen in die Jazzwelt der Roaring Twenties, den Girl Pop der Sixties und die Funk- und Disco-Gegenwart ein konsequent futuristischer Track bilden. Moroder, der in seinem Münchener Musicland-Studio arbeitete, lieh sich vom ebenfalls an der Isar ansässigen Experimentalkomponisten Eberhard Schoener einen Synthesizer und nutzte dessen Sequenzerfunktion, um damit ein rhythmisches und harmonisches Korsett für den Song zu entwickeln. Erst im Anschluss komponierte er eine dazu passende Gesangslinie – eine bewusste Umkehrung des bis dahin in der Popmusik üblichen Verfahrens. Moroder ließ sich von der Elektronik und der ihr eigenen Ästhetik zur musikalischen Kreation führen. Überdies wurden für den Instrumentaltrack mit Ausnahme der Kickdrum ausschließlich elektronische Klangquellen verwendet. Im Ergebnis erhielt »I Feel Love«, das Summer zudem komplett mit Kopfstimme einsang, dadurch einen unwirklichen, geradezu ätherischen Charakter, der durch seine monotone Rhythmik und die repetitiven Harmonie- und Melodiemuster dennoch eine unwiderstehliche Körperlichkeit entfaltete. All das war revolutionär. Brian Eno, der seinerzeit gemeinsam mit David Bowie an dessen Berlin-Trilogie LOW, HEROES und LODGER arbeitete, war Bowie zufolge außer sich, als er »I Feel Love« zum ersten Mal hörte. Er soll gesagt haben: »Das ist der Sound der Zukunft! Diese Single wird die Clubmusik für die nächsten 15 Jahre verändern.«[10] Womit Eno bekanntlich recht hatte. Mehr noch: Im Grunde hat »I Feel Love« im Sommer 1977 nicht nur House und Techno, sondern die komplette elektronische Popmusik, die seither folgte, vorweggenommen. Wer sich heutige Chartsongs anhört, wird zustimmen, dass ohne Moroders Grundidee so ziemlich jeder einzelne von ihnen kaum denkbar ist.

Ganz nebenbei zeigt das Beispiel von »I Feel Love« auch, wie wenig aussagekräftig die nackten Verkaufszahlen hinsichtlich Relevanz und Wirkung eines Musikstücks sind. Der Song gilt als einer der einflussreichsten in der Geschichte der populären Musik, erreichte aber in den USA nur Platz sechs. »I Feel Love« entfaltete seine Wirkung vor allem in den Tanztempeln der Welt und natürlich, wie schon Brian Enos Reaktion zeigte, bei den Musikerkollegen selbst.

An dieser Stelle allerdings gilt es bei allem Respekt vor den Verdiensten von Giorgio Moroder und Pete Bellotte auch einiges zu relativieren. Mitnichten war »I Feel Love« Moroders generalstabsmäßig geplanter und genial umgesetzter Feldzug, um ein für alle Mal die Dance Music zu verändern. Es war auch nicht das Ergebnis einer mystischen Eingebung, die nur der schöpferische Genius zu empfangen in der Lage wäre. Der Track war stattdessen, wie in so vielen anderen ähnlich gelagerten Fällen auch, das Ergebnis glücklicher, womöglich profaner Zufälle, einer vagen Grundidee, die selbst noch kein klar definiertes Ergebnis vor Augen hatte, sowie natürlich auch der großartigen Fähigkeit der Produzenten, all dies mit leichter Hand und unter souveräner Missachtung sämtlicher Regeln zu einem schlüssigen Ergebnis zu bündeln.

Dass »I Feel Love«, das vollkommen anders klang als alles, was zu dieser Zeit produziert wurde, nicht als sonderbarer musikalischer Gimmick und exotischer Novelty-Gag unterging und im Gegenteil fast augenblicklich als das erkannt wurde, was es war, nämlich eine Revolution, hatte seinen guten Grund: Der Track funktionierte nicht nur für sich selbst, er präsentierte – so wie zum Beispiel auch Kraftwerks »Autobahn« – in seiner überzeugenden Homogenität eine neue, ausgereifte, zukunftsfähige musikalische Vision. Und zu der konnte man sogar tanzen, nein, man *musste* es geradezu.

Spätestens jetzt hatte Donna Summer den Ehrentitel »Queen of Disco« verdient. Sie nutzte ihre Erfolge, um sich als einer der wenigen Stars der Discoszene künstlerisch auch jenseits der Genregrenzen zu etablieren. Im Laufe ihrer Karriere landete sie noch diverse Nr.-1-Hits, gewann insgesamt fünf Grammys und wurde für ihren Song »Last Dance« aus dem Kinofilm *Thank God it's Friday* sogar mit einem Oscar ausgezeichnet.

Für Giorgio Moroder und Pete Bellotte erwies sich die Arbeit mit Donna Summer als Eintrittskarte in die internationale Champions League der Produzenten. Sie arbeiteten später, mal gemeinsam, mal getrennt, mit Größen wie Freddie Mercury, Deborah Harry, Kylie Minogue, Elton John und Tina Turner.

Das skandinavische Gen

Der Munich Sound – also Moroders und Bellottes Produktionen sowie Kunzes Silver-Convention-Abenteuer inklusive des Ablegers »Lady Bump« von Penny McLean – erwies sich als nachhaltiger Impuls für die Entwicklung von Disco und Electro-Pop. München war indes nicht der einzige Ort in der Bundesrepublik, an dem in den 1970er Jahren tanzbare Musik produziert wurde.

Auf das Disco-Genre zielte auch der in Offenbach ansässige Produzent Frank Farian. Der gelernte Hotelkoch hatte sich bis 1974 mit überschaubarem Erfolg als Schlagersänger versucht und wusste inzwischen, dass er im Rampenlicht keine sonderlich gute Figur abgab. Aber er verfügte über eine gehörige Portion Cleverness, die ästhetische Maßstäbe und Branchenspielregeln im Zweifel ignorierte. Farian zählte zu denen, die direkt und mit den Mitteln, die gerade zur Hand waren, auf ein vielversprechendes Ziel zusteuern. Disco ist der neue Trend? Kein Problem, machen wir! Und zwar in Heimarbeit.

In seinem Offenbacher Dachstudio erfand er 1974 Boney M. Die Debütsingle »Baby Do You Wanna Bump« geriet zum Achtungserfolg, und Farian sah sich nun gezwungen, für sein Projekt neben weiteren Songs vor allem ein öffentlich vorzeigbares Gesicht zu finden. Nach einer Weile hatte er vier Galionsfiguren angeheuert, die Boney M. nach außen hin darstellen konnten und den gängigen Klischees exotischer Schönheit entsprachen. Er garnierte das Ganze mit einem gehörigen Schuss Sex, schrieb dazu einen Song, den er »Daddy Cool« nannte, und war am Ende des Jahres 1976 der große Gewinner in den bundesdeutschen Charts. Seine Single belegte sage und schreibe zwölf Wochen lang den ersten Platz – so lange wie niemand sonst in diesem Jahr.

Mit Boney M. landete Farian in den folgenden Jahren noch weitere Charttreffer. In der Regel basierten sie auf alten Traditionals, der erfolgreichste von ihnen war »Rivers of Babylon«, ein geschickt auf karibisches Urlaubsflair gemünztes Disco-Remake des Rocksteady-Klassikers der jamaikanischen Gesangsgruppe The Melodians von 1970. Trotz immensen Erfolgs in der Alten Welt und respektabler Hitbilanz sogar in Großbritannien gelang es Boney M. jedoch nie, in den USA Fuß zu fassen. Die Gründe sind vielfältig: Womöglich war das Gesamtpaket zu vordergründig und zu sehr auf die Mentalitäten der provinziellen Bonner Republik abgestimmt, als dass es bei den Amis hätte verfangen können. Zudem dürfte Farians Produktion letztlich zu hausbacken für den ganz großen Coup gewesen sein (ein US-Hit sollte ihm erst 1988 mit Milli Vanilli gelingen). Und gewiss mangelte es den Boney-M.-Sängerinnen Maizie Williams, Marcia Barrett, Liz Mitchell und Tänzer Bobby Farrell, die nur für TV- und Galaauftritte zusammenkamen, an der gerade in den USA für den Massenerfolg unverzichtbaren Überzeugungskraft als Live-Act.

Ganz anders lagen die Dinge beim erfolgreichsten europäischen Pop-Act der 1970er Jahre: ABBA haben halbwegs realistischen Schätzungen zufolge bis heute weltweit annähernd 400 Millionen Tonträger verkauft. Und das, obwohl die Schweden in den USA ebenfalls nur mäßig erfolgreich waren, jedenfalls im

Vergleich zum Rest der Welt. Als sie ihre Gruppe gründeten, waren sie bereits gestandene Musiker und damit von ganz anderem Kaliber als Farians Dachstudio-Projekt.

Man muss die ABBA-Saga nicht noch einmal in epischer Breite nacherzählen, die beiden wichtigsten Faktoren für den phänomenalen Erfolg des Quartetts liegen schließlich auf der Hand: Da ist zum einen der einzigartige, geradezu malstromartige Ausschuss von raffiniert komponierten und perfekt inszenierten Ohrwürmern, die der Gruppe zwischen 1974, als sie beim Eurovision Song Contest im englischen Brighton mit »Waterloo« triumphierte, bis zum Schwanengesang »One of us« im Jahr 1981 15 internationale Nr.-1-Hits bescherte. ABBAs Musik zählt zum nachhaltigsten musikalischen Erbe, das die 1970er Jahre überhaupt hinterlassen haben, nicht umsonst wird sie bis in die Gegenwart hinein immer wieder und zu den verschiedensten Anlässen neu aufgelegt.

Und dann ist da das Narrativ, das ABBA in der Öffentlichkeit verkörperten – eines der attraktivsten und märchenhaftesten in der langen Geschichte des Pop. Jeder Künstler bringt nicht nur seine Musik, sondern gleichzeitig auch eine Story, eine nonverbale Erzählung mit ins Rampenlicht. So waren die Beatles die vier jugendlichen Beat-Brüder, die mit Charme und überbordendem Talent die Welt aus den Angeln heben; die Rolling Stones waren die bösen Buben, die mit rebellischer Attitüde und harter Rockmusik individuelle Freiheit und moralische Integrität durchsetzen; Bob Dylan war der genialische Poet, finster, verschlossen und geheimnisvoll, der uns den Spiegel vorhält und die verlogene Moral der Macht entlarvt; Bob Marley war der Edle Wilde, Elton John der begabte Kindskopf, und so weiter bis hin zu Donna Summer, ihres Zeichens Sexgöttin und Prophetin der erotischen Entgrenzung.

ABBA dagegen verkörperten ein ganz und gar kleinbürgerliches Idealbild, sie repräsentierten etwas, wo jeder gerne dazugehört hätte: zwei glückliche Paare, jung, modern, miteinander befreundet, die gemeinsam erfolgreich musizierten, wobei die Jungs die Arbeit machten, also komponierten, während die überaus hübschen Mädchen lächelten, tolle Kleider trugen und all die schönen Lieder sangen. So jedenfalls sah es nach außen hin aus.

Zur Verbreitung dieses Bildes trug ganz entscheidend der Umstand bei, dass die Band und ihr rühriger Manager Stig Anderson schon sehr früh erkannt hatten, wie wichtig eine weitreichende optische Präsenz für ein Pop-Image war. Deshalb ließen sie nicht nur Presseberichte auch aus dem privaten Umfeld der Gruppe zu, vor allem ließen sie zu praktisch jeder Single aufwendige Filmclips drehen – lange bevor es MTV gab und Videos zum Standard-Promotion-Tool werden sollten.

Die Wahrheit hinter dem ABBA-Image sah natürlich erheblich nüchterner aus, und natürlich konnten die Protagonisten dem Bild, das die Welt von ihnen hatte, irgendwann nicht mehr gerecht werden. Die Beziehungen der beiden Paare – der Pianist Benny Andersson hatte die dunkelhaarige Sängerin Anni-Frid Lyngstad geheiratet, Gitarrist Björn Ulvaeus die blonde Agnetha Fältskog – zerbrachen gegen Ende des Jahrzehnts. Die romantische, gleichsam

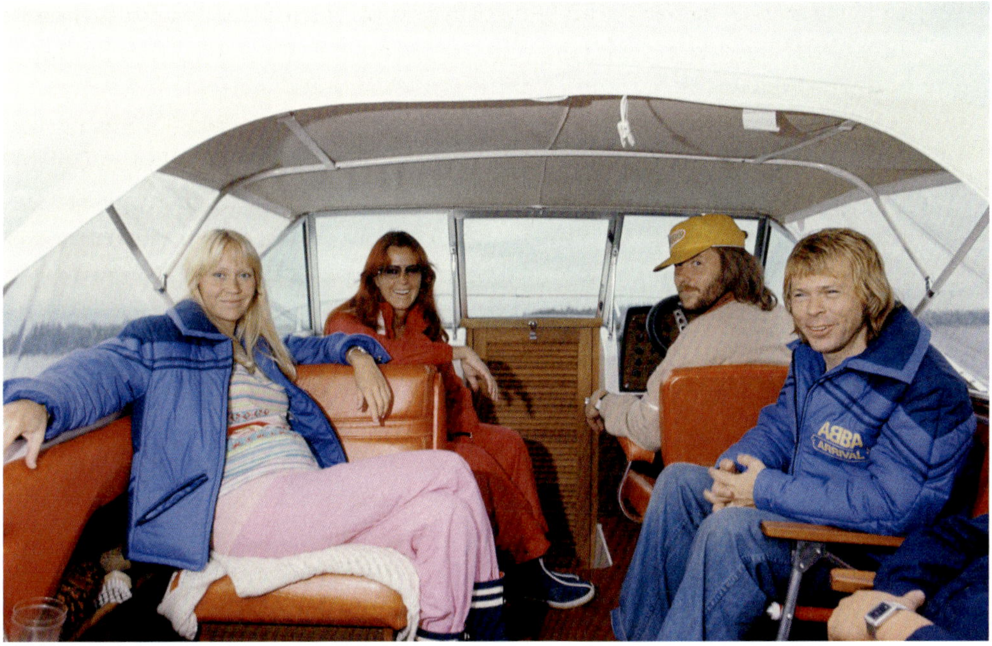

Kleinbürgerliches Narrativ, grandioses Handwerk: Die schwedische Popgruppe ABBA mit der schwangeren Agnetha Fältskog, Anni-Frid Lyngstad, Benny Andersson und Björn Ulvaeus (v. l.) bei einer gemeinsamen Bootspartie.

frühlingsblütenumrankte Harmonie, die sich auch in der euphorischen Grundierung der ABBA-Songs artikuliert hatte, wich nun einer schwermütigen Note und einer Ernsthaftigkeit, die alle Leichtigkeit untergrub, für die das Gute-Laune-Quartett zu Beginn seiner Laufbahn gestanden hatte. Das schöne Bild war plötzlich von Drama umwölkt. Und damit erstaunlicherweise nicht weniger überzeugend. Eine Weile noch schafften es die vier, ihre nach wie vor grandios gearbeiteten Songs mit der Hochglanzpolitur zu versehen, die ihnen ein Jahrzehnt lang den Weg an die Chartspitze geebnet hatte. 1982 aber wussten alle Beteiligten, dass die Kraftanstrengung auf Dauer nicht mehr durchzuhalten war. Konsequenterweise gingen ABBA nun getrennte Wege.

Bis dahin aber hatte die Gruppe mit ihrer Arbeit Standards gesetzt, die den Pop als Erwachsenenentertainment auf ein ganz neues Niveau hievten. Wie kaum jemand sonst zu ihrer Zeit nutzten Andersson und Ulvaeus die inzwischen atemberaubenden Möglichkeiten des Tonstudios, um eine blendende Klangperfektion zu erreichen. Dazu ernteten alle vier die Früchte ihrer Lehrjahre in der skandinavischen Musikszene, wo sie sich mit den Traditionen des Folk, des Schlagers und des Varietés genauso vertraut gemacht hatten wie mit den Stilen der jungen Rock- und Popmusik. Die beiden Songwriter verfügten über eine ungeheure Bandbreite, ohne weiteres konnten sie in ihrer Musik Broadway-Ballade, Disco, Rock und nostalgischen Charleston-Chic vermengen. Dazu war ihnen der Dünkel der Rockszene völlig fremd. So fanden sie nichts dabei, in ihren Songs auch eine arglose Volkstümlichkeit zu pflegen. Und sie verfügten in Fältskog und Lyngstad über zwei hochbegabte Sängerinnen, die zuverlässig alle erdenklichen Tonfolgen meisterten und deren Stimmen perfekt miteinander harmonierten. Ihre Gesangssätze geronnen dabei zu einem einzigartigen Sound von geradezu metallener Strahlkraft. Kurzum: Die Schweden besaßen den perfekten Werkzeugkasten, und sie machten ausgiebigen Gebrauch davon. Der weiß Gott nicht für unnötige Schmeicheleien bekannte The-Who-Gitarrist Pete Townshend soll einmal gesagt haben, dass er »SOS« für den perfektesten Popsong überhaupt halte.

Die Kritik indes arbeitete sich an ABBA ab. Man warf dem Schweden-Vierer Geldgier, kalten Perfektionismus, Gefühlstümelei und ein biederes Image vor. Was das Image anging, konnten ABBA wenig ausrichten. Was auch hätten sie tun sollen – Drogen nehmen, Fernseher aus dem Hotelfenster werfen, die Revolution predigen und private Skandale vom Zaun brechen, die ihre Ehen zerstört hätten? Schwerwiegender waren da schon die Vorwürfe, die sich auf ihre Kunst bezogen. Aber auch dazu schwieg die Gruppe. Sie ließ stattdessen ihre Musik sprechen. Wer bei Songs wie »The Winner Takes it all«, »One of us« oder »The Day Before You Came« genau zuhörte, konnte bestätigen, dass hier jede Note und jedes Wort stimmten, dass es sich um wahrhaftige Reflexionen über zerbrochene Liebe handelte – ein Thema, dem sich jedes einzelne Mitglied der Gruppe zu der Zeit, als diese Songs entstanden, auch privat stellen musste.

Zweifellos waren ABBA ein Glücksfall für den Seventies-Pop. Das Vermächtnis der Gruppe aber besteht nicht nur aus ihrem makellosen Katalog mit acht Studio- und zwei Livealben, jeder Menge Kompilationen und Dutzenden von Singles. Darüber hinaus dürfen ABBA auch als Pioniere der kontinentaleuropäischen Emanzipation vom angloamerikanischen Popdiktat gelten. Sie bewiesen, dass man mit Talent, Disziplin und kluger Strategie auch als Musiker, der nicht aus einem angloamerikanischen Land kommt, so groß werden kann wie die Beatles. Zeitweise erwirtschaftete das Unternehmen ABBA höhere Exporterlöse als der schwedische Autohersteller Volvo. Mit ihren Erfolgen begründete die Band eine Tradition, die ihr Heimatland zum über die Jahrzehnte verlässlichen Player im Popgeschäft machte. Roxette, The Cardigans, Europe, Ace of Base, Dr. Alban, die Produzenten Denniz Pop und Max Martin (heute wohl erfolgreichster Plattenmacher der Welt), Avicii und Zara Larsson: Sie alle profitier(t)en von diesem ganz speziellen schwedischen Pop-Gen und stehen damit ausnahmslos in ABBAs Schuld. Dass Stockholm in der Gegenwart als einer der wichtigsten Standorte für Pop-Produktionen auf internationalem Niveau gilt, ist das Ergebnis eines Prozesses, der einst in einem kleinen Sommerhaus auf der Schäreninsel Viggsö, wo Andersson und Ulvaeus einen Großteil der ABBA-Songs schrieben, in Gang gesetzt wurde.

Dass ABBA nicht nur unter Pop sortiert, sondern auch der Kategorie »Euro Disco« zugeordnet werden, hat indes wenig damit zu tun, dass ihre Musik per definitionem den Genre-Parametern entsprochen hätte. Das tat sie nur punktuell und gelegentlich. Aber sie funktionierte oft genug eben auch auf der Tanzfläche – ein weiteres Indiz für die Variabilität der Gruppe, die sich allzu vordergründige Flirts mit musikalischen Moden in der Regel verkniff und lieber eigene Soundideen verfolgte. Wenn man genau hinhört, entdeckt man auch in diesem Zusammenhang die Originalität der Schweden, die beispielsweise für eine Disco-Hymne wie »Dancing Queen« rhythmische Muster verwendeten, die sie den hochkomplexen polyphonen Grooves des New-Orleans-Funk entlehnten. Trotzdem wurde »Dancing Queen« die einzige Nummer eins, die ABBA je in den USA landen konnten, und natürlich auch im Disco-Tempel an der 54. Straße in Manhattan aufgelegt.

Das Ende von Gomorrha

Als das Jahr 1977 zu Ende ging und die noch unbekannten New Yorker Musiker Bernard Edwards und Nile Rodgers mit ihren Freundinnen den Silvesterabend im Studio 54 feiern wollten, war die Discokultur jedenfalls zur vollen Blüte gelangt: Es gab Disco-Music, es gab technische Neuerungen wie die Maxi-Single, es gab den passenden Lifestyle, und der DJ war zu einer der einflussreichsten Figuren im Musikgeschäft geworden. Sehr gut ließ sich das im Studio 54 beobachten. Berühmt wurde das Beispiel von Gloria Gaynors Gay-Hymne »I Will Survive«, das ursprünglich als B-Seite auf ihrer Single »Substitute« erschien. Richie Kaczor, Haus-DJ des Clubs, mochte den Song aber so sehr, dass er ihn statt der A-Seite in sein Set aufnahm. Das Publikum fuhr darauf ab, und »I Will Survive« wurde zum Welthit. Wobei die Discjockeys des Studio 54 durchaus gehalten waren, nicht zu experimentieren und mit ihrer Plattenauswahl auf Nummer sicher zu gehen (Haus-DJ Joey Bonfiglio: »Ich musste ›Disco Inferno‹ von den Tramps so oft spielen, dass ich krank wurde!«[11]). Nicky Siano soll es neben seiner drogenbedingten Unzuverlässigkeit den Job gekostet haben, dass er eines Abends »Trans-Europa Express« von Kraftwerk auflegte. Der Song war noch kein Hit und brachte seinen Arbeitgeber Steve Rubell in Rage, denn der kannte weder das Stück noch mochte er die seltsame Musik. Also feuerte er den DJ. Siano:

> Ich stand auf Underground-Musik, und das Studio war alles andere als Underground. Es war die Disco-Ära, Mann, und sie wollten eine glatte, endlose Nacht. Alles passte, alles war clean, alles hightech, und das hat es, verdammt noch mal, ruiniert.[12]

In der Tat, das Studio 54 markierte nicht nur den Höhepunkt des Disco-Movements, es markierte auch den Moment, als diese Kultur ihre ursprünglichen Wurzeln kappte, in den Mainstream einging und auch zum dekadenten Zeitvertreib der Reichen und Schönen wurde. Eine strenge Einlasskontrolle wäre David Mancuso jedenfalls nicht eingefallen, zu seinen »Loft Partys« durfte kommen und die Nacht durchtanzen, wer wollte. Natürlich wären auch Bernard Edwards und Nile Rodgers willkommen gewesen. An der Samtkordel des

Studio 54 aber wurden sie von Türsteher Marc Beneke am Silvesterabend 1977 abgewiesen, obwohl sie auf eine persönliche Einladung von Grace Jones verweisen konnten. Frustriert gingen die Musiker die paar Blocks zurück in Edwards' Apartment und schrieben rund um den Ausruf »Fuck off!« einen neuen Song. Wenig später war daraus »Freak out!« und ein Stück mit dem Titel »Le Freak« geworden, später einer der elegantesten und intelligentesten musikalischen Klassiker der Disco-Ära, der ihre Band Chic berühmt machte.

Als »Le Freak« im Herbst 1978 in die Plattenläden kam, galt trotzdem längst: Alle hassen Disco, Rocker, Punks und Hippies. Nicht einmal die Presse konnte Gutes an dem ganzen Hype finden, schon gar nicht, nachdem die Bee Gees und ihr Falsettgesang im Zuge von *Saturday Night Fever* zur musikalischen Landplage mutiert waren, die sämtliche Länder der westlichen Hemisphäre heimgesucht hatte. Spätestens da war Disco zur flächendeckenden Glitzerkulisse für die Paarungsrituale weißer Vorstadtjugendlicher geworden – ein Phänomen, das Frank Zappa bereits drei Jahre zuvor in »Disco Boy« von seinem 1976er Album ZOOT ALLURES gewohnt scharfzüngig kommentiert hatte: »Disco girl, you're outta sight, you need a disco boy to treat you right. He'll do a little dance, take you home tonight, leave his hair alone tonight, but you can kiss his comb« (»Disco-Girl, du bist spitze, du brauchst einen Disco-Boy heute Nacht, der's dir richtig besorgt, er wird einen kleinen Tanz machen, dich heute Nacht mit nach Hause nehmen. Lass bloß sein Haar in Ruhe, dafür kannst du ja seinen Kamm küssen«).

Das Ende des Studio 54 ist schnell erzählt: Bei einer Razzia im Jahr 1979 entdeckten die Finanzbehörden die doppelte Buchführung der Geschäftsführung sowie versteckte Drogenvorräte. Steve Rubell und Ian Schrager landeten vor Gericht und wurden zu Gefängnisstrafen verdonnert, die sie umgehend antreten mussten. Sie beschlossen daraufhin, den Club zu schließen. Den 4. Februar 1980, ihren letzten Abend in Freiheit, der gleichzeitig auch das Ende des Studio 54 markierte, begingen sie natürlich so, wie sie drei Jahre zuvor begonnen hatten: mit reichlich Showprominenz, darunter Farah Fawcett (*Drei Engel für Charly*), Mariel Hemingway, Richard Gere und Jack Nicholson, sowie liebgewonnener Stammkundschaft in Gestalt von Liza Minelli, Diana Ross und Sylvester Stallone. Das standesgemäße Motto der rauschenden Ballnacht: »The End of modern-day Gomorrha«. Die Achtziger hatten begonnen.

Pop 77

26.01.

Absturz: PATTI SMITH fällt während eines Konzertes, das sie in Tampa, Florida, im Vorprogramm von BOB SEGER gibt, von der Bühne. Im Krankenhaus werden ihre Kopfverletzungen mit 22 Stichen genäht. Sie muss eine längere Auftrittspause einlegen.

04.02.

FLEETWOOD MAC veröffentlichen ihr Erfolgsalbum RUMOURS mit Hits wie »Go Your Own Way«, »Don't Stop«, »Dreams« und »Songbird«. Die Platte wird zu einem der bestverkauften Alben aller Zeiten.

15.02.

Ersatzmann: Der 19-jährige SID VICIOUS übernimmt bei den SEX PISTOLS den Job des Bassisten, nachdem sich GLEN MATLOCK verabschiedet hat.

01.03.

Nach elf Jahren Ehe reicht SARA LOWNDES DYLAN die Scheidung von ihrem Gatten BOB DYLAN ein.

04./05.03.

Die ROLLING STONES geben zwei Konzerte im El Mocambo Club im kanadischen Toronto. Wenige Tage zuvor, am 27. Februar, hat die Polizei bei einer Razzia in KEITH RICHARDS' Hotelsuite Heroin in so großer Menge gefunden, dass eine Anklage wegen Drogenhandel gerechtfertigt erscheint, auf den in Kanada hohe Gefängnisstrafen stehen.

07.05.

Wegen eines Techniker-Streiks musste der für den 2. April in Londons Wembley Arena geplante EUROVISION SONG CONTEST verschoben werden. Es gewinnt nun die Französin MARIE MYRIAM.

28.05.

Nach einer mehr als ein Jahr andauernden juristischen Auseinandersetzung, wegen der BRUCE SPRINGSTEEN keine neue Musik mehr veröffentlichen konnte, einigen sich der Sänger und sein ehemaliger Manager Mike Appel außergerichtlich.

20.06.

Glück im Unglück hat GRATEFUL DEAD-Drummer MICKEY HART: Mit seinem Porsche kommt er am Rande eines Canyons von der Straße ab. Ein Baum verhindert, dass der Wagen in einen Abgrund stürzt, Hart erleidet mehrere Knochenbrüche.

26.07.

Tragödie: LED ZEPPELIN streichen die letzten sieben Konzerte ihrer laufenden US-Tour, nachdem Leadsänger ROBERT PLANT erfahren hat, dass sein sechsjähriger Sohn Karac infolge einer Viruserkrankung gestorben ist.

16.08.

The King is gone: ELVIS PRESLEY wird im Badezimmer seines Anwesens Graceland in Memphis, Tenessee, tot aufgefunden.

20.08.

Die NASA schickt die unbemannte Raumsonde VOYAGER 2 ins All. Um die menschliche Kultur zu repräsentieren, wird an Bord auch eine goldene Schallplatte mit Musik von Johann Sebastian Bach (in der Interpretation von Glenn Gould), Guan Pinghu und Chuck Berry (»Johnny B. Goode«) deponiert.

16.09.

In den Morgenstunden lenkt die US-Sängerin GLORIA JONES in London ihren Mini Cooper gegen einen Baum. Sie überlebt leicht verletzt, ihr Lebensgefährte MARC BOLAN ist auf der Stelle tot.

20.10.

Beim Absturz einer kleinen Chartermaschine in einem Wald bei Gillsburg, Mississippi, kommen Sänger RONNIE VAN ZANT, Gitarrist STEVE GAINES und dessen Schwester, die Backgroundsängerin CASSIE GAINES, sowie Tourmanager DEAN KILPATRICK von der Southern Rock Band LYNYRD SKYNYRD ums Leben. Die restlichen Bandmitglieder überleben zum Teil schwer verletzt.

14.12.

Premiere: Zum ersten Mal ist der Kinofilm SATURDAY NIGHT FEVER in den Filmtheatern zu sehen. Er wird die Disco-Mode zur Mainstream-Kultur machen, durch den Original-Soundtrack werden die für das Gros der Songs verantwortlichen BEE GEES zu Superstars.

31.12.

Zu den Musikern, die in diesem Jahr einen Plattenvertrag unterzeichnet oder ihr Debütalbum herausgebracht haben, gehören THE CARS, DEVO, THE POLICE, VAN HALEN, DIRE STRAITS, TOTO, XTC, THE NEVILLE BROTHERS und MARTHA & THE MUFFINS.

78

1. Juli 1978
Die in den Pausen tanzen

Beats, Breaks & Bronx: Wie New Yorker Kids eine neue Kultur erfanden und dabei auf überraschende Verbündete stießen

Es ist Frühsommer, als Robert Ford jr. in einem der angesagten Plattenläden von New York steht. Downstairs Records befindet sich mitten in Manhattan, zwischen Broadway und 6th Avenue. Man kennt ihn hier, Ford ist Musiknerd und Stammgast. Als Autor für das Branchenmagazin *Billboard* muss er das auch. Er plaudert mit einem der Ladeninhaber. Und erfährt dabei Neuigkeiten, die er für interessant genug hält, um darüber in seinem Blatt zu berichten: Eigenartige Dinge geschehen in der Bronx. Mehr als eine kleine Notiz in *Billboard* ist die Sache aber zunächst nicht wert. Das jedenfalls meint die Redaktion und veröffentlicht Fords Bericht unter den vermischten Branchenmeldungen. Der Artikel erscheint in der Ausgabe vom 1. Juli 1978. Zu lesen ist Folgendes:

> ***B-Beats bombardieren Bronx – mobiler DJ startet etwas mit Oldie- und R&B-Platten***
> *Eine sonderbare Sache ist hier bei Downstairs Records geschehen. Zuletzt erreichten den Laden, der zu den wichtigsten Händlern der Stadt für Disco-Produkte zählt, Bestellungen von obskuren R&B-Platten wie Dennis Coffeys ›Son Of Scorpio‹ auf dem Sussex-Label, Jeannie Reynolds ›The Fruit Song‹ auf Casablanca und ›Bongo Rock‹ von der Incredible Bongo Band auf Pride. Die Nachfrage stammt zum größten Teil von jungen schwarzen Disco-DJs aus der Bronx. Sie kaufen die Platten nur, um die dort zu hörenden, allenfalls 30 Sekunden langen Breaks zu spielen. Die Nachfrage nach*

diesen Platten, die Kids nennen sie B-Beats, ist so groß geworden, dass Downstairs Records mit Elroy Meighan einen jungen Mitarbeiter aus der Bronx einstellen musste, der sich darum kümmern soll.

Abgesehen davon, dass »Scorpio« so ungeheuer obskur gar nicht ist, immerhin wurde der Track schon in *Soul Train* gespielt: Die plötzliche Häufung von Bestellungen dieser Platten hatte das Ladenpersonal stutzig gemacht. Elroy Meighan ist der Sache bereits auf den Grund gegangen und kann den Billboard-Reporter an die richtige Adresse verweisen. Ford hat den Verursacher des Phänomens bald ausfindig gemacht und persönlich gesprochen:

Wie Meighan berichtet, ist für dieses seltsame Phänomen ein 26-jähriger mobiler DJ verantwortlich, den man in der Bronx als Cool Herc kennt. Es scheint, dass Herc dadurch populär wurde, dass er lange Sets ausgewählter, miteinander verbundener Rhythmus-Breaks spielt. Andere DJs aus der Bronx haben diese Praxis übernommen. Nun sind B-Beats das neue Ding im Bezirk, und das Ganze verbreitet sich schnell.

Herc, der bereits seit fünf Jahren auflegt, sagt, dass sein einzigartiger Stil auf seine Faszination für eine bestimmte Platte zurückgeht, »Bongo Rock«: »Das Stück hat einen wirklich tollen Break, aber er war zu kurz, also musste ich nach anderen Sachen suchen, die ich damit kombinieren konnte.« Weil er mit dem veröffentlichten Disco-Produkt nicht wirklich glücklich war, begann er in Kisten mit aussortierten Platten nach Tracks mit guten Rhythmus-Breaks zu suchen.

Und das, so berichtet Ford, ist nicht alles – Herc hat auch damit angefangen, das Material für seine DJ-Sets gezielt zu manipulieren:

Herc fand heraus, dass einige Tracks mehr Resonanz erzielen, wenn man sie schneller macht. So spielt er zum Beispiel Jeannie Reynolds Platte mit 45 rpm statt mit 33 rpm ab. Er glaubt, dass die Popularität der B-Beats damit zusammenhängt, dass die Kids mit den Discoplatten unzufrieden sind: »Bei den meisten Platten müssen die Leute eine Menge Streicher und Gesang abwarten, bis der gute Teil kommt. Aber ich geb's ihnen gleich direkt.« Herc hofft, dass er eines Tages mal ein ganzes Album mit B-Beats, darunter »Bongo Rock« und andere obskure Nummern, produzieren kann. Bis dahin will er sie weiter in den Clubs und bei den Tanzveranstaltungen in der Bronx spielen.

Der Artikel dokumentiert: Downstairs Records und Ford haben soeben den ersten Hip-Hop-DJ entdeckt. Nur dass das Ganze da noch nicht »Hip-Hop« heißt. Überhaupt, es gibt nicht nur noch keinen Namen, auch würde niemand in der Bronx oder sonst irgendwo auf die Idee kommen, von einer neuen Kultur zu sprechen, schon gar nicht von der Zukunft der Popmusik. Im Gegenteil, man macht einfach und hat seinen Spaß. Auch die Leute bei Downstairs Records und in der Billboard-Redaktion haben keine Ahnung, was sie von der Sache halten sollen, zwischen den Zeilen des Artikels ist das deutlich zu spüren.

Eine so tiefgreifende, vielschichtige Entwicklung wie die des Hip-Hop geschieht nicht von einem Tag auf den anderen. Sie ist nicht an einem einzelnen Datum oder Ereignis festzumachen, und schon gar nicht taucht sie als abgeschlossene, durchdeklinierte und -formulierte Neuerung auf. Sie äußert sich zuerst in kleinen Auffälligkeiten innerhalb der gewohnten kulturellen Folklore und in kaum miteinander in Zusammenhang zu bringenden Phänomenen, die für den Betrachter zunächst keinen erkennbaren Sinn ergeben, vielleicht verwirren und ratlos machen. Erst recht, wenn es sich dabei um etwas so Komplexes wie den Hip-Hop handelt, der neben Deejaying und Rap auch Elemente wie Breakdance, Graffiti Art und nicht zuletzt einen ganz neuen Modeentwurf umfasst.

Sowenig es also Sinn macht, das Aufkommen des Hip-Hop an ein signifikantes Datum zu binden, so klar ist dennoch: Prozesse verdichten sich gelegentlich in Schlüsselmomenten – zum Beispiel jenem, als der kleine Dreispalter in der Billboard-Ausgabe vom 1. Juli 1978 erschien: Zum ersten Mal hatte die seriöse Fachpresse hier über eine neue musikalische Mode berichtet, die sich anschicken würde, den Pop während des restlichen Jahrhunderts und darüber hinaus zu beherrschen.

Robert Ford jr. weiß das in jenem Sommer so wenig wie seine Leser und die Protagonisten, über die er schreibt. Er wird sich später noch eingehend mit dem neuen Phänomen und der damit zusammenhängenden Musik beschäftigen. In den folgenden Jahren wird er zu einem der gefragtesten Rap-Produzenten aufsteigen. Als solcher wird er zum Beispiel für einige Platten von Kurtis Blow verantwortlich zeichnen, einem der großen Stars der Oldschool-Rap- und Hip-Hop-Szene der 1980er Jahre. Jetzt aber ist das noch, im Wortsinne, Zukunftsmusik.

Die Gründerväter

Wer ist dieser »Cool Herc«, der sich selbst mit K statt C, also »Kool Herc«, schreibt? In seinem Pass steht Clive Campbell, und als Geburtsort ist Kingston, Jamaika, angegeben. Als erstes von sechs Kindern eines Gelegenheitsarbeiters hätte der Junge dort aber nicht viel mehr erwarten können als eine Existenz am Rande der Gesellschaft und in einem Elendsviertel wie Trenchtown. 1967, im Sommer der Liebe, packt die Familie ihre wenigen Habseligkeiten und wandert aus, das Ziel ist New York. Clive ist da gerade zwölf, und natürlich nehmen die Campbells auch ihre Kultur mit in die neue Heimat, darunter die jamaikanische Musik und die Erinnerung an die Sound Systems und die ausgelassenen Street-Partys ihrer Heimatstadt. Sie kommen unter in einem der zahlreichen Housing Projects der Bronx, einem unwirtlichen Wohnsilo mit 16 Stockwerken und Blick auf einen Expressway, eine Eisenbahnlinie und den Harlem River. Die Adresse lautet 1520 Sedgwick Avenue.

Clive besucht die Highschool, findet Freunde, und weil er so groß gewachsen und ein starker Basketballspieler ist, verpassen ihm seine Kumpels den Spitznamen Hercules. Außerdem ist er berühmt für seine Plattensammlung und seine Fähigkeiten als Discjockey.

Seit 1971 veranstaltet er mit seiner Schwester Cindy unten im Gemeinschaftsraum des Hauses regelmäßige Partys. Das Equipment borgt er sich bei seinem musikverrückten Vater. Allerdings spielt Clive kaum noch etwas vom Reggae seiner karibischen Heimat. Stattdessen steht er auf den harten Funk von einheimischen Musikern wie James Brown, Sly Stone, Charles Wright und Tower of Power. Wenn Herc, wie er sich jetzt nennt, deren Platten auflegt, verwandeln ihre Rhythmen jede Tanzfläche in ein Tollhaus. Vor allem die Instrumentalbreaks der Platten haben es ihm angetan, insbesondere die der Incredible Bongo Band. Nicht nur deren »Bongo Rock« landet regelmäßig auf Clives Plattenspieler, auch »Apache«, die Coverversion eines uralten Titels von den Shadows, einer englischen Instrumentalband aus den Jahren vor den Beatles. Solche Feinheiten aber interessieren Clive nicht. Was ihn umtreibt: Zu welchen Sounds tanzen die Partybesucher am liebsten? Und: Wie und wo bekommt er mehr davon? Er beginnt, gezielt nach Platten mit packenden Breaks zu suchen, was ihn mit Downstairs Records in Kontakt bringt. Und er beginnt, eigene Tricks zu entwickeln, mit denen er die spannendsten Passagen seiner Platten verlängern und noch spektakulärer machen kann. Herc arbeitet mit zwei Plattenspielern und einem primitiven kleinen Mischpult, mit Hilfe dessen er zwischen beiden Playern hin- und herschalten kann. Er kauft seine Platten doppelt, spielt sie parallel ab, damit er einen guten Break mehrfach hintereinander spielen kann, erst den von der einen, dann den von der anderen Platte. Dazu toastet er zwischendurch in sein Mikrophon, improvisiert verrückte Reime, spielt mit den Silben und tanzt mit den Worten so, wie er es schon als Kind daheim in Kingston bei den Discjockeys der Sound Systems gehört hat. Seine Partygäste nennt er »B-Boys« und »B-Girls«, das »B« steht dabei für »Break«.

Über die Jahre entwickelt Herc sein Set weiter, stoppt die Platten mit dem Finger, fährt sie kurz vor und zurück, wiederholt ganze Musikphrasen oder Textpassagen und verändert die Abspielgeschwindigkeit. Mit 20 ist Herc der beste Discjockey der Bronx, verfügt über das lauteste Sound System und tritt professionell in verschiedenen Clubs auf. Um sich hat er eine Crew von Rappern und Tänzern versammelt, die Herculoids, die zu seiner Musik rappen und zu seinen Break-Beats tanzen. Natürlich ist er nicht der einzige Discjockey in der Bronx, aber: Er hat die meisten Bewunderer und Nachahmer.

Einer von denen ist ein berüchtigter Gang-Leader, der auf der anderen Seite des Viertels im Bronx River Housing Project lebt. Lance Taylor, zwei Jahre jünger als Herc und gebürtiger New Yorker, hat allerdings einen ganz anderen Werdegang hinter sich: Zwar ist auch er ein Sohn karibischer Einwanderer, im Unterschied zu Herc aber hat er schon von Kindesbeinen an in seinem Elternhaus

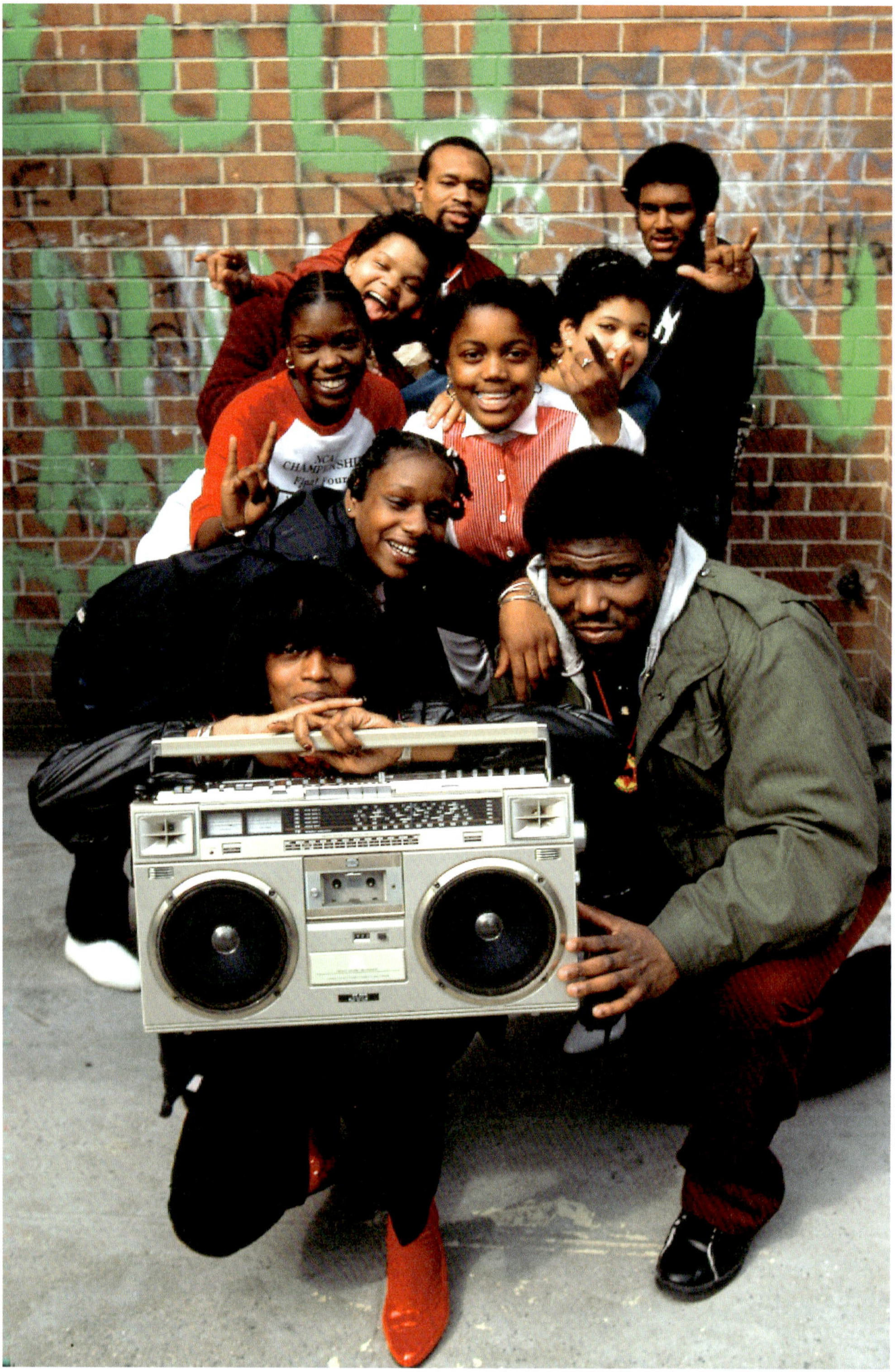

Breakdance statt Schnappmesser: Hip-Hop-Pionier Afrika Bambaata zu Beginn der 1980er Jahre mit Mitgliedern seiner Zulu Nation.

die hitzigen Diskussionen um die zunehmende Radikalisierung der amerikanischen Bürgerrechtsbewegung erlebt. Als Teenager treibt er sich in den Büros der örtlichen Black-Panther-Organisation herum, dort wird seine Weltsicht geprägt. Und aus den politischen Konflikten der 1960er Jahre zieht er den Schluss, der in der Bronx jener Jahre am nächsten liegt: Gewinnen kann nur der Stärkere.

Taylor lernt rasch, sich durchzusetzen, wird Bandenchef der Black Spades und macht seine Gang zur stärksten in der Gegend. Aber er ist klug genug zu wissen, dass seine Fäuste allein nicht reichen werden, um es zu etwas zu bringen. Als er in der Schule einen Aufsatzwettbewerb gewinnt und anschließend nach Afrika reisen darf, verändert das sein junges Leben grundlegend. Besonders beeindruckt ihn zudem der Kinofilm *Zulu*, der sich um die Auseinandersetzungen zwischen der britischen Kolonialmacht und den südafrikanischen Ureinwohnern im 19. Jahrhundert dreht. Wenig später kommt sein bester Freund bei einem Konflikt mit einer rivalisierenden Gang ums Leben (ob die Kugeln aus einem Polizeirevolver stammen, kann nie geklärt werden). Taylor wird durch diese Erfahrung vom Bronx-Saulus zum Hip-Hop-Paulus. Er beschließt, statt auf Gewalt und Bandenkriminalität auf Konstruktivität und Kreativität zu setzen, und er gibt sich, inspiriert durch den Zulu-Führer Mbata Bhambatha, einen neuen Namen: Afrika Bambaata. Seine alte Gang verlässt er und gründet die Bronx River Organization, die bald in »Zulu Nation« umbenannt wird. Deren Betätigungsfeld sind nicht Revierkämpfe, Drogenhandel und kleinkriminelle Delikte, sondern ausschließlich die Pflege und Verbreitung einer neuen Ghetto-Kultur, des Hip-Hop. Die Werte der dem Islam nahestehenden Zulu Nation werden niedergeschrieben: Liebe, Freiheit, Toleranz, Pazifismus, Gerechtigkeit.

Inzwischen hat Bambaata, der schon als Kind die umfangreiche Plattensammlung seiner Mutter erforscht hat, ebenfalls das Deejaying entdeckt. Als 19-Jähriger legt er im Gemeindesaal zum ersten Mal auf. Rund um Bambaata und seine Mitstreiter wächst die Zulu Nation nun allmählich zur einflussreichsten Organisation der Bronx. Sie wird zum Sammelbecken von DJs, Graffiti-Künstlern, Rappern und Breakdancern. Tatsächlich gelingt es ihr, die Kids von der Straße zu holen, die Gewalt im Viertel zu beruhigen. Wer zur Zulu Nation gehört, trägt seine Kämpfe nur noch auf der Tanzfläche aus – Break Dance statt Schnappmesser.

Bambaata selbst wird so etwas wie der Guru der Bronx, ihr spiritueller Leuchtturm. Der neben Kool Herc einflussreichste Discjockey ist er da ohnehin schon. Die einzige Konkurrenz für die beiden Platzhirsche stellt ein schlanker Junge dar, der 1958 auf Barbados geboren wurde. Sein Name ist Joseph Saddler, und er ist der handwerklich Begabteste der jungen DJ-Garde, die neuen Techniken wie Cutting, Spinning und Phasing führt er zur Perfektion. Unter seinen Händen werden die beiden Plattenspieler und das Mischpult, die Grundausstattung eines jeden DJs, zum ersten Mal wirklich zum Instrument. Ab 1977 nennt Saddler sich »Grandmaster Flash« und tritt gelegentlich auch gemeinsam mit Bambaata auf. Immer im Schlepptau hat er dabei ein fünfköpfiges Rapperkollektiv, das bald zu den kraftvollsten weit und breit gehören wird. Als *Billboard* im Juli 1978 zum ersten Mal aus der Bronx berichtet, treten Grandmaster Flash & The Furious Five gerade ihr erstes Engagement im Club »Disco Fever« an, einem der Hot Spots der Szene. Ihre große Stunde wird kommen – allerdings wird das noch ein paar Jahre dauern.

Punk aus der Bronx

Der oberflächliche Betrachter mag sich an dieser Stelle fragen, warum überhaupt eine neue schwarze Dancekultur in der Bronx entstand, wenn doch eben erst ein paar Meilen südlich im Studio 54, mitten in Manhattan, Disco seinen Eintritt in den Mainstream mit allem Pomp and Circumstance gefeiert hatte. Zumal die Musik, die dort und in anderen Tanzpalästen gespielt wurde, entstanden war aus den Zutaten von Gospel, Soul und Funk, also aus originär schwarzen Musikstilen.

Fab Five Freddy, eine der Schlüsselfiguren der frühen Hip-Hop-Jahre, meint:

> Es war verdammt weit weg von dem, wovon ein Ghetto-Kid auf der Straße auch nur im Entferntesten hoffen konnte, es einmal zu erreichen oder ein Teil davon zu werden. All dieser Glitterkram, die Flashlights der Disco, das war etwas, wogegen Hip-Hop rebellierte.[1]

Wenn man die Dinge von der Bronx oder von Harlem aus betrachtete, befanden sich das Studio 54 und all die anderen schicken Tanzpaläste auf einem anderen Planeten. Wer sich in den heruntergekommenen Vierteln im New York jener Zeit umsah, der fühlte sich in das Berlin des Jahres 1945 versetzt: graue Wohnblocks, die mit ihren düsteren Fensterhöhlen wie ausgebombt wirkten, Schutthaufen auf den Straßen, ausgebrannte Autowracks, überall Müll, Graffiti-übersäte Betonflächen. Dazwischen Obdachlose mit Plastiktüten, Frauen mit schreienden Kindern und Halbwüchsige, die in den dunklen Ecken der Straßenschluchten herumlungerten. Keine Jobs, keine Perspektiven, keine Dollars. Stattdessen Aggression, Drogen und Gewalt. Es war so, wie es Grandmaster Flash & The Furious Five 1982 in ihrem Klassiker »The Message« formulierten: »It's a jungle sometimes, it makes me wonder how I keep from going under« (»Manchmal ist es ein Dschungel, und ich frage mich, wie ich es schaffe, nicht unterzugehen«).

Wie wenig nicht nur der Tanztempel an der 54. Straße mit den Realitäten dieser und jeder anderen Stadt in den USA zu tun hatte, zeigte paradoxerweise am besten ausgerechnet der Film, der das Disco-Phänomen weltweit populär machte, ihm ein Gesicht und einen verbindlichen Verhaltenskodex an die Hand gab und die gültige Ideologie von der sinnesprallen Identitätsfindung bei Discobeat und Stroboskop-Gewitter predigte. Tony Manero, der von John Travolta

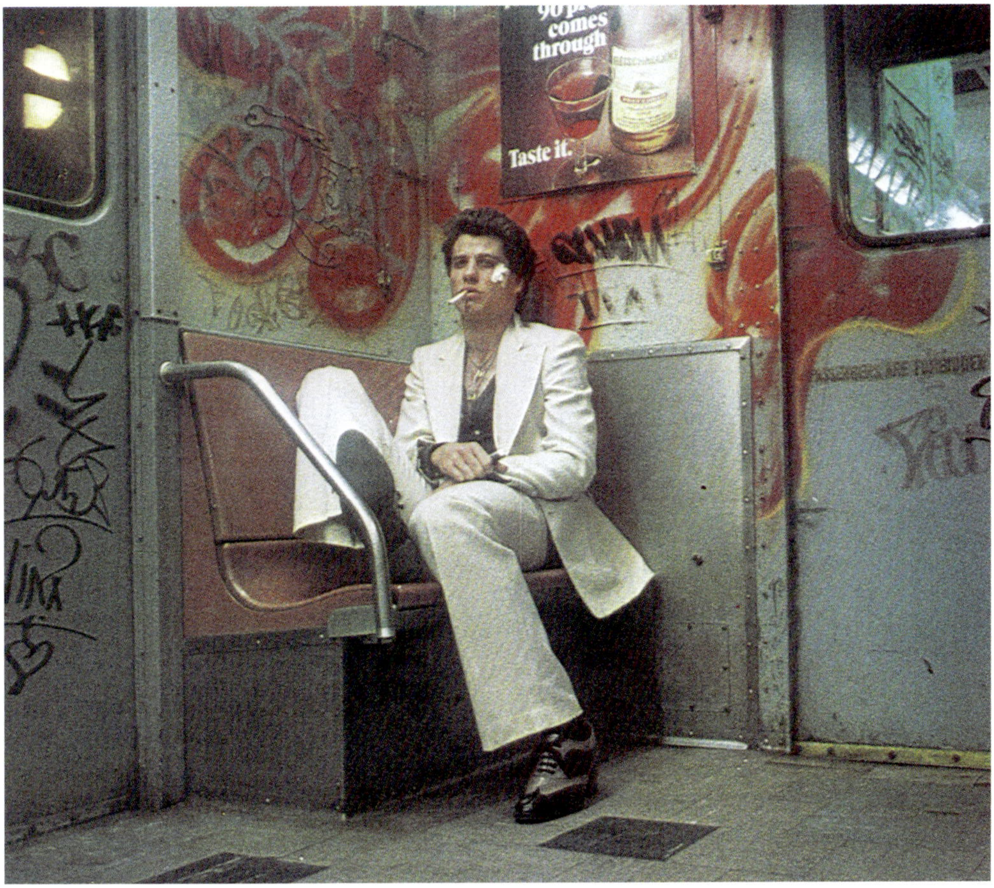

Deprimierender Job und keine Zukunft: John Travolta als Tony Manero im Kinohit *Saturday Night Fever*.

verkörperte Protagonist des Kinohits *Saturday Night Fever*, war ein Italoamerikaner aus Brooklyn, ein junger Kerl mit deprimierendem Job und ebensolchen Zukunftsaussichten.

Seinen schwarzen Brüdern und Schwestern und den Hustlers, Pimps und Junkies an den windigen Straßenecken der Bronx war er damit jedenfalls näher als all den weißen Kids, die ihn und seine Partnerin Stephanie Mangano (Karen Lynn Gorney) im Kino bewunderten. Mochten diese Jugendlichen, die das saubere junge Amerika repräsentierten, nun auch die wie Pilze aus dem Boden schießenden Vorstadtdiscos bevölkern: Tony Maneros Geschichte war nicht die ihre. Und in die schöne neue Disco-Welt des Studio 54 hätten Mark Beneke und Steve Rubell den Dance-Maniac aus Brooklyn schon mal gar nicht hineingelassen.

Kein Wunder, schließlich war Manero das geistige Kind eines Mannes, der von der New Yorker Discoszene nicht die geringste Kenntnis besaß. Die Inspiration für *Saturday Night Fever* ging auf einen Artikel des britischen Journalisten und Autors Nik Cohn im Wochenmagazin *New York* vom 7. Juni 1976 zurück. Der erst kurz zuvor in die Vereinigten Staaten eingereiste Cohn hatte den

Auftrag erhalten, über die florierende Disco-Subkultur in Brooklyn zu schreiben. Und das tat er nun, indem er ein paar flüchtige Beobachtungen vor Ort mit einer fiktiven Geschichte vermengte, in der er Bekannte und Freunde aus seiner englischen Heimat auftreten ließ. Sowenig das Ganze also mit der Wirklichkeit zu tun hatte, so fesselnd war Cohns Story geschrieben. Als sie dem englischen Pop-Entrepreneur Robert Stigwood in die Hände fiel, ließ der den Autor Norman Wexler prompt ein Drehbuch schreiben, aus dem schließlich *Saturday Night Fever* wurde.

Tony Maneros Vorbild war demnach ein englischer Mod der 1960er Jahre gewesen. Mehr Arbeiterklasse ging nicht. Genau diese Grundierung aber gab der Figur ihre Glaubwürdigkeit und dem Film seine proletarische Perspektive. Wolf Donner schrieb damals in *Die Zeit*, dass der Streifen »Tanz und Musik als Selbstverwirklichung, Disco-Delirium als Lebensform«[2] propagiere. Nichts anderes aber hatten schon die Mods der 1960er Jahre in ihren Dancehalls gesucht, und nichts anderes hatten auch die Kids in der Bronx im Sinn. Insofern war Manero in seinem »Disco-Delirium« ein Bruder der DJs mit ihren Break-Beats und der B-Boys mit ihrer Breakdance-Akrobatik. Die Kokain- und Schampus-schwangeren Sex-Exzesse auf der 54. Straße hingegen blieben ihm fremd.

Im Übrigen waren die Hochglanz-Discokultur von Manhattan und ihre Ästhetik nachhaltig durch das erstarkte Gay Movement geprägt. In den bodenständigen Hoods von Harlem und Bronx, wo sich mit diesem schwulen Anstrich die wenigsten identifizieren wollten, provozierte das eine Gegenreaktion. Der amerikanische Kultur- und Literaturwissenschaftler Houston A. Baker jr. schrieb dazu:

> Für die Augen, Ohren und drahtigen Körper der Teenager in der Bronx war Disco durchaus keine Droge. Queens und Brooklyn empfanden das genauso. Club-DJs waren oft schwul, und die ganze Eurodisco-Kultur war ebenfalls weitgehend schwul. Hey, ein gewisser Ärger über die Discokultur und eine neue Selbstbehauptung schwarzer Männlichkeit waren ganz normal – unabhängig davon, wer in die Disco gehen mochte.[3]

Auch auf musikalischer Ebene war Disco dem Hip-Hop suspekt. Die DJs aus der Bronx hatten damit nichts am Hut, auch wenn sie später gerne aus den musikalischen Töpfen von Disco schöpften. Statt aktueller Disco-Hits fanden sich nicht nur in Kool Hercs Plattenkisten Soul- und Funkklassiker der späten 1960er und frühen 1970er Jahre. Viele DJs bedienten sich zudem bei den Aufnahmen des Philly Soul. Chuck D., später Mastermind des Rap-Kollektivs Public Enemy und Vordenker des New-School-Hip-Hop, stellt dazu fest: »Gamble und Huff erfanden Disco, als es noch der heiße Scheiß und keine Schande war. Als Rap dann in der zweiten Hälfte der Disco-Ära auftauchte, wurden Gamble und Huff dadurch zu Urvätern des Hip-Hop.«[4]

Tatsächlich begann Hip-Hop als eine Gegenreaktion auf die Slickness, die Oberflächlichkeit und die auf ein weißes Tanzpublikum zugeschnittene Banalisierung der schwarzen Musik, die weiße Musiker und Produzenten wie etwa die Bee Gees mit ihrem Soundtrackalbum SATURDAY NIGHT FEVER vorgenommen hatten. Das »Four on the Floor«-Prinzip herrschte in der Disco so unerbittlich, dass differenziertere Rhythmen kaum mehr zu hören waren. Und der exzessive Gebrauch repetitiver musikalischer Elemente produzierte eine Formelhaftigkeit, die den faden Geschmack industrieller Massenfertigung hinterließ. Deshalb griffen die frühen Hip-Hopper zurück auf Vintage-Funk, Soul, R 'n' B und alles mögliche andere, was ihnen in den kreativen Kram passte. Damit stand Hip-Hop letztlich im selben Verhältnis zu Disco wie Punk zur etablierten Rockmusik. Die Parallelen waren offensichtlich: Beide, Hip-Hop und Punk, waren urbane Subkulturen, beide entstammten sozialen Randbereichen und artikulierten Außenseiterpositionen, beide setzten das Do-it-yourself-Prinzip gegen etabliertes Handwerk, und beide neigten zu schriller Ästhetik.

Es ist wichtig, das vorauszuschicken, wenn man die Wurzeln der nun entstehenden New Yorker Hip-Hop-Kultur erkunden und die erstaunliche Affinität von Rap und Breakbeat zum weißen Punk verstehen will, der sich zeitgleich im CBGB und im Max's Kansas City formierte.

Musik ohne Musiker

Dabei hätten beide Szenen nicht unterschiedlicher sein können. Das zeigte sich schon daran, dass die Punks im CBGB Musik herstellten, während die Hip-Hopper in der Bronx sie nur auflegten. Keiner der jungen DJs dort wäre auf die Idee gekommen, selbst eine Platte zu machen. Und es ist wenig erstaunlich, dass die Plattenindustrie mit Kool Herc, Afrika Bambaata und deren Freunden zunächst rein gar nichts anfangen konnte. Schließlich war das, was diese jungen Männer machten, absolut neu. Niemand hatte je zuvor die Wiedergabe einer Schallplatte als einen Vorgang betrachtet, der sich künstlerisch gestalten ließ. Noch abwegiger erschien der Gedanke, das Auflegen mitsamt dem dazugehörigen mehr oder weniger sinnfreien Gequassel der Rapper auf eine Schallplatte zu pressen. Das höchste der Gefühle für die DJs bestand darin, den eigenen Mix auf eine Audiokassette aufzunehmen und dann an Partygänger zu verhökern. Grandmaster Flash bestätigte das in einem Interview mit dem Hip-Hop-Magazin *The Source*:

> Ich gebe zu, ich war blind. Ich konnte mir nicht vorstellen, dass irgendjemand eine Platte hören wollte mit Musik darauf, die es schon gab, wo dazu noch einer quatschte. Ich dachte nicht, dass so etwas die Massen erreichen könnte.[5]

Außerdem hatten die Manager der Plattenindustrie andere Sorgen. Gegen Ende der 1970er Jahre sah sich die Branche mit der ersten echten Krise seit dem Zweiten Weltkrieg konfrontiert. *Newsweek* stellte im August 1979 fest:

Die Inflation rockt das 4-Milliarden-Dollar-Plattenbusiness, und nervöse Stimmen echoen von Manhattans 6th Avenue bis auf den Sunset Strip in Los Angeles. Die Album-Preise steigen, und durch den Mangel an Major-Hits sinken Verkäufe und Profite.[6]

Wachsender Kosten- und Konkurrenzdruck, das zunehmende Home-Taping auf Kassetten und Tonbänder, hohe Lagerbestände – all das machte der Industrie zu schaffen, die überdies feststellen musste, dass die Monsterhits der laufenden Saison längst nicht mehr so monströs ausfielen wie die des Vorjahres. Hatten die Bee Gees von SATURDAY NIGHT FEVER noch 15 Millionen Exemplare verkauft, so schaffte Donna Summer mit ihrem Bestseller BAD GIRLS im Jahr 1979 nur noch drei. Statt auf ein paar irre Kids aus der Bronx setzte man bei der Suche nach Wegen aus der Misere deshalb lieber auf zweifelhafte Konzepte wie die »Home taping is killing music«-Kampagne, mit der man die eigene Kundschaft, natürlich vergeblich, zu bevormunden versuchte.

Die Plattenindustrie jedenfalls nahm die ersten Anzeichen einer neuen Popkultur, die sich da in den Ghettos von New York zu bilden begann, nicht recht ernst. Verständlich, wenn man den Produzenten Arthur Baker hört, der einige Jahre später die bahnbrechende Afrika-Bambaata-12" »Planet Rock« für das Tommy-Boy-Label betreute:

Im Sommer 1977 lebte ich in New York und traf dort Joe Bataan [Musiker und Produzent]. Er erzählte mir, dass Typen in der Bronx und in Harlem zu Platten redeten. Er nahm mich mit zur 125. Straße zu einem der Parks in Harlem, und wir hörten Typen, die über die Breaks rappten. Dann sagte er zu mir: »Damit wird bald irgendjemand eine Million verdienen!« Und ich sagte: »No way!« Ich fand das zwar ganz cool, aber konnte mir nicht vorstellen, dass damit irgendjemand irgendwann Geld verdienen würde.[7]

Ein Irrtum, wie sich herausstellen sollte. Baker, der seine Laufbahn als Discjockey in Danceclubs begonnen hatte, dachte so wie alle anderen in der Plattenbranche auch: Musiker machen Musik, Plattenfirmen machen aus dieser Musik Platten, Händler verkaufen sie und Discjockeys pushen die Platten. Neben den Radio- und Presseleuten gehören sie in diesem Spiel zur Promotionabteilung. Dass Discjockeys selber Platten machen könnten, erschien ungefähr so abwegig wie ein Maurer, der den Job des Architekten übernehmen würde. Dabei waren die alten Spielregeln längst schon aufgeweicht, nur hatten das zu diesem Zeitpunkt die wenigsten erkannt. Im Disco-Fach waren die Rolle des Produzenten als musikalisches Hirn und der Einsatz von synthetischer Klangerzeugung immer wichtiger geworden. Die Bedeutung der Musiker, besonders die ganzer Bands, nahm dadurch ab. Tatsächlich war die Ära der Frühsiebziger die letzte in der schwarzen Musik gewesen, die große Live-Bands hervorgebracht hatte. Einige der alten Funkbands hatten es noch geschafft, in der Discoszene präsent und erfolgreich zu bleiben, etwa Earth, Wind & Fire, Kool & The Gang und KC

& The Sunshine Band. Allerdings blieben sie Ausnahmen, denn Disco brauchte keine Livebands, Disco brauchte vor allem Show-Acts.

Folglich konzentrierten sich die großen Plattenfirmen, allen voran Warner Brothers, gegen Ende des Jahrzehnts, als Disco seinen Höhepunkt überschritten hatte, lieber darauf, den guten alten Rock zu revitalisieren. Man glaubte, dass Bands wie die Eagles, Led Zeppelin, Foreigner und Fleetwood Mac die Zukunft der Branche sichern würden – auch dies stellte sich als Irrtum heraus. Zwar würden die genannten Bands noch eine Weile lang für Umsätze sorgen, die Zukunft der Branche aber hatte längst schon in der Bronx begonnen.

Als Billboard dort im Sommer 1978 Kool Herc und seine seltsame Angewohnheit entdeckt hatte, Platten mit besonderen Breaks zu sammeln, verschwendeten allerdings weder der DJ noch seine Freunde einen Gedanken an das Musikbusiness. Warum auch? DJs und Rapper agierten spontan und für den Moment, ihre Kunst war flüchtig, und sie gehörte in die Kategorie der Live-Performance. Dass die Klangeffekte, die DJs an ihren Plattentellern produzierten, und die Rap-Einlagen, die ihren Auftritt begleiteten, als Stilelemente in die Musik selbst einfließen oder gar einen neuen Musikstil begründen könnten, der irgendwann ganz ohne herkömmliche Musiker auskommen würde, lag außerhalb ihrer Vorstellungskraft.

Miss Robinsons Geistesblitz

Sylvia Robinson aber spürte, dass da etwas im Gange war, das sehr wohl plattentauglich war. Auch wenn sie zunächst noch nicht recht wusste, wie das gehen sollte. Dass sie diese Phantasie entwickeln konnte, lag daran, dass sie selbst Musikerin war und seit einiger Zeit ein kleines Plattenlabel betrieb. Robinson war 1935 in Harlem geboren und hatte bereits in den frühen 1950ern als »Little Sylvia« ihre Karriere begonnen. Mit dem Duo Mickey & Sylvia hatte sie später dann einige R-'n'-B-Hits gelandet, bevor sie es in den 70ern mit »Pillow Talk« sogar in die Top Three der Popcharts schaffte. Robinson kannte sich dazu mit der Business-Seite des Musikerdaseins aus, mit ihrem Mann Joe hatte sie bereits einen Verlag gegründet. 1979 lebte sie mit ihrer Familie in Sugar Hill, einer der wenigen wohlhabenden Ecken in Harlem, wo einst auch Duke Ellington gewohnt hatte (in dessen Klassiker »Take the ›A‹ Train« Sugar Hill erwähnt wird).

1979 berichten Robinsons Kinder von der neuen Hip-Hop-Mode mit DJs, Rappern und Breakdancern, die sich mittlerweile auch bei den Schul- und Wochenendpartys in Harlem etabliert hat. Andere Quellen behaupten, Robinson habe bei einem Kindergeburtstag jemanden rappen hören. Wie dem auch sei, ihr Entschluss ist gefasst: Sie wird einen Rap-Song produzieren. Also beginnt sie mit der Suche nach geeigneten Rappern. Sie hört sich in der Szene um und muss zu ihrer Verblüffung erfahren, dass keiner von den dort bekannten Kandidaten Interesse daran hat, eine Platte aufzunehmen.

In einer Pizzeria, dem Crispy Crust Pizza Shop in Englewood, wird sie schließlich doch noch fündig. Einer der dort angestellten Pizzabäcker pflegt bei der Arbeit vor sich hinzurappen. Big Bank Hank erzählt die Geschichte selbst:

> Sie kam rein und fragte mich, ob ich eine Platte machen möchte. Also bin ich raus in ihr Auto, wo sie mir einen Track vorspielte, zu dem ich dann ein bisschen gerappt habe. Eine Woche später standen wir im Studio und haben es in einem einzigen Take aufgenommen.[8]

Hank ist allerdings bestenfalls ein Hobbyrapper. In erster Linie versucht er sich als Manager. Seine Schützlinge sind eine Rapgruppe, die sich Cold Crush Brothers nennt. Nun aber braucht er schleunigst einen amtlichen Raptext. Auf der Suche nach Inspiration leiht er sich von Grandmaster Caz, dem Leadrapper seiner Crew, dessen Notizbuch aus. Er findet, was er sucht – was Jahre später ein Nachspiel haben wird.

In der Zwischenzeit hat Robinson Musiker verpflichtet, die das Playback für ihre Produktion aufnehmen sollen. Der Auftrag: möglichst eine Viertelstunde lang und ohne Fehler das Bassriff von Chics Hit »Good Times« spielen. Der Grund: Erschwingliche Sampler gibt es zu dieser Zeit noch nicht, Robinson muss das Playback des Originals also sozusagen analog nachspielen lassen. Die Operation gelingt. Als die Beteiligten am 2. August 1979 das kleine Studio in New Jersey wieder verlassen, haben sie 14:33 Minuten auf dem Masterband, die den Pop verändern werden: der abgehangene Midtempo-Groove von »Good Times«, das dazugehörige einprägsame Klavierthema und jede Menge Raps. Big Bank Hank hat den Job nicht allein gemacht, mit von der Partie sind zwei weitere Rapper gewesen, die Robinson ausfindig gemacht hat, Wonder Mike und Master Gee.

»Rapper's Delight« erscheint offiziell am 16. September 1979 und erobert alsbald die Turntables. Auch in den Radiostationen wird der erste Rap-Hit der Geschichte immer öfter gespielt, er klettert in die Top 40 der US-Popcharts und bringt es im Vereinigten Königreich sogar auf Platz drei. Die Produzentin lässt von der Originalaufnahme drei weitere Versionen anfertigen, eine 7-Zoll-Version mit knapp vier Minuten Spielzeit, eine Langversion für die Single mit 7:07 Minuten und eine Kurzversion für 12 Zoll mit 6:30 Minuten. Am Ende ist Sylvia Robinsons frisch gegründetes Sugar-Hill-Label um 3,5 Millionen Dollar reicher, zwei Millionen Platten sind verkauft, und die drei Rapper, die sich nun Sugarhill Gang nennen, sind weltberühmt.

Zeit für das erwähnte Nachspiel: Als »Rapper's Delight« ein Hit geworden ist, meldet sich Grandmaster Caz und behauptet, dass diverse Passagen von Big Bank Hanks Raps aus seinem Notizbuch stammen. Tatsächlich kann er nachweisen, dass sich in diesem Notizbuch auch die berühmte Zeile findet, die den Begriff Hip-Hop über die Grenzen dieser Undergroundkultur hinaus populär macht: »Hip-hop, hippie to the hippie, to the hip-hip-hop and you don't stop«. Big Bank Hank streitet das erst ab und erklärt dann später, dass

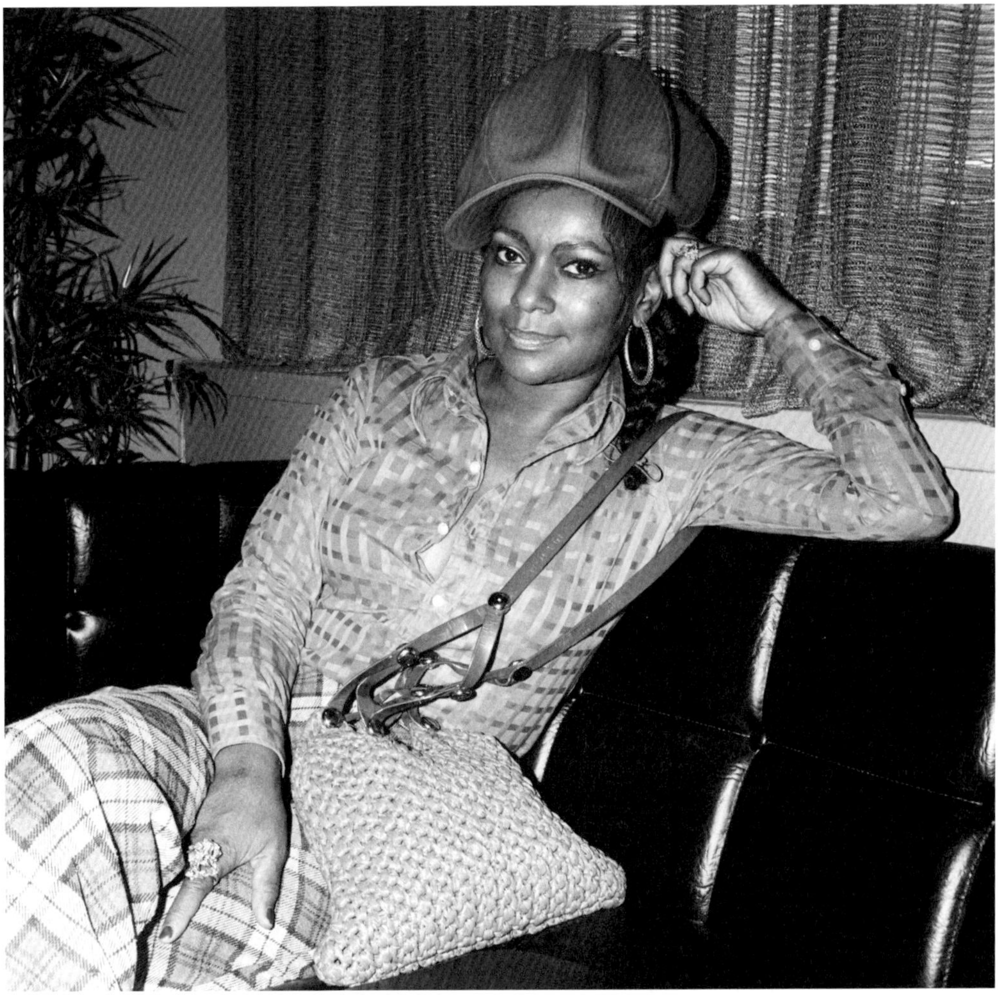

Pionierin: Sylvia Robinson, Sängerin und Inhaberin des Sugar-Hill-Labels, entdeckte als Erste das Potential von Hip-Hop und produzierte »Rapper's Delight« mit der Sugarhill Gang.

die beiden die Zeilen gemeinsam geschrieben haben. Ironischerweise lautet eine Textzeile des Songs: »But whatever you do in your lifetime, you never let an MC steal your rhyme!« (»Aber was immer du in deinem Lebens tust, lass nie einen MC deinen Reim klauen!«) Genau das war passiert, aber Grandmaster Caz wusste so gut wie Hank, dass das Klauen in seinen Kreisen zum täglichen Geschäft gehörte. Schließlich war auch er einer von den vielen jungen Hip-Hoppern, die ihre technische Ausrüstung dem »New York City Blackout« verdankten: Ein Stromausfall hatte in der Nacht vom 13. auf den 14. Juli 1977 fast die gesamte Stadt lahmgelegt, und viele Kids hatten damals die Gunst der Stunde genutzt, um sich in Elektrogeschäften mit Plattenspielern, Mischpulten und Mikrophonen einzudecken. Caz jedenfalls machte bis zu Hanks Tod im Jahr 2014 und auch darüber hinaus seine Ansprüche als Autor nicht geltend.

»Rapper's Delight« ist übrigens nicht die erste Rap-Single gewesen. Einige Monate zuvor hatte die Fatback Band, eine etablierte, ebenfalls aus New York stammende Funktruppe, bereits auf einer B-Seite die mit langen Rap-Passagen bestückte Tanznummer »King Tim III« veröffentlicht. Sonderlich erfolgreich war das Stück allerdings nicht gewesen: In den R&B-Charts hatte es, nachdem es doch noch als A-Seite erschienen war, gerade mal Platz 26 erreicht. Außerdem fehlten der Nummer im Vergleich zu »Rapper's Delight« viele Elemente, die einen echten Hip-Hop-Track erst ausmachen. So ist bei der Aufnahme kein DJ mit von der Partie gewesen, auch mangelte es an den typischen Stilmerkmalen der Bronx-Schule wie den dort üblichen Slangausdrücken, der Prahlerei und dem Wechselspiel von mehreren Rappern.

Als Sylvia Robinsons Geistesblitz die internationalen Charts erobert hatte, war Hip-Hop freilich endgültig ins Rampenlicht getreten. Rapper, B-Beats, Breakdancer und scratchende DJs würden bleiben – lange über die Discomode hinaus. Was also hatten sie zu sagen?

Die Seele des Rap

Zunächst einmal hatten die Rapper ein jugendtypisches Motiv: Sie wollten sich als besonders cool oder, wie man damals sagte, als besonders »fresh« präsentieren. Sie wollten zeigen, was sie draufhatten, den Mädchen imponieren und ihren Spaß am Spiel mit der Sprache ausleben. Und: Sie wollten ein paar Dollars verdienen, sich ihre Shows möglichst gut bezahlen lassen und versuchen, ohne Bandenkriminalität, Drogenhandel und Jugendknast über die Runden zu kommen. »Rapper's Delight« hatte all das perfekt transportiert, und die Sugarhill Gang, drei fröhliche schwarze Jungs in Adidas-Blousons, das dazu passende Bild geliefert. Zwar war das Trio im Grunde eine Casting-Band, weshalb es in der Bronx-Szene mit Verachtung gestraft wurde. Auf dem Markt des Mainstreampop, wo die Gang den Rap nun bekannt gemacht hatte, interessierten solche Feinheiten allerdings niemanden. Rap, Hip-Hop und Breakdance standen also erst einmal für die derbe Partykultur des Ghettos und dessen männliche Balzrituale.

In dem Zusammenhang: Die frühe Rapszene war von einem traditionellen und zutiefst chauvinistischen Geschlechterbild geprägt, und Frauen waren dort in den ersten Jahren praktisch nicht vertreten. Zwar gab es in den Gründertagen des Genres vereinzelt auch weibliche Hip-Hop-Acts, auf Schallplatte aber schaffte es keine von ihnen. Selbst als Mitte der 1980er Jahre die Hip-Hop-Girlgroup Salt-N-Pepa und wenig später mit Queen Latifah die erste echte Rapperin auftauchten, sollten sie noch für lange Zeit Ausnahmen bleiben. Die wohl wichtigste Pionierin des Hip-Hop wurde MC Lyte, die aus Queens stammte und 1987 mit gerade mal 16 Jahren ihr erstes Album veröffentlichte. Ihre Texte beschäftigten sich mit Rassismus, Sexismus und sozialen Problemen wie der Drogenkultur, so schlug MC Lyte erste Breschen in die Machowelt des Hip-Hop.

Während Disco spätestens seit *Saturday Night Fever* auf seinem eigenen Planeten zu Hause war, thematisch nur noch um sich selbst kreiste und der Soul zunehmend unter dem »Lionel Richie Syndrom« litt, wie man die damalige Inflation von zuckrigen Liebesschnulzen nannte, war der Hip-Hop von vornherein eine raue Straßenkultur. Und dort fanden irgendwann selbstverständlich auch die Themen Eingang, die im wirklichen Leben eine Rolle spielten und den Protagonisten auf den Nägeln brannten. Afrika Bambaata, der von den drei Gründervätern der Bronx-Szene der wohl politisch bewussteste und gebildetste MC war, hatte mit der Gründung und programmatischen Ausrichtung seiner Zulu Nation ja schon früh Flagge gezeigt.

Interessanterweise aber war nicht er es, der als Erster mit einer Plattenproduktion über den Tellerrand der Hip-Hop-Party hinausschaute, sondern Grandmaster Flash. Der veröffentlichte 1982 mit The Furious Five das epochale »The Message« und ein Jahr später das nicht weniger beeindruckende »New York, New York«. Damit hatte das junge Genre auch an die große Tradition politisch und sozial bewusster schwarzer Popmusik angeknüpft, die ja bereits in den 1960er Jahren mit Sam Cookes »A Change is Gonna Come«, Curtis Mayfields »Keep on Pushing« und James Browns »Say it Loud – I'm Black and I'm Proud« begonnen hatte. Nicht zu vergessen der vielleicht erste Rapper von allen, Boxlegende Muhammad Ali. Seine berühmten Pressekonferenzen, bei denen er in rhythmischem Singsang in Reimform verkündete, wann und wie er seine Gegner zu erledigen gedachte, waren tatsächlich nichts anderes als Raps gewesen, wenn auch ohne Musik (»I predict Mr Liston's [Sonny Liston, ehemaliger Weltmeister im Schwergewicht] dismemberment / I'll hit him so hard he'll wonder where October and November went«). Und schon 1963, noch bevor er seinen ersten Weltmeistertitel als Profi errungen hatte, war mit Alis Spoken-Word-Platte I AM THE GREATEST eine Sammlung seiner Gedichte und Monologe erschienen. Auf seine ganz eigene Weise hatte Muhammad Ali in den 1960ern für eine weitere Politisierung und wachsendes Selbstbewusstsein der Black Community gesorgt. Und als das Civil Rights Movement mit dem Aufstieg der Black Panther Party und der »Black Power!«-Bewegung zusehends radikaler wurde, hatte er mit seiner Kriegsdienstverweigerung, die ihn seinen Weltmeistertitel kostete, einmal mehr Rückgrat gezeigt und ein Zeichen gesetzt.

Naturgemäß fanden die Entwicklungen auch in der schwarzen Kultur, Musik, Literatur, Dichtung und Kunst ihren Niederschlag, und zu hören war das nicht nur auf den Alben von Miles und Betty Davis. So ließen zu Beginn der 1970er Jahre zum Beispiel The Last Poets aufhorchen, ein über die Jahre nicht eben stabiler, dafür aber stimmgewaltiger Zusammenschluss von Musikern und Poeten aus New York. Aufmerksamen Zeitgenossen wie zum Beispiel Jimi Hendrix, der die Poets sogar managen wollte, war das Potential von deren Kunst schon früh aufgefallen. Gegründet wurden die letzten Poeten passenderweise am 19. Mai 1968, dem Geburtstag von Malcolm X, in Harlem, und ihr Konzept war so schlicht wie revolutionär: Sie kombinierten ihre Raps, die sich mit der politischen und sozialen Situation der afroamerikanischen Bevölkerung beschäftigten, mit Improvisationen auf Percussion-Instrumenten. Alan Douglas, der auch in der Spätphase von Jimi Hendrix' Karriere eine umstrittene Rolle spielte, nahm sie 1969 unter Vertrag. Kurz darauf brachten die Last Poets ihr erstes Album heraus, 1971 mit THIS IS MADNESS ein zweites, und 1972 folgte das mit dezenten Jazzarrangements angereicherte CHASTISEMENT. Ihre »Jazzoetry«, wie die Gruppe ihr Gebräu nannte, wurde vor allem in Inhalt und Ton der Texte zur Blaupause dessen, was eine gute Dekade später im Hip-Hop zum guten Ton gehören sollte. Die Last Poets rappten den Geist von Malcolm X, John Coltrane und Black-Panther-Führer Huey Newton in die Gehörgänge der schwarzen Gemeinde. Die Songtitel ihres Debütalbums sprechen für sich: »Run, Nigger«, »Wake up, Nigger«, »When the Revolution Comes« und so weiter. Ob die Last Poets, wie der US-Journalist Jason Ankeny schreibt, »fast im Alleingang die Basis für die Entstehung des Hip-Hop gelegt«[9] haben, mag dahingestellt bleiben, gewiss aber zählen sie zu den wichtigsten Einflüssen des Genres.

Um den heißen Brei redeten sie nicht herum, auch gegenüber den eigenen Leuten nicht. Ihren Song »When the Revolution Comes« begannen sie mit den Zeilen: »When the revolution comes, some of us will probably catch it on TV with chicken hanging from our mouths. You'll know it's revolution 'cause there won't be no commercials.« (»Wenn die Revolution kommt, werden einige von uns das wahrscheinlich aus dem Fernsehen erfahren, während ihnen das Huhn im Mund steckt. Dass die Revolution da ist, werdet ihr daran erkennen, dass keine Werbung mehr läuft.«) Ein sarkastischer Seitenhieb auf die schon damals verbreitete konsumorientierte Lethargie selbsternannter Revoluzzer, die, wenn sie erst einmal daheim vor dem Fernseher hockten, den Hintern nicht mehr hochbekamen.

Ein weiterer New Yorker Dichter antwortete darauf mit einem eigenen Poem. Gil Scott-Heron, der seine Plattenkarriere 1970 mit dem live aufgenommenen, lediglich von Bongos begleiteten SMALL TALK AT 125TH AND LENOX startete, schlug dabei in dieselbe Kerbe und ätzte: »The Revolution Will Not Be Televised« (»Die Revolution wird nicht im Fernsehen gezeigt!«). Die Message war klar: Beide Songs forderten die afroamerikanische Bevölkerung dazu auf, für ihre Rechte aufzustehen und die eigenen Lebensumstände zu verbessern. Scott-Herons Titel erschien dann ein Jahr später erneut, und zwar auf PIECES OF MAN, diesmal begleitet von einer frei improvisierenden Jazzband.

Der Song wurde zu seinem Signature-Track, auch wenn er – im Unterschied zum ersten Album der Last Poets, das es auf Platz 29 der US-Albumcharts geschafft hatte – nie in den Hitlisten notiert wurde. Während die Last Poets über ihren Kultstatus in der schwarzen Gemeinde nicht hinauskamen und sich 1974 erst einmal auflösten (sie setzten ihre Karriere Mitte der 1980er Jahre fort), erfreute sich Gil Scott-Heron mit seinen Spoken-Word-Meditationen über das urbane Amerika, die mal jazzig, mal funky ausfielen, einer langen

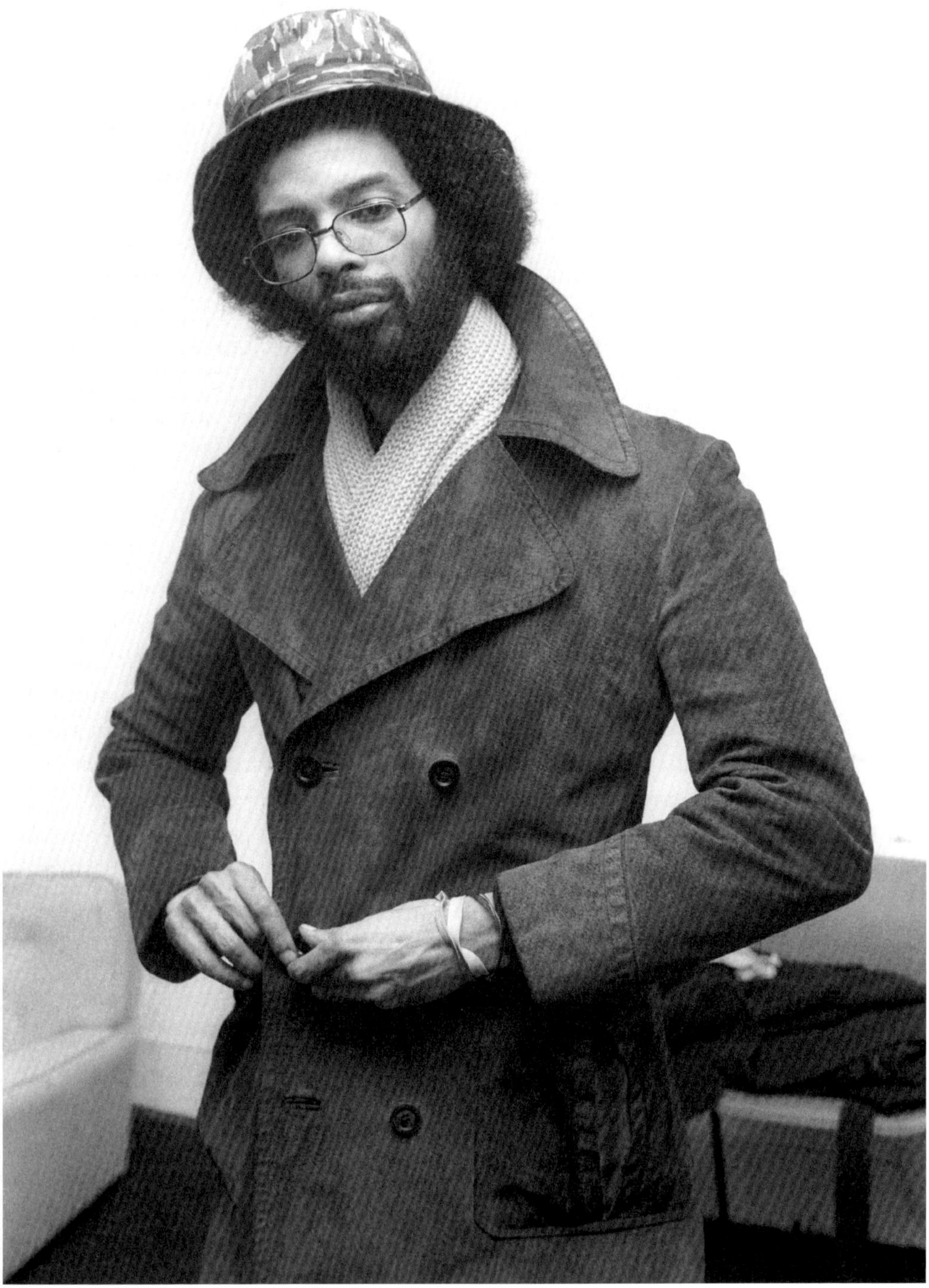

»The Revolution will not be televised«: Der New Yorker Gil Scott-Heron unterlegte Spoken-Word-Monologe mit dezentem Jazzfunk und wurde so zu einem der Väter des Hip-Hop.

Karriere, die ihm auch bei einem weißen Rockpublikum einen gewissen Bekanntheitsgrad bescherte.

Die Last Poets, Gil Scott-Heron, ein Mann wie Muhammad Ali, die Reden von Martin Luther King und auch Alben wie Marvin Gayes WHAT'S GOING ON oder Curtis Mayfields CURTIS hatten Ton und Agenda in der schwarzen Musik gesetzt. Nicht zu vergessen der großartige Donny Hathaway (»The Ghetto«) und James Brown mit seiner Hymne »Say it Loud – I'm Black and I'm Proud«. Hip-Hop übernahm dieses Setting nun und dockte damit an eine reiche Tradition an.

Prahlereien und Beleidigungen des Gegenübers gehören nicht nur zu den Grundlagen des Raps und seiner Rituale, sie waren schon immer Teil der schwarzen Entertainmentkultur gewesen. Sie gehen zurück auf uralte Traditionen innerhalb der afroamerikanischen Gemeinde, wo sie spielerisch schon in den frühesten Ghetto-Gemeinschaften ihren Platz hatten, etwa im »Playin' the Dozens«-Reimspiel (das sich inzwischen unter dem Titel »Deine Mudda« auch in der deutschsprachigen Hip-Hop-Szene etabliert hat). Sinn und Zweck dieser sprachkulturellen Eigenheit waren Mannbarkeitsrituale, mit denen Jugendliche ihre Potenz und ihre Macht über das weibliche Geschlecht zum Ausdruck bringen wollten. Betrachtet man solche Selbstbehauptungsrituale vor dem Hintergrund der jahrhundertelangen Unterdrückung des schwarzen Mannes in der US-Gesellschaft, dann liegt der Gedanke nahe, dass es sich hier nicht primär um männlichen Chauvinismus, sondern um den Versuch handelte, tiefsitzende Minderwertigkeitsgefühle zu kompensieren – im Unterschied zu weißen amerikanischen und europäischen Wohlstandsrappern, die das Wording der afroamerikanischen Kollegen übernehmen, ohne deren kulturelle Beweggründe zu verstehen. Andererseits ließe sich vermuten, dass die maßlose Prahlerei etwa des bundesdeutschen Gangsta-Raps unserer Tage womöglich ähnliche Hintergründe hat, die allerdings nicht aus 300 Jahren Sklaverei herrühren, sondern dem Gefühl sozialer und wirtschaftlicher Benachteiligung in den Bevölkerungsgruppen mit Migrationshintergrund geschuldet sind.

In den Texten alter Bluessongs ist prahlerisches Selbstlob jedenfalls ebenso zu finden wie etwa in den Monologen eines Muhammad Ali. »I'm a Man!« von Muddy Waters ist nicht weit entfernt von Alis »I Am the Greatest!« und Barry Whites nimmermüdem Bettgeflüster (»I'm Gonna Love You Just a Little More Baby«). Die Linie führt direkt weiter zur Angeberei der halbwüchsigen Rapper in der Bronx der mittleren 1970er Jahre, was sich allein schon an den Künstlernamen der jungen Männer ablesen lässt. Dort wimmelt es von »Grandmasters«, »Casanovas«, »Pimps« und »Kings« sowie Attributen wie »cool« und »furious«.

Bis Hip-Hop seine Stimme zunächst mit Grandmaster Flashs »The Message« und später dann mit Public Enemy, den Begründern der New School, gefunden hatte, sollte es noch eine gute Weile dauern. Doch schon die Rapper der ersten Stunde standen, ohne dass ihnen das bewusst gewesen sein dürfte und auch wenn sie zunächst nichts als lautstarke Selbstbeweihräucherung zum Besten gaben, in einer Reihe mit all den großen schwarzen Stimmen, die ihnen vorausgegangen waren. Hip-Hop war als Straßenkultur, die gemeinsam ebendort, auf Schulhöfen und in Gemeindesälen zelebriert wurde, auch Ausdruck eines Gemeinschaftsgefühls – im Unterschied zu Disco, wo enthemmte Individualität propagiert wurde.

Ein überraschender Schulterschluss

In der Frühgeschichte des Hip-Hop taucht sein Name immer wieder auf, dabei ist er nicht einmal ein Musiker: Fred Brathwaite aka Fab Five Freddy, geboren 1959 in Brooklyn. Eigentlich ist der Mann bildender Künstler, und mit Hip-Hop hat er vor allem im Zusammenhang mit dem Phänomen der Graffiti zu tun, die längst ein integraler Bestandteil der Szene sind. Von vornherein hat Freddy in den schrillen Schriftbildern mehr gesehen als ein paar flüchtig auf New Yorker U-Bahn-Waggons und städtischen Beton gesprayte Slogans und Style-Writings. Früh hat er erkannt, dass die Graffiti, die nicht weniger plakativ sind als die deftige Sprache der Rapper, sehr wohl auch eine Kunst der Straße darstellen. Und er hat seine Fühler ausgestreckt in Richtung uptown Manhattan, wo die Galerien und die Macher der städtischen Avantgarde-Kunstszene zu finden sind, inklusive Warhol mitsamt seiner noch immer einflussreichen Fabrik. Sehr bald gehört Fab Five Freddy zu den rührigsten Figuren im Spannungsfeld zwischen Bronx-Rap, Graffiti-Underground und alternativer Kunstszene des Big Apple.

So wirkt er auch mit bei *TV Party*, einer Avantgarde-Show, die wöchentlich im New Yorker Kabelfernsehen ausgestrahlt wird und von Glenn O'Brien, ehemaliger Chefredakteur von Warhols *Interview*-Magazin, und Blondie-Gründer Chris Stein präsentiert wird. Zu Fab Five Freddys Freundeskreis gehören 1979 also nicht nur seine Bronx-Buddys Afrika Bambaata und DJ Kool Herc, sondern auch die soeben zu Popstars aufgestiegene Sugarhill Gang, Chris Stein und Debbie Harry von Blondie sowie einflussreiche Macher des weißen New Yorker Kunstklüngels. Kein Wunder also, dass Blondie ihm 1980 in ihrem Song »Rapture«, dem ersten Rap-Hit einer weißen Popband, ein Denkmal setzen, indem sie ihn namentlich erwähnen.

Der 21. September 1979 illustriert beispielhaft Fab Five Freddys Schlüsselrolle: Wir befinden uns im Palladium, einem alten Theater im East Village, das zu den wichtigsten Liveclubs in Manhattan zählt. Nachdem sie hier bereits am Abend zuvor gespielt haben, geben The Clash heute das zweite Konzert ihrer US-Tournee. Zwei weitere Bands sind an diesem Abend ebenfalls auf der Bühne: die einheimischen Punk-Heroen Blondie – und Chic, die Funk-/Disco-Band von Nile Rodgers und Bernard Edwards.

Während Chic ihren Set absolvieren, geschieht Ungewöhnliches. Gerade spielt die Band ihren Sommerhit »Good Times«, als ein paar farbige Jungs auf die Bühne springen und beginnen, wilde Freestyle-Rapeinlagen in die herumstehenden Mikros zu bellen. Der Rapper Fab Five Freddy und ein paar seiner Freunde wissen offenbar, was sie da tun, und so lassen Chic sie gewähren. Schließlich ist ihnen das, was die Rapper treiben, im Gegensatz zum Clash-Publikum nicht neu. Verantwortlich dafür sind in diesem speziellen Fall Blondie. Die Punkband aus dem CBGB und Chic kennen sich zu diesem Zeitpunkt bereits seit einigen Wochen, wie Debbie Harry in ihrer Autobiographie berichtet:

> Wir hatten die beiden in den Power Point Studios kennengelernt, als Blondie dort EAT TO THE BEAT aufnahmen und Bernard und Nile mit Diana Ross zusammenarbeiteten. Später freundeten wir uns mit ihnen an. Einmal besuchten Chris [Stein] und ich mit Nile eine Highschool in Queens. Wir gingen in die Aula, wo die Kids rappten und Breakdance vorführten, und der einzige Song, mit dem sie scratchten, war »Good Times«.[10]

In der Tat war »Good Times« in diesem Sommer nicht nur die Nummer eins in den Single-Charts, sondern auch einer der beliebtesten Tracks bei den Partys der Kids in Queens, in der Bronx und in Brooklyn. Rodgers allerdings weiß an diesem Abend im Palladium wohl noch nicht, dass mit »Rapper's Delight« erst fünf Tage vorher ein dreistes Ripoff seines Hits erschienen ist. Aber er wird es bald erfahren: Einige Wochen nach dem Palladium-Konzert besucht er einen Nachtclub namens »Leviticus«. Als er gerade auf der Tanzfläche ist, legt der Discjockey den Track der Sugarhill Gang auf, und Rodgers stutzt: Das Riff ist eindeutig das von »Good Times«. Diese Produktion aber hat er noch nie gehört.

Zufällig hat er an diesem Abend einen Doppelgänger seines eigenen Songs entdeckt, der aber irgendwie doch nicht seiner ist. Der Chic-Gitarrist hat keine Ahnung, dass es zur alltäglichen Hip-Hop-Praxis gehört, Originalmusik von anderen Künstlern als Grundlage für eigene Tracks zu verwenden. Das Verfahren ist in der etablierten Musikwirtschaft noch gänzlich unbekannt. Rodgers aber findet schnell heraus, was geschehen ist, und droht der Sugarhill Gang mit einer Copyright-Klage. Man einigt sich außergerichtlich und nimmt ihn und Bernard Edwards, den zweiten Komponisten von »Good Times«, als Co-Autoren in die Songcredits auf. Rodgers, der zunächst natürlich nicht gut auf »Rapper's Delight« zu sprechen ist, wird später über diese besondere Coverversion sagen: »Einer meiner ewigen Lieblingstracks! Und so innovativ und bedeutend ›Good Times‹ war, ›Rapper's Delight‹ ist das allemal, wenn nicht noch mehr!«[11]

Als sich an diesem Abend im Palladium Blondie, The Clash, Chic und Fab Five Freddy begegneten, war dies weit mehr als nur ein zufälliges Zusammentreffen. Auch wenn das zu diesem Zeitpunkt keinem der Beteiligten bewusst war: Das Ganze war zumindest symbolisch ein Schulterschluss zwischen Punk, Funk und Hip-Hop, der vorwegnahm, was die kreative Zukunft des Pop bereithielt – neue Musik jenseits breitgetretener Rock-, Soul- und Disco-Pfade, in der sich Pop, Hip-Hop, Punk und Electronic in den folgenden Jahrzehnten auf unterschiedlichste Weise begegnen würden. Einmal mehr war die Subkultur des Ghettos in das Rampenlicht des weißen Showbusiness getreten, und das sollte danach nicht mehr dasselbe sein. Hip-Hop hatte sich nun auf seinen langen Marsch in die Welt des Pop, der Dollars und der Massenmedien begeben, und ein erstes Zeichen, dass er auf seinem Weg vorangekommen war, ließ sich in Gestalt von Blondies Nr.-1-Hit »Rapture« bereits ein Jahr später vernehmen. Bald darauf nahmen auch die echten Bronx-Pioniere Grandmaster Flash und Afrika Bambaata ihre ersten Platten auf.

Chic wiederum lösten sich zwar bald auf, Nile Rodgers aber wurde zu einem der gefragtesten Produzenten der nächsten Jahrzehnte und arbeitete mit David Bowie, Madonna, Mick Jagger und vielen weiteren Pop-Promis. Bernard Edwards steuerte derweil seinen Bass zu Hitproduktionen von Sister Sledge bis Diana Ross bei und trat überdies gelegentlich als Produzent in Erscheinung.

Für The Clash hatten die Auftritte im Palladium ebenfalls gravierende Folgen, die in ihrem Fall freilich mit Hip-Hop nichts zu tun hatten: Pennie Smith, eine Fotografin des englischen Musikmagazins *New Musical Express*, war an beiden Abenden vor Ort und hielt mit ihrer Kamera den Moment fest, als Paul Simonon seinen Bass auf die Bühne schlug. Ihr Schwarzweißfoto, mutmaßlich am ersten Abend aufgenommen, fand Verwendung für das kurz darauf erscheinende dritte Clash-Album LONDON CALLING, eines der bekanntesten Plattencover der Rockgeschichte.

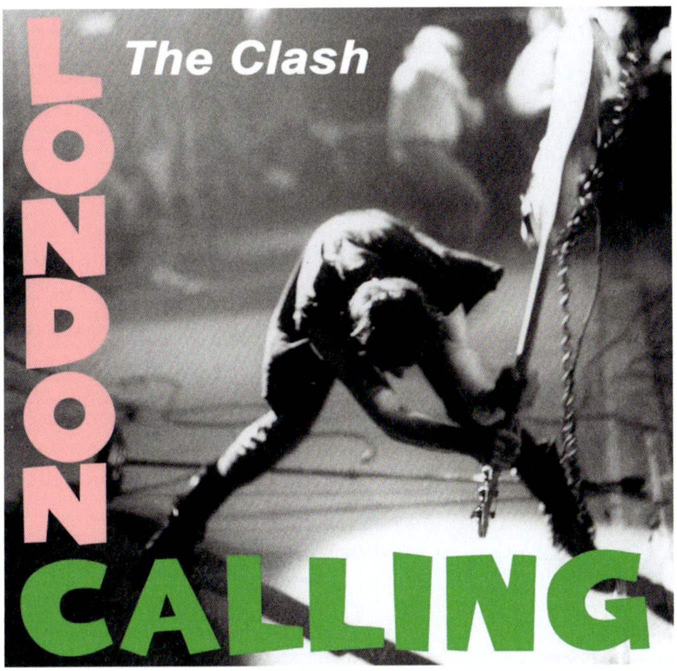

Legendärer Schnappschuss: Pennie Smiths Foto aus dem New Yorker Palladium zierte später das Cover von The Clashs LONDON CALLING.

Auch Fab Five Freddy fuhr die Früchte seiner Pioniertaten ein: Nicht zuletzt durch Blondies »Rapture«, in dessen Videoclip er einen Cameo-Auftritt als Graffiti-Künstler hatte, wurde er zur Berühmtheit, und 1988 übernahm er die MTV-Show *Yo! MTV raps*, weshalb er als erster Hip-Hop-VJ der Geschichte gilt.

Kool Herc aber, der all das losgetreten hatte, blieb nach dem Billboard-Artikel vom Sommer 1978 wie vom Erdboden verschluckt. Manche munkelten von einer Handverletzung, die er sich bei einer Messerstecherei zugezogen und die ihm das Auflegen unmöglich gemacht haben soll. Manche behaupteten, dass er in der sich schnell entwickelnden Kunst des Deejayings nicht mehr mithalten konnte. Zuletzt gesehen wurde er offenbar 1980 als Verkäufer in einem Plattenshop in der Bronx. Ganze 13 Jahre sollte er seitdem praktisch unsichtbar bleiben – erst 1993 tauchte er zu einem Interview mit dem Magazin *The Source* wieder aus der Versenkung auf. Da aber war Hip-Hop längst ein gewichtiger Wirtschaftsfaktor des weißen Popbusiness. In Ermangelung eigener Plattenproduktionen hatte Herc davon allerdings nie etwas gehabt.

Pop 78

23.01.
Tödlicher Irrtum: TERRY KATH, Gitarrist von CHICAGO, schießt sich mit einem Revolver, von dem er glaubt, dass er nicht geladen ist, in den Kopf.

10.02.
Nachdem an diesem Tag das selbstbetitelte Debütalbum der kalifornischen Hardrockband VAN HALEN erschienen ist, sitzen Legionen von Nachwuchsgitarristen daheim vor ihren Stereoanlagen und versuchen, EDDIE VAN HALENS neue Tapping-Technik zu enträtseln.

18.05.
Die Rockmusik feiert einen ihrer Gründer: *The* BUDDY HOLLY *Story*, ein Biopic über den 1959 verstorbenen Popsänger aus Lubbock, Texas, mit Gary Busey in der Titelrolle, kommt in die Kinos und wird später mit einem Oscar für die beste Filmmusik ausgezeichnet.

25.05.
In den Shepperton Studios in London, England, spielen THE WHO ein Konzert, das für die Dokumentation *The Kids are alright* gefilmt wird. Es ist die letzte Show der Band mit Drummer KEITH MOON, der wenige Monate später sterben wird.

02.06.
BRUCE SPRINGSTEEN veröffentlicht sein Album DARKNESS ON THE EDGE OF TOWN.

20.06.
Leadsängerin GRACE SLICK trennt sich von ihrer Band JEFFERSON STARSHIP, nachdem sie tags zuvor bei einem Konzert in Hamburg alkoholisiert auf der Bühne erschienen war und Bandmitglieder sowie Publikum angepöbelt hatte.

29.06.
Bei einem Autounfall auf den Bahamas bricht sich Stargitarrist PETER FRAMPTON mehrere Knochen und erleidet Muskelverletzungen sowie eine Gehirnerschütterung.

29.07.
Mit nur 24 Jahren erliegt GLENN GOINS, Sänger von GEORGE CLINTONS Band PARLIAMENT/FUNKADELIC, einer Lymphdrüsenkrebs-Erkrankung.

30.07.
Die irische Band THIN LIZZY gibt bekannt, dass GARY MOORE den ausgeschiedenen Gitarristen BRIAN ROBERTSON ersetzen wird.

07.09.
THE WHO-Drummer KEITH MOON stirbt in London an den Folgen einer Alkohol- und Tablettenvergiftung.

12.10.
NANCY SPUNGEN, Freundin des SEX-PISTOLS-Bassisten SID VICIOUS, wird im New Yorker Chelsea Hotel tot aufgefunden. Vicious, der sie erstochen haben soll, wird daraufhin festgenommen.

15.10.
Die US-Band TOTO veröffentlicht ihr gleichnamiges Debütalbum.

02.11.
Mit OUTLANDOS D'AMOUR bringen die Engländer von THE POLICE ihr erstes Album auf den Markt.

25.11.
DONNA SUMMER wird die erste Künstlerin, die gleichzeitig die Nr.-1-Position in den Billboard-Album- und den Singlecharts hält.

27.11.
Der erst 15-jährige RICK ALLEN wird Drummer bei der englischen Hardrockband DEF LEPPARD. Bei einem Autounfall wird er 1984 einen Arm verlieren und dennoch weiter in der Band spielen.

31.12.
Wachablösung: MATHIAS JABS ersetzt bei den deutschen SCORPIONS den Gitarristen ULI JON ROTH.

31.12.
Die international erfolgreichsten Singles stammen in diesem Jahr ausschließlich aus dem Disco-Genre: »Stayin' Alive« / BEE GEES, »You're the One That I Want« / OLIVIA NEWTON-JOHN & JOHN TRAVOLTA, »Y. M. C. A.« / VILLAGE PEOPLE, »Rivers of Babylon« / BONEY M. und »Night Fever« / BEE GEES.

79

9. August 1979
Eine Frau zeigt es allen

Neue Wellen, Post-Punk und der Beginn der 80er: Rock zwischen Randale und Restauration

Schwere Sessel, noch schwerere Sofas. Die Ledergarnitur muss ein Vermögen gekostet haben. In der Mitte stehen zwei kleine Holztische. Darauf ein paar Gläser, ein Buch, Salzstangen und zwei massive Aschenbecher, die innerhalb von wenigen Minuten überquellen werden. Wir befinden uns in einem Fernsehstudio des ORF in Wien. Von dort wird an diesem Donnerstag, dem 9. August 1979, die Talkshow *Club 2* gesendet, ein renommiertes Diskussionsformat des österreichischen Fernsehens, das sich mit aktuellen gesellschaftlichen Themen beschäftigt. Heute steht die Frage auf dem Programm: »Was ist los mit der Jugendkultur?« Eingeladen zur Gesprächsrunde sind der Schriftsteller Humbert Fink (44), die Rocksängerin Nina Hagen (24), deren Lebensgefährte, der holländische Gitarrist Ferdinand Karmelk (29), der Lyriker Christian Ide Hintze (25), die deutsche Journalistin Ingeborg Schober (32) und zwei Schüler aus Wien. Die Gesprächsleitung wird Dieter Seefranz (38) übernehmen. Er wird seinen Job am nächsten Tag los sein.

Anlass für das Thema der Sendung ist einerseits der Umstand, dass die sogenannte Jugendkultur, die einst mit den Beatles, Rolling Stones und Bob Dylan ihren Anfang genommen hat, inzwischen in die Jahre gekommen ist. Und neue Entwicklungen geben zu denken. So ist die populäre Disco-Mode gerade bei Rockfans und Angehörigen der Hippie- und Protestgeneration umstritten. Man argwöhnt, dass es der nachgewachsenen Jugend nicht mehr um Inhalte, sondern nur noch um Konsum geht. Und dann ist da der Punk, der mittlerweile auch im deutschsprachigen Raum heftige Wellen schlägt und mit seinem provokanten Nihilismus bei Hippies und Discogängern gleichermaßen auf Unverständnis stößt. Zudem hat das Bundeskriminalamt zwei Tage vor der Sendung eine Statistik vorgelegt, der zufolge der Drogenkonsum in der Bundesrepublik rapide angestiegen sei und seit Jahresbeginn bereits 335 Drogentote zu beklagen sind, fast doppelt so viele wie im gleichen Zeitraum 1976. Man verlangt ein »Sofortprogramm zur Intensivierung der Rauschgiftbekämpfung«.

Es gibt also einiges zu besprechen. *Club 2* wird zwei Mal in der Woche, dienstags und donnerstags, spätabends ab 22.30 Uhr live ausgestrahlt. Dabei ist das Ende offen, und gesendet wird so lange, wie die Diskussion unter den Gästen anhält, im Zweifel bis tief in die Nacht. Die Sendung folgt keiner festgelegten Ablaufroutine. Moderator Seefranz verzichtet darauf, seine Gäste vorzustellen, das sollen die Versammelten selbst übernehmen. Überhaupt: Die nun folgenden rund anderthalb Stunden sind von Spontaneität, Sprunghaftigkeit und kaum vorhandener Gesprächsführung gekennzeichnet – bei heutigen TV-Talk-Formaten undenkbar. So plätschert das Ganze ziellos vor sich hin. Hin und wieder flammen kurz Konflikte auf und kommt es zu hitzigen Wortgefechten, nichts aber, was den Rahmen einer solchen Sendung sprengen würde. Die sachlichsten Beiträge liefern zunächst Fink, ein gelassener und erfahrener Diskutant, und Schober, die einwirft, dass Jugendbewegungen zu allen Zeiten irgendwann Demagogen auf den Leim gegangen seien und dann kollektiv Selbstmord begangen haben, weshalb sie ihr Buch über die Münchener Krautrockband Amon Düül nach einem von deren Albumtiteln *Tanz der Lemminge* genannt habe.

Als völlig unberechenbar erweist sich schon zu Beginn der Gesprächsrunde Nina Hagen. Zunächst hält die Sängerin aus unerfindlichen Gründen einen unleserlich bekritzelten Zettel in die Kamera, dann unterbricht sie die jeweils Redenden, gibt ungefragt Kostproben ihrer selbstgeschriebenen Songlyrik, ihrer Gesangskünste und nicht zuletzt ihrer eigenwilligen und mit den Gepflogenheiten akademischer Diskussionszirkel völlig inkompatiblen Gedankenwelt. Gemeinsam mit Karmelk fläzt sie sich auf dem Sofa und gibt den explosiven Bürgerschreck. Nur mit Mühe gelingt es dem auffällig zurückhaltenden Seefranz, Hagen im Zaum zu halten und ihre Energie für die Sendung zu kanalisieren. Als er sie auffordert, gemeinsam mit ihrem Gitarristen einen ihrer Songs aufzuführen, wird's im Studio laut: Die elektrisch verstärkte Performance führt zu Irritationen in der Runde, da man Hagens Texte bei dem Gitarrenkrach kaum verstehen kann. Dennoch kein Grund zur Aufregung. Der aber kommt dann doch noch.

Nach gut anderthalb Stunden ist Hintze nach eigenem Bekunden bereits zu betrunken, um noch mitreden zu können. Er versucht es dennoch. Die Gesprächsrunde artet in eine Serie unverständlicher, in die Weiten von Zeit und Raum mäandernder Monologe aus. Fast scheint es, als hätten alle Beteiligten längst vergessen, worum es hier eigentlich gehen soll. Plötzlich aber schaltet sich die Hagen wieder ein. Über weite Strecken hat sie sich sichtlich gelangweilt, kaum mehr zu Wort gemeldet und stattdessen mit ihrem Gitarristen geflirtet – nun rüffelt sie den Schriftsteller, der im Zusammenhang mit Frauen und Sex etwas gesagt habe, was ihr offenbar nicht passt. Fink antwortet: »Mich langweilt seit 25 Jahren das Gejeiere der Damen ...« Hagen fährt entrüstet dazwischen: »Das Gejeiere der Damen? Halt's Maul, du Saftsack, depperter! Mensch!« Fink: »Mit Vergnügen!« Hagen: »Ich sag' gerade, ich versuche noch einmal, ihm zu sagen, verstehste, wie wichtig das ist mit Frauen und Orgasmus ...« Fink: »Für die Frauen, nicht für mich!«

Man kommt nicht zueinander, beschimpft sich noch ein bisschen, die Situation aber scheint sich wieder zu beruhigen. Hagen gibt Fink noch ein paar Tipps für die Zeit nach seinem Ableben, die er womöglich in der Hölle verbringen müsse. Fink kontert: »Sie werden da auch rumlaufen – *das* wird die Hölle sein ...«

Hagen kommt in Fahrt: »Ich? Ich komm doch nicht in die Hölle! Ich *bin* doch schon in der Hölle.« Schüchtern hakt der Schüler ein: »Wieso bist du denn in der Hölle?« Hagen antwortet: »Ich versuch' doch gerade, da rauszukommen, indem ich von Woman-Sex erzähle. Indem ich erzähle, dass Frauenorgasmus ja so wichtig ist, dass Frauen sich anfassen müssen ...«

Sie erhebt sich auf dem Sofa, reckt ihr Becken in die Kamera, legt den Finger zwischen ihre Beine und erklärt halb deutsch, halb englisch: »Da in front of, da is the point of Woman-Sex!« Karmelk beugt sich interessiert vor und betrachtet Hagens Demonstration aus der Nähe. »Und wenn Frauen mit den Boys schlafen, dann müssen sie sich hier anfassen ...« Karmelk bläst kurz und kräftig in eine mitgebrachte Trillerpfeife. Hagen gibt noch weitere Tipps, wie es mit dem Woman-Sex besonders gut klappt, streckt ihren Hintern ins Bild und beendet die Vorführung mit der Bemerkung: »Und wenn das Leben schon die Hölle ist, wird es die Hölle erst recht sein!« Dann hält sie inne, fixiert Fink, zeigt mit dem Finger auf den Schriftsteller und schickt noch ein eindringliches »Glaub mir!« hinterher. Der Rest der Versammlung schweigt betreten.

Die Diskussion um weibliche Sexualität dauert keine zwei Minuten, und verfolgt hat sie um kurz vor Mitternacht nach dem zähen Vorspiel wahrscheinlich nur noch ein winziges, unter notorischer Schlaflosigkeit leidendes und gegen jegliche Langeweile immunes Publikum.

Dennoch überschlagen sich am nächsten Tag die Reaktionen in den Medien. Es hagelt entrüstete Presse- und Zuschauerkommentare, und die drei Parteien im österreichischen Parlament fordern, dass beim ORF Köpfe rollen. Moderator Dieter Seefranz wird prompt von der Intendanz seines Postens enthoben und für die Sendung ein strenges Alkoholverbot verfügt. Als sich die Wogen einige Wochen später wieder geglättet haben, wird er begnadigt.

Aus heutiger Sicht mag es erstaunen, doch diese *Club 2*-Ausgabe ging als einer der größten Fernsehskandale der 1970er Jahre in die Geschichte ein. Der an jenem Abend über den öffentlich-rechtlichen Bildschirm geflimmerte Zusammenstoß zwischen konventioneller Abendunterhaltung und wüster Punk-Provokation steht symbolisch nicht nur für einen zentralen bürgerlichen

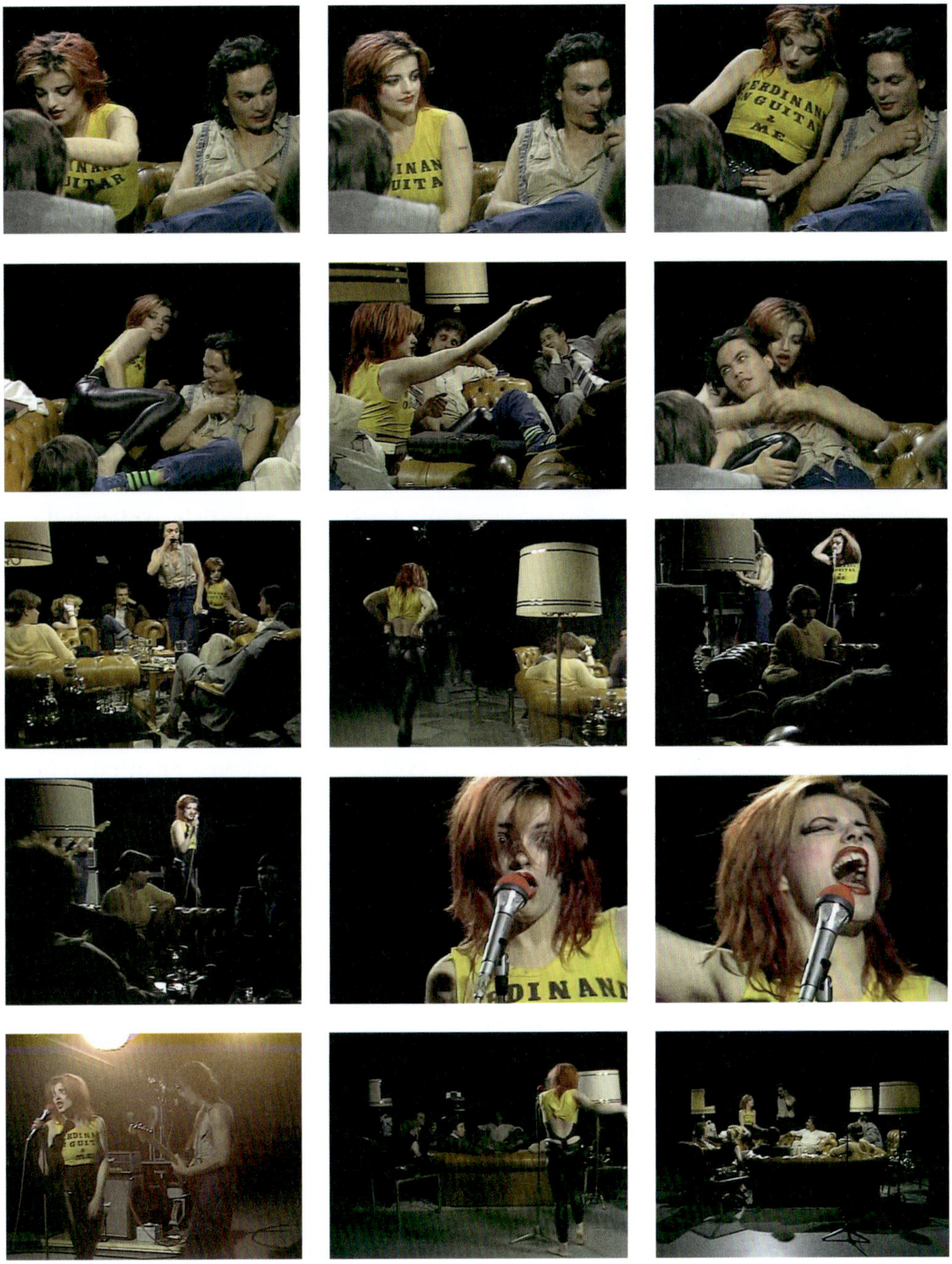

»Glaub mir!«: Zur Freude ihres Lebensgefährten Ferdinand Karmelk und zum Befremden des TV-Publikums zeigt Nina Hagen in der österreichischen *club 2*-Show, wie das mit dem »Woman Sex« geht.

Konflikt der 1970er Jahre, sondern eben auch dafür, dass man vor den subversiven Attacken des Pop und seiner Kohorten nirgends mehr sicher sein konnte, selbst in der akademisch-gemütlichen Biederkeit eines österreichischen Talkshow-Formats nicht. Pop war Teil der Medienfolklore geworden und nutzte sein Waffenarsenal. Nach wie vor verfügte er über potentes Personal, zum Beispiel in Gestalt von Nina Hagen, und das war in der Lage, bürgerliche Behaglichkeit in Sekundenschnelle in einen aufgeregt schnatternden Hühnerhof zu verwandeln. Nicht nur in Österreich und in der Bundesrepublik, auch im angloamerikanischen Raum.

Mit der Jugendkultur war also auch im letzten Jahr der 70er noch jede Menge los – allerdings war der Wind im Begriff, sich zu drehen. Denn genauso gab es den bereits in einem vorangegangenen Kapitel erwähnten Mr. Jones. Er sollte sich als ein Prophet des kulturellen Backlash entpuppen: Die Siebziger gingen zu Ende, und mit ihnen das Zeitalter des Aufbruchs. Bald würde die Restauration übernehmen.

Die Wende

Auch Mick Jones und seine Band Foreigner waren Pop. Allerdings repräsentierten sie das glatte Gegenteil von Nina Hagen. Und auch das Gegenteil des anderen Mick Jones, der bei der englischen Punkband The Clash Gitarre spielte und den musikalischen Brandstifter gab. Bei Foreigner hingegen war Pop in sicheren und verantwortungsvollen Händen. Schließlich befand man sich im Showbusiness, und da ging es primär weder um die Frage, wie Frauen den meisten Spaß beim Sex haben konnten, noch darum, Katastrophen-Szenarios heraufzubeschwören, wie The Clash das auf ihrer im Dezember 1979 veröffentlichten Single »London Calling« taten. Stattdessen standen möglichst hohe Plattenumsätze auf der Agenda. Und für eine Rockband funktionierte das in den 70ern noch immer am besten, wenn es gelang, die Radiodiscjockeys zu überzeugen und den Jungs in der Vorstadt ein cooles Rollenmodell zu liefern, dem nachzueifern sich lohnte. Schwärmen würden deren Schwestern dann ganz von selbst.

Längst war Rock aber auch ein soziales Aufstiegsmodell geworden, und dabei war die Gitarre das Mittel der Wahl. So hatten weiße Männer wie Mick Jones, Tom Scholz (Boston) und David Paich (Toto) parallel zum Aufkommen von Punk und Disco den guten alten Rock quasi idiotensicher für Hitanwendungen und damit fit für die dollar- und glamourverliebten 1980er Jahre gemacht: Ihre Songs wurden kompakter, ihre Rhythmen wuchtiger, die Hooks prägnanter, die Gitarren gradliniger und die Keyboard-Klänge durch Zugabe fetter Synthesizer-Sounds moderner. Die ersten Songs ihrer Bands – »Cold as Ice« von Foreigner, »More Than a Feeling« von Boston und »Hold the Line« von Toto – waren zwischen 1976 und 1978 in den USA allesamt in die Top Five geklettert und hatten sich als Fanfarenstöße für ein neues Genre und Radioformat erwiesen: Adult Oriented Rock (AOR). Womit die genannten Bands plötzlich in derselben Gewichtsklasse antraten wie Softrock-Giganten vom Schlage Fleetwood Mac, Eagles und Elton John. Die Radiomacher jedenfalls waren begeistert. Die Jungs aus der Vorstadt auch.

Bei den Mädchen jedoch hielt sich der Erfolg in Grenzen. Die Gründe waren sozusagen augenfällig: Denn die typischen AOR-Vertreter wie Foreigner,

Toto, Kansas, Styx und Boston kamen ohne echte Starfiguren in ihren Reihen aus. Die beteiligten Musiker verfügten kaum über entsprechende Qualitäten und blieben weitgehend anonym. Dem Erfolg ihrer Musik tat das keinen Abbruch, sie war ein hochprofessionelles Produkt und auf das Charisma profilstarker Persönlichkeiten nicht angewiesen. Produktionen wie Totos »Rosanna« oder REO Speedwagons »Keep on Loving You« beeindruckten mit handwerklicher Brillanz und technischem Imponiergehabe. Hübsche Gesichter brauchten sie nicht. Folglich lächelte Lou Gramm kaum je von einem Poster herab in das Zimmer eines weiblichen Teenagers. Und damit konnte er vermutlich gut leben.

Jede Menge weitere Bands, vor allem in den USA, sprangen nun schnell auf den Zug auf: Veteranen wie Jefferson Starship (ehemals Airplane) und Chicago, junge Hardrocker wie Kiss und Van Halen, versprengte Kräfte aus dem Hippie-, Prog- und Artrock-Lager, darunter Styx, Kansas und Journey; englische Bands wie das Electric Light Orchestra, Supertramp und nicht zuletzt Genesis, die ihren anspruchsvollen Artrock nach Peter Gabriels Abgang 1975 behutsam, aber zielstrebig in Richtung Massenmarkt modifizierten.

Tatsächlich entwickelte die Rockmusik ein rundes Jahrzehnt nach Sgt. Pepper ihren ersten echten konservativen Backlash, und der stand in auffälliger Parallelität zur politischen Wende, die um den Jahrzehntwechsel in den USA, Großbritannien und der Bundesrepublik begann. Die in diesen Ländern amtierenden linken beziehungsweise sozialdemokratischen Regierungschefs wurden nach und nach durch konservative abgelöst. 1979 übernahm in Großbritannien Margaret Thatcher die Regierungsgeschäfte von Labour-Premier James Callaghan, 1980 wurde in den USA der Republikaner Ronald Reagan als Nachfolger des demokratischen Präsidenten Jimmy Carter ins Amt gewählt, und 1982 schließlich löste in der Bundesrepublik die christlich-liberale Koalition von Helmut Kohl das sozialliberale Regierungsbündnis unter Kanzler Helmut Schmidt ab. Lediglich in Frankreich liefen die Dinge anders, dort übernahm 1981 der Sozialist François Mitterrand das Präsidentenamt von seinem konservativ-liberalen Vorgänger Valéry Giscard d'Estaing. Damit hatten die führenden Nationen der westlichen Welt eine konservative Kurskorrektur vorgenommen. Rock tat nun dasselbe.

Punk war 1976 angetreten, um frischen Wind in die Szene zu blasen. Die jungen Wilden hatten für Erneuerung, Aufmüpfigkeit, Energie und Authentizität gestanden. Foreigner und Kollegen dagegen symbolisierten das Bewährte und gediegenen Wohlklang. Punk war wahnsinnig und brannte an beiden Enden, Rock war vernünftig und nichts mehr, woran man sich die Finger verbrennen konnte. Das Rennen um die Charts-Hoheit war 1979 entschieden: Punk verglühte, während Rock nach seinem langen, in den 1960ern begonnenen Marsch durch die Institutionen endlich an den ganz großen Töpfen angelangt war.

Und natürlich hatte er sich dafür schick gemacht, frisiert, parfümiert und in feinstes Tuch gekleidet. Aus dem abgerissenen Rebellen war ein konservativer Businessman in Lederjacke geworden. Sehr viel hatte das damit zu tun, dass die Schlacht an der Ladenkasse nicht mehr nur von Teenagern, sondern von einem Millionenheer junger Erwachsener entschieden wurde, die kaum mehr an Randale und Revolution interessiert waren und stattdessen gehaltvolle Unterhaltung verlangten.

Natürlich ist die Entwicklung an dieser Stelle zugespitzt dargestellt, und freilich gab es zwischen den beiden Polen noch jede Menge Mischformen. Aber die weitere Entwicklung setzte sich in den 1980er Jahren in zwei entgegengesetzte Richtungen fort: Einerseits bildete sich eine neue Rock- und Poparistokratie von geradezu hollywoodesken Ausmaßen, andererseits hinterließ die verebbte Punkwelle einen fruchtbaren Boden, auf dem eine umtriebige Indieszene sprießte, die dem Mainstream fortan als Kreativ-Pool und Nachwuchsreservoir diente. Und natürlich hatte auch das Lager der klassischen Rockmusik zum Ende der 1970er Jahre mehr zu bieten als nur die auf Nummer sicher zielende AOR-Fraktion. Überdies sollte es dem Genre auch in Zukunft an postertauglichen Stars nicht mangeln.

Junge Traditionalisten wie die aus Florida stammenden Tom Petty & The Heartbreakers, die englischen Dire Straits um den Chet-Atkins-Verehrer Mark Knopfler und Mink DeVille mit ihrem Sänger Willy DeVille bewiesen Format als Songwriter und zeigten, dass man bei den Gründervätern, bei Byrds und Beatles, Drifters und Dion DeMucci, andocken und dennoch hochattraktiven, zeitgemäßen Rock 'n' Roll spielen konnte. Die ersten Platten dieser Bands klangen so frisch und unverbraucht, dass sie von weiten Teilen der Rockpresse erst einmal unter »Punk« sortiert wurden. Einzeltätern wie Bruce Springsteen, Bob Seger, Billy Joel und John Mellencamp, die dasselbe traditionelle Feld beackerten, passierte das nicht.

Die australischen AC/DC frönten einem bis auf die nackten Knochen reduzierten Hardrock, der mit volkstümlichen Hymnen wie »Highway to Hell« die Märkte eroberte, während die englischen Motörhead Little Richards Rock 'n' Roll mit Punk- und Metal-Attitüde kreuzten und sich damit trotz zunächst nur mäßiger Verkaufserfolge als ungeheuer einflussreich erwiesen. In den USA begründeten derweil Bands wie die Allman Brothers, Lynyrd Skynyrd, die Marshall Tucker Band und die Ozark Mountain Daredevils ihr eigenes gitarrendominiertes Genre: Southern Rock pendelte zwischen Blues, Country und Jazz, floriert bis in die Gegenwart hinein vor allem auf den Konzertbühnen und kann inzwischen eine große, stolze Tradition vorweisen.

Apropos Country: Nach dem kurzen Aufblühen des Countryrock zu Beginn des Jahrzehnts war der »Blues des weißen Mannes« vom Radar der weißen Rockgemeinde wieder weitgehend verschwunden. Nashville, von jeher Sitz der streng über Sitte, Moral und Anstand wachenden Country-Mafia, war daran eh nie interessiert gewesen. Das hatten auch Projekte wie das der kalifornischen Nitty Gritty Dirt Band nicht ändern können, die 1972 für ihr Triple-Album WILL THE CIRCLE BE UNBROKEN Veteranen der Countryszene zur Zusammenarbeit eingeladen hatte. Herausgekommen war dabei ein Füllhorn mit Traditionals, deren Neuinterpretationen eine Brücke schlugen zwischen dem alten Nashville und der Rocksensibilität einer nachgewachsenen Generation.

Dennoch war Country ein stockkonservatives Genre geblieben, wo sich viele Musiker allerdings zunehmend am herrschenden Stillstand rieben. Männer wie Willie Nelson, Waylon Jennings, Johnny Cash, Jerry Jeff Walker und Townes Van Zandt bildeten Mitte der 1970er Jahre dann auch ihre eigene exklusive Gang, formierten sich zum »Outlaw Movement« und revolutionierten die Szene, indem sie ihre Songs mit Rockelementen anreicherten und von den alten Klischees befreiten.

Ein essentieller Bestandteil des weißen Sixties-Rock war der Blues gewesen. In seinem Dunstkreis brachten es in den 70ern einige, vor allem englische Musiker zu enormer Popularität, allen voran Eric Clapton, Free beziehungsweise Bad Company und Rory Gallagher. Dazu kamen die US-Amerikaner ZZ Top und Johnny Winter. In den Händen von Leuten wie Clapton, Gallagher, Paul Kossoff und Jimmy Page erlebte die Gitarre als Leadinstrument ihre große Blüte. Ab 1977 dann bescherte ihr der Amerikaner Eddie Van Halen quasi im Alleingang einen Innovationsschub, der sie für ihre Zukunft als Wappentier des 80s-Metal präparierte. Die klassischen Gitarrenhelden des Rock hatten aus der Musik afroamerikanischer Bluesmänner wie Muddy Waters, Howlin' Wolf und John Lee Hooker geschöpft. Diese Veteranen erlebten im Fahrwasser der weißen Rockstars nun ihrerseits eine Renaissance und durften sich nach Jahren der Flaute wieder über volle Terminkalender freuen. Wie fruchtbar die Begegnung zwischen Originalen und Schülern auch in den 70ern ausfallen konnte, zeigte beispielhaft das von Johnny Winter produzierte Muddy-Waters-Album HARD AGAIN, das dem Altmeister einen dritten Frühling bescherte.

Am entgegengesetzten Ende des Spektrums operierten Fusion-Musiker wie Chick Corea, Joe Zawinul, Stanley Clarke, Wayne Shorter, John McLaughlin und Herbie Hancock. Die meisten von ihnen hatten ihr Handwerk ein Jahrzehnt zuvor bei Miles Davis gelernt und gelangten nun mit ihren Bands Weather Report, Return To Forever und dem Mahavishnu Orchestra zu überraschendem Popruhm. Ebenfalls dazu zählen konnte man Frank Zappa, der sich in den 70ern über eine beträchtliche Gefolgschaft in der Rockgemeinde freuen konnte. Letztlich aber entzog sich der kalifornische Freigeist mit seiner Musik jeglicher Kategorisierung. Der Jazzrock, wie man das Genre nannte, erlebte jedenfalls eine kurze und kommerziell respektable Blütezeit, die sich zum Ende des Jahrzehnts allerdings wieder erledigt hatte.

Bleibt als letzter wichtiger Impuls des Seventies-Rock der Punk: Im Grunde war er zwar ein 18 Monate währendes Strohfeuer geblieben. Dennoch hatte er auf beiden Seiten des Atlantiks eine neue, kreative Generation von Rockmusikern auf den Plan gerufen. Punk hatte das alte Konzept der Rebellion aktualisiert und Psychedelic, Prog und alles, was am siechen Patienten Rock sonst noch ranzig roch, kurzerhand entsorgt. Er hatte frische Energien freigesetzt, eine neue Ästhetik geschaffen und nicht zuletzt das alte Do-it-yourself-Prinzip wiederbelebt. Zwar hatte sich Punk nun bis auf weiteres in den Underground verabschiedet, trotzdem sollte seine Saat noch reichlich Ernte bringen.

Bayswater ist eines der gepflegteren Viertel in London. Der Stadtteil liegt nördlich des Hydeparks und wird geprägt von großzügigen, in schnurgerader Reihe aneinandergeschmiegten Stadthäusern. Die Fassaden sind weiß oder in hellen Pastellfarben gestrichen, davor sorgen alte Bäume für genügend Grün. Auch auf der Alexander Street und vor Nummer 32. Einen Hort der Anarchie würde in dieser gutbürgerlichen Umgebung niemand vermuten. Nichts anderes aber befindet sich im Sommer 1976 hinter der Schaufensterscheibe des dort untergebrachten Ladenlokals. Bomben werden zwar nicht gebastelt, auch keine finsteren Umsturzpläne ausgeheckt, stattdessen wird etwas viel Wirksameres verkauft: ein Lebensgefühl.

Die Inhaber des Ladens heißen Andrew Jakeman und Dave Robinson, und beide haben schon einiges an Erfahrungen im Showbusiness auf dem Buckel. Jakeman, geboren in Nordlondon, hat in den Sechzigern als Musiker dilettiert und zwischendurch sein Glück als Preisboxer versucht, bevor er das Management von Pubrockern wie Chilli Willi und Dr. Feelgood übernahm. Inzwischen nennt er sich Jake Riviera und ist Dave Robinson über den Weg gelaufen. Der stammt aus Irland, ist ein paar Jahre älter und fast schon selbst Rockgeschichte. Daheim in Dublin hat er den ersten irischen Rockclub gegründet, sich mit Van Morrison angefreundet, die Beatles im Cavern Club fotografiert und die Stones auf einer Irlandtour begleitet. Dann hat er für Jimi Hendrix als Tourmanager gearbeitet, ist mit Eric Burdon durch die USA getourt und hat Leute wie Janis Joplin, Jerry Garcia und Jim Morrison getroffen. Zurück in England, managt er nun Brinsley Schwarz, die im Begriff sind, den Geist aufzugeben, und den Pubrocker Graham Parker.

1976 nehmen Robinson und Riviera Witterung auf: Etwas Neues liegt in der Luft. Die beiden leihen sich von Dr.-Feelgood-Sänger Lee Brilleaux 400 Pfund Startkapital, nisten sich auf der Alexander Street ein und gründen eine Plattenfirma. Sie besorgen ein paar Sperrmüllmöbel, ausgemusterte Flugzeugsitze und einen Schreibtisch, auf dem der Choleriker Riviera bald schon einige böse Macken hinterlassen hat, da er im Eifer des Gesprächsgefechts gerne mit einem Vorschlaghammer auf die Tischplatte schlägt. Die Jungunternehmer nennen ihre Firma Stiff Records, frei übersetzt etwa: »Rohrkrepierer-Schallplatten«.

Wenn es denn überhaupt eine strategische Überlegung hinter dieser Firmengründung gibt, dann lässt sie sich etwa so formulieren: Punk ist eine prima Sache, bei der die Sex Pistols für Gehör und The Clash für die Ideologie sorgen mögen. Einer aber muss sich auch um den Pop respektive den Spaß kümmern – und das wird Stiff tun. Wichtigster Mann in diesem Zusammenhang ist der hochaufgeschossene ehemalige Brinsley-Schwarz-Bassist Nick Lowe. Er ist nicht nur ein überaus begabter Songwriter, er kennt sich auch am Studiomischpult aus, was ihn als Musikalischen Direktor des Labels qualifiziert. Im Stadtteil Islington betreibt Robinson über dem Hope & Anchor Club ein kleines Tonstudio, und dort ist Lowe von nun an der unbestrittene Chef. Er sorgt dafür, dass die Sache mit dem Pop nicht zu kurz kommt, denn er hat, wie Chrissie Hynde berichtet, »für Punk nichts übrig«[1]. Lowe ist im tiefsten Grunde seines Herzens ein Rocker, und die prinzipiell aggressive Haltung des Punk ist ihm so fremd wie dessen musikalischer Dilettantismus.

Die erste Stiff-Platte erscheint am 14. August 1976 und stammt vom Meister selbst: Nick Lowes Solodebüt »So it Goes« trägt schon in der Bestellnummer den anarchischen Geist des Labels: BUY1. Das geneigte Publikum sorgt zwar nicht gleich dafür, dass die Platte in die Charts klettert, aber es kommt der Aufforderung insoweit nach, als genügend Geld in die Stiff-Kasse fließt, um die nächsten Platten zu produzieren. Schon die Stiff-Single mit der Bestellnummer BUY6, erschienen am 22. Oktober, schreibt Geschichte: »New Rose« ist die erste englische Punk-Platte, ihre Urheber The Damned sind die erste Punkband mit Plattenvertrag, und das vier Monate später folgende Album DAMNED, DAMNED, DAMNED ist das erste Punkalbum im Königreich.

Zu den Künstlern, die allein in den ersten 18 Monaten bei Stiff Platten veröffentlichen, gehören die Tyla Gang, Motörhead, Pink Fairies, The Adverts, Wreckless Eric und Ian Dury, der dem Label im Herbst 1978 mit »Hit Me With Your Rhythm Stick« die erste Goldauszeichnung einbringen wird. Überhaupt beweist Stiff in seiner rund zehnjährigen Geschichte eine auffällige Hitnase: Von den insgesamt 259 veröffentlichten Singles werden etwa ein Viertel in den Charts notiert und 22 davon entweder mit Silber oder Gold ausgezeichnet. Von den 63 Stiff-Alben geht ein Drittel in die Charts, und 22 gewinnen Gold oder Silber. Die Quote kann sich nicht nur sehen lassen, sie ist sensationell – Pop Mission accomplished! So nimmt es nicht wunder, dass Stiff zu einem der entscheidenden Initiatoren für eine Schwemme neuer, hyperaktiver Indie-Labels wird. Wobei Riviera und Robinson auch Maßstäbe in Sachen Vermarktung und Promotion setzen. Über die Bestellnummern hinaus lassen sich die Stiff-Macher für fast jede Veröffentlichung witzige und provokative Slogans einfallen, deren berühmtester lautet: »If it ain't Stiff, it ain't worth a fuck!« Gerne veröffentlichen sie auch mal Singles mit zwei B-Seiten, was sie dann augenzwinkernd und großspurig als »künstlerischen Durchbruch« feiern.

Der wohl wichtigste Musiker, den Stiff entdeckt, ist ein 21-jähriger Familienvater, der da noch hauptberuflich als Datentypist in einer Computerfirma arbeitet: Er nennt sich Declan Patrick MacManus und ist einer dieser Einzelgänger, die nur alle Jubeljahre mal auftauchen. Mit seiner Intellektuellen-Brille sieht er definitiv nicht wie ein Popstar in spe aus. Irgendwann im Herbst 1976 reicht McManus seine Demos bei dem gerade gegründeten Label ein. Mit Punk hat seine Musik freilich nichts am Hut, im Gegenteil, es handelt sich um Songs, die mehr an alte Tin-Pan-Alley-Tage als an das Gepolter im 100 Club erinnern.

Aufgenommen hat sie MacManus mit einem Revox-Tonband im Schlafzimmer der winzigen Wohnung, in der er mit Frau und Sohn lebt. Bei Stiff ist man zwar nicht wirklich begeistert, glaubt aber, dass der Bursche als Songwriter über ein gewisses Talent verfügt. Also bietet man sein Material Dave Edmunds an, mit dem Nick Lowe zu dieser Zeit bei Rockpile spielt (eine Band, um die sich Stiff und das Swan-Song-Label von Led Zeppelin ausdauernd streiten, was Rockpile letztlich die Karriere kostet). Edmunds aber weiß nicht recht, was er damit anfangen soll, und so schlägt Riviera MacManus vor, ein paar Songs professionell zu produzieren, um sie dann anderen Künstlern leichter schmackhaft machen zu können. Das Ergebnis der von Lowe beaufsichtigten Aufnahmesessions aber gerät so überzeugend, dass der junge Mann letztlich grünes Licht für ein ganzes eigenes Album bekommt.

Dazu verpasst man ihm einen neuen Namen: Elvis Costello. Und ein neues Image: Zu Teddyboy-Jeans und Bürosakko trägt er nun eine überdimensionale Hornbrille, und sogar seine Gitarre ist etwas Besonderes. Costello spielt eine Fender Jazzmaster. In Fachkreisen wird das Instrument als Billiggitarre belächelt, und in Costellos Händen symbolisiert es eine gewisse Antihaltung und Liebe zum Skurrilen. Tatsächlich werden die bauähnlichen Fender-Modelle Jazzmaster, Mustang und Jaguar in Indie- und Alternative-Kreisen nun immer beliebter (auch Kurt Cobain von Nirvana wird zehn Jahre später eine Jaguar spielen). Costello selbst macht sich über die Inszenierung nicht allzu viele Gedanken:

> Es gab in diesen Tagen Leute mit verrückteren Namen. Bis zum August 1977 [dem Monat, in dem Elvis Presley starb] jedenfalls dachte ich nicht weiter darüber nach. Außerdem schien es, dass die Kamera mich umso lieber mochte, je spießiger ich aussah.[2]

Im Winter 1976/77 starten die Aufnahmen für Costellos Debütalbum. Aufgenommen wird MY AIM IS TRUE im klitzekleinen Pathway Studio in Islington, einer Art musikalischem Kreißsaal der englischen Punk- und New-Wave-Szene. Hier nehmen u. a. The Damned, Sham 69, Siouxsie & The Banshees, Lene Lovich, Madness, The Motors und Dire Straits ihre ersten Platten auf. Begleitet wird Costello bei den Sessions von einer amerikanischen Band namens Clover, aus der später Huey Lewis & The News wird. Clover leben zu dieser Zeit in Headley Grange, jenem Landhaus, wo Jahre zuvor schon Led Zeppelin gearbeitet haben. Costello und Clover proben dort für die Aufnahmearbeit.

Mit »Less Than Zero« bringt Stiffs neuer Mann am 11. März 1977 die erste Single auf den Markt. MY AIM IS TRUE folgt im Juli. Beides, Album und Single, werden zunächst nicht beachtet. Immerhin kann Costello seinen »nervtötenden«[3] Brotjob aufgeben, da Stiff sein bescheidenes Gehalt übernimmt. Dazu bekommt er einen Vorschuss in Höhe von »150 Pfund, einem neuen Kassettenrekorder und einem kleinen, batteriebetriebenen Vox-Übungsverstärker«[4]. Musikalisch bedient er sich in allen Töpfen, vom Country über Rockabilly, Soul und Hardrock bis hin zum Brillbuilding Pop – je nachdem, was er für seine cleveren Songs gerade braucht. Textlich erweist er sich als brillanter Beobachter mit geschliffener Sprache. In »Less Than Zero« zum Beispiel ätzt er gegen Oswald Mosley, der in den 1930er Jahren die englische Nazi-Partei geführt hat und

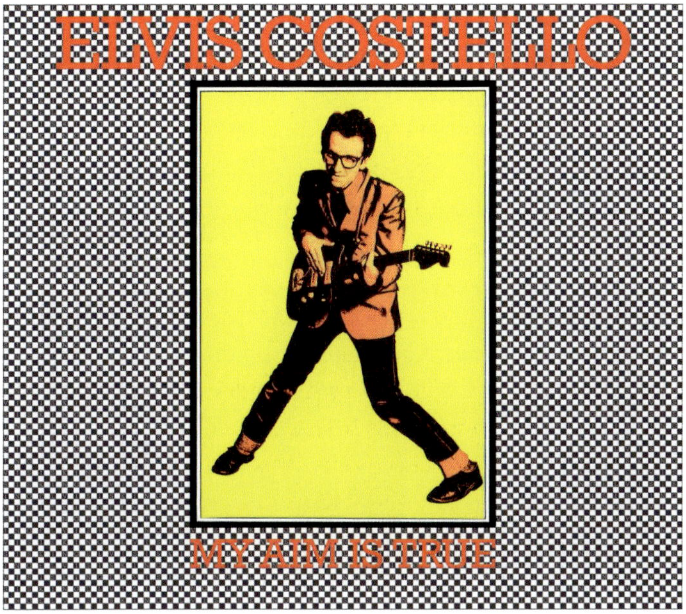

Anti-Star mit Zukunft: Elvis Costello veröffentlichte sein Debütalbum MY AIM IS TRUE 1977 bei Stiff Records.

1976 von der BBC eines TV-Interviews für würdig befunden wird, das der Sänger sieht. Costellos Ton ist Punk pur, und doch weist er schon auf diesem ersten Album weit über die Grenzen des Genres hinaus.

Die gemeinsame Geschichte von Jake Riviera und Dave Robinson endet freilich schon zu Beginn des Jahres 1978, als Ersterer zusammen mit Nick Lowe und Elvis Costello Stiff verlässt. Riviera gründet daraufhin Radar Records, wo neben denen von Costello und Lowe (JESUS OF COOL) bald auch Platten von La Düsseldorf, Pere Ubu und der Pop Group erscheinen werden. Robinson landet derweil bei Stiff zunehmend Charterfolge, zunächst mit Ian Dury und Rachel Sweet (»B-A-B-Y«), dann mit Jona Lewie (»You'll Always Find Me in the Kitchen at Parties«) und Madness (»One Step Beyond«). Als Stiff 1983 von Island Records gekauft wird, hat es einen kleinen feinen Katalog angehäuft, der nichts weniger als die Spaßabteilung des Post-Punk repräsentiert und den Beginn einer reichen musikalischen Blüte dokumentiert, die im Ergebnis im neuen Jahrzehnt sogar zu einer neuerlichen British Invasion auch in den USA führen wird (New Romantic etc.).

Die noch immer zornige, aber auch hedonistische Haltung der Post-Punk-Generation soll Elvis Costello einmal mit folgendem Spruch auf den Punkt gebracht haben: »Ich weiß nicht einmal, was ich will, aber darum geht es nicht – es geht darum, dass ich es jetzt will!« Besser ließ sich das Lebensgefühl, das Stiff mit seinen Platten verkaufte, und letztlich das der ganzen britischen New Wave nicht zusammenfassen. Die Musik dieser jungen Generation zündete ein Feuerwerk von Ideen, Melodien und Emotionen, und sie enthielt Reminiszenzen an die guten alten Sixties, aber auch aberwitzige Kombinationen aus Metal,

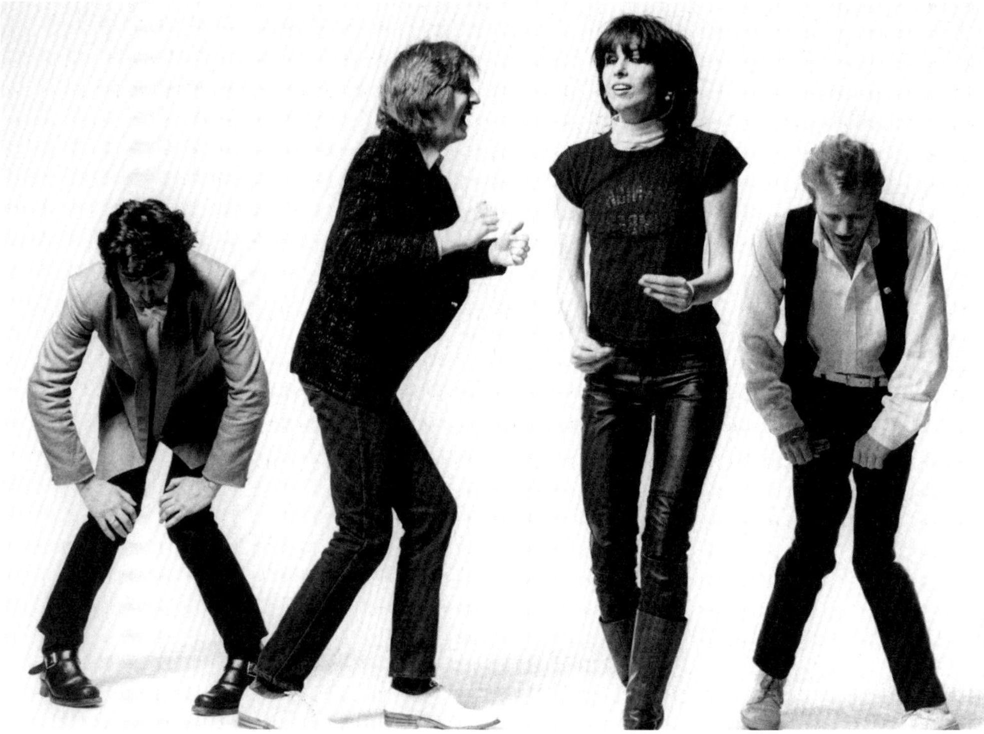

New-Wave-Traditionalisten: Die englischen Pretenders in der Originalbesetzung mit Peter Farndon, James Honeyman-Scott, Chrissie Hynde und Martin Chambers (v. l.)

Reggae, Ska, Electro und Chanson. Alles ging, alles machte Spaß, in der Regel war es in drei Minuten gesagt, und zwischen den Zeilen schwang nicht selten eine gehörige Portion trockenen englischen Humors mit – zuweilen auch nackter Sarkasmus wie etwa im Titel der Buzzcocks-Single »Everybody's Happy Nowadays« vom Februar 1979.

Der Geist des Punk war also immer noch präsent, mittlerweile aber hatten sich die Musiker auch darauf besonnen, dass ein vierter Akkord nicht automatisch mit Verrat gleichzusetzen war und womöglich sogar weiterhelfen konnte. Auch Chrissie Hynde, die zum harten Kern der Punkclique um Malcolm McLaren, Johnny Rotten und Sid Vicious gehört hatte, 1979 mit ihrer Band The Pretenders aber einen deutlich an den Sixties orientierten Rockstil kultivierte, sah zunächst den Wald vor lauter Punk-Bäumen nicht:

> Ich war so sehr der Punk-Ethik verhaftet, dass ich mich überhaupt nicht daran erinnerte, was einen guten Gitarristen ausmachte. Die Magie, die Meister wie Jim McCarty, Buzzy Feiten, Jeff Beck oder Jimmy Page aus ihren Fingerspitzen strömen ließen, hatte ich ebenso vergessen wie das transzendentale Gefühl, das mich überkommen hatte, als Mick Ronson beim Gig mit Bowie das Dach der Music Hall von Cleveland wegblies.[5]

Ihr Gitarrist James Honeyman-Scott (1956–1982) brachte sie wieder auf den Geschmack, und so wurde THE PRETENDERS mit dem von Nick Lowe produzierten Singlehit »Stop Your Sobbing« zu einem der überzeugendsten Debüts in der Geschichte der britischen Rockmusik.

Neue Stile für die Zukunft

Sosehr die Pretenders in ihrer Haltung dem Punk verpflichtet waren, so sehr repräsentierten sie im musikalischen Spektrum der New Wave den konservativen Flügel. Kein Wunder, schließlich war die gebürtige Amerikanerin Hynde in ihrer Jugend von der dortigen Musikkultur geprägt worden, die auf Blues, Country und schwarzen Soul gründete. Insofern war ihr Ansatz als Songwriterin automatisch ein traditionellerer als etwa der von John Lydon, der nach den Pistols die Gruppe Public Image Ltd gegründet hatte, mit der er herkömmliche Punk- und Rockmuster dekonstruierte und für Avantgarde-Elemente öffnete.

Unterm Strich war New Wave eine Bezeichnung, die im Grunde alles meinte, was an jungen Musikern seit Beginn des Punk aktiv geworden war. Bereits in der Mitte des Jahrzehnts war der Begriff durch die Musikpresse gegeistert, und CBGB-Chef Hilly Crystal hatte schon 1974 einen der ersten Auftritte von Television mit der Bemerkung kommentiert: »Ich denke, das ist der Beginn einer neuen Welle.«[6] Nach und nach ersetzte New Wave als Genrebezeichnung Punk, zum einen, weil sich damit auch viele Bands fassen ließen, die zwar zur jungen Musikszene zählten, jedoch nicht wirklich Punk machten, zum anderen aber auch, weil man, vor allem in den puritanischen USA, Punk für ein für Marketingzwecke ungeeignetes, da negativ besetztes Wort hielt (»punk« bedeutet im Deutschen etwa »armselig« oder »schäbig«). New Wave erschien da eleganter und unverfänglicher.

Folglich reichte das Spektrum von Television bis Public Image, von den Pretenders und Blondie bis zu Joy Division und The Wire, von den Boomtown Rats und The Clash bis hin zu Steel Pulse und Madness, Elvis Costello, XTC und den Romantics. Sie alle verband der Umstand, dass sie erst im Zuge der Punk-Revolte ins Licht der Öffentlichkeit getreten waren und spürbar frischer, energischer und aggressiver ans Werk gingen als die etablierte Rockaristokratie.

Wenn man versucht, die stilistische Vielfalt des Pop im Jahr 1979 zu sortieren, fällt auf: Die beiden kommerziell erfolgreichsten Trends der 1970er Jahre, Softrock und Disco, waren mit Ablauf der Dekade künstlerisch auserzählt. Sie hatten sich weitgehend erledigt und gingen nun auf in neuen Stilen.

Die Musik der Zukunft war zwar ebenfalls in diesem Jahrzehnt geboren worden, sie stammte aber weder von ABBA noch von den Bee Gees: Die musikalischen Trends, die sich nun dauerhaft durchsetzen würden, waren Hip-Hop, Electro-Synth-Pop, Heavy Metal, Soul und Punk. Dabei überlebte Letzterer weniger als Musikstil denn als künstlerische Haltung. Auch wenn die ersten Breakdancer in Gestalt der Electric Boogaloos schon 1979 in Don Cornelius'

Soul Train gesichtet wurden (wo sie eine sonderbare Schrittfolge namens »Backslide« vorführten, die eine Illusion von Rückwärtslaufen vermittelte, was wiederum *Soul Train*-Zuschauer Michael Jackson auf eine Idee brachte – er ließ sich die später als »Moonwalk« berühmt gewordene Tanzfigur 1982 von *Soul Train*-Tänzer Jeffrey Daniel beibringen) – Hip-Hop brauchte ein ganzes Jahrzehnt, bis er es aus den Ghettos dauerhaft in die schöne Glitzerwelt der Charts geschafft hatte. Seitdem aber ist er zur Leitkultur des amerikanischen und längst auch des europäischen Pop geworden. Acts wie Public Enemy und NWA erschlossen dem Rap gegen Ende der 1980er Jahre neue Themen und damit auch gesellschaftliche Relevanz. Diese New School führte in den Neunzigern zum kommerziell extrem erfolgreichen Gangsta-Rap und ging schließlich in einem Hybriden aus Neo-R&B, Electro und Hip-Hop auf, der den Kern des Gegenwartspop bildet.

Auf ähnliche Weise hat der Einfluss der elektronischen Musik die populäre Musikkultur durchdrungen. Schon um die Wende in die 1980er Jahre spielte die synthetische Klangerzeugung mit Synthesizern und frühen Drumcomputern wie Rolands TR 808 und Linns LM-1 eine bedeutende Rolle, etwa im Synth-Pop von OMD, Depeche Mode, Gary Numan und Soft Cell sowie in den Arbeiten von Pionieren wie Jean-Michel Jarre und Vangelis. Gegen Ende des Jahrzehnts wurden auf dieser Grundlage ganze Stile wie House und Techno gegründet. In den 1990ern weitete sich das Electro-Genre explosionsartig aus. Das Spektrum reichte von Eurodance und Drum 'n' Bass bis Trance. Spätestens mit Beginn des neuen Millenniums war Electro zum Standard-Tool des Mainstream-Pop geworden.

Soul und Funk dagegen transformierten sich in die urbane Welt des Neo-R&B, deren einflussreichste Kräfte in den 1980er Jahren Michael Jackson, Prince und Whitney Houston wurden. Jackson hatte bereits 1979 mit seinem ersten echten Soloalbum OFF THE WALL, das mit Hilfe der Jazzkoryphäe Quincy Jones entstanden war, die Basis für seinen späteren Triumphzug geschaffen. Und Prince war in ähnlicher Mission unterwegs, bot aber eine rauere und mehr vom Funk genährte Variante. Whitney Houston indes repräsentierte einen neuen Typus der Souldiva, der heute in Beyoncé Knowles seine Vollendung gefunden hat.

Der Heavy Metal, eigentlich eine Schöpfung der frühen 1970er Jahre und der klassischen Rockattitüde verbunden, erlebte um die Jahrzehntwende eine erstaunliche Renaissance: In den USA traten junge Musiker wie Van Halen und Mötley Crüe auf den Plan, die ihren Hardrock mit Elementen des Glam und einer neuen amerikanischen Trash-Ästhetik kreuzten und damit das Feld für den Sleaze Rock von Bands wie Guns N' Roses bereiteten. In England dagegen übernahmen Musiker und Bands aus der Hardrock-Szene Ästhetik und Haltung des Punk und sorgten damit für eine beschleunigte und um einige Grade gehärtete Version der alten Formeln von Led Zeppelin, Deep Purple, Black Sabbath. Unter der Führung von Judas Priest, Def Leppard, Iron Maiden und Saxon übernahm die »New Wave of British Heavy Metal« das Kommando. Nachhaltig beeinflusst wurde der gitarrendominierte Metal 2.0 beiderseits des Atlantiks durch die neue JCM800-Gitarrenverstärker-Generation von Marshall, die federführend von Eddie Van Halen entwickelte Superstrat sowie die neue Spieltechnik des zweihändigen Tappings und die Klassik-Elemente, die im Repertoire des kurzzeitigen Ozzy-Osbourne-Gitarristen Randy Rhoads eine tragende Rolle gespielt hatten. All dies bedeutete den Startschuss für eine Diversifizierung des Metal in eine beinahe unüberschaubare Menge von Subgenres, die bis in die Gegenwart hinein lebendig geblieben sind.

Bleibt der Punk. Nach der ersten 1978 bereits verebbenden Welle kam es in England zu einem regelrechten Band-Boom. Die versierteren und progressiven Kräfte des Post-Punk, darunter Joy Division aus Manchester, ihr Nachfolgeprojekt New Order, The Police, The Jam und die amerikanischen Talking Heads, öffneten sich für neue Einflüsse, zum Beispiel Soul, Electro, World Music und Reggae. Legionen junger Gruppen – die bekanntesten von ihnen sind neben den schon genannten Killing Joke, Wire, Psychedelic Furs, Magazine und The Fall – steckten das Spielfeld für die New Wave der frühen Achtziger ab. So legten sie die Grundlagen für New Romantic, Gothic und Synth-Pop. Dabei sorgten sie fast nebenbei dafür, dass sich Metropolen wie Manchester, Birmingham und Liverpool erstmals nachhaltig gegen London, das traditionelle Popzentrum des Königreichs, behaupten konnten.

Seitdem erlebte Punk immer mal wieder ein Revival, etwa in den 1990ern mit Gruppen wie Social Distortion, Green Day und anderen. In erster Linie aber inspirierte er mit dem Grunge die wohl letzte wirklich relevante Aktualisierung der alten Rockformeln, die in den frühen Neunzigern Nirvana, Pearl Jam und Soundgarden berühmt machen sollte. Und natürlich gehört er im weiten und beinahe unüberschaubaren Feld der Indieszene noch immer zur gern gepflegten Etikette und sorgt dort für die nötige Glaubwürdigkeit, wenn es darum geht, Unabhängigkeit und jugendliche Rebellion zu artikulieren.

Königreich in der Krise

Der 3. Mai 1979 ist in Großbritannien ein ungewöhnlicher Donnerstag: Die Untertanen Ihrer Majestät wählen ein neues Unterhaus, Mick Jagger erscheint wegen seiner Scheidung von Ehefrau Bianca vor einem Londoner Gericht, und im Moonlight Club in London-Hampstead gibt eine noch weitgehend unbekannte Band ein Konzert. Letzteres ist zwar alles andere als ungewöhnlich für den Großraum London, wo an jedem Wochentag Dutzende von Bands auf großen, kleinen und noch kleineren Bühnen stehen. Die wenigsten von ihnen allerdings erhalten nach ihrem Gig ein Vertragsangebot von einer renommierten Plattenfirma, in diesem Fall Chrysalis Records. Die Gruppe, die ursprünglich aus Coventry stammt, besteht aus sieben Musikern, von denen zwei afrokaribischer Herkunft sind. Ihre Musik ist das neueste heiße Ding in der Szene, eine aufgedrehte, durch die Befindlichkeiten der Generation Punk gefilterte Variante des guten alten jamaikanischen Ska. Bis vor wenigen Wochen hat sich die Band noch The Special AKA genannt. Eine Platte hat sie noch nicht herausgebracht, dafür aber ist sie schon mit ihren Bewunderern The Clash auf Tournee gewesen. Inzwischen hat ihr Mastermind, der 23-jährige Keyboarder Jerry Dammers, jedoch ein eigenes Label namens 2-Tone Records gegründet, auf dem die Gruppe, die sich inzwischen The Specials nennt, am nächsten Tag, dem 4. Mai, ihre Debütsingle »Gangsters« veröffentlichen wird.

Mit den Chrysalis-Leuten kommt man trotzdem ins Geschäft. Der ungewöhnliche gemeinsame Deal sieht vor, dass die Firma pro Jahr 15 Singles finanziert, von denen mindestens zehn veröffentlicht und vertrieben werden sollen. »Gangsters«, das für 2-Tone nur in einer kleinen Auflage gepresst wurde, wird im Juli von Chrysalis erneut veröffentlicht und knackt danach auf Anhieb die englischen Top Ten.

Im Oktober bringt die Band ihr von Elvis Costello produziertes Debütalbum heraus. THE SPECIALS wird ebenfalls ein Top-Ten-Erfolg, über den die US-Journalistin Jo-Anne Greene schreibt, dass es perfekt das Gefühl »von Großbritannien 1979, einer unglücklichen Insel kurz vor der Explosion«, eingefangen habe. The Specials haben es geschafft, »all den Zorn, die Verdrossenheit und Bitterkeit jener Zeit in ihre Musik hineinzugießen«[7]. Und die BBC wird im Jahr 2008 konstatieren:

> Um die Wirkung dieser Speerspitze des Ska-Revivals im frühen Thatcher-England zu verstehen, muss man sich nur einmal vorstellen, etwas so Linksgerichtetes und doch Angemessenes würde heute geschehen. Es war, als wären in unserer globalen wirtschaftlichen Kernschmelze plötzlich die alten Dust-Bowl-Balladen [Woody Guthries Songs über die verzweifelten Farmer in Zeiten der Depression] wieder hip.[8]

Ganz klar, die Specials mit ihren Rude-Boy-Anzügen und Trilby-Hüten sind auf einer Mission: Schon das Logo ihres 2-Tone-Labels steht mit seinem schwarzweißen Schachbrettmuster gegen jeden Rassismus und für die Gleichberechtigung der afroamerikanischen und -karibischen Bevölkerung. Ihre Songs erzählen, wie es sich da draußen im von der Dauerkrise gebeutelten Land, in dem junge Leute nichts zu melden haben, so lebt. Nicht umsonst benennt sich eine andere, aus Birmingham stammende Ska- und Reggaeband zur gleichen Zeit nach dem Formular für die Arbeitslosmeldung: UB40 (Unemployment Benefit Form 40). Die Songs der Specials jedenfalls werden den weiteren Gang der Dinge in Albion begleiten.

Einer der zentralen Songs ihres ersten Albums und der Opener einer jeden Specials-Show, auch der vom 3. Mai, heißt »Dawning of a New Era«. Und genau das geschieht: Eine neue Ära dämmert herauf. Am Abend jenes 3. Mai 1979 ist nicht nur Mick Jagger in Sachen Scheidung einen Schritt weiter, auch ist die 53-jährige Margaret Thatcher, Oppositionsführerin und Chefin der Konservativen Partei, ab jetzt Premierministerin. Ihre politische Karriere hat die studierte Chemikerin und Steueranwältin in den 1950er Jahren als konservative Kandidatin im Wahlkreis Dartford begonnen, wo zur selben Zeit die späteren Rolling Stones Mick Jagger und Keith Richards aufwuchsen. Im Lauf der Jahre hat sie sich bei den Torys durchgesetzt, nicht zuletzt, weil sie im Umgang mit ihrer männlichen Konkurrenz alles andere als zimperlich verfährt. Nun hat sie die Wahl gewonnen, und das verdankt sie vor allem dem Umstand, dass das ruhmreiche Königreich auf dem letzten Loch pfeift. Journalisten sprechen vom »kranken Mann Europas«, und in der Tat erschrecken die Fakten: Schon zu Beginn des Jahres 1977 hat das Land vor dem Bankrott gestanden, ein Milliardenkredit vom Internationalen Währungsfonds war nur unter der Auflage eines streng überwachten Sparkurses bewilligt worden – eine Demütigung für eine ehemalige Weltmacht wie England. Seitdem ist es nicht besser geworden: Die Inflationsrate beträgt 1977 verheerende 17 %, und entsprechend hoch fallen die Lohnforderungen der Gewerkschaften aus. Die Labour-Regierung unter Premierminister James Callaghan bekommt das Problem trotz eines Deals mit den mächtigen Gewerkschaftsbossen nicht in den Griff. Im Gegenteil, das Land scheint im Winter 1978/79 in einer Flut von Streiks zu versinken. In den Ford-Werken wird volle zwei Monate lang nicht gearbeitet – mit dem Ergebnis, dass die Unternehmensleitung sich auf eine Lohnerhöhung von 16 Prozent einlassen muss, um weiteren Schaden von der Firma abzuwenden. Wochenlang streiken auch die Müllmänner, was zu regelrechten Müllhalden in Straßen und Parks führt. Sogar die Totengräber setzen ihren Dienst aus. Mit Recht kann man, wie es die Presse tut, von einem »Winter of Discontent« (»Winter des Missvergnügens«) sprechen.

Als der Frühling kommt, muss Callaghan zurücktreten. Und Thatcher nutzt ihre Chance. Sie hat nichts weniger vor als »Great Britain great again« zu machen, wie man überall lesen kann. Ihr Credo: Nur rabiate Maßnahmen helfen. Und die Schuldigen an der Misere sind ebenfalls schnell ausgemacht. Im März 1982 lässt sie wissen: »Wir ernten, was in den Sechzigern gesät wurde: Modische Theorien und freizügiges Geschwätz haben dazu geführt, dass die Gesellschaft alte Werte wie Disziplin und Zurückhaltung verunglimpft.« Die »Eiserne Lady« macht sich an die entsprechenden Aufräumarbeiten. Bis 1990 bleibt sie im Amt, und in dieser Zeit bricht sie die Macht der Gewerkschaften, privatisiert große Teile der staatlichen Wirtschaft, weicht die Arbeitsgesetzgebung auf und fördert eine Deregulierung der Finanzmärkte. Kurzum: Als erste Regierungschefin einer westlichen Industrienation ebnet sie den Weg für neoliberale Wirtschaftsideen. Damit verordnet sie ihrem Land eine wahre Rosskur, 1980 verzeichnet Großbritannien ein Minuswachstum von 2 %, eine Inflationsrate von 16,8 % und eine Arbeitslosenquote von 7,1 %. Die Folge ist ein merklich sinkender Lebensstandard, gerade auch in den unteren Schichten der Bevölkerung.

Als sich die Originalbesetzung der Specials, die inzwischen zur neben Madness bekanntesten englischen Ska-Revival-Band aufgestiegen ist, 1981 auflöst, bringt die Gruppe noch eine letzte gemeinsame Single heraus, es ist ihre beste. Und sie beschreibt den Zustand des Königreichs und seiner verwahrlosten, von Arbeitslosigkeit, Kriminalität, Depression und im Sommer 1981 obendrein gewalttätigen Rassenunruhen gebeutelten Industriestädte so ungeschminkt wie kaum ein Song sonst: »No job to be found in this country, can't go on no more, the people getting angry, this town is coming like a ghost town« (»Kein Job zu finden in diesem Land, kann nicht mehr weitermachen, die Leute werden sauer, diese Stadt kommt daher wie eine Geisterstadt«). Natürlich klettert »Ghost Town« auf Platz eins in den englischen Singlecharts.

Der geschiedene Mr. Jagger übrigens schließt wenig später in New York mit dem Entertainmentriesen CBS zwei Verträge ab: einen für seine Band über die damalige Rekordsumme von 28 Millionen US-Dollar für vier Alben – und heimlich einen weiteren für sich selbst als Solokünstler. Für ihn und seinesgleichen gilt, was für diejenigen, die zu The-Specials-, Pretenders- und The-Clash-Shows pilgern, ganz gewiss nicht galt: Crisis? What crisis?

Frische Berliner Luft

Vier der wichtigsten Alben, die Ende der 1970er Jahre den Kurs in die 1980er Jahre vorgaben, wurden in einer Metropole aufgenommen, die mit dem Song von der Geisterstadt ebenso hätte gemeint sein können. Sie war grau, einigermaßen verwahrlost, alles andere als ein sicheres Pflaster, wirtschaftlich isoliert und auf staatliche Subventionen angewiesen, um überhaupt als Gemeinwesen überleben zu können. Das Tonstudio, in dem LOW und HEROES von David Bowie sowie LUST FOR LIFE und THE IDIOT von Iggy Pop 1976/77 produziert

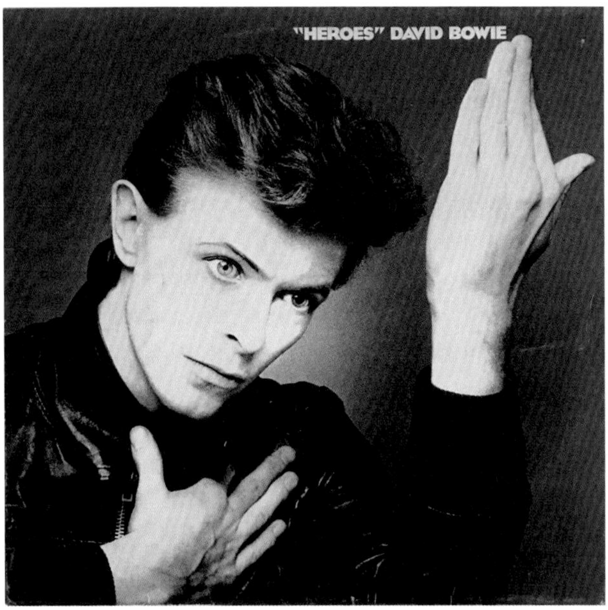

Bowie in Berlin: HEROES war eines der wichtigsten internationalen Rockalben, die in der Mauerstadt produziert wurden.

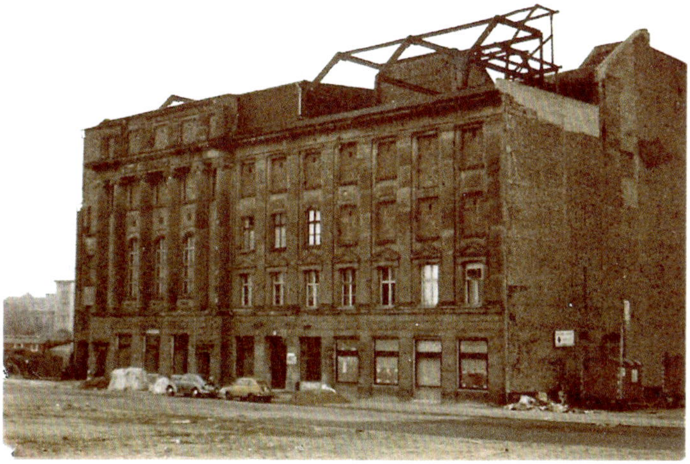

Aus grauer Städte Mauern: Die berühmten Hansa Tonstudios in der Köthener Straße in Berlin-Kreuzberg lagen in Blickweite der Mauer und sorgten für wichtige Impulse.

worden waren, befand sich in einem vergammelten Backsteinkasten in Westberlins Stadtteil Kreuzberg. Wer den Gebäudekomplex in der Köthener Straße 38 sah, fühlte sich an das Ende des Zweiten Weltkriegs erinnert, als kaum noch ein Stein auf dem anderen gestanden hatte und die Stadt von Schutthalden, Bauruinen und klaffenden Bombenlöchern geprägt gewesen war. Vom Kontrollraum der dort untergebrachten Hansa Studios aus konnte man einen Blick auf die Mauer, die Wachtürme und die patrouillierenden Volkspolizisten werfen. Bis Bowie und Pop, die zu dieser Zeit in der Stadt lebten, das »Studio by the Wall« für sich entdeckten, hatten hier Größen des bundesdeutschen Schlagergeschäfts, darunter Ivan Rebroff, Tony Marshall und Lena Valaitis, ihre Platten aufgenommen.

Jetzt war die Adresse plötzlich hip. Auch für einheimische Künstler, etwa Nina Hagen. Gerade erst war sie aus der DDR in die Bundesrepublik gekommen und nun durch ihr Album NINA HAGEN BAND zum Star geworden. Aufgenommen in den Hansa Studios, hatte die Platte gezeigt, dass man als deutsche Künstlerin mit deutschen Texten souverän auf internationalem Niveau rocken konnte – eine neue Erfahrung für das einheimische Publikum. Aber auch eine Entwicklung, die bestens in die Aufbruchstimmung der Szene D passte und viele junge Musiker ermutigte – »alles so schön bunt hier!«, wie es in »TV-Glotzer«, dem Remake des The-Tubes-Klassikers »White Punks on Dope«, hieß.

Zwar hatte sich Nina Hagen kurz vor ihrem denkwürdigen Auftritt im *Club 2* im Streit von ihrer Begleitmusikern getrennt, dennoch nahm sie mit Reinhold Heil, Bernhard Potschka, Herwig Mitteregger und Manne Praeker (die bald darauf als Spliff weitermachten) noch ein weiteres erfolgreiches Album auf, UNBEHAGEN von 1979. Im Windschatten des Punk war intelligenter und zeitgemäßer deutscher Rock entstanden. Hagen hatte den Anfang gemacht, andere würden folgen.

Zum Beispiel Annette Humpe. Die gebürtige Hagenerin erinnert sich an den immensen Einfluss, den Punk auf junge deutsche Künstler ausübte, die loslegen wollten, aber noch nicht recht wussten, wie:

> Als ich anfing, so etwa 1978, da fand ich die ganze Musikszene ziemlich öde. Dann bin ich gemeinsam mit einer Freundin ein halbes Jahr lang durch Amerika gefahren, unterwegs haben wir Devo gesehen, Blondie, die Talking Heads. Als ich wieder zu Hause war, wusste ich genau, was ich machen will. Das beruhte ausschließlich auf Einflüssen von außen. Auch die Sex Pistols. Solche Acts haben auch für uns hier die Türen geöffnet.[9]

Nicht nur Humpe, auch Hagen hatte sich im Ausland umgeschaut. Sie war vor ihrem ersten Album ein halbes Jahr lang in Londons Punkszene eingetaucht und hatte sich dort mit der deutschstämmigen Slits-Sängerin Ari Up angefreundet. Anschließend hatte sie in West-Berlin ihren eigenen Punk gemacht – wie auch Annette Humpe. Sie ging ebenfalls in die Mauerstadt und gründete mit ihrer Schwester Inga die Neonbabies. Wenig später wurde sie mit Ideal (»Blaue Augen«) zum Aushängeschild der Neuen Deutschen Welle, dem Urknall einer eigenständigen neuen deutschen Szene. Im Lauf der Jahre mauserte sich Humpe zur erfolgreichsten einheimischen Musikproduzentin und arbeitete u. a. mit Rio Reiser, Heiner Pudelko, den Prinzen und Ich+Ich.

Beide Frauen, Humpe und Hagen, waren in ihrem musikalischen Ansatz hörbar von der angloamerikanischen Pop- und Rockmusik geprägt. Und doch hatten sie wie viele weitere Musiker und Musikerinnen, die ihre Karrieren in der Punk- und Disco-Ära begannen, eine andere Wahrnehmung. Für sie war die alte Bluesrock-Ideologie, die den Pop bis in die Siebziger hinein dominiert hatte, nicht länger verbindlich. Stattdessen übernahmen sie den Anarchismus, die Energie und das DIY-Prinzip des Punk (»Do it yourself«). Und auch der Gloss-verliebte Blickwinkel der Disco war ihnen nicht fremd, so wenig wie die eigenwilligen Experimente der Krautrocker, die Lindenberg'sche Schnodder-Lyrik, Klaus Dingers manisches »Motorik«-Schlagzeug bei Neu! oder der beiläufige und doch stilettspitze Wortwitz einer Hildegard Knef. So unterschiedlich die zwei Frauen waren, so schenkten sie dem Bundesbiederpop doch, jede auf ihre Weise, eine kaum für möglich gehaltene Sinn- und Dringlichkeit, die zwar gerne pampig auftrat, über musikalische Zweifel aber jederzeit erhaben blieb.

Apropos: Der ein Jahrzehnt zuvor mit so vielen Ambitionen aufgebrochene Krautrock war 1979 Geschichte. Im Laufe der Jahre hatte er sich in jede Menge Einzelprojekte verheddert. Die Einzigen, die durchgehalten hatten und auch auf internationaler Ebene vorangekommen waren, waren neben Kraftwerk und Tangerine Dream bezeichnenderweise die ehrgeizigen und vollkommen ideologiefreien Scorpions, denen, selbst als sie in den USA schon längst die Stadien füllten, hierzulande noch immer niemand etwas zutraute, schon gar nicht die Rockpresse.

Verantwortlich für diese Arroganz der Medien war ein Grundproblem der deutschsprachigen Popkritik, die seit jeher von der Prämisse ausgeht: Was die Masse hört, kann nicht gut sein, und im Umkehrschluss kann nur das gut sein, was kaum einer kennt. Möglicherweise hat dieses Vorurteil mit der weltweit einzigartigen im deutschsprachigen Raum praktizierten Unterscheidung zwischen E- und U-Musik zu tun. Zurück geht diese Praxis auf die Zeit, als sich zu Beginn des 19. Jahrhunderts das deutsche Bürgertum ausbildete, das, um sich vom einfachen Volk zu unterscheiden, die Deutungshoheit in kulturellen Fragen beanspruchte und fortan darüber befand, was hohe und damit wertvolle Kultur war und was nicht. Ein Phänomen, das später zu der formellen Unterscheidung von E(rnster)- und U(nterhaltungs)-Musik sowie dazu führte, dass die deutsche Verwertungsgesellschaft GEMA beispielsweise für im Radio gespielte E-Musik (Klassik) höhere Vergütungssätze an die Komponisten auszahlte als für U-Musik (Jazz & Pop). Die Folge dieser historischen Eigenheit: Wirklich ernst genommen wurden von den Medien hierzulande nur die Musiker, die keinen Massenerfolg hatten, sich unter untragbaren ökonomischen Bedingungen an abgefahrenen Avantgarde-Konzepten abarbeiteten und natürlich zweifelsfrei im linken Flügel der Jugendkultur zu verorten waren.

Denn nach wie vor war die politische Linke, auch wenn sie sich von ihren großen Utopien lange schon still und leise verabschiedet hatte, die geistige Heimat der bundesdeutschen Rockszene. Insofern machte sich bei den Musikern auch bemerkbar, dass die Republik und ihre Kulturszene längst eine andere waren als noch zu Zeiten von Willy Brandt, APO und Essener Songtagen. Die alternative Szene war pragmatischer geworden und konzentrierte sich inzwischen auf überschaubare Anliegen im lokalen Rahmen. So hatten sich neben den vielen Kinderläden diverse Öko-Projekte, alternative Stadtmagazine, Bürgerinitiativen und Frauengruppen gebildet. Dazu erstarkten die Anti-AKW- und Friedensbewegung. Statt der ganz großen Revolution zettelte man lieber eine kleine vor der eigenen Haustür an. Im Januar 1980, wenige Tage, nachdem an Heiligabend 1979 mit Rudi Dutschke der Übervater der bundesdeutschen Linken den Spätfolgen des 1968 auf ihn verübten Attentats erlegen war, wurden in Karlsruhe die Grünen gegründet. Ihr Basisprogramm: »Sozial, ökologisch, basisdemokratisch, gewaltfrei.«

Die politische Aufbruchstimmung korrespondierte mit der musikalischen. So konstituierten sich in den großen Städten, aber auch in der Provinz, rührige Szenen, in denen radikal Neues ausprobiert wurde: Im westfälischen Hagen, das die Humpe-Schwestern eben erst hinter sich gelassen hatten, tummelten sich 1979 drei junge Bands, die ihre Stadt zum, wie der *Spiegel* meinte, »Liverpool Deutschlands« machen sollten: The Ramblers mit dem später einflussreichen Musikmanager Hartwig Masuch, The Stripes mit der jungen Gabriele Kerner aka Nena und Extrabreit, die zu einer der bekanntesten Bands des Landes werden sollten. In Hamburg gründete ein 32-jähriger Szeneaktivist und

Gelegenheitsjournalist namens Alfred Hilsberg sein Zickzack-Label, auf dem er junge Bands wie Abwärts, Palais Schaumburg und Die Zimmermänner veröffentlichte. Außerdem schrieb er im Herbst 1979 eine dreiteilige Artikelserie für das Musikmagazin *Sounds*, in der er den Begriff der Neuen Deutschen Welle prägte. Derweil sammelte sich die rheinisch-westfälische Punkszene im Ratinger Hof in Düsseldorf, wo im März 1979 eine Gruppe namens ZK ihren ersten Auftritt absolvierte. Am Mikrophon: der frühreife Campino. Und in der Kölner Südstadt veröffentlichte eine Studentenband um den Dylan-Verehrer Wolfgang Niedecken ihre erste Platte mit selbstgeschriebenen Liedern im örtlichen Dialekt.

Der so gerne verklärte deutsche Schlager mit Chris Roberts, Marianne Rosenberg, Howard Carpendale und anderen dagegen siechte dahin. Nüchtern betrachtet, war er eh nicht viel mehr gewesen als der fade Reim, den sich das alteingesessene Exekutivpersonal der Musikindustrie in den 1960ern und -70ern auf den angloamerikanischen Rock und Pop gemacht hatte. Herausgekommen waren dabei biedere Imitationsversuche und eine Riege bis zur Schmerzgrenze karrierewilliger Gesangstalente. Präsentiert wurde die Chose regelmäßig in der *ZDF-Hitparade*, wo irritierend viele Krawattenträger und Gesundheitssandalen zu sehen waren. Pop war das nicht, Zukunft schon gleich gar nicht. Die entstand nun zwischen »grauer Städte Mauern«, wie Alfred Hilsberg es in *Sounds* ausgedrückt hatte (und würde es in nicht allzu ferner Zukunft sogar in die Hecks-Hitparade schaffen, das jedoch ist eine andere Geschichte).

Und sonst? Elvis war tot. Sid Vicious und ein paar andere auch. Keith Richards hatte, was kaum jemand für möglich gehalten hätte, das Jahrzehnt lebendig hinter sich gebracht. Alle Welt ging in die Disco, nach und nach sogar auch Rockfans. Neue Idole waren aufgetaucht, und einige von den alten waren noch immer dabei. Aus den Hippies, die sich einst im Schlamm von Woodstock gewälzt hatten, waren Rechtsanwälte und Lehrerinnen mit ordentlichen Frisuren geworden. Was inzwischen in Clubs wie dem SO36 in Westberlin, dem CBGB in New York oder dem 100 Club in London vorging, verstanden längst nicht mehr alle von ihnen – dafür aber leisteten sie sich teure Stereoanlagen, auf denen man auch die raffiniertesten Feinheiten von Don Felders Gitarrenspiel und Keith Jarretts Klavierelegien genießen konnte.

Die Achtziger können kommen

Aber nicht nur die Musik selbst läutete die Achtziger ein. So hatte im Sommer 1979 ausgerechnet der US-Gitarrist und erklärte Traditionalist Ry Cooder das erste digital aufgenommene Rockalbum der Geschichte herausgebracht. Aufgenommen worden war BOP TIL YOU DROP in Los Angeles auf einem digitalen 32-Spur-Rekorder, den die Firma 3M entwickelt hatte. Und in Sand City, ein paar Meilen südlich von L.A., saßen im Frühling 1979 der ehemalige Monkees-Musiker Mike Nesmith und Jac Holzman, Gründer von Elektra Records, zusammen und tüftelten an einer neuen Fernsehshow. Ursprünglich sollte sie als Promotiontool für die Plattenfirma Warner dienen, ein Jahr später aber wurde sie vom Kabelkanal Nickelodeon unter dem Titel *PopClips* ausgestrahlt – das Format war der direkte Vorläufer von MTV.

Und dann waren da noch ein paar Bastler weiter nördlich an der US-Westküste: Steve Jobs und Steve Wozniak saßen in einer Garage im kalifornischen Los Altos, Bill Gates und Paul Allen in einem Vorort von Seattle. Sie alle beschäftigten sich mit einer neuen Raketenwissenschaft – das Zeitalter des Personal-Computers und damit der Aufstieg von Microsoft und Apple würden allerdings noch ein wenig auf sich warten lassen. Nicht aber der mobile Musikgenuss: Auf der von Kalifornien aus gesehen anderen Seite des Pazifik, in Japan, gab es am 1. Juli 1979 mit dem Sony Walkman das erste mobile Stereo-Abspielgerät der Welt zu kaufen.

Und manches Thema, das uns auf die eine oder andere Weise in Zukunft beschäftigen würde, warf seine Schatten voraus: So fand im Februar 1979 in

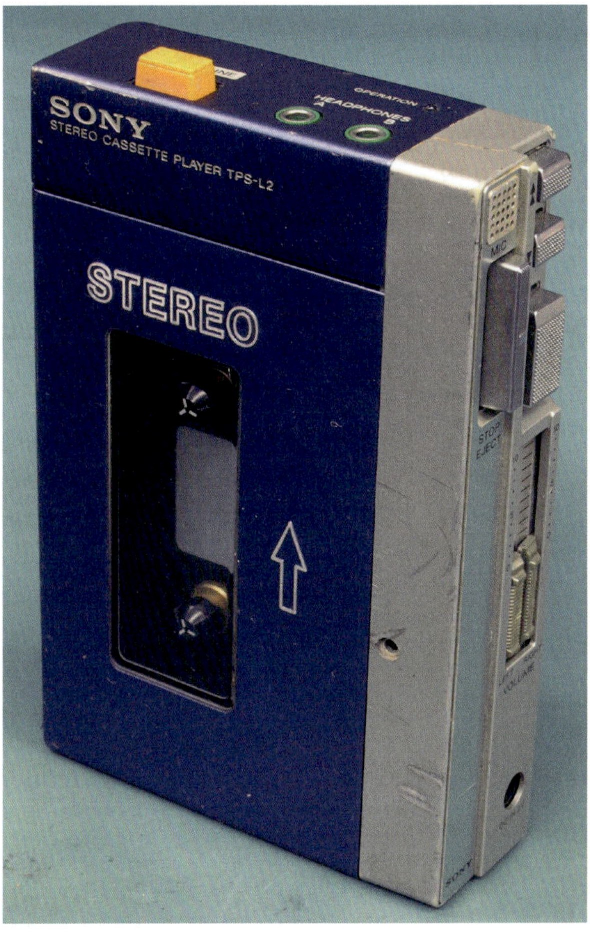

Premiere: Am 1. Juli 1979 begann die Ära des mobilen Musikgenusses, als Sony das Kassetten-Abspielgerät Walkman offiziell auf den Markt brachte.

Genf die erste Weltklimakonferenz statt. Und der 37-jährige Physiker Stephen Hawking trat seinen neuen Job als Inhaber des Lucasischen Lehrstuhls für Mathematik an der Universität Cambridge an. In Wien wurde die erste Moschee Österreichs eröffnet, und in Harrisburg, Pennsylvania, kam es im Reaktorblock 2 des Kernkraftwerks Three Mile Island zu einer teilweisen Kernschmelze und damit zur ersten gravierenden Katastrophe in der Geschichte der Atomkraft. Maite Kelly erblickte das Licht der Welt, Dieter Bohlen versuchte sich, einstweilen erfolglos, als Popstar in einem Duo namens Monza, zwei Männer in Montreal erfanden das Brettspiel »Trivial Pursuit«, und Uli Hoeneß übernahm das Management des FC Bayern München.

»The Long and Winding Road«, die lange und gewundene Straße, von der die Beatles zehn Jahre zuvor auf ihrem letzten Album gesungen hatten, war inzwischen geteert und vierspurig ausgebaut, jedenfalls musikalisch: Rock war erwachsen und Pop ein Multimillionengeschäft geworden, das in Zukunft ganz gut ohne die Umsturzphantasien der Generation Love & Peace und die Randale der Punks auskommen würde, eigentlich sogar gerne darauf verzichtete. Und doch waren Anarchie und Rebellion noch quicklebendig. Man konnte sie dort finden, wo sie sich schon immer am wohlsten gefühlt hatten: in den dunklen Ecken der Stadt, da, wo Erwachsene sich kaum je hintrauten.

Auch im neuen Jahrzehnt würde die Brücke über wilde Wasser führen. Oder wie der US-Songwriter Billy Joel in seinem ersten Nr.-1-Hit, erschienen im Frühling 1980, zehn Jahre nach Simon & Garfunkel, sang: »Next phase, new wave, dance craze, anyways – it's still Rock 'n' Roll to me!«

Pop 79

13.01.
Suizid: Der afroamerikanische Soulsänger DONNY HATHAWAY stürzt sich aus dem 15. Stockwerk eines New Yorker Hotels (er soll unter schweren Depressionen gelitten haben).

02.02.
Überdosis: SID VICIOUS, ehemaliger Bassist der englischen SEX PISTOLS, wird tot in seinem Apartment im berühmt-berüchtigten New Yorker Chelsea Hotel aufgefunden. Er war erst einen Tag zuvor aus dem Gefängnis entlassen worden. Das Geld für das Rauschgift hatte ihm seine Mutter gegeben.

24.02.
JOHNNIE WILDER JR., Gründer und Leadsänger der erfolgreichen R&B-/Funkgruppe HEATWAVE (»Boogie Nights«), bleibt nach einem Autounfall in Dayton/Ohio vom Hals abwärts gelähmt.

26.02.
Als erster Bluesmusiker startet B. B. KING eine Konzerttournee durch die damalige Sowjetunion.

02.–04.03.
Im Karl-Marx-Theater der kubanischen Hauptstadt Havanna startet der dreitägige »Havana Jam«, neben einheimischen Acts treten u. a. auf: WEATHER REPORT, KRIS KRISTOFFERSON, STEPHEN STILLS, RITA COOLIDGE und BILLY SWAN.

15.03.
Im Holiday Inn von Columbus/Ohio gerät der englische Sänger ELVIS COSTELLO wegen amerikakritischer Äußerungen in einen handgreiflichen Streit mit der Tourband von STEPHEN STILLS, im Verlauf dessen er von Sängerin BONNIE BRAMLETT verprügelt wird.

27.03.
Hochzeitsglocken: Der englische Gitarrist ERIC CLAPTON heiratet das Model PATTIE BOYD-HARRISON. Für sie hatte er die Songs »Layla« und »Wonderful Tonight« geschrieben und Ex-Ehemann GEORGE HARRISON den Klassiker »Something«.

02.04.
KATE BUSH startet in der südenglischen Küstenstadt Poole ihre erste und für 35 Jahre einzige Konzerttournee.

27.04.
Kündigung: OZZY OSBOURNE fliegt als Leadsänger bei BLACK SABBATH raus, als Ersatz verpflichten die Engländer RONNIE JAMES DIO.

08.05.
In einer Reportage über ein Konzert von IRON MAIDEN, SAMSON und ANGEL WITCH in London prägt der *Sounds*-Kritiker Geoff Barton den Begriff »New Wave of British Heavy Metal«.

12.07.
Viel Rauch um nichts: Zwischen zwei Baseballspielen in Chicago lässt der Veranstalter als Werbeaktion im Rahmen einer »DISCO DEMOLITION NIGHT« eine Kiste mit Disco-Platten sprengen. Anschließend ist das Spielfeld verwüstet, die Veranstaltung muss abgebrochen werden.

25.08.
Rock lebt: Mit »My Sharona« von THE KNACK übernimmt zum ersten Mal seit über einem Jahr ein Nicht-Discosong die Spitze der US-Singlecharts.

13.09.
ABBA starten im kanadischen Edmonton/ Alberta ihre erste und einzige Nordamerika-Tour.

30.11.
PINK FLOYD veröffentlichen ihr Doppelalbum THE WALL, die letzte Platte der Band in der Besetzung mit ROGER WATERS, DAVID GILMOUR, RICK WRIGHT und NICK MASON.

03.12.
Vor einem Konzert der britischen Rockband THE WHO kommen im Riverfront Coliseum in Cincinnati/Ohio bei einer Massenpanik elf Fans ums Leben.

26.12.
Im Londoner Hammersmith Odeon gehen »The Concerts for the People of Campuchea« über die Bühne, für den guten Zweck treten auf: QUEEN, THE WHO, THE CLASH, WINGS, ELVIS COSTELLO und Mitglieder von LED ZEPPELIN.

31.12.
Zu den Bands, die in diesem letzten Jahr der Dekade gegründet werden, zählen THE BLASTERS, FAITH NO MORE, STRAY CATS, FEHLFARBEN, HÜSKER DÜ, WAS (NOT WAS), MARILLION, THE REPLACEMENTS und SPANDAU BALLET.

Outro

Anmerkungen

Intro
Über wilde Wasser

1 Kurt Kister, »Schlager der Woche«, in: *Süddeutsche Zeitung*, 26./27. 1. 2019, S. 45.
2 https://en.wikipedia.org/wiki/The_Dark_Side_of_the_Moon#CITEREFHarris2006.

4. Mai 1970
»Verdammt, die haben einen umgebracht!«

1 Chrissie Hynde, *Reckless – mein Leben*, München, 2015, S. 115.
2 Ebd.
3 Patti Smith, *Just Kids. Die Geschichte einer Freundschaft*, Frankfurt a. M. 2010, S. 175–177.
4 Aus der TV-Dokumentation *Nixon a Presidency revealed*, History Channel, 2007.
5 Siehe oben.
6 Chrissie Hynde, *Reckless – mein Leben*, S. 117.
7 Graham Nash, *Wild Tales. Ein Rock 'n' Roll-Leben*, Hamburg 2014, S. 207–209 .
8 Ebd. , S. 208.
9 Ebd. , S. 209.
10 Patti Smith, *Just Kids*, S. 188.
11 Barney Hoskyns, *Hotel California. Singer-Songwriter und Kokain-Cowboys in den Canyons von L.A.*, Innsbruck 2008, S. 36.
12 Die Zeile stammt aus dem Song »We Can Be Together« vom Jefferson-Airplane-Album VOLUNTEERS (1969).
13 *Troubadours*, Dokumentarfilm, Regie: Morgan Neville, Tremolo Productions für Concord Music, 2011.
14 Ebd.
15 Graham Nash, *Wild Tales*, S. 179.
16 David Hepworth, *1971. Never a dull moment*, New York, 2016, S. 268.
17 *Troubadours.*
18 Barney Hoskyns, *Hotel California*, S. 105.
19 Gerald Haslam, Alexandra Haslam Russell, Richard Chon, »Workin' man Blues: Country Music in California«, University of California PR, S. 234.
20 Barney Hoskyns, *Hotel California*, S. 162.
21 Ebd. , S. 218.
22 *Troubadours.*
23 *Troubadours.*
24 »Ich habe unsere Plattencover gehasst!«, Interview mit Richard Carpenter in *Die Zeit* 06/2019, 31. 1. 2019.
25 Ebd.

5. März 1971
Pinkelpause in Ulster Hall

1 Richard Cole / R. Trubo, *Led Zeppelin. Stairway to Heaven . Eine Legende der Rockmusik*, München 1995, S. 193.
2 »England vor dem Stillstand«, in: *Der Spiegel*, 3/1974, 14. 1. 1974.

3 *Chronik 1971*, Augsburg 1991, S. 39.
4 »Zeppelin to tour«, in: *Melody Maker*, 6. 2. 1971.
5 Jimmy Page, »How Stairway to Heaven Was Written«, BBC News, 2014, https://www.youtube.com/watch?v=DD04CA13LbY.
6 David Fricke, »The Rolling Stone Interview: Robert Plant«, in: *Rolling Stone*, 24. 3. 1988.
7 »Ireland Unites Under Zeppelin«, in: *Melody Maker*, 18. 3. 1971.
8 Nachzuhören auf CD 2 des Led-Zeppelin-Doppelalbums BBC SESSIONS (Atlantic, 1997).
9 Harvey Rachlin, *The Encyclopedia of the Music Business*, New York 1981, S. 316.
10 Ab etwa Mitte des Jahrzehnts waren 24 Spuren Standard, die dann gerne mit einer weiteren 24-Spur-Maschine zu 48 Spuren erweitert wurden.
11 Roger Daltrey, *My Generation. Die Autobiografie*, München 2019, S. 203.
12 *Melody Maker*, 23. 1. 1971.
13 Pete Townshend, *Who I Am. Die Autobiografie*, Köln 2012, S. 239.
14 *Classic Albums: Who's Next*, Dokumentarfilm, Eagle Vision / Isis Productions, 2006.
15 Pete Townshend, *Who I Am. Die Autobiografie*, S. 228.
16 Nick Mason, *Inside Out. Mein persönliches Porträt von Pink Floyd*, Schlüchtern 2008, S. 174.
17 Tony Iommi / T. J. Lammers, *Iron Man. Von Black Sabbath bis Heaven & Hell*, Innsbruck 2012, S. 52.

16. Juli 1972
Drei Musketiere an der Themse

1 David hepworth, *1971. Never a dull moment*, S. 303.
2 Mick Rock / David Bowie, *Moonage Daydream. The Life and Times of Ziggy Stardust*, Berlin 2005, S. 77.
3 Legs McNeil / Gillian McCain, *Please Kill Me. Die unzensierte Geschichte des Punk*, Innsbruck 2004, S. 180.
4 Barney Hoskyns, »Oh Yes We Can Love – A History of Glamrock«, Essay aus der 5-CD-Box OH YES WE CAN LOVE – A HISTORY OF GLAMROCK, Universal Music Operations, 2013, S. 8.
5 Lisa Robinson, »Rebel Nights«, Essay in der Online-Ausgabe von *Vanity Fair* (vanityfair.com) vom 14. 2. 2014.
6 Mick Rock / David Bowie, *Moonage Daydream*, S. 70.
7 Ebd., S. 11.
8 Ebd., S. 12.
9 Ebd., S. 14.
10 Ebd., S. 11.
11 Marc Spitz, *David Bowie. Die Biografie*, Hamburg 2010, S. 241.
12 Legs McNeil / Gillian McCain, *Please Kill Me*, S. 166.
13 Ebd., S. 147.
14 Patti Smith, *Just kids*, S. 255.
15 Barney Hoskyns, »Oh Yes We Can Love – A History of Glamrock«, S. 10.
16 Dave Haslam, *Young Hearts Run Free. The Real Story of the 1970s*, New York, 2005, S. 125.
17 »Suzi Quatro im Interview: ›Die #MeToo-Debatte ist aus dem Ruder gelaufen‹«, msn.com, 28. 3. 2019.
18 Barney Hoskyns, »Oh Yes We Can Love – A History of Glamrock«, S. 9.
19 Ebd., S. 13.

10. Oktober 1973
Apparatur und Tanz

1 wikipedia.org/wiki/Ralf_Hütter.
2 Albert Koch, *Kraftwerk*, Innsbruck 2002, S. 13.
3 *Best of Krautrock, Vol. 1*, DVD, Aviator Entertainment GmbH / ZDF Enterprises 2006, Interview mit Lothar Meid.
4 *Pop 2000*, Folge 5 »1970–1976: Keine Macht für niemand«, TV-Dokufilmserie, MME Me Myself Eye Entertainment GmbH / WDR 1999.
5 Ebd.
6 Wolfgang Flür, *Ich war ein Roboter. Electric Drummer bei Kraftwerk*, Berlin 2004, S. 759–771.
7 Rüdiger Esch, *Electri_City. Elektronische Musik aus Düsseldorf*, Berlin 2014, S. 91.
8 Ulli Engelbrecht / Jürgen Boebers, *Licht aus – Spot an! Musik der 70er Jahre*, Essen 1995, S. 190. Die gemeinsamen Sessions von Brian Eno und Harmonia erschienen 1997 unter dem Titel HARMONIA '76 – TRACKS AND TRACES bei Rykodisc und ein weiteres Mal 2009 bei Grönland Records.
9 Vgl. *Kraut und Rüben*, sechsteilige Dokumentarfilmreihe, WDR 2006, Regie: Stefan Morawietz.
10 Ingeborg Schober, *Tanz der Lemminge. Amon Düül – eine Musikkommune in der Protestbewegung der 60er Jahre*, Hamburg 1979, S. 57.
11 *Kraut und Rüben.*
12 *Kraut-Rock – Zustand einer Rock-Provinz*, TV-Dokufilm, ZDF 1975, Regie: Michael Stefanowski, 47 Min.
13 Ebd.
14 Ingeborg Schober, *Tanz der Lemminge*, S. 225.
15 Wolfgang Spindler, »Rock me!«, in: *Kursbuch* 54 *»Jugend«*, Berlin 1978, S. 5.
16 *Pop 2000.*
17 Marcus Heumann, »Eiszeit. Das 11. Plenum des ZK der SED – Geschichte eines Tribunals«, Hörspiel Deutschlandfunk, 26. Dezember 2015.
18 *Pop 2000.*
19 »Für Groupies sind die Roboter zuständig«, Interview von Ingo Scheel mit Ralf Hütter, *Stern*, 12. 10. 2009.
20 »Ich höre die Stille und die Welt«, Ralf Hütter im Gespräch mit Albert Koch, *Musikexpress* 08/2017.
21 *Pop 2000.*

14. September 1974
Wer erschoss den Sheriff?

1 Bob Ruggiero, »Ever Wonder How Eric Clapton Got So Laid-back?«, houstonpress.com, 17. 1. 2014.
2 *Reggae. The Story of Jamaican Music*, Dokumentarfilm von Mike Connolly (Regie) und Lloyd Bradley (Autor), BBC 2002.
3 Lloyd Bradley, *Bass Culture. Der Siegeszug des Reggae*, Innsbruck 2003, S. 23.
4 *Reggae. The Story of Jamaican Music.*
5 *The Studio One Story*, Regie: Stuart Baker, DVD & CD, Soul Jazz Records, 2002.
6 Exclusive Interview George Terry, hit-channel.com, Juni 2011.
7 Ebd.

8 *Eric Clapton: Life in 12 Bars*, Dokumentarfilm, Regie: Lili Fini Zanuck, Universum Film 2018.
9 *Eric Clapton: Life in 12 Bars.*
10 *Eric Clapton: Life in 12 Bars.*
11 Timothy White, *Bob Marley. Catch a Fire*, Innsbruck 1993, S. 146 f.
12 *The Studio One Story.*
13 *Bob Marley and The Wailers. Classic Albums: CATCH A FIRE*, Dokumentarfilm, Regie: Jeremy Marre, DVD, Eagle Vision 2003.
14 Ebd.
15 Ebd.
16 Ebd.
17 Ebd.
18 Ebd.
19 Lloyd Bradley, *Bass Culture. Der Siegeszug des Reggae*, S. 119.
20 *Reggae. The Story of Jamaican Music.*
21 Ebd.
22 Peter Kemper / Thomas Langhoff / Ulrich Sonnenschein, *Alles so schön bunt hier. Die Geschichte der Popkultur von den Fünfzigern bis heute*, Leipzig 2002, S. 170.
23 »›Reggae war jamaikanischer Punk‹ – Don Letts über den Einfluss von Dub«, Interview von Jan Paersch, *taz online*, 3. 8. 2018.

Interlude
Mitten auf der Straße

1 David English / Alex Brychta, *The Legend. The Illustrated Story of the Bee Gees*, London 1984.
2 *Queen. Classic Albums: The Making of A NIGHT AT THE OPERA*, Eagle Vision, 2005.
3 Ebd.
4 Ebd.
5 Ebd.
6 *Wings for Wheels. The Making of BORN TO RUN.*
7 Bruce Springsteen, *Born to Run. Die Autobiografie*, München 2016, S. 284.
8 Die Konzertkritik erschien in der Zeitschrift *The Real Paper* als Kolumne in der Reihe »Loose Ends« unter dem Titel »Growing young with Rock and Roll«.
9 Bruce Springsteen, *Born to Run. Die Autobiografie*, S. 299.
10 *Wings for Wheels. The Making of BORN TO RUN.*
11 Bruce Springsteen, *Born to Run. Die Autobiografie*, S. 309.
12 *Wings for Wheels. The Making of BORN TO RUN.*
13 Howard Massey, Behind the Glass. Top Record Producers Tell How They Craft the Hits, Danvers 2000, S. 39.
14 *This is Where I Came in. The Official Story of the Bee Gees*, Dokumentarfilm, Regie: David Leaf, John Scheinfeld, Eagle Rock 2001.
15 Ebd.
16 Ebd.
17 Ebd.
18 Ebd.
19 *Sounds. Platten 66–77. 1827 Kritiken*, Frankfurt a. M. 1979, S. 1044.
20 Stephen Holden, »MAIN COURSE, Bee Gees«, in: *Rolling Stone* Nr. 191, 17. 7. 1975.

17. Mai 1975
Von Predigern und Amazonen

1 *Soul Train – the Hippest Trip in America.*
2 *What's Goin On – The Life and Death of Marvin Gaye*, Dokumentarfilm, Regie: Jeremy Marr, Isis Productions / Eagle Vision 2005.
3 *What's Goin On – The Life and Death of Marvin Gaye* (wie alle folgenden Zitate).
4 *What's Goin On – The Life and Death of Marvin Gaye.*
5 Nelson George, *The Hippest Trip in America. Soul Train and the Evolution of Culture and Style*, New York 2014, S. 107.
6 Nelson George, *The Hippest Trip in America. Soul Train and the Evolution of Culture and Style*, S. 1.
7 Ebd.
8 Ebd.
9 Ebd.
10 *Betty Davis – They Say I'm Different!*, Dokumentarfilm, Regie: Phil Cox, Native Voice Films 2018.
11 *Miles Davis. Die Autobiografie*, München 2000, S. 391.
12 *Miles Davis. Die Autobiografie*, S. 391.
13 *Miles Davis. Die Autobiografie*, S. 409.
14 *Betty Davis – They Say I'm Different!*
15 Ebd.
16 Ebd.
17 Dorian Lynskey, »An Add for Blackness: How Soul Train Made America do the Hussle«, www.guardian.com, 20. 2. 2019.
18 *Rolling Stone Album Guide*, New York 2004, S. 524.
19 Stuart Cosgrove, Harlem 69. The Future of Soul, Eichstätt 2019, S. 135–137.
20 *Soul Train – the Hippest Trip in America.*

4. Juni 1976
Brandstifter in der Free Trade Hall

1 David Nolan, *I Swear I Was There. Sex Pistols, Manchester and the Gig That Changed the World*, 2016.
2 Ebd., S. 78.
3 Mick Farren, »Titanic sails at dawn«, in: *New Musical Express*, 19. 6. 1976.
4 Ebd.
5 Legs McNeil / Gillian McCain, *Please Kill Me. Die unzensierte Geschichte des Punk*, Innsbruck 2004, S. 293.
6 *Dancing in the Street*, zehnteilige Dokumentarfilmreihe, Regie: Karen Walsh / Robert Palmer, BBC 1996, Folge 8.
7 Jon Savage, England's Dreaming. Anarchie, Sex Pistols, Punk Rock, Berlin 2016.
8 David Nolan, *I Swear I Was There. Sex Pistols, Manchester and the Gig That Changed the World*, S. 20.
9 Genya Ravan, Lollipop Lounge. Memoirs of a Rock and Roll Refugee, New York 2004, S. 196.
10 Legs McNeil / Gillian McCain, *Please Kill Me. Die unzensierte Geschichte des Punk*, S. 243.
11 Ebd., S. 253.

12 RAMONES ANTHOLOGY, Warner Archives / Rhino Entertainment 1999, Liner Notes von David Fricke im Begleitbuch, S. 32.
13 MARQUEE MOON, Television, Elektra Rec. / Rhino Rec. / Warner Strategic Marketing 2003, Liner Notes von Alan Licht.
14 Legs McNeil / Gillian McCain, *Please Kill Me. Die unzensierte Geschichte des Punk*, S. 211.
15 Patti Smith, *Just Kids. Die Geschichte einer Freundschaft*, S. 35.
16 *Face it! Die Autobiografie*, S. 19 und 29.
17 Ebd., S. 367.
18 Patti Smith, *Just Kids. Die Geschichte einer Freundschaft*, S. 282.
19 Jim Green, »Blondie: Pumping Vinyl«, in: *Trouser Press* Nr. 77, September 1982, S. 19.
20 *Face it! Die Autobiografie*, S. 410.
21 Legs McNeil / Gillian McCain, *Please Kill Me. Die unzensierte Geschichte des Punk*, S. 280.
22 Dave Haslam, *Young Hearts Run Free. The Real Story of the 1970s*, S. 228.
23 Ebd., S. 233.

26. April 1977
Ein Schimmel im Freudenhaus

1 Anthony Haden-Guest, »The Opening Night of Studio 54 Was Exactly the Hedonistic Riot You'd Expect«, thedailybeast.com, 17. 4. 2017.
2 Fred Bronson, The Billboard Book of Number One Hits, New York 1988, S. 432.
3 Ebd.
4 Ebd.
5 Werner Faulstich, »Zwischen Glitter und Punk – die Ausdifferenzierung der Rockmusik«, in: Werner Faulstich (Hrsg.), *Die Kultur der 70er-Jahre*, Paderborn 2004, S. 140.
6 *Studio 54 – The Documentary*, Dokumentarfilm, Regie: Matt Tyrnauer, Dogwoof, 2018.
7 *Studio 54 – The Documentary.*
8 *Nackte Tanzlust – eine Fantasie über Disco, das ›Studio 54‹ und die 70er-Jahre*, Fernsehfilm, Regie: Horst Königstein / Al Morley, NDR 1998.
9 Fred Bronson, *The Billboard Book of Number One Hits*, S. 421.
10 SOUND + VISION, CD-Boxset 1989, Rykodisc / EMI / Virgin Records, Liner Notes von David Bowie / Kurt Loder.
11 Tim Lawrence, *Love Saves the Day – A History of American Dance Music Culture, 1970–1979*, Durham 2003, S. 283.
12 Ebd., S. 280.

1. Juli 1978
Die in den Pausen tanzen

1 *The Hip Hop Years*, Teil 1: »Close to the Edge«, Dokumentarfilm, Channel 4, 1999.
2 Wolf Dorner, »Romantik aus Plastik. John Travolta – Geburt eines Massenidols«, *Die Zeit*, 14. 4. 1978.
3 Tim Lawrence, *Love Saves the Day – A History of American Dance Music Culture*, 1970–1979, S. 383.
4 Ebd., S. 384

5 Murray Forman / Mark Anthony Neal, *That's the Joint! The Hip-Hop Studies Reader*, New York 2004, S. 52.
6 Tim Lawrence, *Love Saves the Day – A History of American Dance Music Culture*, 1970–1979, S. 385.
7 Ebd., S. 385.
8 *The Hip Hop Years*, Teil 1: »Close to the Edge«.
9 https://www.allmusic.com/artist/the-last-poets-mn0000090018/biography.
10 *Face it! Die Autobiografie*, S. 247.
11 https://en.wikipedia.org/wiki/Rapper%27s_Delight.

9. August 1979
Eine Frau zeigt es allen

1 Chrissie Hynde, *Reckless – mein Leben*, S. 322.
2 MY AIM IS TRUE, Elvis Costello, Rhino Records 2001, Liner Notes, S. 9.
3 Ebd.
4 Ebd.
5 Chrissie Hynde, *Reckless – mein Leben*, S. 320.
6 Clinton Heylin, Babylon's Burning – From Punk to Grunge, Edinburgh 2007, S. 17.
7 Jo-Anne Greene, »The Specials – The Specials«, www.allmusic.com.
8 https://www.bbc.co.uk/music/reviews/vxbd/.
9 »DSDS – was soll ich da?«, Annette Humpe im Gespräch mit dem Autor, Sounds Edition No. VII – Deutschland, Oktober 2009, S. 42.

Abbildungsnachweis

12 © Bettmann / Getty Images | 23 © John Filo / Getty Images | 27 © RB / Getty Images | 37 © Henry Diltz / Getty Images | 41 © Jim McCrary / Getty Images | 45 © Getty Images | 55 © David Redfern / Getty Images | 63 © Chris Morphet / Getty Images | 81 © David Pomponio / Getty Images | 95 © George Wilkes Archive / Getty Images | 98 © Jorgen Angel / Getty Images | 106 © Keystone / Getty Images | 122 © Keystone Press / Alamy Stock Foto | 125 © Kraftwerk / Getty Images | 127 © Michael Putland / Getty Images | 141 © Popperfoto / Getty Images | 144 © The Estate of David Gahr / Getty Images | 155 © Michael Ochs Archives / Getty Images | 165 © Shinko Music / Getty Images | 170 © Michael Ochs Archives / Getty Images | 174 © Michael Putland / Getty Images | 186 © Jim Britt / Getty Images | 191 © Michael Ochs Archives / Getty Images | 194 © Bob Peterson / Getty Images | 197 © Fin Costello / Getty Images | 207 © Michael Ochs Archives / Getty Images | 215 © Paul Welsh / Getty Images | 227 © Lynn Goldsmith / Getty Images | 229 © Roberta Bayley / Getty Images | 237 © Lex van Rossen / MAI / Getty Images | 243 © Julian Yewdall / Getty Images | 256 © Rose Hartman / Getty Images | 259 © Allan Tannenbaum / Getty Images | 263 © Echoes / Getty Images | 267 © Manuel Litran / Getty Images | 278 © Janette Beckmann / Getty Images | 281 © Paramount Pictures / Getty Images | 287 © Michael Ochs Archives / Getty Images | 291 © Ian Dickson / Getty Images | 312 © Fin Costello / Getty Images

Der Verlag Philipp Reclam jun. dankt den Rechteinhabern für die Reproduktionsgenehmigungen. In einigen Fällen konnten die Rechteinhaber nicht ermittelt werden. Hier ist der Verlag bereit, nach Anforderung rechtmäßige Ansprüche abzugelten.

Dank

Auf die eine oder andere Weise geholfen haben bei diesem Projekt Friedrich Bitzhenner, Bernd Dopp, Margita Haberland, Annette Humpe, Nikola Materne, Markus Naegele, Helmut Philipps, Sigi Scheufler, Michael Stefanowski, Jörg Stempel und Gaby Werth – euch allen gilt mein tiefster Dank!

Register

Zum Autor

Ernst Hofacker, geb. 1957, gehört zu den profiliertesten Musikjournalisten des Landes; 2013 wurde er als »Fachjournalist des Jahres« ausgezeichnet. Bei Reclam erschienen zuletzt: *1967. Als Pop unsere Welt für immer veränderte* (2016), *Rolling Stones. 100 Seiten* (2018) und *»Live fast, love hard and die young!«: Tragische Geschichten aus Rock und Pop* (2019).